Das verkannte Ressort

Horst Pöttker • Anke Vehmeier (Hrsg.)

Das verkannte Ressort

Probleme und Perspektiven des
Lokaljournalismus

 Springer VS

Herausgeber
Horst Pöttker
Dortmund, Deutschland

Anke Vehmeier
Bonn, Deutschland

ISBN 978-3-658-01138-3
DOI 10.1007/978-3-658-01139-0

ISBN 978-3-658-01139-0 (eBook)

Die Deutsche Nationalbibliothek verzeichnet diese Publikation in der Deutschen Nationalbibliografie; detaillierte bibliografische Daten sind im Internet über http://dnb.d-nb.de abrufbar.

Springer VS

Gedruckt auf säurefreiem und chlorfrei gebleichtem Papier

Springer VS ist eine Marke von Springer DE. Springer DE ist Teil der Fachverlagsgruppe Springer Science+Business Media.
www.springer-vs.de

Inhalt

Vorwort

Der Strukturwandel im Printsektor trifft nicht nur die großen Namen. Betroffen ist, landauf und landab, auch die lokale und regionale Berichterstattung. Die Märkte werden enger, so dass die Vielfalt in der Vor-Ort-Information leidet. Diese Entwicklungen geben Anlass zur Sorge – denn die Berichterstattung auf lokaler Ebene ist für die Meinungs- und Willensbildung in unserer Gesellschaft essentiell. Eine Stadt- oder Gemeindeöffentlichkeit kann derzeit nur durch Lokalzeitungen geschaffen und erhalten werden. Sie sind das gemeinsame Forum, auf dem aktuelle Themen erkannt und diskutiert werden können. Internet und Blogs ergänzen das Printangebot, sie sind aber noch längst kein Ersatz.

Die Entwicklung der lokalen Medienmärkte macht deutlich: Es gibt eine betriebswirtschaftliche *und* eine demokratiepraktische Problemlage. Und so ist es die Aufgabe der Medienhäuser *und* der Gesellschaft, den Lokaljournalismus zu stärken. Die nordrhein-westfälische Landesregierung hat sich dieser Verantwortung angenommen und mit der „Initiative Lokaljournalismus in NRW" (INLOK) am Institut für Journalistik an der TU Dortmund erste wichtige Erfahrungen zur Unterstützung des Lokaljournalismus sammeln können.

Der von Horst Pöttker und Anke Vehmeier herausgegebene Sammelband zu den Problemen und Perspektiven des Lokaljournalismus beleuchtet diese facettenreiche Thematik aus verschiedenen Blickwinkeln. Neben der Analyse der Aus- und Weiterbildungssituation von festen und freien Lokaljournalistinnen und -journalisten geht es um Strategien gegen Leserschwund und zur Sicherung von Qualität. In den letzten beiden Kapiteln steht die journalistische Praxis im Mittelpunkt.

INLOK macht uns Mut. Es lohnt sich, gemeinsam mit den Partnern der Branche Lösungsansätze zur Stärkung des Lokaljournalismus zu identifizieren und zu realisieren. INLOK hat aufgezeigt, dass es diese Ansätze gibt.

Dr. Angelica Schwall-Düren
Ministerin für Bundesangelegenheiten, Europa und Medien, in Nordrhein-Westfalen

Einleitung

Das verkannte Ressort.
Strukturen und Probleme des Lokaljournalismus in der digitalen Medienwelt

Horst Pöttker, Verantwortlicher Leiter der Initiative Lokaljournalismus in NRW

„Es gibt eine beachtliche Reihe von Gemeinden, in denen die örtliche Presse auf eine unabhängige Kritik an der Gemeindeverwaltung und an der Kommunalpolitik verzichtet, weil die Spitze der Kommunalverwaltung sie nicht duldet, weil sie ein verfassungswidriges Zensurrecht in Anspruch nimmt, ja schlechthin als Zensor fungiert." Das schrieb Theodor Eschenburg vor über 50 Jahren in seinen kritischen Betrachtungen zur politischen Praxis in der Bundesrepublik Deutschland. Ganz so wie in der restaurativen Gründungsphase der Bundesrepublik geht es heute nicht mehr zu. Die Idee vom staatsfernen Journalismus, der dadurch dem Gemeinwesen dient, dass er regulierungsbedürftige Probleme und Missstände öffentlich macht, ist seitdem tiefer in die journalistische und politische Kultur und auch in die Denk- und Handlungsweisen von Kommunalpolitikern eingesunken. Manche akzeptieren den um Unabhängigkeit bemühten Journalismus immerhin zähneknirschend, wo er auf lokaler Ebene – selten genug – tatsächlich einmal zupackt. Aber Hermann Meyn weist in den zahlreichen Auflagen seines auch schon seit bald fünf Jahrzehnten erscheinenden, viel genutzten Büchleins „Massenmedien in Deutschland" immer wieder darauf hin, dass die Lokalpresse zum Beispiel unbesehen Verlautbarungen von Vereinen, Unternehmen, Behörden und Parteien wiedergibt oder dass sie bei strittigen Fragen selten mehrere Standpunkte präsentiert.

Nichts Wesentliches hat sich auch daran geändert, dass das Lokalressort im Verhältnis zu seiner eminenten Bedeutung für die Gesellschaft und ihren Journalismus sträflich vernachlässigt wird, nicht nur von der Kommunalpolitik, auch von der Medienpolitik, den Medienunternehmen und – last but not least – der Kommunikationswissenschaft. Wenn wir nach längerer Zeit wieder einmal ein Buch zu diesem verkannten Ressort vorlegen – das letzte von Sonja Kretzschmar, Wiebke Möhring und Lutz Timmermann erschien 2009 –, ist das nur ein Tropfen auf dem heißen Stein. Den Mangel an Achtsamkeit gegenüber der Leistung von Journalisten, die am Ort der Geschehnisse, im unmittelbaren Kontakt mit den von ihnen betroffenen Menschen ihrem Beruf nachgehen, wird auch unser Buch kaum beseitigen können.

Es herrscht Einigkeit, dass das Lokalressort auch, vielleicht sogar gerade in der digitalen Medienwelt von höchster Wichtigkeit ist. Einen Grund hat schon Hermann Meyn 1974 genannt: Noch immer ist der Lokalteil das am meisten gelesene Buch der Zeitung, gefolgt von der Innenpolitik, der Außenpolitik, dem Vermischt-Unterhaltsamen und – bei Männern – dem Sport. Die Wirtschaft und das Feuilleton verharren in der Lesergunst auf weit abgeschlagenen Plätzen. Warum realisieren so wenige Presseverlage selbst in der Krise, wie abhängig ihr ökonomischer Erfolg vom Erfolg des Lokaljournalismus beim Publikum und von den auf ihn verwendeten Ressourcen ist? Vielleicht, weil Ökonomie in vielen Unternehmen auf ein Kostendenken geschrumpft ist, während sie doch ursprünglich ein Nutzen-Kosten-Kalkül war, bei dem die unternehmerische Kreativität sich zuerst auf die Frage richtete, wozu Menschen Produkte brauchen und was sie an ihnen schätzen.

Wenn es der Lokalteil ist, für den das Publikum die Zeitung vor allem schätzt, dann sollte sich das in den Entscheidungen über den Einsatz der knapper werdenden Ressourcen niederschlagen. Zugespitzt formuliert: So lange im Lokalressort Personalknappheit herrscht und Terminjournalismus wuchert, während in der Politikredaktion die Volontäre den Nachrichtenredakteuren und Edelfedern über die Schulter schauen, so lange Presseunternehmen politisches Prestige über publizistischen Nutzen und ökonomische Notwendigkeit stellen, so lange müssen ihre Klagen über die Pressekrise wie Krokodilstränen wirken.

Der zweite Grund für die Wichtigkeit des Lokaljournalismus ergibt sich aus der Bedeutung der Berichterstattung vor Ort für die Teilhabe der Menschen am sozialen und kulturellen Ganzen, für die die politische Partizipation als Beispiel dienen kann. Das Lokalressort ist für die Teilnahme am politischen Geschehen wichtig, weil Bürgerinnen und Bürger sich besonders dann für Entscheidungsprozesse des Gemeinwesens interessieren, wenn sie sehen, dass die Politik etwas mit ihren eigenen Erfahrungen und Erfolgen, aber auch ihren eigenen Sorgen zu tun hat. Offenbar ist es der Lokaljournalismus, der ihnen den Zusammenhang zwischen ihrem eigenen Leben und den politischen Prozessen am besten vermitteln kann, weil die politischen Entscheidungen am Ort sichtbar in ihre Interessen eingreifen. Ob sich die Lokalpolitik für den Bau einer Umgehungsstraße entscheidet, befreit die Bewohner eines Ortes von den Gefahren des Durchgangsverkehrs – oder auch nicht.

So plausibel das ist und so schön es in Ansprachen klingt, so hässlich ist die Realität, mit der sich dieses Buch befasst. Denn mit beidem, der politischen Partizipation wie dem Lokaljournalismus, steht es nicht gut. Was die *politische Partizipation* betrifft, nähme sie kontinuierlich ab, wenn man sie am Indikator der Wahlbeteiligung mäße. Die geht seit Jahrzehnten zurück, nicht nur bei Wahlen zum Deutschen Bundestag, zu den Landtagen oder zum Europaparlament, sondern auch und besonders bei Kommunalwahlen. Allerdings gibt es neben der institutionalisierten Form weniger formalisierte, direktere und konkretere Möglichkeiten des politischen Engagements, die an Bedeutung zu gewinnen scheinen: aktive Beteiligung an Bürgerinitiativen, Umweltgruppen, Demonstrationen usw.

Was den *Lokaljournalismus* betrifft, bricht mit der digitalen Revolution seine traditionelle ökonomische Grundlage, die Finanzierung über Anzeigen- oder Annoncen-Aufträge weg, an die Verleger und Journalisten, aber auch Leser sich über ein halbes Jahrhundert gewöhnt haben. Der Nationalökonom Karl Bücher hat schon vor dem Ersten Weltkrieg darauf hingewiesen, dass die in der damaligen Medienwelt unvermeidbaren Streuverluste der Anzeigen- und Annoncenkunden den redaktionellen Teil der Zeitungen erheblich billiger gemacht haben, genauer: billiger haben erscheinen lassen, als sorgfältige journalistische Informationsproduktion tatsächlich kostet. (Denn durch die über die Preise der beworbenen Waren gedeckten Anzeigenkosten hat das Publikum ja auch schon damals den Journalismus finanziert.) Immobilien-, Stellen-, Wohnungs- und Autoannoncen waren bis Ende der 1990er Jahre das Butter- und Brot-Geschäft der Presse und besonders der Lokalzeitungen. Seitdem wandert dieses Geschäft ins Internet ab, wo die Annoncenkunden wegen der Zielgenauigkeit der Digitalkommunikation kaum noch Streuverluste hinnehmen müssen und das erfolgreiche Platzieren von Anzeigen bei Suchmaschinen keinen redaktionellen Köder mehr erfordert. Außerdem geht durch die Internet-Konkurrenz die Auflage der Tagespresse kontinuierlich zurück, in Deutschland im vergangenen Jahrzehnt laut Informationsdienst zur Verbreitung der Werbeträger (IVW) um mindestens ein Viertel von 28 Millionen im Jahre 2000 auf 21 Millionen gedruckte Exemplare heute.

Angesichts dieser Bedingungen lässt es sich nicht leugnen: Die Ressourcen für glaubwürdigen, um Unabhängigkeit bemühten, sorgfältig recherchierten und gut verständlichen Lokaljournalismus werden zusehends knapper. Viele Regional- und Lokalblätter, aber auch lokale Radio- und Fernsehstationen passen sich daher den Interessen der verbleibenden, aber eben weniger werdenden Anzeigenkunden an. Sie neigen dann dazu, sich auf das Positive, die Schokoladenseite des Lokalgeschehens zu konzentrieren und den Problemen vor Ort wenig Beachtung zu schenken. Außerdem nehmen die Mittel ab, mit denen erfahrene Rechercheure und Redakteure bezahlt werden können, die gerade im Lokalressort gebraucht werden. Ein wachsender Anteil des lokaljournalistischen Gesamtprodukts wird von freien Mitarbeitern erstellt, deren Ausbildung und professionelle Kompetenz oft zu wünschen übrig lässt.

Zu behaupten, der Rückgang der Wahlbeteiligung und andere Defizite der politischen Partizipation seien direkt auf die Krise des (Lokal-)Journalismus zurückzuführen, wäre übertrieben. Auch die Art, wie sich die Politik der Öffentlichkeit präsentiert, trägt zweifellos dazu bei. Seit langem zeigen Untersuchungen, dass die Parteien sich bei ihrer Außendarstellung in den Medien gern auf die Kritik am politischen Gegner konzentrieren, statt die eigenen Programme und Pläne in den Vordergrund zu stellen. Dass sie dabei den Nachrichtenwertfaktor Negativismus antizipieren, ist ein Beispiel dafür, wie Öffentlichkeitsarbeit sich an journalistischen Arbeitsweisen orientiert, weil Informationsmedien ihre Adressaten sind. Das Bild, das so von der Politik entsteht, ist negativer, als die Politik es eigentlich verdient. Die Fokussierung auf die Kritik am politischen Gegner untergräbt das Ansehen der Politik insgesamt und ist vermutlich ein Grund, warum so viele Bürger sich an der institutionalisierten Politik nicht (mehr) beteiligen mögen.

Gerade im Lokalen, wo Politik und Journalismus sich um konkrete, die Bürger(innen) unmittelbar betreffende Sachfragen drehen, kann dieser Teufelskreis durchbrochen werden. Die Bereitschaft zur politischen Partizipation hängt deshalb besonders mit der Glaubwürdigkeit und Lebendigkeit lokaler Öffentlichkeiten zusammen. Sich darum zu kümmern, dass der in die Krise geratene Beruf des Lokaljournalisten zukunftsfähig bleibt, liegt daher auch im Eigeninteresse der Politik. Für professionelle Lokaljournalisten ist das Herstellen von Öffentlichkeit, das Sichtbarmachen des örtlichen Geschehens eine Aufgabe, die nicht an weltanschauliche, wirtschaftliche, wissenschaftliche oder andere Partikularinteressen gebunden sein darf. Auch das Herausfinden und Bekanntmachen von problematischen Gegebenheiten in der nahen Umgebung des Publikums gehört dazu. Jede und jeder braucht verlässliche Informationen über die Gegebenheiten am Wohnort, um die damit verbundenen Chancen nutzen, die damit verbundenen Risiken vermeiden und so das Leben auf der Höhe der bereitstehenden Möglichkeiten gestalten zu können.

Aber auch das Gemeinwesen, die Gemeinde wie die ganze Gesellschaft, braucht, um sich selbst unter Mitwirkung seiner Bürger(innen) regulieren zu können, der Informiertheit dieser Bürger durch einen auf die Aufgabe Öffentlichkeit spezialisierten Beruf. Diese Aufgabe verlangt, auch nahe liegende Gegebenheiten mit dem unerschrockenen Blick für das Wichtige und Bedrohliche zu recherchieren und die so gewonnenen Informationen mit dem unprätentiösen Sinn für das Verständliche und Unterhaltsame zu verbreiten. Wir alle, als Individuen wie als Gemeinwesen, haben ein Eigeninteresse, den Lokaljournalismus angesichts seiner brüchig werdenden Existenzgrundlage zu fördern, damit er als Beruf fortbesteht, bei dem wir uns darauf verlassen können, dass er uns richtige und wichtige Informationen über unsere örtliche Umgebung vermittelt.

Ist das wirklich so? Wissenschaftler müssen radikale Fragen stellen. Die radikalste Frage, mit der sich die Journalistik zur Zeit abmüht, ist die, ob der Journalismus als Beruf zur Öffentlichkeit, als Bündel spezialisierter Leistungen und Fähigkeiten, das die Chance auf kontinuierlichen Erwerb begründet (Max Weber), in Zukunft noch notwendig sein wird; oder ob nicht schon genug Transparenz und Öffentlichkeit dadurch entsteht, dass alle mit allen im Internet in Verbindung treten und sich dort über alles verständigen können? In diesem Buch stellt sich heraus, dass der Journalismus gerade auf der lokalen Ebene Aussichten hat, die Herausforderungen des digitalen Zeitalters zu bestehen.

Etliche Beiträge zeigen, dass der Beruf zur Öffentlichkeit trotz der allseitigen Kommunikationsmöglichkeiten im Netz weiterhin gebraucht wird und wichtige Funktionen erfüllt, wenn auch vielleicht nicht genau dieselben wie bisher. Wenn das zutrifft, stellt sich die weitere radikale Frage nach den Institutionen, die sich angesichts der ökonomischen Krise intensiver als bisher des gesellschaftlichen Interesses am Journalismus annehmen könnten, indem sie Ressourcen für ihn bereitstellen. Ähnlich wie bei Kunst und Wissenschaft kommen dafür Stiftungen und Mäzene infrage, aber auch – horribile dictu – der Staat, und zwar sowohl die Legislative wie die durch sie legitimierte Exekutive.

Wir Deutsche, die wir in zwei Diktaturen mit staatlicher Lenkung leidvolle Erfahrungen gemacht haben, halten besonders viel von der Staatsferne der Medien und des Journalismus. Hüten wir uns aber, daraus ein Dogma zu machen. Wer, wenn nicht die gewählten Volksvertreter und die von ihnen gewählten Regierenden sollte sich Gedanken darüber machen dürfen, wie es mit einem in die Klemme geratenden Beruf weitergehen soll, ohne den die Gesellschaft ihre Selbstregulierungsfähigkeit einbüßen würde? In anderen europäischen Ländern wird die (Lokal-)Presse seit jeher mehr aus dem Steueraufkommen gefördert als wir Deutsche es unserem Staat gestatten.

Wenn man das tut, sollte man freilich auch dafür sorgen, gerade im Hinblick auf lokale Öffentlichkeiten, wie der Journalismus trotz öffentlicher Förderung seine kritische Distanz zu den staatlichen Gewalten bewahren kann. (Die Rede von den Medien als „Vierte Gewalt" ist übrigens nicht unproblematisch, denn wir leben in einem Rechtsstaat, und dort hat der Staat mit seinen elaborierten Systemen der Normauslegung und Sanktionsanwendung das Gewaltmonopol – und sollte es auch behalten!) Bei dieser Problematik spielt journalistische Selbstkontrolle vor Ort eine wichtige Rolle. Mit Ombuds-Personen und -Räten beginnt sich in der deutschen Regionalpresse erst jetzt eine Einrichtung zu etablieren, die in Skandinavien, den USA oder Japan längst, neuerdings aber zum Beispiel auch in der Türkei selbstverständlich zum Mediensystem gehört.

Eine dritte radikale Frage betrifft das *individuelle* Interesse an glaubwürdiger, nützlicher und verständlicher Lokalinformation und wie es sich in Ressourcen ummünzen lässt, aus denen der Beruf sich speisen kann, der für das Finden und Verbreiten von Informationen verantwortlich ist. Indem die Verlage professionell und kostenintensiv hergestellte Informationen am Anfang gratis ins Netz gestellt haben, als PR für ihre gedruckten Bezahlprodukte, haben sie die bereits von Karl Bücher kritisierte Erwartung des billigen Journalismus verstärkt. Das war, wie auch die Verleger heute wissen, die Ursünde, mit der sie selbst zur Zeitungskrise beigetragen haben. Es wird lange dauern, wer sich mit Kulturwandel auskennt weiß: mindestens so lang wie sich diese Erwartung aufgebaut hat, bis das Publikum bereit ist, direkt und sichtbar so viel für verlässliche (Lokal-)Information zu bezahlen, wie für das Herstellen und Verbreiten dieser Information nötig ist. Und ob es überhaupt dazu kommt, hängt davon ab, dass die von den Individuen geschätzten Qualitäten der Information – Richtigkeit, Relevanz, Verständlichkeit – trotz der knapper werdenden Ressourcen nicht nur aufrecht erhalten, sondern intensiviert und für das potenzielle Publikum auch als Qualitäten deutlich werden, durch die journalistische Information sich von Öffentlichkeitsarbeit, Public Relations, Corporate Communication und anderen Formen persuasiver öffentlicher Kommunikation unterscheidet.

Damit journalistische Qualitäten entwickelt und sichtbar gemacht werden können, ist es wichtig, dass Journalisten beruflich qualifiziert werden. In der Krise, deren Herausforderungen es durch Überprüfung beruflicher Traditionen, Durchleuchtung neuer Verhältnisse sowie Anpassung professioneller Standards an das Neue zu bestehen gilt, kommt der *Weiterbildung* besondere Bedeutung zu. Sie sollte sich auf eine an den Problemen des Berufs orientierte Forschung stützen können.

Hier kann sich der Staat engagieren, ohne in den Verdacht einer ungebührlichen Lenkung des Journalismus zu geraten. In den angelsächsischen Ländern, wo trotz (oder gerade) wegen der langen Tradition der Pressefreiheit viele Journalisten an öffentlichen Universitäten ausgebildet werden, tut er das seit langem. Logisch und weitsichtig ist es deshalb, dass die nordrhein-westfälische Landesregierung auf Initiative von Ministerpräsidentin Hannelore Kraft sich entschlossen hat, den Lokaljournalismus zu unterstützen, indem sie die Weiterbildung von Lokaljournalisten aus öffentlichen Mitteln fördert. Die Staatsferne dieser Förderung ist dadurch gesichert, dass eine öffentliche Universität mit dieser Aufgabe betraut wird. Das wirkt nur auf den ersten Blick paradox, ist aber ebenfalls logisch und weitsichtig. Denn trotz ihrer überwiegenden Finanzierung aus Steuern handeln Universitäten unabhängig von anderen staatlichen Institutionen, weil die Qualität ihrer Produkte – Forschung und Lehre – es gebieten. In Nordrhein-Westfalen hat der Staat mit dem „Hochschulfreiheitsgesetz" seit 2007 die Fachaufsicht über die Universitäten an Hochschulräte abgegeben, die gemischt aus Wissenschaft, Wirtschaft, Verwaltung und anderen gesellschaftlichen Bereichen besetzt werden.

Pressefreiheit und Wissenschaftsfreiheit werden von demselben Artikel 5 des Grundgesetzes der Bundesrepublik Deutschland garantiert. Das drückt eine strukturelle Nähe von Wissenschaft und Journalismus aus, die der tiefste Grund ist, warum die nordrhein-westfälische Landesregierung vorläufig eine Universität mit der Umsetzung der Idee der Ministerpräsidentin betraut hat, nachdem der Bundesverband Deutscher Zeitungsverleger (BDZV) die Staatsferne dieses Projekts angemahnt hat. An der TU Dortmund und anderen Universitäten und Fachhochschulen findet seit bald vier Jahrzehnten eine sowohl wissenschaftlich fundierte als auch praxisnahe Ausbildung für den Journalistenberuf statt, damit sich die Gesellschaft darauf verlassen kann, dass er die Aufgabe Öffentlichkeit so unabhängig und professionell wie nötig erfüllt. Wenn sich daran bisher niemand stört, spricht das für die Akzeptanz auch hochschulgebundener Weiterbildung von Journalisten, zumal Weiterbildung laut Hochschulrahmengesetz des Bundes und Hochschulrecht der Länder zu den genuinen Aufgaben von Universitäten gehört.

*

Dieser Sammelband ist aus dem Projekt „Initiative Lokaljournalismus in Nordrhein-Westfalen" (INLOK) im ersten Jahr seiner Arbeit hervorgegangen. INLOK (www.inlok-nrw.de) lädt nicht nur Lokaljournalist(inn)en unabhängig von den Medienbetrieben, für die sie arbeiten, zu

Weiterbildungskursen in die Hochschule ein; wir gehen auch mit erfahrenen Referent(inn)en in die Medienbetriebe und Redaktionen, nachdem wir deren Weiterbildungsbedarf in Vorgesprächen geklärt haben. Durch diese Inhouse-Kurse, mit denen wir ein neues, stärker am praktischen Bedarf orientiertes Modell des Transfers von der Wissenschaft in den Beruf praktizieren, unterscheidet sich INLOK von anderen journalistischen Weiterbildungsangeboten. Im letzten Teil des Buches schildern Verleger und Chefredakteure, welche Erfahrungen sie mit INLOK und ihren Workshops vor Ort gemacht haben.

Am Anfang gibt der Präsident der Bundeszentrale für politische Bildung den Impuls, indem er den Zusammenhängen zwischen lokalen Öffentlichkeiten und politischer Partizipation nachspürt. Die Beiträge des folgenden Kapitels analysieren die grundlegenden Strukturen des Lokaljournalismus, von seiner Entwicklung über den Ausbildungsbedarf und die Situation beim leitenden Personal bis zu den Partizipationschancen der Digitalkommunikation. Danach blickt eine Reihe von Autoren besonderen Problemen des Lokaljournalismus – der schwindenden Leser-Blatt-Bindung, dem Mangel an Weiterbildung, den Gefährdungen der Unabhängigkeit durch die Nähe der Honoratioren, dem leidigen Qualitätsniveau – ins Auge, nicht ohne Lösungsmöglichkeiten für diese Probleme zu erörtern. Das umfangreiche vorletzte Kapitel, in dem praktische Fragen im Vordergrund stehen, vermittelt Fach- und Sachwissen zu Ressorts, Themengebieten, Vielfaltsaspekten, Rundfunkmedien und den rechtlichen Rahmenbedingungen des Lokaljournalismus.

Die Herausgeber danken allen, die zum Entstehen dieses Buches beigetragen haben. Unser besonderer Dank gilt den Autorinnen und Autoren für ihre intellektuelle Mühe und Christina Kiesewetter, die sich der ebenfalls mühevollen Arbeit der Schlussredaktion und dem Erstellen des Registers unterzogen hat. Außerdem danken wir den Mitarbeiterinnen im Dortmunder Büro des INLOK-Projekts, Anna Berneiser, Mareike Potjans, Gesa Schölgens und Angelika Schomann, die bei der Redaktion geholfen und organisatorische Aufgaben erfüllt haben. Schließlich ist den beiden Institutionen zu danken, die die Produktion dieses Buches durch das Bereitstellen materieller und finanzieller Ressourcen ermöglicht haben: der Staatskanzlei des Landes Nordrhein-Westfalen und dem Ministerium für Bundesangelegenheiten, Europa und Medien, namentlich Frau Ministerin Dr. Angelica Schwall-Düren und Frau Referatsleiterin Dr. Ines Vollmeier, sowie dem Springer VS-Verlag in Wiesbaden, namentlich der Cheflektorin für Medien, Frau Barbara Emig-Roller.

Wir hoffen, dass das Buch nicht nur in akademischen Kreisen Beachtung findet, sondern auch von denen genutzt wird, die Tag für Tag an der Basis dafür sorgen, dass kommunale Öffentlichkeiten entstehen: den vielen engagierten Journalistinnen und Journalisten in den oft unterbesetzten Lokalredaktionen deutscher Medien, denen wir dieses Buch widmen.

Einleitung

Was tragen lokale Öffentlichkeiten zur politischen Partizipation bei?

Thomas Krüger, Präsident der Bundeszentrale für politische Bildung

INLOK – die „Initiative Lokaljournalismus in Nordrhein-Westfalen" – hat sich zum Ziel gesetzt, in einem immer schwieriger werdenden Umfeld die Qualität lokaljournalistischer Arbeit zu fördern. Im Zusammenwirken von Verlagen, Wissenschaft und Stifterverbänden soll die Qualifizierung der Journalistinnen und Journalisten vorangebracht werden. Bedeutend sind die festangestellten ebenso wie die freien Mitarbeiterinnen und Mitarbeiter, auf die sich die redaktionelle Arbeit zunehmend stützt.

Ich sehe darin eine Fortsetzung, eine Erweiterung oder Verlängerung – was immer Sie möchten – der Bemühungen meines Hauses um einen hochwertigen Lokaljournalismus. Das Lokaljournalistenprogramm der Bundeszentrale für politische Bildung (bpb) als Fortbildungsmöglichkeit um das „Projektteam Lokaljournalisten" hat eine jahrzehntelange Tradition. Wir politischen Bildnerinnen und Bildner haben die Journalistinnen und Journalisten immer als natürliche Verbündete gesehen, wenn auch das Rollen- und Selbstverständnis unterschiedlich sein müssen. Ohne mediale Öffentlichkeit, wie sie im 18. Jahrhundert entstanden ist, hätte eine bürgerliche Gesellschaft sich nie konstituieren und dem Staat gegenübertreten können. Medien haben die Grundvoraussetzung für Demokratie geschaffen. Journalistinnen und Journalisten erreichen regelmäßig einen Großteil der Bevölkerung – auch im Internetzeitalter. Das macht ihre Arbeit in einer pluralen Demokratie so verantwortungsvoll. Deshalb haben wir eine Plattform geschaffen, auf der sie in Seminaren, Tagungen und Publikationen ihre Verantwortung reflektieren und sich für diese Arbeit vertiefend qualifizieren. Unsere Mittel und Möglichkeiten dazu sind freilich mit den Jahren keineswegs gewachsen, sondern eingeengt worden. Da ist es gut zu sehen, dass zumindest in diesem Bundesland andere in die Bresche springen.

Lokale Öffentlichkeiten sind seit einiger Zeit Veränderungen und Verwerfungen ausgesetzt. Es handelt sich um Kernfragen, mit denen sich die politische Bildung und die Medien heutzutage auseinandersetzen müssen. Mein Haus sucht nach Wegen und Methoden, um die gesellschaftliche Teilhabe der Bürgerinnen und Bürger auszuweiten. Deshalb waren wir von den neuen Möglichkeiten des Internets sowie der Sozialen Medien früh fasziniert – während die Printmedien erst in eine gewisse Schockstarre verfielen, um dann in eine hektische, bisher nur partiell erfolgreiche Suche nach Überlebensstrategien einzutreten. Doch dazu später.

Was tragen lokale Öffentlichkeiten zur politischen Partizipation bei? Diese Frage führt zum Kern der gesellschaftlichen Umbrüche, die wir gerade erleben. Deshalb enthält die Antwort zwei Aspekte: sozusagen einen historischen und einen analytisch-prognostischen. Wie war es früher, wie liegen die Dinge heute – und was soll daraus werden? Wie wollen wir die Zukunft der Öffentlichkeit und der politischen Partizipation gestalten? In dieser Zukunft spielt, davon bin ich überzeugt, der Lokaljournalismus als Zentrum der lokalen Öffentlichkeiten weiterhin eine Schlüsselrolle.

Im republikanischen Demokratieverständnis betrachten wir soziale und politische Partizipation als Basisvoraussetzungen und Stabilitätsfaktoren von Demokratie – als etwas, das von unten wächst und nicht von oben verordnet werden kann. Früher waren die Felder dieser Teilhabe leicht zu identifizieren: Sieht man von den allgemeinen Wahlen ab, war die Basis jeder Form von politischer und gesellschaftlicher Teilnahme lokal – der Schützenverein, die Kirchengemeinde, die Ortsgruppe der Partei, die Gewerkschaftsgruppe, die Freiwillige Feuerwehr – die organisierten wirtschaftlichen Interessen bildeten die Öffentlichkeiten, in denen man über alle Belange sprach, in denen sich Meinungen bildeten und oft den Menschen auch gesagt wurde, was sie zu meinen hatten. In diesen mehr oder weniger offenen Gemeinschaften kristallisierte sich auch die meinungsführende Elite heraus, reifte das Führungspersonal der demokratischen Institutionen heran.

Es waren sich überschneidende und gegenseitig durchdringende Öffentlichkeiten, deren integrierende mediale Mitte die Lokalzeitungen bildeten. Gemeinsame Werte und wechselseitiges Vertrauen, Traditionen und miteinander geteilte Erfahrungen, Mobilisierung von Selbsthilfekräften und Selbstorganisation in lokalen Assoziationen bildeten die Grundlage eines – natürlich nicht immer konfliktfreien – Zusammenlebens. In diesen örtlichen Öffentlichkeiten bildeten sich die Anliegen der Menschen. Und Parteien, Kirchen oder Vereine trugen sie dann in die regionalen und nationalen Diskurse hinein. Anders herum brachen Zeitungen und später auch andere Medien übergeordnete Fragestellungen der großen Politik auf das Lokale herunter.

Ich habe in der Vergangenheitsform gesprochen: Das ist natürlich nicht ganz richtig. All diese lokalen Teilöffentlichkeiten gibt es auch heute noch und wir sind froh, dass einiges an Gemeinschaftsgeist und bürgerschaftlichem Engagement in der Kommune geblieben ist – und sogar wieder mehr und mehr erstarkt. Allerdings tragen diese Strukturen nicht mehr wie früher. In der modernen, mobilen Welt haben sich immer mehr Menschen den sozialen Milieus entzogen, die ja nicht nur Geborgenheit, sondern auch soziale Kontrolle bedeuten. Ideologien, gemeinsame Werte und Religionen haben an Wirkungsmacht verloren. Die steigenden Mobilitätsanforderungen der modernen Welt haben die Heimatverwurzelung gelockert.

Galt es nach dem Zweiten Weltkrieg noch als ein Grundbedürfnis, nicht aus der Reihe zu tanzen, so zu sein wie alle anderen – stellt das Individuum heute seine Einmaligkeit und Besonderheit zur Schau. Sogar der scheinbar verlässlichste aller sozialen Zusammenschlüsse, die Familie, funktioniert nur noch bedingt. Viel von der sozialen Integration, die einst Alexis de Tocqueville als Voraussetzung der politischen Partizipation ansah, ist verloren gegangen. In der Vielfalt der freiwilligen Assoziationen sah er den wichtigsten Garant eines freien Gemeinwesens, in dem demokratisches Denken und ziviles Verhalten durch die tägliche Praxis eingeübt werden. Durch diese Schule gehen die meisten Menschen nicht mehr.

Gesellschaftliche Organisationen aller Art haben es heute oft schwer, Menschen an sich zu binden – und das betrifft nicht nur die politischen Parteien. Die Gesellschaft ist bunter, die Bürgerinnen und Bürger sind eigensinniger und hemmungsloser in ihrer Wahrnehmung eigener Interessen geworden. Die sich in letzter Zeit vermehrt formierenden Bürgerinitiativen als Form der Teilnahme am Gemeinwesen sind Ausdruck dieser Individualisierung: Wo es um ein wichtiges Ziel oder manchmal auch ein ganz egoistisches Interesse geht, ist das selbstbewusste Individuum zur Partizipation auf Zeit bereit. Die neuen Partizipationsansprüche zielen sehr viel direkter auf das politische System und auf konkrete Problemlösungen als beispielsweise in den 80er Jahren. Sie formulieren oftmals einen

Anspruch, der über jede von oben gewährte Teilhabe in geregelten Beteiligungsverfahren hinausgeht. Den heutigen mündigen Bürgerinnen und Bürgern ist wenig selbstverständlich. Sie akzeptieren politische Entscheidungen nicht schon deshalb, weil sie durch gesetzlich vorgesehene Verfahren zustande gekommen sind. Argumente und Gegenargumente sollen auf den Tisch, die Abwägung soll für die Bürgerinnen und Bürger nachvollziehbar sein. Transparenz ist das Gebot der Stunde. Dieses Transparenzgebot muss die Politik äußerst ernst nehmen, um die Legitimität politischer Entscheidungen weiterhin gewährleisten zu können. Deliberative Demokratie ist der Fachbegriff für dieses Phänomen. Sie erfordert nach Jürgen Habermas eine Politik der argumentativen Abwägung, der gemeinsamen und transparenten Beratschlagung und Verständigung über öffentliche Angelegenheiten – genau das, was bei der Entscheidung über den Bahnhofsneubau in Stuttgart ursprünglich zu kurz kam und unter Strapazen nachgeholt wurde. Mag der Baubeschluss nach repräsentativem Demokratieverständnis noch so korrekt zustande gekommen sein: Gründe und Gegengründe waren unvollständig zur Bevölkerung durchgedrungen.

Die Lehre für die Politik, für uns als politische Bildner und letztlich auch für die lokalen Medien lautet: Es hängt immer mehr davon ab, inwieweit es gelingt, diejenigen Bürgerinnen und Bürgern zu beteiligen, die beteiligt werden wollen. Ich muss als Bürger intervenieren und widersprechen können – und das muss erkennbar in die Entscheidungen einfließen. Das ist der Grundbaustein deliberativer Demokratie. Politik kann nicht mehr nur hinter verschlossenen Türen von Parlamenten und Ministerien ablaufen.

In diesem Zusammenhang spielt das Internet eine große Rolle. Nicht als Ursache dieser Weiterentwicklung der politischen Kultur, wohl aber als Verstärker und Beschleuniger. Es hat eine nie gekannte Dynamik in die gesellschaftlichen Veränderungen gebracht. Die Politik – und viele andere gesellschaftliche Bereiche – lebte lange in dem Irrglauben, das Internet sei nur ein neues Medium der öffentlichen Kommunikation. Entsprechend übertrugen Politiker, Politikerinnen und PR-Profis schlicht und ergreifend die ihnen vertrauten Kommunikationsformen dorthin. Das musste schiefgehen, sagen wir heute, denn im Rückblick sehen wir klar, dass Twitter, Facebook, Blogs, Wikis & Co. auch die Formen von Kommunikation und Information verändern – und damit die Formen und Möglichkeiten gesellschaftlicher Willensbildung und -artikulation. Mit den Social-Media-Diensten ist eine ganz eigene Kultur der Mediennutzung alltäglich geworden, die vor wenigen Jahren niemand vorhergesehen hat. Der Konsument ist zum Prosument geworden, also zum Nutzer, der nicht nur empfängt, sondern gleichzeitig selbst produziert und veröffentlicht. Eine Millionen Menschen sind alleine in Berlin bei Facebook angemeldet!

Es sind die millionenfachen Inhalte von den Usern selber, die die Netzwerke mit Leben füllen und neue Nutzerinnen und Nutzer anziehen. Flickr, Geocaching, Delicious, Pinterest oder auch Wikipedia leben von Inhalten, die selten von ausgebildeten Redakteurinnen und Redakteuren erstellt oder ausgewählt worden sind. Bei YouTube werden weltweit 24 Stunden Videomaterial neu eingestellt – pro Minute! Bei Twitter reagieren innerhalb von Sekunden tausende von Menschen auf Nachrichten, die sie bewegen. Unzählige Blogger und Bloggerinnen veröffentlichen ihre Meinung zu den Themen, die ihnen wichtig sind – unbeeindruckt davon, ob sie damit 1000 oder 100.000 oder 10 Menschen erreichen.

Zum Verständnis reichen solche Fakten alleine nicht: Das Internet ist nicht bloß ein Medium, sondern ein Ort, an dem man sich aufhält und mit anderen austauscht. Viele junge Menschen können sich ein Leben nicht mehr vorstellen, ohne über Facebook mit ihren Freunden permanent in Kontakt zu stehen, virtuell einzukaufen oder mit ein paar Klicks eine

Party zu organisieren. Und wenn sich einige zusammentun, um die Bäume auf der Poppelsdorfer Allee in Bonn zu retten, starten sie wie selbstverständlich nicht nur eine Homepage, sondern eine Fanseite auf Facebook. Die virtuelle Netzwelt ist nicht mehr von der realen Welt zu trennen, ihre Verwobenheit prägt den Alltag. Im Internet sind in schier unübersehbarer Zahl neue Teilöffentlichkeiten entstanden. Dort finden wir eine Fülle selbstorganisierter Gemeinschaften hoch engagierter Menschen, die über Grenzen wie formellen Status, Geschlecht, Alter und Geographie hinweg ein gemeinsames Ziel verfolgen. Bürgerinnen und Bürger diskutieren, wirken an Projekten mit, sagen ihre Meinung. Im Grunde organisiert jedes Individuum, das sich vernetzt, um sich herum seine ganz persönliche Öffentlichkeit, in der es Nachrichten austauscht, Ideen diskutiert und Meinungen bildet und beeinflusst.

Vieles davon ist im klassischen Verständnis lokal, anderes eher global. Möglicherweise ist diese Unterscheidung gar nicht mehr so wichtig. Ob Freunde, mit denen ich mich vernetze, zwei Straßen weiter oder in einer anderen Ecke der Welt leben, spielt kaum eine Rolle. Wer einen Teil seiner Lebensrealität im Netz verbringt, dem ist das Ferne nah und das Nahe, das ihn nicht interessiert, so fern wie der Mond. Global denken, lokal handeln – diese Parole bleibt in ihrer Allgemeinheit richtig, aber ihre Herkunft aus der Vor-Internetzeit merkt man ihr dennoch an!

Wo neue Öffentlichkeiten sich nicht mehr anhand von Staatsgrenzen, geschweige denn von Grenzen traditioneller Regionen und Gebietskörperschaften verorten lassen, kommt es auf die Gemeinsamkeit der Werte und Ziele an. In sozialen Medien kann man Hobbys pflegen, den schlechten Kundendienst von Unternehmen sanktionieren oder sich eben in die Politik einmischen – also tut man es in vielfältiger Weise. Nichtregierungsorganisationen oder kleinere Gruppen bekommen die Chance, sich Gehör zu verschaffen. Nichts ist leichter als eine „Awareness-Kampagne": Mit Videos lässt sich schnell Aufmerksamkeit bei den Menschen verschaffen. Denn in der Demokratie regieren nicht Parteien, sondern Mehrheiten. Wer es schafft, via Internet und Social Web Mehrheiten zu generieren, der gewinnt an Einfluss.

Das sieht auch die Politik: In Zeiten sinkender Wahlbeteiligung, steigender Politikverdrossenheit und fallenden Mitgliederzahlen in den politischen Parteien scheint es nur vernünftig, dort präsent zu sein, wo Menschen zunehmend ihre Zeit verbringen. Warum sollten Politikerinnen und Politiker die neuen Dialog- und Beteiligungsmöglichkeiten nicht nutzen, um Unterstützung zu generieren? Sie versuchen es jedenfalls – oft allerdings nicht sonderlich geschickt. „Ändert sich daran etwas, wenn die großen Gesichter nun auch bei Facebook grinsen?", schreibt der Schriftsteller Bruno Preisendörfer. Und weiter: „Zirkus bleibt Zirkus! Die viel beredete 'Arroganz der Macht' bei den Etablierten lässt sich durch 'Chatten' so wenig korrigieren wie durch 'Talken', Kinderküsse oder Kugelschreiber verteilen." Stimmt, aber wo die gängigen Darstellungsformen von Politik und ihre verquaste formelhafte Sprache ins Netz getragen werden, machen die Menschen heute ihrer Ablehnung Luft. Sie schlagen auf Twitter oder Facebook unmittelbar verbal zurück – und das mit oft nachhaltiger Wirkung.

Ich gestehe: Das fasziniert den politischen Bildner. Wir brauchen keine respektvollen Untertanen, sondern aktive Bürgerinnen und Bürger, die das Gemeinwesen als ihre Sache verstehen. Mehr Beteiligung schafft mehr Freiheit für den Einzelnen und fördert Legitimation, Zusammenhalt und Stabilität des Ganzen – das ist unsere Ausgangsposition. Wenn wir also von unserer Warte aus auf Internet und Politik schauen, dann stellen wir fest, in welchem Umfang hierzulande bereits neue Teilhabeformen existieren und welche Dynamik sie in das öffentliche Geschehen hinein tragen.

„Zeitalter der Partizipation" haben wir daher in diesem Jahr unseren „Bundeskongress Politische Bildung" genannt, weil wir der Meinung sind: Die gesellschaftliche Realität macht dieses Thema in hohem Maße virulent. Eine neue Partei ist auf dem Vormarsch in die Parlamente, die denen eine politische Heimat geben will, die das Gefühl haben: Die etablierten Parteien haben die Problematik von Teilhabe in einer zunehmend digitalen Gesellschaft nicht begriffen. Und das sind viele, ganz unabhängig davon, ob sie alle gleichermaßen von allen neuen Möglichkeiten Gebrauch machen. Die Piraten sind Bürgerinnen und Bürger, die als „citoyens" tagtäglich ernst genommen werden und nicht als Stimmvieh an Wahltagen fungieren wollen. Mit der klassischen Protestpartei hat das nichts zu tun, dazu fehlt den Piraten der antidemokratische Impuls. Sie bringen das Bedürfnis zum Ausdruck, die neuen Möglichkeiten von Teilhabe und Demokratie besser auszuschöpfen.

Die Position der bpb ist es, so viel Teilhabe wie möglich zu eröffnen und dazu auch neue, noch unerforschte Wege zu beschreiten. Dabei sind wir keineswegs blauäugig, sondern sehen ganz klar: Social Media macht nicht aus jedem User einen „citoyen" – also einen Staatsbürger, der aktiv und eigenverantwortlich am Gemeinwesen teilnimmt und dieses mitgestaltet – und wer unter einer politischen Forderung auf Facebook den „Gefällt mir"-Button klickt, ist noch lange kein politischer Aktivist. Bloß weil es technisch möglich geworden ist, werden sich nicht Millionen Menschen um einen virtuellen runden Tisch versammeln, um gemeinsam politische Fragen zu diskutieren. 50 Prozent der Bevölkerung in Deutschland beteiligen sich nicht an politischer Kommunikation. Die Mediennutzung dieser Bevölkerungsgruppe ist weitgehend unpolitisch. Die „passiven Mainstreamer", wie wir sie nennen, nehmen allenfalls an Wahlen teil und nutzen ansonsten keine Möglichkeiten der Partizipation – weder online noch offline. Selbst der überwiegende Teil der Onliner ist eher passiv – egal, ob jung oder alt. 30 Prozent der hiesigen Bevölkerung sind sogar noch ganz und gar offline. Das Internet als neue Agora, wo sich alle Individuen aktiv um das Gemeinwesen kümmern – das bleibt eine Utopie, aber eben auch eine Kompassnadel, die anzeigt, in welche Richtung wir marschieren wollen.

Dabei gilt es auch, die Probleme im Blick zu haben: Das Internet kann die Bildung von Teilöffentlichkeiten begünstigen, fördert aber auch die Spaltung in eine digitale Kommunikationselite und die abgehängten Bürgerinnen und Bürger der analogen Welt. Aber der Wandel hat gerade erst begonnen. Die Mehrheit bleibt bei ihren Gewohnheiten, auch in der politischen Kommunikation. Wer mit dem Internet groß wird, betreibt auch seine Informationssuche und politische Teilhabe zunehmend auf digitalem Wege. Wer sich erst einmal an ein Smartphone gewöhnt hat, kann erahnen, in welchem Umfang die neuen Verhaltensweisen vom Internet geprägt sein werden.

Wir haben es mit einer pluralen, äußerst vielfältigen Gesellschaft zu tun – genauso vielfältig sind die Beteiligungsformen. Nicht immer sind die Ergebnisse auf den ersten Blick ermutigend, nicht immer bleiben denen, die ihr Herzblut und viel Zeit in ihr Engagement gesteckt haben, Frustrationen erspart. Auch hierfür ist „Stuttgart 21" ein Exempel. Letztlich ist es aber doch ein fantastisches Ergebnis, wie viele Menschen beteiligt waren, wie viele sich selbst ermächtigt haben, sich in diese komplizierte Entscheidung einzumischen. Auf jeden Fall ist es ein Zeichen für eine vitale, eine lebende Demokratie.

Diese Vitalität der Partizipationswünsche zwingt Staat und Verwaltungen, Bürgerbeteiligung und Diskurs ernst zu nehmen und selbst Räume dafür zu eröffnen. Solche E-Government- oder E-Democracy-Konzepte sind meist die Digitalisierung altbewährter Partizipationsformate, der Partizipation 1.0 gewissermaßen, gekennzeichnet durch ein klares Oben und Unten, die Trennung in Initiatorinnen und Initiatoren sowie Mitmachende.

Machtgefälle und Machtstrukturen der analogen Welt werden digital reproduziert. Bei den Ansätzen zum Bürgerhaushalt etwa spielt die Online-Beteiligung inzwischen eine wichtige Rolle. Es geht darum, Kosten zu sparen und Widerstände abzubauen. Allerdings ist auch der qualitative Mehrwert der Digitalisierung für die Bevölkerung nicht zu verkennen: Die Hürden für Bürgerinnen und Bürger sinken, weil sie sich zeit- und ortsunabhängig ein Bild machen und eigene Standpunkte einbringen können. Demzufolge haben auch Beteiligungsformen von oben ihren Wert und können, mit der nötigen Ernsthaftigkeit betrieben, gut funktionieren. Das zeigt etwa das Beispiel der kleinen Gemeinde Wennigsen am Deister. „Was kann man für die alters- und familiengerechte Erneuerung der öffentlichen Flächen in ihrem Ortsteil tun?", hieß die Frage an die Menschen. 550 Einwohner und Einwohnerinnen beteiligten sich zunächst an der Ideensammlung, dann an der Priorisierung vorgeschlagener Maßnahmen – abwechselnd auf Bürgerversammlungen wie auch auf Internetseiten der Verwaltung. Die Fachämter und der Gemeinderat befassten sich dann mit den Vorschlägen höchster Priorität. Dass es für dieses Projekt einen Preis für Online-Partizipation gab, ist prima – die Zufriedenheit und das Ansehen der kommunalen Politik wuchsen messbar.

Immer häufiger maßen sich aber die Bürgerinnen und Bürger heute an, sich gerade da einzumischen, wo sie nicht oder nicht ernsthaft genug gefragt werden. Da kann die Berichterstattung in den Medien der Auslöser sein, aber auch die Aktivität Einzelner im Netz, die Informationen und Mitsprache einfordern. Und das wird noch zunehmen in dem Maße, wie die Transparenz steigt. Deshalb ist beispielsweise das Thema „Open Data" für uns so spannend: Wenn die Informationssammlungen des Staates und der öffentlichen Verwaltungen wirklich öffentlich sind, entstehen ganz neue Perspektiven für die Einmischung des Bürgers in seine eigenen Angelegenheiten. Der Blick in die USA und nach Großbritannien zeigt ja, was da alles möglich ist.

Natürlich sind hier hoch informierte und technisch bewanderte Einzelne die Vorreiter. Wenn Politikerinnen und Politiker da vor der Macht oder gar der drohenden Diktatur einer digitalen Elite warnen, erscheint mir das eher wie das Pfeifen im Walde derjenigen, die mit den neuen Spielregeln nicht recht klarkommen.

Heutzutage ist politische Partizipation schon mal auf ein „Share" und ein „Like" bei Facebook reduziert, Twitter zwingt dazu, in 140 Zeichen zu sagen, was wichtig ist. Das Publikum will in Sekunden abgeholt werden. Wer es nicht auf den Punkt bringt und damit zeigen kann, dass er bzw. seine Botschaft interessant genug ist, „geshared" oder „retweeted" zu werden, findet keine Unterstützung. In einer immer schneller werdenden Gesellschaft müssen auch die Kommunikation und die Gewinnung von Aufmerksamkeit schneller werden.

Dieses Tempo hält nicht jeder, es gibt bei den neuen technischen Partizipationsmöglichkeiten Verlierer und Gewinner. Doch ist die soziale Barriere nichts Neues. Die Diskrepanz zwischen denen, die mitmachen, und denen, die sich fernhalten, gab und gibt es auch bei herkömmlichen Beteiligungsformen. Je anspruchsvoller und komplexer die Teilnahme ist, desto mehr beschränkt sie sich auf diejenigen, welche die Sachverhalte durchschauen und das nötige Know-how mitbringen.

Wichtig ist, dass wir hier die soziale Schranke nicht als unverrückbar hinnehmen: Politische Bildung arbeitet daran, Prozesse so zu gestalten, dass alle daran teilhaben können, und dass das nötige Wissen verbreitert wird. Es geht darum, mehr niedrigschwellige Angebote zu entwickeln, Hindernisse abzubauen und Komplexität zu reduzieren. Dass so etwas funktioniert, zeigt der Erfolg unserer „Wahl-O-Maten": Da muss man eben nicht tief in politisches Wissen eingetaucht sein, um Fragen zu wichtigen Diskussions- und Entscheidungsthemen zu beantworten und etwas über die eigene Parteipräferenz zu erfahren.

Doch bei solchen Angeboten wollen wir nicht stehen bleiben. Auch nicht dabei, Veranstaltungs- und Projektformate gemeinsam mit der Zielgruppe zu entwickeln. Wenn wir Partizipation fordern, können wir uns als staatliche Behörde ihr nicht verweigern. Feedbackbögen und Abstimmung über Themen reichen uns nicht. Wir wollen zu einer kollaborativen Behörde werden, die die Gestaltungshoheit über ihre Projekte aufgibt, Beteiligung sowie freie Verbreitung und Verarbeitung der Angebote zulässt.

„Reflektierter Kontrollverlust" nennen wir das: Von der Information zur Interaktion, zum Netzwerk, in dem Kundinnen und Kunden zu Mitwirkenden werden. Deshalb entwickeln wir interaktive Lernformate und qualifizierte Peer-Netzwerke für und mit Jugendlichen weiter. Wir stärken den partizipativen Charakter unserer Veranstaltungsformate durch Live Stream und Twitterwall, durch die Vernetzung der Teilnehmerinnen und Teilnehmer über Social Media, Veranstaltungsblogs mit Beiträgen von Gästen sowie Expertinnen und Experten, Pod- und Vodcasts. Wir entwickeln ein Community Management für die bpb-Angebote und mobile Formate, also Angebote, die sich veränderten Lern- und Lebensgewohnheiten anpassen und dazu herausfordern, Inhalte mitzuentwickeln, eigene Ergebnisse zu teilen und zu verbreiten. Aus der Website der bpb soll eine Plattform werden für Widerspruch, Diskussion, Kritik – auch Unsinn ist nicht verboten.

Social Media ist da und wird nicht wieder verschwinden. Die neuen Kulturen der Mediennutzung haben Ansprüche in die Welt gesetzt, die die Menschen nicht wieder vergessen werden. Das Netz zwingt zur Entscheidung, ob wir den Gedanken der Volkssouveränität ernst nehmen, auch wenn das die Prozesse nicht einfacher macht, sondern komplexer und unbequemer. Aber wenn wir den Frust über den gegenwärtigen Politikbetrieb nicht in eine Demokratiekrise auswachsen lassen wollen, sehe ich keine andere Chance, als demokratische Institutionen und Entscheidungsprozesse durch authentische und echte Bürgerbeteiligung erneut zu legitimieren.

Und damit bin ich endlich bei der Rolle des Lokaljournalismus. Wir politischen Bildner trauen uns viel zu, aber wir leiden nicht an Selbstüberschätzung. Auch mit mehr Mitteln und Personal wären wir nicht in der Lage, im Alleingang einer adäquaten Partizipation der Bürgerinnen und Bürger zum Durchbruch zu verhelfen. Alle Bildungsinstitutionen zusammen, so bedeutend ihre Rolle ist, werden das nicht schaffen. Ob und in welchem Maße neue und alte Partizipationswege der Demokratie neues Leben einhauchen können, hängt ganz wesentlich davon ab, inwieweit es dem Journalismus im Lokalen gelingt, als informierende, moderierende und kritische Instanz weiterhin wahr- und ernst genommen zu werden. Anders formuliert: Kann der Lokaljournalismus seine Rolle, die er früher bei der Integration der lokalen Teilöffentlichkeiten und Partizipationsfelder gespielt hat, auf die neue Welt der digitalen Medien übertragen?

Vieles von dem, was ich gerade erörtert habe, muss den Journalistinnen und Journalisten unter Ihnen bekannt vorgekommen sein. Die Herausforderungen sind für den Journalismus wie für die politische Bildung ähnlich. Sie setzen sich mit den gleichen Phänomenen auseinander, suchen seit Jahren nach Wegen aus der Krise, in die die veränderten Strukturen der Öffentlichkeit und Verhaltensweisen der Menschen insbesondere die Tageszeitungen gestürzt haben. Cross-Medialität, Leser-Community, Bürgerreporterinnen und -reporter oder User-Generated Content – so lauten die bekannten Schlagworte.

Ähnlich wie wir übernehmen die Medien zunehmend Sortierungs- und Moderationsfunktionen, erproben sich mal als Community Manager, mal als Schiedsrichter oder Kontrolleur. Auch sie haben mit kollaborativen Projekten kaum Erfahrung und scheuen den Kontrollverlust, wenn sie redaktionelle Souveränität aufgeben. Dabei vermute ich, dass dann die Suche nach neuen Mechanismen, Regeln, Sanktionen, Definitionen und Abgrenzungen für die redaktionelle Arbeit Erfolg verspricht. Sich darauf einzulassen ist schwierig, zumal niemand sagen kann, wie sich das alles auf die Wirtschaftlichkeit, auf die Möglichkeiten der Refinanzierung auswirken wird.

Sich nicht darauf einzulassen, scheint mir das größere Risiko. Ich habe den Eindruck, dass der Lokaljournalismus, insbesondere die Lokalzeitungen, dabei sind, den Rest ihrer Verankerung zu verspielen. Ihre Hauptschwäche sehen sie weiterhin als ihre Hauptstärke an und setzen damit auf das falsche Pferd. Es gibt kein Monopol der Nachrichtenvermittlung mehr, auch nicht im Kommunalen, auch nicht auf dem plattesten Lande in der hintersten Provinz. Die Welt wird von Nachrichten überflutet, sie verbreiten sich anders als früher und viel schneller und auf sehr vielen Kanälen.

Es ist interessant: In dieser beschleunigten Medienwelt bekommen die auf Nachrichten fixierten Zeitungen Schwierigkeiten, während die behäbigen, langatmigen Wochenzeitungen sich recht gut behaupten können. Mitten in der Beschleunigung durch digitale Medien entsteht nämlich eine Nachfrage nach „Slow Media". Und das heißt ja nichts anderes, als dass es angesichts der unüberschaubaren täglichen Flut von Informationen an Antworten mangelt, welche Informationen denn verlässlich und belastbar sind. Der Bedarf an tiefgründigen und detaillierten Erklärungen, Analysen und Orientierungspunkten wächst.

Nicht als Verkünder von Nachrichten sind Lokaljournalistinnen und -journalisten heute im vielfältigen Geflecht der alten und neuen Öffentlichkeiten unverzichtbar, auch nicht als Protokollführer und Kommentatoren des Geschehens. Gefordert sind sie als Instanz, die sich kompetent der Diskussion über die Nachricht und ihre Bedeutung stellt – auch und gerade im Netz. Gebraucht werden die Lokaljournalistin und der Lokaljournalist als Multiplikatorin und Multiplikator, die die Themen und Debatten der Bürgerinnen und Bürger aufgreifen, mit Informationen anreichern und sie verbreiten – wo immer sie sich abspielen – und das betrifft nicht zuletzt das Netz.

So befähigen sie die Bürgerinnen und Bürger nicht nur kompetente Wahlentscheidungen zu treffen: Indem sie Debatten mit sorgfältig recherchierten Informationen anreichern und Argumenten diskursiven Raum verschaffen, fördern sie direkt und indirekt die Möglichkeiten der Menschen, sich um öffentliche Belange zu kümmern. Damit schafft der Lokaljournalismus die Grundvoraussetzung für lebendige Partizipation. Er muss Erklärungsangebote hinterfragen, Diskurse reorganisieren, ein Forum bieten, den Raum des Politischen neu vermessen, Zugänge aufzeigen und damit eine echte Öffentlichkeit schaffen. Diese Verantwortung für die Demokratie müssen Sie als Journalistinnen und Journalisten ganz bewusst wahrnehmen.

Tun wir das nicht heute bereits, fragen Sie sich vielleicht? Mein Eindruck ist: Nein. Nicht in der Konsequenz, die nötig wäre. Offenbar stehe ich mit diesem Eindruck nicht alleine, wenn sich drei höchst prominente Journalisten in Der Zeit öffentlich darüber unterhalten, warum Medien so konformistisch wirken. Natürlich stellen Journalistinnen und Journalisten kritische Fragen an die politischen Akteure, doch in einer Weise, die den Status quo letztlich strukturell bestätigt. Die geradezu klischeehafte und stereotype politische Berichterstattung lässt kaum die Hoffnung aufkommen, dass sie die Leserinnen und Leser hin und wieder mit einer neuen Perspektive überraschen, sie im positiven Sinne irritieren oder erhellen könnte.

Manche lokale Medien haben durch langweiligen Honoratioren- und Terminjournalismus besonders viel Kapital verschenkt. Dabei lassen sich im Lokalen die Auswirkungen globaler Interdependenzen anschaulich und beispielhaft aufzeigen, hier werden sie erfahr- und fassbar.

In der Kommune bietet die Nähe zu den Bürgerinnen und Bürgern und zum Geschehen viele Chancen des Dialogs und der Beteiligung, die das lokale Medium zu *dem* öffentlichen Forum machen können, das wir brauchen und das auch für die Bürgerinnen und Bürgern unverzichtbar ist. Nur so, meine ich, können die „alten" Medien neben den „neuen" ihre Existenzberechtigung beweisen und ihr Alleinstellungsmerkmal neu definieren.

Dafür bleiben die alten journalistischen Tugenden die Basis: Akribische Recherche, solide Hintergrundinformationen, saubere Analysen, das persönliche Gespräch mit Informanten, Transparenz der Quellen. Und wer spannende Informationen dazu noch gut verständlich, begleitet von guten Bildern crossmedial und mit einem Hauch von Unterhaltsamkeit erzählen kann, fasziniert Leserinnen und Leser mit lokalen Geschichten. Der mit Unterstützung der Bundeszentrale für politische Bildung und des Projektteams Lokaljournalisten erstellte Forschungsbericht „Crossmedia 2012", der gerade erschienen ist, zeigt die Lokalzeitungen hier auf einem guten Weg. Die sozialen Netzwerke haben nicht nur für die Recherche, sondern auch als Publikationskanal binnen kurzer Zeit enorm an Bedeutung gewonnen. 90 Prozent der befragten Lokalredaktionen nutzen Facebook als Kanal, zwei Drittel (64 Prozent) twittern über einen Redaktionsaccount bzw. erstellen eine Mobile-Website (66 Prozent). Allerdings heißt es auch: Mit neuen journalistischen Formen wird meist nur punktuell experimentiert, es gibt noch viel Potenzial für eine systematische Integration und permanente Evaluation neu zu entwickelnder Formen der öffentlichen Kommunikation.

Viel Raum also für noch mehr Innovation. Aber gut recherchieren und schreiben können, crossmedial mit Bild und Video umgehen und Inhalte in viele Kanäle einzuspeisen, ist ebenfalls nicht alles. Zusätzlich ist eine neue Einstellung notwendig. Journalistinnen und Journalisten bestimmen heute die Agenda nicht mehr alleine. So mancher Ihrer Leserinnen und Leser hat auch eine Stimme im Konzert der Meinungsbildung. Mancher Blogbeitrag, mancher Tweet entfaltet mehr Wirkung als der Leitartikel in der Lokalzeitung. Da müssen Journalistinnen und Journalisten von ihrem hohen Ross herunter kommen, müssen lernen zuzuhören, Anregungen und Kritik anzunehmen und mit anderen zusammenzuarbeiten. Wir brauchen Profi-Journalistinnen und Journalisten, die willens und fähig sind zum Gespräch mit kritischen Leserinnen und Lesern im Netz, die vertreten können, was sie tun. Sie müssen die Kritik und Gedanken ihrer Leserschaft ernst nehmen und aufgreifen, ohne dabei auf eigene Positionen und Anliegen zu verzichten.

Wir brauchen einen Lokaljournalismus, der den lokalen Raum nicht bloß geografisch definiert, denn jene „Nähe", die Wesen und Erfolg des Lokaljournalismus ausmacht, ist nicht mehr räumlich abgegrenzt. Wo die Menschen den Netzzugang per Tablet oder Smartphone überall mit sich tragen, hat sich ihre Lebenswelt ausgeweitet. Räumliche Nähe und digitale Nähe sollten auch im Lokaljournalismus zu einer neuen Form von „Nahwelt" verschmelzen, die in erster Linie emotional definiert ist. Lokaljournalistinnen und -journalisten sollten mehr danach fragen, wie lokales Geschehen, das Tun oder Lassen von Bürgerinnen und Bürgern, sowie Politik und Wirtschaft mit den großen Fragen unserer Zeit zusammenhängen. Alles, was den Menschen vor Ort wichtig ist, ist ein lokales Thema. Um diese Themen zu kennen, mussten die Journalistinnen und Journalisten früher in die Kneipe oder in den Verein. Heute müssen sie zudem in der digitalen Medienwelt dabei sein, müssen dazugehören und im Gespräch sein.

Hierbei hilft „Open Journalism", wie die englische Zeitung The Guardian das nennt. Lokalmedien arbeiten nicht mehr für eine unbekannte Leserschaft irgendwo da draußen. Sie stützen sich auf Wissen und Erfahrungen ihrer Leserinnen und Leser, beziehen diese in ihren

Arbeitsprozess ein. Menschen, die sich gerne ins öffentliche Leben einmischen, wollen auch medial nicht nur über die verschiedenen Kanäle bespielt werden, sondern von Fall zu Fall selbst mitspielen. Journalistische Qualität ist heute ohnehin nicht mehr das Werk des einsam an seinem Schreibtisch vor sich hin recherchierenden und schreibenden Journalisten. Dialog, Kooperation und Austausch, so wie sie das Journalistenprogramm der Bundeszentrale für politische Bildung seit Jahrzehnten in seinen Seminaren praktizieren, sollten den redaktionellen Alltag prägen – auch über die Redaktionsgrenzen hinweg.

Mit solchem Know-how kann Lokaljournalismus sich neben und in den Sozialen Medien als Referenz für verlässliche Informationen behaupten. Jeder, dem an lebendiger Demokratie gelegen ist, muss hoffen, dass dieser Sprung gelingt. Wer sollte sonst in der Lage sein, die vorgeschobenen Argumente und Floskeln der politischen Akteure und Interessenvertreter auf ihren sachlichen Kern zu reduzieren und die vorgeblich oder tatsächlich komplizierten Sachverhalte in einfacher und verständlicher Sprache auf den Punkt zu bringen? Wir brauchen diese mediale Mitte der sich immer weiter zersplitternden Öffentlichkeiten. Wir brauchen eine Kraft, die den Fliehkräften des Individualismus und der Interessenvertretung durch Aufklärung über die Bedeutung der Gemeinschaft und des allgemeinen Wohls entgegenwirkt. Ich sehe keine andere Instanz, die – nicht punktuell, sondern auf breiter Front – diese Dienstleistung erbringen könnte.

Journalistinnen und Journalisten haben in der Regel diese Kompetenz, auch wenn sie aus vielerlei Gründen nicht immer Gebrauch davon machen. Was sie an neuen crossmedialen Fertigkeiten noch brauchen, kann ihnen eine qualifizierte Weiterbildung vermitteln, wie sie im Rahmen der „Initiative Lokaljournalismus" entwickelt wird. Weiterbildung sollte sich aber nicht auf diese Fertigkeiten beschränken. Sie sollte auch den Ehrgeiz haben, das Feuer wieder anzufachen, das die meisten Journalistinnen und Journalisten in diesen Beruf geführt hat: den Willen zur positiven Weiterentwicklung und die Verantwortung für unser Gemeinwesen.

Dazu wünsche ich eine glückliche Hand und einen langen Atem. Denn unsere Demokratie braucht so viel exzellenten, recherchestarken Lokaljournalismus, wie sie bekommen kann.

Kapitel I

Strukturen des Lokaljournalismus

Von Profis und Hobbyschreibern
Freie Journalisten in Deutschland

Manuela Puls

Während das professionelle Freien-Dasein mittlerweile einigermaßen erforscht ist, bleiben die Hobby-Journalisten unterbelichtet. Wissenschaftler lassen die Freizeitschreiber links liegen, die gerade im Lokalen aus Kostengründen verstärkt eingesetzt werden und die Berichterstattungsqualität mitbestimmen. Dieser Beitrag fasst die bisherigen Erkenntnisse bezüglich soziodemografischer Daten, Ausbildungsstand, Einkommensverhältnissen, Selbstverständnis, Zufriedenheit sowie Fortbildungsbedarf und -bereitschaft der haupt- und nebenberuflichen Freien zusammen. Angesichts der niedrigen Honorare können sich beide Gruppen Weiterbildung kaum leisten. Das gilt insbesondere im Lokalen, wo extrem schlecht bezahlt wird – gerade hier tut aber Qualifizierung Not. Deshalb skizziert der Beitrag positive Ansätze im Printbereich und im Lokalradio.

Wer vor 15 Jahren nach wissenschaftlichen Arbeiten über freie Journalisten suchte, wurde selten fündig. Dieses Feld war von der Forschung überhaupt nicht beackert worden. Es fanden sich höchstens gebetsmühlenartige Klagen, diese Gruppe werde unterbezahlt. Die Forschung hatte die Freiberufler sträflich vernachlässigt. Die Rede war vom freien Journalisten als „unbekannten Wesen" (Bunjes 2008) oder als „Tiefseefisch der Medienbranche" (Buckow 2011: 95). Ein wesentlicher Bestandteil von Mediengeschäft und Journalismus werde damit völlig unterschätzt, schrieb das Journalistik-Journal (Bunjes 2008).

Doch zwischenzeitlich ist schon etwas Licht ins Dunkel gekommen. Immerhin gibt es mittlerweile einige Erhebungen, die sich schwerpunktmäßig mit den hauptberuflichen Freien befassen, also mit denjenigen, die überwiegend von ihrer journalistischen Tätigkeit leben. So können die Freien jetzt zumindest zahlenmäßig besser eingeordnet werden: Bei der Künstlersozialkasse sind in der Kategorie Wort 38.000 freie Publizisten gemeldet, darunter fallen allerdings auch Schriftsteller und technische Redakteure. Der Deutsche Journalisten Verband (DJV) schätzt, dass es 25.000 hauptberufliche Freie gibt (vgl. Bunjes 2008); dazu das unüberschaubare Heer der nebenberuflichen Freien, die sich vor allem im Lokalen tummeln. 100.000 solcher Hobby-Journalisten soll es schätzungsweise in Deutschland geben (vgl. Weichler 2005: 70). Angesichts dieser Größenordnung ist es unverständlich, wie herablassend Wissenschaftler diese Nebenberufler einfach ausklammern.

> „Bleibt noch der größte Markt für freie Journalisten: das Lokale. Doch auch hier sackt die Qualität dramatisch ab. Denn die meisten Lokalredaktionen füllen ihre Innenseiten mit dem Stoff von Freizeitschreibern – Pfarrer, Lehrerinnen, Rentner – deren recherchefreie Berichte meist in einer pseudojournalistischen Sprache, reich an Klischees und Schablonen abgefasst sind." (Haller 2011: 14)

So berechtigt diese Kritik sein mag: Die deutsche Presselandschaft besteht nun einmal zu einem erheblichen Teil aus lokal verwurzelten Regionalzeitungen. Die lokale Orientierung ist für Mediennutzer von großer Bedeutung – „das Lokale ist Teil unserer DNA" (Bügler 2011). Daher ist es nach Ansicht der Autorin unverzeihlich, das Lokale bei der Betrachtung des freien Journalismus außen vor zu lassen. Sich diesem „Pulk gut angepasster Schreibamateure" (Haller

2011: 14) zu widmen, ist jeder Mühe wert. Stellt man den mindestens 100.000 Feierabend-Journalisten und den 25.000 professionellen freien Journalisten die 36.000 festangestellten Kollegen (Bundesagentur für Arbeit) gegenüber, wird klar: Die Freien stellen zahlenmäßig die Mehrheit. Das müsste für Wissenschaft wie Praxis Grund genug sein, sich dieser Gruppe endlich ausführlicher anzunehmen, zumal sie offenbar kontinuierlich wächst.[1] Im Folgenden sollen einige der rar gesäten Forschungsergebnisse zu freien Journalisten vorgestellt werden. Außerdem wird ein Blick in die Lokalredaktionen (Print wie Radio) geworfen und hoffnungsvolle Ansätze werden vorgestellt.

1. Studien über hauptberufliche freie Journalisten

Hier sind vor allem zwei Arbeiten zu nennen: Michael Meyen und Nina Springer befragten 2008 in einer Online-Befragung rund 1500 Freiberufler, die in den Branchenverzeichnissen Zimpel oder Mediaatlas eine E-Mail Adresse angegeben hatten. Isabelle Buckow wählte 2011 die Mitglieder des Verbandes „Freischreiber" für ihre Untersuchung aus – 106 füllten den Fragebogen aus. In beiden Fällen wurden daher vornehmlich hauptberufliche Freie einbezogen.

1.1. Soziodemografische Daten

Überraschenderweise sind junge Leute (unter 25 Jahren) selten hauptberuflich als freie Journalisten tätig. Zwar gilt die Freiberuflichkeit als typisches Feld für Berufsanfänger, diese streben jedoch offenbar lieber eine Festanstellung an. Berufseinsteiger sind im freien Journalismus die „absolute Ausnahme", die Selbstständigkeit ist eher eine „Domäne der älteren Kolleginnen und Kollegen" (Meyen u.a. 2009: 60). Meyen kam auf ein Durchschnittsalter von 47 Jahren. Bei seiner Untersuchung waren die Männer mit 65 Prozent überrepräsentiert (vgl. Meyen u.a. 2009: 39), anders als bei Buckow, die in der Mehrheit Frauen befragte (53 Prozent). Sie berechnete das Durchschnittsalter auf 40 Jahre (vgl. Buckow 2011: 52). Die Unterschiede lassen sich eventuell durch die größere Grundgesamtheit bei Meyen erklären, seine Daten sind daher vermutlich belastbarer. In beiden Studien lebten die befragten freien Journalisten meist in einer festen Beziehung und hatten keine Kinder. In beiden Untersuchungen waren der Großteil der Befragten „echte" Freie (das heißt: ohne festen Auftraggeber) und arbeiteten allein. Darüber hinaus hatten sie überwiegend freiwillig auf eine Festanstellung verzichtet. Gründe liegen in der besseren Vereinbarkeit von Familie und Beruf, in der zeitlichen Flexibilität und in der Unabhängigkeit von hierarchischen Strukturen und Routinen in den Redaktionen. Freie Journalisten wollen Reporter sein, sich kreativ entfalten und nicht im Büro „versauern" (vgl. Buckow 2011: 28). Es gab natürlich auch zahlreiche Journalisten, die mangels festen Jobs in einer Redaktion oder aufgrund von Entlassungen in die Freiberuflichkeit ausweichen mussten.

---

[1] Vgl. Freie Journalisten: Wie ihr Alltag aussieht und wie sie die Branche verändern. Online verfügbar unter: http://www.djv.de/Freie-Journalisten-Wie-ihr-Al.62.98.html. Stand: 6.3.12.

1.2. Ausbildung

Beide Forschungsarbeiten attestierten den freien Journalisten eine hohen formalen Bildungsgrad und eine gute Berufsausbildung (vgl. Meyen u.a. 2009: 70; Buckow 2011: 49). Die Mehrheit der Befragten hatte ein Hochschulstudium absolviert oder zumindest Abitur gemacht. Der Großteil konnte darüber hinaus ein fachbezogenes Studium und/oder ein Volontariat nachweisen. Bei den hauptberuflichen Freien muss man sich also keine allzu großen Sorgen um ihre fachliche Qualifikation machen, allerdings dürfte ihre grundlegende Bereitschaft zur Fortbildung wegen der teils schlechten Einkommensverhältnisse nicht sehr groß sein.

Hier ist wohlgemerkt von den hauptberuflichen freien Journalisten die Rede, die nebenberuflich tätigen haben mehrheitlich eine weitaus geringere bis keine fachliche Qualifikation, wenn auch bei ihnen der formale Bildungsgrad überdurchschnittlich ist. Wer hobbymäßig journalistisch tätig ist, ist in der Regel Student, Akademiker oder übt einen Büro- bzw. Verwaltungsjob aus. Er hat bestenfalls ein Praktikum in einer Redaktion absolviert, hat sich aber noch nie mit Fachliteratur beschäftigt (vgl. Moenikes 2001: 15, 44, 84).

1.3. Einkommensverhältnisse

Was die Einkommensverhältnisse der freien Journalisten anging, so lagen die Ergebnisse recht weit auseinander. Meyen und Springer kamen auf einen Bruttoverdienst von durchschnittlich 2478 Euro im Monat (vgl. Meyen u.a. 2009: 60). Buckow lag mit ihren Berechnungen deutlich darunter, sie errechnete ein Monatseinkommen von etwas mehr als 2000 Euro pro Monat und bestätigte damit die Angaben von Siegfried Weischenberg aus dem Jahr 2006 (vgl. Buckow 2011: 51ff.). Was diese Durchschnittswerte verschleiern ist, dass es Spitzenverdiener und arme Schlucker unter den hauptberuflichen Freien gibt. So bekamen fast 29 Prozent der Befragten von Meyen und Springer unter 1000 Euro für ihre journalistische Tätigkeit. Diese Gruppe sorgte dafür, dass der Einkommensdurchschnitt bei den Freien unter den der Festangestellten gedrückt wird, schreiben die Autoren.

Bei beiden Studien wurde ein deutlicher Einkommensunterschied zwischen Frauen und Männern konstatiert. Weibliche Freiberufler verdienten im Schnitt 700 Euro weniger als ihre männlichen Kollegen, auch weil sie die besser dotierten Aufträge nicht bekommen (vgl. Meyen u.a. 2009: 70, Buckow 2011: 53). Meyen und Springer stellten außerdem fest, dass fast jeder zweite Freiberufler nebenbei im PR-Bereich oder der Werbung etwas dazu verdient. Auch Isabelle Buckow bestätigte, dass etwa ein Drittel der Freien seinen Lebensunterhalt nicht allein durch die journalistische Arbeit finanzieren könne und nebenbei in PR und Werbung tätig sei. 80 Prozent der von Buckow befragten Journalisten waren der Meinung, dass sich beide Tätigkeiten durchaus kombinieren lassen (vgl. Buckow 2011: 31 u. 96).

> „Eine Journalistin schrieb, dass sie ohne PR auch ihren Beruf als Journalistin nicht mehr ausüben könnte, da die Verlage zu schlecht bezahlen würden. Hier liegt die Verantwortung offensichtlich weniger bei den freien Journalisten und mehr bei den Verlegern bzw. Geschäftsführern der Medienhäuser, die die Verdienstmöglichkeiten der Freien verbessern müssten." (Buckow 2011: 96)

Dass viele freie Journalisten sich mit wenig Geld über Wasser halten müssen, ergibt sich auch aus den Angaben der Künstlersozialkasse: Sie beziffert das jährliche Durchschnittseinkommen der Gruppe Wort mit nur rund 15.000 Euro. Noch geringer sei das Einkommen der Berufsanfänger (vgl. Herkel 2008). Auch Daniela Zinser glaubt, dass die Freien im Schnitt mehr als die Hälfte weniger verdienen als ihre angestellten Kollegen (vgl. Zinser 2011: 20-22). Somit scheint eines sicher: Freiberuflich tätige Journalisten haben im Schnitt deutlich schlechtere Einkommensmöglichkeiten als festangestellte. Und derzeit scheinen die Honorare zu sinken:

> „Nun (…) sinken die Auflagen der Zeitungen und Zeitschriften dramatisch, die Leser wandern ins Internet (…). Gespart wird deshalb nicht nur, aber doch sehr deutlich in den Redaktionen. Um mehr als 600 ist die Zahl der Redakteursstellen bei deutschen Tageszeitungen innerhalb nur eines Jahres gesunken. Der Journalist ist zum Kostenstörfaktor geworden. Längst gibt es einen Drei-Klassen-Journalismus: Redakteure, Berufseinsteiger und Freie." (Zinser 2011: 20)

Redakteure werden also vielerorts entlassen beziehungsweise Stellen nicht neu besetzt, stattdessen setzen einige Verleger offenbar zunehmend auf die billigere Arbeitskraft der Freiberufler.

Auch der Deutsche Journalisten Verband kommt zu dem Schluss, dass lediglich im Rundfunkbereich die Honorare auskömmlich seien, im Bereich der Tageszeitungen seien die Sätze dagegen so niedrig, dass vom Zeilenhonorar allein nur die wenigsten leben könnten.

> „Selbst überregionale Tageszeitungen zahlen ihren freien Autoren ein Zeilengeld, das zwischen 80 Cent und einem Euro liegt. Wird ein Journalist beauftragt, 60 Zeilen über einen Pressetermin zu schreiben, ergibt das eine magere Ausbeute (…) etliche Tageszeitungen – besonders regionale – zahlen sogar noch niedrigere Zeilengelder."[2]

Auch die Gewerkschaft ver.di beklagt die schlechte Entlohnung der Freien bei den Tageszeitungen. Zeilenhonorare um die 30 Cent seien keine Seltenheit, Mehraufwand für Recherche werde nur in den seltensten Fällen honoriert, Spesen für Freie seien in den meisten Redaktionen ein Fremdwort (vgl. Herkel 2008). Besonders der „arme" freie Mitarbeiter im Lokalen habe mehr Anerkennung verdient. Schließlich werde das journalistische Handwerk immer noch in erster Linie im Lokalen erlernt. Auch Meyen kommt zu dem Schluss, dass freie Journalisten für weniger Geld mindestens genauso lange wie ihre festangestellten Kollegen arbeiten müssten. Sie lebten manchmal von einem Einkommen, das einem Akademiker unwürdig sei (Meyen u.a. 2009: 149).

Bleibt festzuhalten: Die sprichwörtliche goldene Nase verdienen sich die wenigsten freien Journalisten. Ihr Durchschnittseinkommen im Monat dürfte sich um 2000 Euro brutto bewegen, damit gibt es ein deutliches Gefälle zu den Gehältern der Festangestellten. Am wenigsten lässt sich im Tageszeitungsbereich verdienen, und am schlechtesten sind die Honorare im Lokalen.

1.4. Selbstverständnis

Die bisherigen Forschungsergebnisse legen den Schluss nahe, dass freie Journalisten sich eher dem Informationsjournalismus verpflichtet fühlen. Sie sehen sich als neutraler Vermittler, die Kritik- und Kontrollfunktion tritt bei ihnen in den Hintergrund.

---

[2] Freie Journalisten: Wie ihr Alltag aussieht und sie die Branche verändern. A .a. O.

> „Die Mehrheit der befragten Journalisten agiert bei der Themenauswahl und der journalistischen Berichterstattung entsprechend der Berufsauffassung des interpretativen Journalismus: Jeder zweite Teilnehmer sieht seine größte Stärke darin, komplexe Sachverhalte verständlich zu präsentieren (…) Jeder Dritte ordnet sich selbst eher dem ‚Lifestyle-Journalismus' zu und sieht seine größte Stärke darin, das Publikum (…) zu unterhalten." (Buckow 2011: 75)

Für die freien Journalisten ist es also wichtig, sich am Publikumsinteresse zu orientieren. Sie wollen dem Leser, Hörer oder Zuschauer gewissermaßen die Welt erklären, gleichzeitig aber auch Unterhaltung und Service bieten. Meyen vermutet, dass dieses Selbstverständnis mit der hierarchischen Position der Freien zu tun hat. Wer in der Redaktion nichts zu sagen habe, wer nicht entscheiden könne, ob ein Beitrag gedruckt oder gesendet wird, dürfte kein missionarisches Selbstverständnis entwickeln können (vgl. Meyen u.a. 2009: 103).

1.5. Zufriedenheit

Wenn über freie Journalisten geschrieben wird, ist häufig von skrupelloser Ausbeutung, ja sogar Demütigung die Rede. Da immer mehr Freie um die schrumpfenden Honorarbudgets der Redaktionen konkurrierten, herrsche Frust (Haller 2011: 13f.). Problematisch sei auch die Zusammenarbeit zwischen Freien und Redaktion. Gestritten werde um Liefertermine, ums Redigieren, um Autorenrechte, Spesen und Ausfallhonorare. Kai Schächtele mahnt deshalb ein „professionelles Verhältnis auf Augenhöhe" und mehr gegenseitiges Verständnis an. Den freien Journalisten fehle durch die Unterbezahlung eine angemessene Wertschätzung ihrer Arbeit, die Redakteure pochten auf eine pünktliche Lieferung und Einhaltung von Vereinbarungen (vgl. Schächtele 2011: 25f.).

Doch so schlecht scheint es um die Chemie zwischen Redakteuren und freien Journalisten nicht bestellt zu sein, das zeigten jedenfalls die vorliegenden Studien. Die Freiberufler beschwerten sich zwar über die schlechte Bezahlung, waren aber ansonsten zufrieden mit dem Verhältnis zu ihren Auftraggebern (vgl. Meyen u.a. 2009: 87; Buckow 2011: 66f.).

1.6. Fortbildungsbedarf und -bereitschaft

Kosten für Fortbildungen müssen von freien Journalisten selbst getragen werden, sie werden in der Regel nicht von den Auftraggebern übernommen. Das gilt selbst für „feste Freie", also arbeitnehmerähnliche Mitarbeiter, die nur für ein bestimmtes Medium tätig sind. Die Chefredakteure fürchten, dass die Freiberufler sonst auf eine Festanstellung klagen könnten.

Also sind die Freien für ihre Aus- und Fortbildung selbst verantwortlich. Doch vielen fehlt dafür anscheinend das Geld. Haus Busch in Hagen bietet deshalb gemeinsam mit dem DJV spezielle Seminare für freie Journalisten zu vergünstigten Preisen an. „Bei den Freien ist der Preis ganz wichtig. Wenn Kurse vom DJV gesponsert werden, ist das für sie schon ein Argument", sagt Thomas Müller, stellvertretender Leiter von Haus Busch. Das sei nun einmal anders als bei den festangestellten Kollegen, bei denen der Arbeitgeber die Kosten übernimmt. Besonders stark nachgefragt würden derzeit Seminare zu Corporate Publishing und Öffentlichkeitsarbeit. Das korrespondiert mit den bereits erwähnten Forschungsergebnissen, wonach die Freien sich zunehmend in Richtung PR orientieren. Über alle Seminare in Haus

Busch betrachtet, also nicht nur bezogen auf Angebote ausschließlich für Freie, sei der Anteil der Freiberufler gering. Thomas Müller schätzt, dass durchschnittlich fünf bis unter zehn Prozent Freie im Teilnehmerfeld der Fortbildungskurse zu finden sind.

Für freie Journalisten ist Fortbildung offenbar ein echter Luxus, den man sich zeitlich und finanziell schwerlich leisten kann. Vor zwei Jahren hat der DJV das erkannt und deshalb speziell für diese Zielgruppe sogenannte Webinare (ein Kunstwort aus Web und Seminar) erfunden. Das sind Online-Seminare, die für Gewerkschaftsmitglieder sogar kostenlos sind.

> „Und statt nach Bonn oder sonst wo zu fahren, Fahrt- oder gar Übernachtungskosten in Kauf zu nehmen und dafür viel Zeit und Geld zu benötigen, setze man sich pünktlich um 11 Uhr entspannt vor den Rechner (…) und verfolgte die Power-Point-Präsentation der Referenten quasi in der ersten Reihe. Zwischenfragen per Sprache oder Live-Chat waren jederzeit möglich." (Hellwig 2010: 16)

Der DJV spricht von einer erfreulichen Resonanz. Vor allem freien Journalisten sei es eher möglich, sich für zwei bis drei Stunden vor dem heimischen Computer weiterzubilden, als zu Seminaren zu reisen, sagt DJV-Freien-Referent Michael Hirschler (zit. n. Buchmann 2011). Bis zu 20 Teilnehmer, teilweise auch mehr, nutzen die Webinare. Angeboten wird beispielsweise ein Verhandlungstraining für Freie, damit sie ihre Honorarvorstellungen besser durchsetzen können. Weitere Themen in den Webinaren sind Urheber- und Bildrechte oder Tipps rund um die Existenzgründung – von der Künstlersozialkasse über Versicherungen bis hin zu steuerlichen Angelegenheiten.

Die Weiterbildungsanbieter müssen sich also etwas einfallen lassen, um die Freien in ihre Häuser zu locken. Besonders schwer zu erreichen werden die Freien aus den Lokalredaktionen sein, die ja am wenigsten Geld mit dem Journalismus verdienen. Kein Wunder, dass es für diese Gruppe bislang kaum Angebote gibt.

1.7. Forschungsergebnisse zu Freien im Lokaljournalismus

Die bisher zitierten Forschungsergebnisse befassen sich überwiegend mit hauptberuflichen Freien, auch wenn ein Anteil Nebenberufler unter den Befragten ist. Im Lokalen sind zwar auch Pauschalisten und feste Freie anzutreffen, die vom Journalismus leben, aber die sind klar in der Minderheit. Die meisten verdienen sich nur ein Zubrot mit ihrer journalistischen Tätigkeit, wenige bestreiten damit ihre Existenz, so wie eine Lokaljournalistin, die Meyen interviewte. Sie ist Ende Zwanzig, Akademikerin und lebt von knapp 900 Euro im Monat. Was diese Journalistin über ihre Arbeitsbedingungen erzählte, liest sich wie eine „Steilvorlage für jede Gewerkschaft": 33 Cent pro Zeile, kein Spritgeld, kein Geld für Fahrkarten.

> „Ich bin überhaupt nicht unzufrieden mit der Situation. Wenn es dir wichtig ist, pünktlich Feierabend zu haben und ein dickes Auto, dann werde kein freier Journalist. Dann lasse es sein. Aber wenn du Spaß an dem Job hast, dann mache es auf jeden Fall." (Meyen u.a. 2009: 130f.)

Allem Enthusiasmus zum Trotz: Diese junge Frau sieht ihre Zukunft mittlerweile eher in der PR – wie so viele. Im Lokalen als Freier zu überleben, ist ein hartes Brot.

Während das professionelle Freien-Dasein einigermaßen erforscht ist, bleiben die Hobby-Journalisten „unterbelichtet". Forscher lassen die Freizeit-Journalisten links liegen, die gerade im Lokalen stark vertreten sind. Da sind die Studenten oder Abiturienten, die neben Uni oder Schule für die Zeitung schreiben oder beim Lokalradio arbeiten. Da sind die Lehrer, die

Konzertkritiken abliefern und da ist der Vereinssprecher, der am Wochenende Spielberichte schreibt. Diese freien Mitarbeiter sind ausgesprochen wichtig für die Lokalredaktionen, zumal sie zum Beispiel im Printbereich schätzungsweise die Hälfte bis zwei Drittel der Zeitungsseiten füllen (vgl. Fichtner 1989: 89). Hier ist die Forschung im vergangenen Jahrzehnt noch keinen Schritt weiter gekommen. Die Bedeutung der freien Mitarbeiter im Lokalen wird nach wie vor gewaltig unterschätzt. Denn wenn die Verlage aus Kostengründen Redakteursstellen abbauen, dann wächst gleichzeitig die Bedeutung der freien Mitarbeiter – gerade im Lokalen. Und ihr Qualifikationsgrad beeinflusst in steigendem Maß die Blattqualität.

Deshalb sei hier auf eine recht alte Untersuchung verwiesen, die 1997 mit freien Mitarbeitern der Neuen Westfälischen in Paderborn durchgeführt wurde (vgl. Moenikes 2001: 24). Sie basierte auf leitfadengestützten Interviews und der inhaltsanalytischen Auswertung der Berichterstattung der Freien. Insgesamt wussten die Befragten relativ wenig vom Journalismus. Sie glaubten, dass freie Mitarbeiter in erster Linie soziale Kompetenz mitbringen müssen. Ihre Kenntnisse beschränkten sich auf wenige Grundregeln, zum Beispiel war ihnen allenfalls bekannt, dass die wichtigsten Informationen an den Anfang eines Artikels gehören und dass Meinung und Nachricht getrennt werden sollten. In der Praxis beherrschten sie aber selbst diese Regeln nicht, wie die Inhaltsanalyse zeigte.

Ursache war die schlechte Betreuung durch die Redaktion. Die freien Mitarbeiter wurden kaum in das journalistische Arbeiten eingeführt und bekamen keine Anweisungen, wie sie ein Thema angehen sollen.

> „Dann musste ich schreiben. Da bin ich ganz fürchterlich ins Schwitzen gekommen, weil ich so was ja noch nie gemacht hatte (…). Ich habe dann 40 Zeilen geschrieben und habe das abgeliefert. Und der Kollege sagte nur: 'Oh prima, dankeschön, tschüss'. Ich denke, jetzt spricht der mit mir ein bisschen den Text durch, aber war nichts." (Moenikes 2001: 90)

Die freien Mitarbeiter mussten also tatsächlich den „Sprung ins kalte Wasser" machen. Vereinzelt gab die Redaktion zwar Tipps, doch von einer planmäßigen Anleitung durch die Redaktion konnte keine Rede sein (vgl. Moenikes 2001: 52).

Freie Mitarbeiter und Lokalredakteure redeten nur über Organisatorisches. Selten bekamen die Freien eine Rückmeldung zu ihren Artikeln. Die Befragten lasen an der Bearbeitung und Aufmachung der Artikel ab, ob ihre Beiträge den Redakteuren gefallen hatten. Das half allerdings nur wenig weiter, da die Artikel kaum redigiert wurden.

> „Gängig ist, dass ich keine Reaktion kriege, das heißt mit anderen Worten, es wird akzeptiert und als in Ordnung gewertet (…) und ich sehe es dann hinterher auch, es wird nicht gekürzt, es wird so angenommen."

> „Ich sehe das, ob meine Texte gut waren, in der Zeitung. Wenn sie groß aufgemacht sind und wenn sie gut gestaltet sind, wenn der Redakteur sich Mühe gemacht hat, meinen Beitrag zu gestalten, dann war er ihm wichtig, dann war er gut." (Moenikes 2001: 74)

Die freien Mitarbeiter bekamen also keine Rückmeldung aus der Lokalredaktion, dadurch fehlten ihnen Anstöße, um sich weiter zu entwickeln oder zu verbessern. Sie schrieben intuitiv und orientierten sich an den Texten der Profis (vgl. Moenikes 2001: 74).

> „Regeln habe ich eigentlich nicht. Das Wichtigste ist immer, dass ich einen Anfang finde (…). Ja, gut, es gibt natürlich Regeln, aber die könnte ich jetzt nicht erklären, die hat man im Laufe der Jahre so drin. Zum Beispiel, dass ich nicht vorne anfange und sämtliche Ehrengäste aufzähle." (Moenikes 2001:70)

Ihre Themenpalette war eintönig, sie recherchierten kaum, verwendeten abgenutzte Formulierungen und fotografierten Gruppen in Reih und Glied. Hinzu kam, dass es bei den Darstellungsformen kaum Varianz gab. Die Freien kannten kein Genre außer Meldung und Bericht. Ihre sprachlichen Unsicherheiten versteckten sie hinter einem komplizierten Satzbau, Fremdwörtern, Partizipialkonstruktionen und Substantivreihungen (vgl. Moenikes 2001: 111). Die Befragung zeigte überdies, dass die freien Mitarbeiter einem großen sozialen Druck ausgesetzt waren: Sie kannten häufig die Menschen, über die sie schrieben, auch privat. Darum waren sie häufig Beeinflussungsversuchen ausgesetzt. Logische Folge ist der ebenfalls festgestellte ausgeprägte Hang zur Positivberichterstattung. Man will es eben allen recht machen:

> „Der Gemeindedirektor ist mein Nachbar (…). Der beschwert sich permanent über mich (…) und droht mit dem Entzug der guten Nachbarschaft."

> „Jeder Verein möchte gern positiv dargestellt werden (…). Dann kommt es ja schon mal vor, dass der Redakteur irgendwo einen Satz verändert, der dann ein anders Bild ergibt. Die Prügel stecke ich dann ein von den Leuten, die ich kenne." (Moenikes 2001: 78)

Besonders ausgeprägt war der Hang zu Lobhudelei bei einem bestimmten Typus des freien Mitarbeiters, dem sogenannten „Öffentlichkeitsarbeiter". Er schrieb nicht aus journalistischem Interesse für die Lokalzeitung, sondern wollte seinen Wohnort beziehungsweise die dortigen Gruppierungen ins Blatt bringen. Häufig brachte die Pressearbeit für eine Partei oder einen Verein überhaupt erst den Anstoß für die freie Mitarbeit. Diese freien Mitarbeiter reichten zunächst ohne Aufforderung Material ein, später wurden sie dann von der Redaktion beauftragt.

Es gibt also besonders bei den nebenberuflichen freien Mitarbeitern in lokalen Tageszeitungsredaktionen erhebliche Wissenslücken. Diese zu füllen, sollte eigentlich Anliegen jeder Lokalredaktion sein, der die Qualität ihres Blattes am Herzen liegt. Die meisten befragten freien Mitarbeiter wünschten sich bei der Befragung Fortbildungsangebote, zeigten dabei allerdings kaum Eigeninitiative, sondern erwarteten Angebote der Redaktion. Das ist angesichts ihrer Zeilenhonorare auch verständlich. Sie verdienen einfach zu wenig, um sich teure Kurse leisten zu können. Einige Redaktionen haben das erkannt und reagiert.

2. Positive Beispiele aus Print und Lokalradio

Die Neue Westfälische (NW) mit Sitz in Bielefeld pflegt mittlerweile einen ganz anderen Umgang mit den Freien im Lokalen. Regelmäßige Schulungen für Freie sind dort zur festen Institution geworden. Die Seminare werden entweder von den Lokalredaktionen selbst organisiert oder zentral am Sitz in Bielefeld durchgeführt. Grundlagenwissen wird dezentral in den Lokalredaktionen vermittelt. Darüber hinaus gibt es vierteljährliche Fotoschulungen in Bielefeld, dabei geht es zum Beispiel um die Frage, wie ein Foto zum Blickfang wird oder wie man Gruppen interessanter ablichten kann. Langjährige Freie dürfen auch an Fortbildungen teilnehmen, die sonst nur den Festangestellten vorbehalten sind. Themen sind Recherchetechniken oder Darstellungsformen wie die Reportage, der Kommentar. Die Beteiligung der freien Mitarbeiter ist nach Auskunft der Redaktion gut.

Solche Angebote bekommen noch eine größere Wichtigkeit, wenn man bedenkt, dass es kaum noch persönliche Kontakte zwischen Redakteuren und freien Mitarbeitern gibt. Längst vorbei sind die Zeiten, als die Reporter noch ihre Filme und Manuskripte in der Redaktion abgeben mussten und dabei auch mal ins Gespräch mit den Profis kamen. „Heute läuft alles nur noch per E-Mail und Telefon", sagt Burkhard Höptner, NW-Lokalchef in Höxter. Das kann auch sein Paderborner Kollege Peter Hasenbein bestätigen.

Im ländlichen Kreis Höxter ist die Redaktion besonders auf die Freien angewiesen. „Es werden wesentlich mehr freie Mitarbeiter eingesetzt als früher, weil wir weniger festes Personal haben", berichtet Höptner. Jede Stadt im Verbreitungsgebiet sei mit mindestens einem freien Mitarbeiter besetzt. Von der Hausfrau über Studenten bis zum ausgebildeten Redakteur sei alles vertreten. Höptner versucht, ihnen regelmäßig ein Feedback zu geben: „Wenn in der Redaktionskonferenz ein Artikel gelobt oder kritisiert wurde, gebe ich das weiter." Auch bei geplanten Serien würden die Freien eingebunden, jüngstes Beispiel: „30 Dinge, die man im Kreis Höxter machen sollte".

Der Lokalchef der Neuen Westfälischen in Paderborn hat es mit einer ganz anderen Situation zu tun: Paderborn ist Universitätsstadt, das bedeutet für Peter Hasenbein: Es gibt ein großes Potenzial an freien Mitarbeitern, aber auch eine hohe Fluktuation. Immer wieder neue Leute müssen ausgebildet werden. „Ich mache mit jedem ein Einführungsgespräch und händige ihm unsere Broschüre mit Tipps aus", sagt Hasenbein.

Auch die Rheinische Post hat seit langem erkannt, dass es sich lohnt, Zeit und Mühe in die Qualifizierung der freien Mitarbeiter zu stecken. Wichtige Säule ist dabei die „Anleitung zum Glücklichsein", ein 62 Seiten starkes Handbuch. Darin sind die Grundregeln zum Schreiben von Nachrichten und Berichten anhand von Zeitungsausschnitten knapp und verständlich dargelegt – von den W-Fragen über den Zitateinstieg bis hin zum verständlichen Formulieren. Die „Anleitung zum Glücklichsein" hat aber noch mehr zu bieten, nämlich Antworten auf ganz praktische Fragen wie: Was nehme ich mit zum Termin, was ziehe ich an, wen spreche ich an? Abgerundet wird das Ganze mit Infos zum Blatt und zur Zuständigkeitsverteilung in der Redaktion. Außerdem setzt die Rheinische Post auf vierstündige Schulungen, die jede Lokalredaktion einmal jährlich anbietet. Anhand eines eigens dafür zusammengestellten Ordners mit Materialien könne jeder Redakteur ein solches Seminar durchführen, ohne lange Vorbereitungszeit.

> „Die kontinuierliche Arbeit an der Qualität der freien Mitarbeiter bei der RP hat sich ausgezahlt: vor allem durch bessere Texte, aber auch durch Ideen, die die Mitarbeiter dank eines besseren Verständnisses für die journalistische Arbeit in die Redaktion tragen, und nicht zuletzt durch eine engere Bindung an das Produkt Zeitung." (Jüngermann 2003: 130)

Lokalradio-Redaktionen müssen per se mehr Energie in die Ausbildung der freien Mitarbeiter stecken als ihre Zeitungskollegen. Das liegt zum einen daran, dass die neuen Leute erst einmal die Aufnahme-, Schnitt- und eventuell auch die Sendetechnik beherrschen müssen. Ohne Vorbereitung wird kaum eine Redaktion einen Anfänger mit Mikro und Aufnahmegerät losschicken. Auch das Texten fürs Hören will gelernt sein, von der richtigen Radio-Sprache ganz zu schweigen. Daher führt der Weg in die freie Mitarbeit beim Radio fast zwangsläufig über ein Praktikum.

Besondere Mühe mit seinen freien Mitarbeitern macht sich Radio Wuppertal. Das geht los beim Leitfaden im Redaktionssystem und setzt sich fort bis zu den Einführungsseminaren, die regelmäßig durchgeführt werden – „immer, wenn wieder mehrere neue Freie angefangen haben", erklärt Chefredakteur Georg Rose. Die fünfstündigen Kurse werden am Wochenende angeboten und von der Redaktion selbst durchgeführt. Seit dem vergangenen Jahr gibt es dafür ein festes Konzept. „Wir können das aber auf die jeweiligen Bedürfnisse zuschneiden, ein blutiger Neuling braucht andere Hilfestellung als einer, der schon irgendwo volontiert hat", sagt Rose.

Wie verkaufe ich mich am besten? Wie bringe ich Themen im Programm unter? Wie schreibe ich eine Honorarabrechnung? – Solche Fragen werden in dem Einführungskurs beantwortet, komplettiert mit journalistischem Grundlagenwissen und Recherchetipps. „Die Freien verdienen im Lokalen eh nicht viel, da sollen sie wenigstens etwas Wissen mitnehmen und so was davon haben", findet der Stationschef. Auf die Frage, ob sich so viel Engagement für die freien Mitarbeiter auszahle, kommt ein zögerliches „Jein". Man sichere dadurch den internen Qualitätsstandard, anderseits komme dann oft die öffentlich-rechtliche Konkurrenz vom Westdeutschen Rundfunk (WDR) und werbe die guten Leute ab.

Im Gegensatz zu anderen Lokalchefs finanziert Georg Rose seinen Freien sogar Fortbildungen außerhalb des Senders. Und da ist er offenbar eine rühmliche Ausnahme. Sonst müssen freie Mitarbeiter solche Kurse in der Regel selbst bezahlen. Die Radiostationen vermeiden die Kostenübernahme tunlichst, weil die Freien sonst auf eine Festanstellung klagen könnten.

Freie Radio-Mitarbeiter sind offenbar selten bereit, aus eigener Tasche Seminare zu bezahlen, stellt die Medienqualifizierung GmbH der Kölner Akademie für Hörfunk und Medien fest. Die Medienqualifizierung hat mit finanzieller Unterstützung der Landesanstalt für Medien ein eigenes Programm für freie Mitarbeiter im NRW-Lokalradio aufgelegt. Doch die Resonanz sei katastrophal, obwohl die Kurse bezuschusst würden und dadurch extrem günstig seien. Nur 50 Euro pro Tag verlangt die Akademie und liegt damit weit unter den üblichen Sätzen. „Trotzdem erreichen wir nur unter zehn Prozent der Freien im NRW-Lokalfunk", heißt es in Köln. Viele Freie entschieden sich erst dann für Fortbildungen, wenn die Not groß sei, also beispielsweise ihre Beiträge von den Redaktionen nicht mehr angenommen würden.

3. Wohin geht die Reise?

Um sich für die Zukunft zu rüsten, stellen sich Medienunternehmen zunehmend multimedial auf: Ohne eigenes Informationsangebot im Internet geht es schon lange nicht, die Zeitungen, Radio- und Fernsehsender treten über Social Networks mit den Mediennutzern in Kontakt und gewinnen neue hinzu. Sie pflegen ihre Beziehungen zum Leser, Hörer oder Zuschauer als Follower bei Twitter oder als Bürgerjournalisten, die sie mit Fotos oder Themenvorschlägen versorgen.

> „Beschränkte sich früher die Partizipation der Bürger auf den Leserbrief, kann heute praktisch jeder alles im Internet ungekürzt und sofort publizieren. Auch die Medien nutzen immer häufiger das Potential ihrer Leser, Zuhörer und Zuschauer (…). Ein einzelner Journalist kann niemals so schnell und so direkt am Geschehen sein." (Grasse/Hellmann 2008)

Trotzdem sehen die meisten Autoren die Leserreporter als Bereicherung, nicht als Konkurrenz für den professionellen Journalismus. Es ist allerdings vorstellbar, dass sie zumindest einen Teil der nebenberuflichen freien Mitarbeiter im Lokalen ersetzen könnten, insbesondere den Typus „Öffentlichkeitsarbeiter", der ja häufig aus Eigeninitiative Texte für die Zeitung schreibt.

Besonders im Print-Bereich zeichnet sich außerdem ein organisatorischer Wandel in den Redaktionen ab: Es gibt eine neue Aufgabenteilung. Zeitungsredakteure werden nicht länger Seitenproduzenten sein, die den Großteil ihrer Arbeitstage am Schreibtisch verbringen, das

Blatt zusammenbauen und kaum noch Kontakt zu den Menschen draußen haben. Sie werden wieder zu Lokalreportern, die auch von zu Hause arbeiten können und dann nur über eine tägliche Telefonkonferenz mit ihren Kollegen verschaltet sind. Das heißt: Die Lokalredaktionen lösen sich weitgehend auf, die Zeitung wird zentral produziert und von den eigenständig arbeitenden Reportern mit Material beliefert. Das ist einerseits eine Aufwertung der ureigenen journalistischen Rolle des Reporters, andererseits aber auch eine Sparmaßnahme.

> „Newsdesk und Nachrichtenführung entbinden die Jounalistinnen und Journalisten von diesen Arbeiten [dem Seitenspiegeln, d. Verf.], damit sie wieder ihrer Ursprungsbestimmung des Recherchierens und Schreibens nachgehen können. Die Herstellung der Zeitung, die so genannte Produktion, wird auf wenige dafür besonders qualifizierte Kollegen konzentriert." (Kretzschmar u.a. 2009: 67)

Gut denkbar, dass die Verlagshäuser dabei im verstärkten Maße auf Freie zurückgreifen werden. Wegen des technischen Fortschritts ist es längst nicht mehr zwingend erforderlich, dass ein Reporter in der Redaktion arbeitet, er kann theoretisch von jedem beliebigen Ort aus sein Material abliefern.

4. Fazit

Der Trend geht offensichtlich weg vom festangestellten Redakteur und hin zum kostengünstigeren Freiberufler. Doch es darf kein „Billig"-Journalismus entstehen. Im Sinne der Qualitätssicherung sollten freie Journalisten angemessen entlohnt werden. Schon jetzt sehen sich viele gezwungen, in den besser bezahlten PR-Bereich abzuwandern. Ein besonderes Augenmerk muss hier auf das Lokale gerichtet werden, wo die Honorare extrem niedrig sind.

Professionelle Freelancer sind zwar in der Regel gut ausgebildet, können für Fortbildungen aber aufgrund der schlechten Einkommenssituation kaum Zeit und Geld erübrigen. Hier scheinen die Webinare des DJV ein gangbarer Ausweg zu sein. Schlechter ist es um die Qualifikation der Freizeitschreiber im Lokalen bestellt, ihr Fachwissen ist bestenfalls rudimentär zu nennen. Ihnen journalistische Grundkenntnisse zu vermitteln, ist eine wichtige Aufgabe der Lokalredaktionen. Die genannten Beispiele zeigen, dass dies für die Lokalredakteure ohne allzu großen Aufwand machbar ist.

Literatur

Buchmann, Nicole (2011): Lernen via Netz. In: DJV Kurier. unter: http://djvkurier.wordpresss.com/2011/09/15/lernen-via-netz/#more-279. Stand: 15.9.2011.

Buckow, Isabelle (2011): Freie Journalisten und ihre berufliche Identität. Eine Umfrage unter den Mitgliedern des Journalistenverbands Freischreiber. Wiesbaden.

Bügler, Louisa (2011): „Lokales ist Teil unserer DNA." Interview mit Daniel Chmielewski. In: Drehscheibe. unter: http://www.drehscheibe.org/interview-mit-daniel-chmielewski.html. Stand: 6.3.2012.

Bunjes, Miriam (2008): Die unbekannten Medienmacher. In: Journalistik-Journal 1/2008. unter: http://journalistik-journal.lookingintomedia.com/?p=110. Stand: 31.3.2008.

Fichtner, Michaela (1989): Freie Mitarbeiter in Lokalredaktionen bayerischer Tageszeitungen.

Explorative Studie einer Kommunikatorgruppe. Unveröffentl. Diplomarbeit, sozialwissenschaftliche Fakultät der Universität München.

Freie Journalisten: Wie ihr Alltag aussieht und wie sie die Branche verändern. unter: http://www.djv.de/Freie-Journalisten-Wie-ihr-Al.62.98.html. Stand: 6.3.2012.

Grasse, Anita/Hellmann, Andrea (2008): Hobby-Journalist. Trendagent. In: Der Westen. unter: http://derwesten.de/politik/hobby-journalist-id1670755.html. Stand: 23.5.2008.

Haller, Michael (2011): Kluge gehen auf Augenhöhe. In: Message – Internationale Zeitschrift für Journalismus, 2/2011: 12-17.

Hellwig, Hagen (2010): Verbandskommunikation 3.0 – für Journalisten kostenlos. In: Nordspitze, 04/2011: 16.

Herkel, Günter (2008): Der Preis des Freiseins. In: „M" – Menschen – machen – Medien. 10/2008. unter: http://mmm.verdi.de/++skin++print/archiv/2008/ titelthema_sebstaendig/der_preis_des_freiseins. Stand: 14.10.2008.

Jüngermann, Ralf (2003): Anleitung zum Glücklichsein. Handbuch der „Rheinischen Post" für freie Mitarbeiter. In: Initiative Tageszeitung (Hrsg.): Redaktion. Jahrbuch für Journalisten: 128-130.

Kretzschmar, Sonja/Möhring, Wiebke/Timmermann, Lutz (2009): Lokaljournalismus. Wiesbaden.

Meyen, Michael/Springer, Nina in Kooperation mit dem Deutschen Fachjournalisten-Verband (2009): Freie Journalisten in Deutschland. Ein Report. Konstanz.

Moenikes, Manuela (2001): Hobby-Journalist. Freie Mitarbeiter in lokalen Tageszeitungen. Wiesbaden.

Schächtele, Kai (2011): Stall oder Wildbahn. In: Message – Internationale Zeitschrift für Journalismus, 2/2011: 23-25.

Weichler, Kurt (2005): Freier Journalismus. In: Weischenberg, Siegfried, Kleinsteuber, Hans-J. , Pörksen, Bernhard (Hrsg.): Handbuch Journalismus und Medien. Konstanz.

Zinser, Daniela (2011): Drei-Klassen-Journalismus. In: Medium-Magazin, 10-11/2011: 20-22.

Die Autorin

Manuela Puls (*1972), Diplom-Journalistin, studierte Journalistik und Germanistik an der Universität Dortmund und arbeitete von 1997 bis 2010 als Redakteurin beim NRW-Lokalsender Radio Hochstift. Derzeit ist sie freiberuflich tätig.
Kontakt: Manuela.Puls@t-online.de

Weiterbildungsbedarf von freien Lokaljournalisten
Ziele und Ergebnisse des INLOK-Pilotprojekts

Gesa Schölgens und Mareike Potjans

Weil immer mehr Verlagshäuser bei der Weiterbildung ihrer Mitarbeiter sparen, kommen insbesondere freie Lokaljournalisten diesbezüglich zu kurz. Und das, obwohl sie mittlerweile viele Zeitungsseiten mit Beiträgen füllen. Die Initiative Lokaljournalismus möchte diese Weiterbildungslücke schließen und testete anhand eines Pilotseminars in einer nordrhein-westfälischen Redaktion, welche Defizite, Bedürfnisse und Erwartungen freie Mitarbeiter im Lokalen haben. Die Ergebnisse decken sich weitgehend mit denen einer Hobbyjournalisten-Studie von Manuela Moenikes (heute Puls) aus dem Jahr 2001. Beide Untersuchungen machen klar: Die Redaktionen dürfen ihre freien Mitarbeiter nicht weiter vernachlässigen, und: Weiterbildung zahlt sich aus.

Die Initiative Lokaljournalismus in NRW (INLOK) startete am 1. Dezember 2011. Sie wird vom Land gefördert und am Institut für Journalistik (IfJ) der TU Dortmund mit einem Team um Professor Horst Pöttker und Anke Vehmeier realisiert. Mit der Initiative soll die Weiterbildung von fest angestellten und freien Lokaljournalisten in Nordrhein-Westfalen flächendeckend unterstützt werden. Neben der Praxis soll in den INLOK-Workshops auch journalistische Theorie vermittelt werden, wie es auch Kretzschmar, Möhring und Timmermann gefordert haben (vgl. Kretzschmar; Möhring; Timmermann 2009: 143). Langfristig soll auf diese Weise die Qualität der Lokalberichterstattung nachhaltig gesteigert werden. Zu diesem Zweck bietet INLOK in Lokalredaktionen im gesamten Bundesland und in allen Regierungsbezirken kostenlose Seminare mit erfahrenen Referenten an: zum einen in den jeweiligen Redaktionsräumen (Inhouse-Seminare), zum anderen in Form offener Workshops. In einem Pilotseminar sollten das Konzept getestet, erste Erfahrungen gesammelt und mögliche Verbesserungen für die Workshops erkannt werden. Denn angesichts des Vormarsches neuer Medien und in Zeiten drastischer Einsparungen in den Verlagshäusern gilt: „Die Ausbildung muss den veränderten Anforderungen angepasst werden" (Kretzschmar et al. 2009: 143), was natürlich ebenso für die Weiterbildung zutrifft. Lokaljournalisten selbst schätzen ihre beruflichen Weiterbildungsmaßnahmen eher schlechter ein als in anderen Ressorts (vgl. Mittmeyer 2011: 21).

Für das Pilotseminar wurde die Lokalredaktion einer nordrhein-westfälischen Kleinstadt ausgewählt.[1] Ein Kriterium für diese Stadt war, dass es in ihr und in ihrer näheren Umgebung keine Hochschule mit journalistischer Fachrichtung oder sonstige Möglichkeiten zur nicht-redaktionsgebundenen journalistischen Weiterbildung gibt. Wir, die Autorinnen dieses Beitrags, begleiteten das erste Seminar als Projekt-Mitarbeiterinnen wissenschaftlich.

Vor dem Workshop führten die INLOK-Mitarbeiter ein Gespräch mit dem Redaktionsleiter und dem Verlagsleiter der ausgewählten Redaktion. Diese informierten INLOK über den Workflow in der Redaktion und den allgemeinen und speziellen

---

[1] Im Interesse des Datenschutzes und des Schutzes der redaktionellen Interna werden sämtliche Angaben zu Zeitung und Ort anonymisiert.

Schulungsbedarf der Mitarbeiter. Anhand der Informationen wurde ein speziell auf die Bedürfnisse der Redaktion zugeschnittenes Weiterbildungskonzept erstellt. Nach Ansicht des Redaktions- und des Verlagsleiters sind Weiterbildungen vor allem für freiberufliche Mitarbeiter[2] dringend erforderlich. Denn mit ihren Artikeln und Fotos hätten sie einen hohen Anteil am Inhalt des Lokalteils. In der Spitze, meist bei Montagsausgaben, liege dieser bei etwa 50 Prozent der Artikel. Allerdings schule die verlagseigene Ausbildungsakademie in der Regel nur die festangestellten Redakteure und die Volontäre. Zwar wurde in der Lokalredaktion bereits einmal an einem Samstagvormittag eine interne Fotoschulung für die freien Mitarbeiter veranstaltet, jedoch seien weitere Angebote aus Kostengründen und aufgrund der mangelnden Personalausstattung schwierig. Bei den freien Mitarbeitern herrscht zudem eine hohe Fluktuation, die kontinuierliche Schulungen umso notwendiger macht. Aus diesen Gründen wurde das INLOK-Angebot sehr begrüßt.

1. Ablauf der Workshops

Die Schulungen fanden an drei Samstagen, am 4., 11. und 25. Februar 2012, jeweils von 10 bis 14 Uhr in den Räumen der Redaktion statt. Die so genannten Inhouse-Seminare sollten den Anfahrtsweg für die freien Mitarbeiter erleichtern und so zur Teilnahme motivieren. Von den etwa 30 freien Mitarbeitern der Lokalzeitung, darunter auffällig viele Schüler, nahmen bis zu 23 an den Workshops teil. Die Workshops waren für die Teilnehmer kostenlos. Für die Anmeldungen war der Redaktionsleiter zuständig, der seine Mitarbeiter per E-Mail kontaktierte und auf das kostenlose Weiterbildungsangebot hinwies. Mitarbeiter, bei denen er keine Weiterbildung für notwendig hielt, wurden nicht angeschrieben.

1.1 Beschreibung der Module

Um die Mitarbeiter umfassend zu schulen, wurde das Pilotseminar in drei Module unterteilt. Jedes Modul fand an einem Samstag statt. Für die einzelnen Module wurden erfahrene Referenten aus der journalistischen Praxis ausgewählt.

Modul 1: Grundkompetenzen im Lokaljournalismus

In diesem Kurs lernten die freien Mitarbeiter journalistische Darstellungsformen, unter anderem den Aufbau einer Nachricht und Reportage, kennen und machten einige Übungen, um ihren Stil zu verbessern. Des Weiteren kamen Themen wie journalistisches Selbstverständnis und das angemessene Auftreten bei Terminen zur Sprache. Auch wurden Fragen wie „Wie funktioniert ein Pressehaus?" beantwortet.

Das Auftreten der Freien als Repräsentanten der Zeitung war laut Redaktionsleiter ein wichtiges Thema, bei dem großer Schulungsbedarf herrschte. Unangemessenes Verhalten auf Terminen kann seiner Ansicht nach Ursache für Misserfolge bei der Recherche oder auch für Imageprobleme der Zeitung sein. Es habe sogar bereits Beschwerden von Lesern gegeben.

---

[2] Im Interesse der besseren Lesbarkeit wird in diesem Beitrag nur die männliche Form verwendet, womit allerdings immer auch die weibliche Form gemeint ist.

Deswegen war dem Redaktionsleiter eine Anleitung insbesondere für neue freie Mitarbeiter wichtig. Dazu zählten auch ganz simple Tipps, wie sich auf Termine ausreichend vorzubereiten oder zwei Stifte mitzunehmen.

Modul 2: Professionell schreiben

In diesem Schreibworkshop mit vielen praktischen Übungen wurden Schreibstil und Sprache der Teilnehmer geschult. Damit sollte einem bekannten Problem freier Mitarbeiter begegnet werden: Wie Untersuchungen von Manuela Moenikes u.a. zeigen, nutzen sie die Palette journalistischer Darstellungsformen nicht aus, sondern schreiben fast nur Berichte und Meldungen. Selbst diese Genres werden nicht von allen beherrscht. Die Texte der Freien sind meist unverständlich, d.h. zu lang und kompliziert. Außerdem verwenden sie zu viele Klischees oder unangemessene Metaphern (vgl. Moenikes 2001: 111 sowie Kretzschmar; Möhring; Timmermann 2009: 99).
Die freien Mitarbeiter des Pilotseminars haben zwar nach Aussage des Redaktionsleiters Anspruch auf ein Feedback der Redakteure, müssen aber selbst um eine Kritik bzw. Verbesserungsvorschläge bitten – was in den meisten Fällen nicht geschieht. So haben sie kaum Aussichten, ihren Schreibstil zu verbessern.

Modul 3: Recherchieren im Lokalen/Onlinejournalismus

Bei diesem Workshop ging es um Recherche-Training und Themenfindung. Schulungsziel war es, die Qualität der lokalen Berichterstattung durch richtige Recherchetechniken und die Eigeninitiative der freien Mitarbeiter zu verbessern. Am Ende des Seminars erfuhren die Teilnehmer noch einige Grundlagen zum Thema Onlinejournalismus: Was sind die Unterschiede zum Printjournalismus, wie schreibt man Teaser und Überschriften, und wie kann man einen Online-Artikel mit journalistischem Mehrwert (Umfragen, Foren, Videos etc.) anreichern?
Auch der Workshop-Schwerpunkt Recherche wurde mit Bedacht gewählt, denn freie Lokaljournalisten recherchieren kaum und ihre Berichterstattung ist stark ereignisbezogen (vgl. Moenikes 2001: 111). Das betrifft ebenfalls die Teilnehmer des Pilotseminars. Sie sind laut Redaktionsleiter hauptsächlich Terminjournalisten. Um aber mehr eigene Themen im Blatt zu veröffentlichen und sich damit von der Konkurrenz abzuheben, sei eine Recherche-Schulung dringend erforderlich.
Bisher wurden die freien Mitarbeiter im Bereich Onlinejournalismus überhaupt nicht geschult, weil der Redaktion die Kapazitäten dafür fehlen. Da viele der zugelieferten Beiträge aber online gestellt werden und die Bedeutung des Onlinejournalismus im Lokalen wächst[3], lag eine Onlineschulung als Seminar-Komponente nahe. Nur bei diesem Workshop kamen zwei Referenten zum Einsatz (einer für Recherche, einer für Online).

---

[3] Vgl. hierzu auch den Beitrag von Holger Handstein in diesem Band, S. 16ff.

1.2 Evaluation

Das Pilotseminar wurde mithilfe von leitfadengestützten Interviews und Feedback-Fragebögen evaluiert. Mittels der quantitativen und qualitativen Methoden erhofften sich die Verfasserinnen besonders aussagekräftige Ergebnisse. Die Leitfadeninterviews wurden vor den Seminaren in einer neutralen Umgebung (d.h. nicht in der Redaktion) gehalten, um herauszufinden, welche journalistische Vorbildung die freien Mitarbeiter haben, wie die Zusammenarbeit mit der Redaktion funktioniert, wie ihre Einstellung zu Weiterbildungen ist und ob sie bereits welche besucht haben. Nach jedem der drei Workshops wurden darüber hinaus Feedback-Fragebögen an die Teilnehmer ausgeteilt, um die Qualität der Weiterbildungen zu erheben und ggf. zu verbessern – und um den noch offenen Weiterbildungsbedarf der Freien zu evaluieren.

Der Redaktionsleiter unterstützte die Erhebung, indem er die freien Mitarbeiter via E-Mail um Mitwirkung an den Leitfadeninterviews bat. Diejenigen, die sich bereit erklärten, wurden von den Autorinnen persönlich kontaktiert, um Gesprächstermine zu vereinbaren. Aus Datenschutzgründen wurde die Auswertung anonymisiert.

2. Auswertung der Leitfadeninterviews

Insgesamt erklärten sich 16 der etwa 30 freien Mitarbeiter zu den Leitfadeninterviews bereit. Die Interviews fanden in Cafés in der jeweiligen Heimatstadt der Interviewpartner statt, um ihnen erstens einen langen Anfahrtsweg zu ersparen und sie so zur Teilnahme zu motivieren und um zweitens die Redaktion als Gesprächsort zu vermeiden, wo die Mitarbeiter vermutlich nicht frei über eventuelle Probleme mit den Redakteuren gesprochen hätten. Grundlage der Interviews war ein Leitfaden mit folgenden fünf Themenblöcken:

- sozialdemografische und allgemeine Fragen
- berufliche Situation von freien Lokaljournalisten und ihre Zufriedenheit damit
- Zusammenarbeit der freien Mitarbeiter mit der Redaktion
- Berichterstattung der freien Mitarbeiter
- journalistische Ausbildung, bisherige Weiterbildung und spezieller Weiterbildungsbedarf der freien Mitarbeiter

Die Interviews wurden transkribiert und anschließend mithilfe der Software MaxQDA ausgewertet.

Mit einem ähnlichen Leitfaden wie dem hier verwendeten befragte Manuela Moenikes (heute verheiratete Puls) bereits 1996/1997 freie Mitarbeiter der Neuen Westfälischen in Paderborn (vgl. Moenikes 2001). Daher lohnt sich an ausgewählten Stellen ein Vergleich ihrer Ergebnisse mit denjenigen der vorliegenden Untersuchung, um einen Hinweis darauf zu bekommen, was sich in den vergangenen 15 Jahren geändert hat. Da beide Studien nicht repräsentativ sind, können aber keine allgemeinen Aussagen gemacht werden.

2.1 Sozialdemografische und allgemeine Fragen

Von den 16 befragten freien Mitarbeitern[4] gehen über die Hälfte noch zur Schule (neun Mitarbeiter), einer studiert und die anderen sechs arbeiten als Buchhändlerin, Krankenschwester, Polizistin, Fotografin, Fotograf (ausgebildeter Polier) und als Selbstständige im Bereich „Weiterbildung Internet" (nebenberuflich, hauptberuflich Hausfrau und Mutter). Hauptarbeitgeber ist die Zeitung für die meisten Schüler und den Studenten sowie für die selbstständige Hausfrau und Mutter. Alle anderen Erwachsenen verdienen den Hauptteil ihres Einkommens bei anderen Arbeitgebern.

Es fällt auf, dass die Befragten sehr jung sind und dass der Frauenanteil sehr hoch ist. Die Schüler sind zwischen 15 und 19 Jahre alt, der Student ist 21, die anderen sechs sind zwischen 31 und 52 Jahre alt. Das Durchschnittsalter liegt durch den hohen Anteil der Schüler bei 26 Jahren. Außerdem sind Frauen/Mädchen unter den Befragten klar in der Mehrheit (13, das entspricht 81,25 Prozent). Einen Migrationshintergrund hat nur ein freier Mitarbeiter. Auch die hohe Anzahl der Schüler ist außergewöhnlich. Da nicht alle freien Mitarbeiter der Zeitung befragt und zusätzlich bewusst weniger Erfahrene ausgesucht wurden, kann man diese Daten nicht einfach mit der Grundgesamtheit aller deutschen Journalisten zu vergleichen, die Weischenberg et al. 2005 erhoben haben. Die Ergebnisse seien jedoch trotzdem genannt, um zu zeigen, wie stark die untersuchte Gruppe von repräsentativen Befragungen abweicht: Von den freien Mitarbeitern in Deutschland sind 45,1 Prozent weiblich. Bei der Zeitung arbeiten sogar nur 33,5 Prozent Frauen als feste und freie Mitarbeiter (vgl. Weischenberg; Malik; Scholl 2006: 350).

39,6 Prozent der von Weischenberg et al. Befragten sind zwischen 36 und 45 Jahre alt; 28 Prozent sind älter als 45 Jahre. Jünger als 36 ist nur ein Drittel der Journalisten (vgl. ebd.: 352). An dieser Stelle muss noch betont werden, dass die von uns befragten Mitarbeiter nach Weischenbergs Definition alle keine Journalisten wären: In seiner Befragung wurden nur „professionelle" Journalisten berücksichtigt, die hauptberuflich[5] „in fest angestellter oder freier Mitarbeit mit der Produktion journalistischer Medienangebote verknüpft sind" (ebd.: 347).

2.2 Berufliche Situation der freien Lokaljournalisten

Es gibt nur wenige Mitarbeiter, die schon lange für die Zeitung arbeiten: Einer ist seit acht Jahren dabei, ein anderer seit vier und noch einer seit zwei Jahren. Alle anderen sind erst seit Kurzem freie Mitarbeiter (ein Monat, drei Monate, ein halbes Jahr, fünf seit einem Jahr, drei seit einem dreiviertel Jahr), was durch den hohen Anteil der Schüler zu erklären ist, die meist durch ein Praktikum den Einstieg finden. Aber auch bei den Erwachsenen gibt es unter den Befragten viele Neueinsteiger, was durch eine hohe Fluktuation zu erklären ist (vermutete Gründe dafür: schlechte Bezahlung und unattraktive Arbeitszeiten). Andererseits hat der Redaktionsleiter einige freie Mitarbeiter, die schon länger dabei sind, direkt von der Weiterbildung – und damit auch von der Befragung – ausgeschlossen, da eine solche bei diesen nicht notwendig sei.

---

[4] Um die Anonymität zu wahren, wird auch im Singular immer die männliche Form verwendet (ein Schüler, der etwas Bestimmtes gesagt hat, kann also auch eine Schülerin sein).
[5] Das heißt, „wenn ein Journalist mehr als die Hälfte seiner Einkünfte aus journalistischer Arbeit bezieht oder mehr als die Hälfte seiner Arbeitszeit für journalistische Medien tätig ist" (Weischenberg: 347).

Die Zeitung bezahlt ihre Mitarbeiter nach einem bestimmten System, das einige der freien Mitarbeiter allerdings nicht kennen; sie fragen auch nicht danach. In der Regel bekommen sie 25 Euro für einen längeren Artikel mit Foto, 30 Euro für einen längeren Artikel mit Fotostrecke für die Webseite und pro Foto 13 Euro (wobei die allermeisten beides liefern). Für Kino- oder Buchtipps für die Jugendseite bekommen die Mitarbeiter 5 Euro. Es ist also kaum mehr als ein Taschengeld, das die Mitarbeiter verdienen können, und als solches sehen es die meisten auch an. Nur zwei der Befragten sagten in den Interviews, dass sie wegen des Geldes als Journalist arbeiten. Die meisten arbeiten dagegen für die Zeitung, weil sie Freude am Schreiben haben oder/und weil es ihnen generell Spaß macht, auf Termine zu gehen. Sie sehen es also als ein Hobby an, für das auch noch bezahlt wird. Für die Schüler sind 25 Euro außerdem viel Geld. Deswegen beklagt sich bis auf einen Erwachsenen, der auch als einziger Wochenenddienste macht und sehr viel für die Zeitung arbeitet, keiner über die niedrigen Honorarsätze.

Mehrere Mitarbeiter verdienen um die 50 Euro im Monat, besetzen also circa zwei Termine pro Monat. Die Mehrheit verdient 70 bis 100 Euro, einer in einzelnen Monaten bis zu 150 Euro und nur ein einziger um die 600 Euro im Monat. Sechs Mitarbeiter gaben an, ungefähr vier Termine im Monat zu übernehmen. Ein Mitarbeiter, der nur für die Sportredaktion arbeitet, kommt jeden Freitag und Sonntag für ein paar Stunden in die Redaktion. Manche Mitarbeiter übernehmen dagegen nur sehr sporadisch Termine. Da sie die Zeitung vornehmlich nicht als Geldgeber, sondern als Hobby ansehen, gehen sie nur zu Terminen, wenn es ihnen zeitlich gut passt und ihnen der Termin gefällt.

Von den neun Schülern, eingerechnet wurde hier auch der Student, wollen drei später auf jeden Fall Journalist werden, zwei wollen auf keinen Fall diesen Weg einschlagen und fünf sind sich noch nicht sicher. Für manche sind die schlechten Berufsaussichten der Grund gegen den Beruf:

> „Ich wollte das lange Zeit machen, aber habe mich jetzt doch dagegen entschieden, (...) weil ich mit vielen Leuten darüber gesprochen habe und die meinten, dass der Markt total überlaufen ist und man sehr schlecht gute Jobs finde."

2.3 Zusammenarbeit mit der Redaktion

Fast alle Schüler sind durch ihr Schulpraktikum zur freien Mitarbeit gekommen. Durch die Hospitation wurden sie meist gut eingearbeitet, das heißt, sie bekamen den Redaktionsalltag gezeigt, gingen mit zu Terminen, durften selbst etwas schreiben, und ihre Artikel wurden redigiert. Alle Mitarbeiter, die vorher kein Praktikum gemacht hatten, wurden meist nur sehr rudimentär eingearbeitet: Ihnen wurde das Internetsystem erklärt, mithilfe dessen man sich auf Termine bewerben kann. Auch wurde ihnen mitgeteilt, dass man auf die Länge des Artikels achten soll, aber abgesehen davon hieß es meist: „Mach mal." In einigen Ausnahmefällen gingen die Mitarbeiter dagegen zunächst zusammen mit einem Redakteur zu einem Termin, schauten zu und wurden beim ersten eigenen Artikel intensiv redigiert. Von einer eher rudimentären Einführung berichten auch die von Manuela Moenikes befragten Mitarbeiter (vgl. Moenikes 2001: 73f.).

Es gibt aber auch Ausnahmen bei der Einarbeitung:

> „Die ersten Wochen nach dem Praktikum, wo ich dann gearbeitet habe, da habe ich den Artikel geschrieben, habe ihn gespeichert und die Editoren haben sich mit mir hingesetzt und sind den durchgegangen. Da hat man eigentlich das meiste gelernt – mit dem Zitieren, die Redewendungen und so etwas, wie man das geschickter ausdrückt, wie man gut kürzen kann und so."

So eine Einführung wäre als Standard für alle neuen Mitarbeiter sicher sehr hilfreich.

Da die meisten nicht hauptsächlich wegen des Geldes journalistisch arbeiten, ist eine gute Zusammenarbeit mit der Redaktion besonders wichtig, da· die Mitarbeiter sonst schnell aufhören, für die Zeitung zu schreiben. Der Redaktionsleiter hat das erkannt: „Er meint auch immer, wenn irgendetwas wäre, können wir immer zu ihm kommen. Sein Büro ist unser Büro." Allerdings fällt der persönliche Kontakt zur Redaktion trotz dieser Aussage sehr gering aus. Alle liefern ihre Texte und Fotos per E-Mail zu. Nur der freie Mitarbeiter der Sport-Redaktion schreibt und recherchiert in den Redaktionsräumen.

Die Termin-Koordination läuft über ein Internetsystem, in das die Redaktion die Veranstaltungen einträgt und über das sich die freien Mitarbeiter für einen Termin bewerben können. Kaum jemand schlägt eigene Themen vor. Eine Ausnahme stellt die Jugendseite dar, für die die meisten der befragten Schüler ausschließlich oder zusätzlich schreiben. Die Mitarbeiter dieser Seite, die alle drei Wochen erscheint, treffen sich regelmäßig zu Redaktionskonferenzen, in denen sie diskutieren, worüber sie berichten können. Auch in der Facebook-Gruppe der Jugendseiten-Mitarbeiter finden teilweise kontroverse Diskussionen über Themen statt.

Fast alle Mitarbeiter liefern auch die Fotos zu dem Artikel. Viele haben normale Digitalkameras, einige besitzen sogar eine Spiegelreflex-Kamera und einige leihen sich die Kamera für den Termin von den Eltern, dem Partner oder einem Freund. Eine Einführung zum Thema Fotos gab es zu Beginn der freien Mitarbeit nicht; allerdings wurde vor einiger Zeit einmal eine redaktionsinterne Fotoschulung angeboten, an der aber nicht alle der befragten Mitarbeiter teilnahmen. Deswegen wissen viele nicht, worauf sie bei Pressefotos achten müssen.

Die Beiträge der freien Mitarbeiter werden aus deren Sicht kaum redigiert. Meistens wird der Artikel höchstens gekürzt, damit er ins Layout passt. Wenn es Änderungen gibt, werden die Mitarbeiter darüber in der Regel nicht vor der Veröffentlichung informiert. „Nur wenn es wirklich mies war, dann sagen die ‚Wir müssen mal über die Texte sprechen' oder so, aber meistens kommt das nicht vor." Die meisten können deswegen nur darüber spekulieren, ob ihre Artikel gut sind oder nicht:

> „So ein paar [wurden am Anfang redigiert], aber danach eigentlich nicht mehr. Das hat mich eigentlich auch sehr verwundert. Auch alle Artikel, die ich jetzt für die Jugendseite schreibe, werden überhaupt nicht mehr korrigiert. Was mich auch wundert, weil ich sicherlich denke, dass man die verbessern oder optimieren kann. Aber vielleicht ist es ja okay so."

Feedback gibt es außer vom Redaktionsleiter kaum, und die Regeln, nach denen redigiert wird, sind den meisten nicht bekannt; zu einem ähnlichen Ergebnis kommt auch Manuela Moenikes (Moenikes 2001: 73f.). Deswegen vergleichen die meisten ihre Artikel in der Ursprungsversion und in der veröffentlichten Version und versuchen dadurch, sich zu verbessern. Einigen Mitarbeitern – vor allem denen der Jugendseite – hat der Redaktionsleiter gesagt, dass jeder einen Anspruch auf Feedback habe. Das müssen sie sich in Regel aber selbst einholen – und die meisten Mitarbeiter machen es nicht. Ein Problem scheint zu sein, dass die Mitarbeiter nicht mehr wie vor noch ein paar Jahren in die Redaktion kommen und dort ihre Artikel schreiben oder zumindest abgeben, wo sie dann auf jeden Fall auch Redakteuren über den Weg liefen und sich durch den persönlichen Kontakt vieles klärte. Diese nicht geplanten Begegnungen finden kaum noch statt, obwohl sie sehr positiv sein und motivieren können:

> „Christina Müller [Name geändert, d. Verf.] heißt die, glaube ich, die hatte mich letztens angesprochen als ich in der Redaktion war. [Sie sagte,] dass sie meine Artikel gut findet und glaubt, dass aus mir noch was Gutes werden könnte."

Schon Manuela Moenikes stellte in ihrer Untersuchung einen geringen Kontakt zur Redaktion fest, der damals allerdings noch ganz anders aussah: Die Mitarbeiter kamen in der Regel ein- bis zweimal pro Woche in die Redaktion, „um sich Aufträge zu holen oder Beiträge abzugeben. (…) Die Termine werden telefonisch abgesprochen und die fertigen Texte gefaxt. Nur wenn Fotos mitgeliefert werden müssen, schauen die Freien persönlich in der Redaktion vorbei." (Moenikes 2001: 55) Heute würde man sich einen solchen Kontakt wünschen.

Die meisten Probleme, die die freien Mitarbeiter mit den Redakteuren haben, beruhen deshalb auch auf fehlender Kommunikation:

> „Feedback würde man sich ab und zu wirklich wünschen – vor allem, wenn wirklich viel geändert wird. (…) Ich habe schon ein paar Mal angerufen. Zum Beispiel, als sie etwas falsch geschrieben haben, den Namen oder so. In meinem ersten [Text] waren direkt Artikel falsch und sie haben da irgendetwas verwechselt."

Über Fehler, die beim Redigieren passieren, ärgern sich auch andere Mitarbeiter: „Bei einem Artikel haben sie vergessen, überhaupt zu schreiben, dass ich es war." Ein anderer sagt: „Manchmal ist es schon blöd, wenn sie etwas wegkürzen. Dann tauchen meistens Fehler auf, die nicht von mir sind. Das ist blöd, weil ja mein Name darunter steht."

Ein anderer ärgert sich über fehlende Kommunikation vor der Veröffentlichung:

> „Die ändern einfach. Meine größte Enttäuschung war die Hochzeitsmesse. Da war ich richtig sauer. Sie haben wirklich sehr, sehr viel geändert. Die haben es ganz stark verkürzt. (…) Die Sachen, die ich richtig interessant fand, haben sie alle weggestrichen."

Hier hätte es sicher geholfen, wenn der zuständige Redakteur dem Mitarbeiter vorher erklärt hätte, warum er so stark kürzen musste. In der Realität ist das aus Zeitgründen allerdings meist nicht möglich.

Auch ein Mitarbeiter der Jugendseite beklagt sich über mangelnde Kommunikation und daraus entstehende Kritik an Artikeln:

> „Die [eine Layouterin der Zeitung; d. Verf.] schreibt jedes Mal in die Facebook-Gruppe der Jugendseite: ‚Die Sache war mir nicht lokal genug.' Und wir haben wirklich schon versucht, irgendwas Lokales zu finden. (…) Was mich wirklich stört, ist, dass ich wirklich nie die richtige Information bekommen habe: ‚So wollen wir es haben, und so nicht'. So, dass mir einer mal klar gesagt hat: ‚Das musst du da rein bringen, das, das, das.' Aber dazu hatten die auch nie so richtig Zeit, ist ja klar."

Ein Mitarbeiter der Jugendseite kritisiert außerdem: „zu kritischen Themen durften wir nie so richtig was schreiben, hatte ich das Gefühl. Ich weiß nicht, ob das wirklich so war, aber ich hatte immer das Gefühl, dass da so ein bisschen was abgeblockt wurde – und das fand ich schon ein bisschen schade." Er glaubt, dass die Jugendseite mit kritischeren Themen ein größeres Interesse bei Jugendlichen hervorrufen würde. Die Redaktion will über solche

Themen seiner Meinung nach aber nicht berichten, da sonst die ältere Generation verprellt werden würde.

Auch Moenikes zog das Fazit, dass „fast alle Konflikte auf die mangelnde Kommunikation zwischen freien Mitarbeitern und Redakteuren zurückzuführen" sind (Moenikes 2001: 64). Am meisten ärgerten sich die von ihr befragten freien Mitarbeiter über die Bearbeitung der Texte, mit der sie nicht einverstanden waren. Die zweitmeisten Beschwerden gab es über die schlechte Honorierung. Diese ist bis heute nicht besser geworden, wird aber von den Befragten, wie schon erwähnt, kaum kritisiert, da die meisten die Arbeit für die Zeitung eher als Hobby verstehen. Für die Schüler bedeutet das Honorar meist sogar ein ganz gutes Taschengeld.

Als fester Ansprechpartner für die freien Mitarbeiter fungiert der Redaktionsleiter. Problematisch wird es, wenn er nicht arbeitet:

> „Manchmal ist der halt nicht da, dann muss ich das an die Redaktion schicken. Da kriege ich meistens kein Feedback – nur, wenn irgendetwas fehlt oder irgendwas, keine Ahnung, wenn sie irgendwelche Informationen brauchen, was aber nur ganz selten war. Bei [dem Redaktionsleiter, d. Verf.] ist das halt so, dass der dann noch mal zurück schreibt, ob der [Artikel] jetzt gut war oder was mit den Fotos ist."

Einen regelmäßigen Austausch mit anderen freien Mitarbeitern, also einen Stammtisch o. Ä., gibt es nicht; er wird von der Mehrheit der Mitarbeiter aber auch nicht vermisst. Nur die Mitarbeiter der Jugendseite treffen sich regelmäßig und haben über Facebook Kontakt.

2.4 Berichterstattung und journalistische Kenntnisse

Vorweg muss an dieser Stelle betont werden, dass wir uns nur auf die Aussagen der Mitarbeiter stützen können. Aus personellen und zeitlichen Gründen war es nicht möglich, die Qualität der Berichterstattung der freien Mitarbeiter zu überprüfen, etwa mittels einer Inhaltsanalyse (Manuela Moenikes hat dies in ihrer Studie getan, vgl. Moenikes 2001).

Einen Text, in dem journalistische Regeln aufgeschrieben sind (also etwa den Pressekodex), kennt niemand der Befragten. Ein Mitarbeiter gab an, den Klassiker „Einführung in den praktischen Journalismus" von Walther von La Roche gelesen zu haben.

Verschiedene Darstellungsformen kennen fünf der befragten Mitarbeiter, drei nennen immerhin Reportage und Bericht, sieben können mit dem Begriff nichts anfangen. Viele Mitarbeiter nennen die Regel, neutral zu berichten:

> „Ich erzähle einfach nichts von mir selbst. Mein persönliches Empfinden streiche ich komplett raus. Grundsätzlich würde ich es vielleicht auch lassen, aber manchmal ist es nicht das, was die Zeitung oder die Leute lesen möchten."

Viele schreiben wie dieser Mitarbeiter „aus dem Bauch heraus":

> „Grundsätzlich arbeite ich immer nach Gefühl. Ich arbeite da jetzt nicht mit irgendwelchen Darstellungsformen. Ich habe, um mich zu Beginn einzuarbeiten, relativ viele Artikel gelesen. Ich habe mir dann angeschaut, wie die Journalisten arbeiten und die Texte aufbauen, worauf man ganz besonders achten muss. Ich habe mich dann auch auf verschiedenen Websites darüber informiert."

Ein Schüler versucht, sein Schulwissen anzuwenden:

> „Also ich meine, in der Schule waren das ja so die Kriterien: In einen Bericht kommen keine Zitate rein und so etwas. Ich mache ja schon Zitate [in einen Bericht, d. Verf.], also von der Schule her wäre es dann eher eine Reportage. Ich glaube nicht, dass das etwas ist, was die in der Zeitung unter einer Reportage verstehen."

Die Darstellungsform, die nach Angabe der freien Mitarbeiter am häufigsten verwendet wird, ist der Bericht, was von einem Mitarbeiter kritisiert wird:

> „Grundsätzlich schreiben wir eigentlich nur Berichte. Ich finde die [Zeitungsname, d. Verf.] auch, wenn ich ehrlich bin, ziemlich einfältig. Es wird halt nur über die kleinen Sachen hier berichtet und so richtig große Sachen kommen eher selten. Eine Reportage würden ja auch immer eher die Redakteure übernehmen, glaube ich zumindest."

Selten werden die Darstellungsformen Interview oder Reportage genutzt. Auch in Manuela Moenikes' Untersuchung kam heraus, dass der Bericht die gängige Darstellungsform ist. Hier schrieben die freien Mitarbeiter aber auch Kommentare (vgl. Moenikes 2001: 70f.), was bei der von uns untersuchten Zeitung in der Regel nur bei der Jugendseite vorkommt.

Da die freien Mitarbeiter fast ausschließlich Termine besetzen, sind ihre Recherchemethoden nicht besonders umfangreich. Die meisten informieren sich im Internet und bei der Veranstaltung selbst, so wie dieser Mitarbeiter:

> „Ich geh dann zu den Veranstaltungen, schreibe da ein bisschen mit, gehe nachher noch mal zum Interview, falls das möglich ist. Und je nach dem, was es ist, nehme ich mir dann noch Prospekte mit. Manchmal gucke ich noch im Internet, ob irgendetwas fehlt, man kann ja noch gut Zitate oder so etwas finden."

Ein Problembewusstsein ist aber teilweise durchaus vorhanden:

> „Das ist natürlich das Problem, wenn man auf einem Termin ist, und der Veranstalter sagt: ‚Wir haben hundert Leute hier', und man selbst zählt nur 70. Wichtig ist, dass man sich auf seine eigenen Augen, also das, was man selber sieht, verlässt."

Durch das Internet hat die Recherche gegenüber Manuela Moenikes' Befragung etwas zugenommen: 1996/97 sagte die Mehrheit der Befragten, „da[ss] sie einfach zum Termin gehen und dort bestenfalls den Verantwortlichen Fragen stellen" (Moenikes 2001: 67).

Ein Teil der Befragten sieht seine Aufgabe als Journalist schlicht in der Information (und teilweise Unterhaltung) der Leser, ein anderer Teil zieht zusätzlich den Aspekt Aufklärung hinzu und hat sich komplexere Gedanken zum Thema gemacht. „Die Leute hoffen, irgendwie etwas Interessantes zu lesen, wie es gelaufen ist. Und wenn sie sich dann am Ende bedanken, sollte es heißen, dass es gut geklappt hat", sagt ein Mitarbeiter, der zur ersten Gruppe gehört. Neutralität spielt für die meisten eine große Rolle:

> „Im Grunde, glaube ich, ist die neutrale Wiedergabe der Veranstaltung meine Aufgabe. (…) Das wiedergeben, was die Leute, die nicht da sind, vielleicht eben am nächsten Tag lesen wollen."

Ein anderer sagt:

> „Ich glaube einfach, dass ich jetzt nicht dafür da bin, um irgendeine Meinung von jemandem rüberzubringen, sondern wirklich so das Leben in der Stadt. Sonst würde man vom Taubenzüchterverein nichts mitbekommen, wenn die nicht mal in der Zeitung stehen würden. Deswegen finde ich es eher so, dass wenn ich etwas schreibe, dass ich dann auch zusehe, so ein bisschen den Verein zu repräsentieren, auch positiv eben, und so das Leben hier ein bisschen darzustellen und nicht meine Meinung oder die Meinung von Herrn Z."

Diese Tendenz „ins Positive" zu gehen, gibt es auch bei Moenikes' Befragung. „Lob tut keinem weh", schreibt sie dazu (Moenikes 2001: 90). Aber es gibt auch Mitarbeiter, die nicht bei der reinen Information und Unterhaltung der Leser stehen bleiben wollen:

> „Ich finde schon, dass man so ein bisschen die Möglichkeit hat, etwas zu bewegen. Medien erreichen ja wirklich ein großes Spektrum an Menschen."

Ob die Leser auch im lokalen Bereich Aufklärung und Aufdeckung erwarten, darüber gehen die Meinungen teilweise auseinander:

> „Was lokale Themen angeht, kann man bestimmt etwas verändern, wenn man es richtig anpackt. Was das jetzt für Auswirkungen auf alles Andere hat, weiß ich nicht, aber was das angeht, finde ich schon, dass das etwas verändern könnte."

Im Gegensatz dazu sagt ein Mitarbeiter:

> „Ansonsten glaube ich aber nicht, dass die (…) Leser hier große Erwartungen haben, also die erwarten keinen großen Aufdeckungsjournalismus oder so. (lacht)"

Die Frage nach der sozialen Integration der freien Mitarbeiter in ihre Gemeinde oder Stadt ist insofern wichtig, als dass Mitarbeiter, die im Berichterstattungsraum viele Menschen kennen, sich vermutlich schwerer damit tun, kritisch über lokale Themen zu berichten. Schreiben sie zusätzlich noch über ihren eigenen Verein oder Ähnliches, wird die neutrale Berichterstattung nahezu unmöglich.

Die soziale Integration der befragten freien Mitarbeiter ist recht hoch. Selbst, wenn sie in keinem Verein, keiner Organisation oder keiner Partei engagiert sind, gibt es eine Art soziale Kontrolle dadurch, dass viele der Mitarbeiter in kleineren Stadtteilen leben, die Dorfcharakter haben. Dadurch kommt es zu Situationen wie diesen:

> „Ich habe zum Beispiel mal über den Weihnachtsmarkt geschrieben. Da stand auch meine Mama und ich kannte auch die Organisatoren."

Der Mitarbeiter fügt dann zwar noch an: „Die respektieren das schon, wenn man irgendwelche Fragen stellt", aber ob das bei kritischen Fragen auch noch der Fall wäre, kann bezweifelt werden. Ein Mitarbeiter stellt fest: „In [Name der Stadt, d. Verf.] hat man es sowieso nicht einfach, Abstand zu halten von Themen – es ist einfach ziemlich klein."

Generell tun sich die Mitarbeiter mit einer kritischen Berichterstattung schwer, auch wenn sie niemanden persönlich kennen:

> „Zum Beispiel habe ich auch in [Name des Stadtteils, d. Verf.] so ein Familienfest mitgemacht. Da haben die Leute, die Aussteller selbst, herumgestritten und -gezickt. Die waren mit den Ständen unzufrieden, wo sie stehen und so weiter. Und das kriegst du alles mit, weil du gegenüberstehst und alles beobachtest. Aber das schreibe ich nicht. Weil das Thema war, wie schön das (…) Fest ist."

Einer gibt zu, dass es „einfach schwierig" sei, etwas Negatives zu schreiben, wenn man über Bekannte berichtet. Man habe dann „Möglichkeiten, wie man es ausdrücken kann, ohne dass man jemanden persönlich trifft", aber es bleibe schwierig.

Recht viele Mitarbeiter sind in Vereinen aktiv und schreiben teilweise auch darüber.

> „Ich tanze in der Tanzschule [Name gestrichen, d. Verf.]. Da haben wir immer Contests und waren auch auf der Europameisterschaft. Wenn so etwas ist, darf ich da auch drüber schreiben. (…) Ich schreibe schon, dass wir gerade nicht so einen guten Platz gemacht haben, aber man schmückt es schon ein bisschen aus. (lacht)"

So offen auch sich selbst gegenüber sind nicht alle:

> „Ich schreibe dann auch manchmal über meinen Verein [Sportverein, d. Verf.], aber ich denke, das ist ja nicht so, dass ich mein Leben diesem Verein widme und parteiisch berichte. Ich denke, ich schaffe das schon ganz gut, dass ich gleich viel über alle Teams schreibe und auch fair darüber berichte."

Zwei Schüler sind Parteimitglied, schreiben aber nicht über die Partei. Ein Schüler hatte Probleme mit seinem Rektor, als er über ein kritisches Schulthema berichtete:

> „Aber damit habe ich schlechte Erfahrungen, also versuche ich jetzt, den Bereich meiner Schule komplett herauszulassen. Da hatte ich schon mit dem Rektor ein sehr ‚nettes' Gespräch. Das ist nicht ganz so positiv gelaufen, weil ich gerne Sachen provoziere. Auch auf der Jugendseite versuchen wir immer so ein bisschen, Sachen herauszukitzeln und zweideutig zu schreiben. Das ist einmal nicht ganz so gut gelaufen, als es um unsere Schule ging und der Rektor nicht ganz so begeistert war."

Zum Thema Distanz in der Berichterstattung macht sich ein Mitarbeiter folgende Gedanken:

> „Wenn ich jetzt über meinen eigenen Sportverein schreiben würde, würde ich nicht unbedingt alles Negative aufzählen. Die Frage ist ja wirklich, aus welchem Anlass macht man das? Und in wie weit kritisiert man wirklich [Name der Stadt, d. Verf.] Sachen. Ich schreibe ja nicht über Ratssitzungen oder irgendwelche Dinge, die wirklich diskutiert werden müssen, wo man sich angreifbar macht. Ich denke mal, alles was so an Veranstaltungen oder Sportliches in [Name der Stadt, d. Verf.] stattfindet, darüber berichtet man ohnehin eher ‚nett'. Das empfinde ich auch als Voraussetzung, dass man nicht hingeht und sagt: die Sportplatz-Olympiade für die Kinder war aber schlecht organisiert (…). Das sind dann eher Sachen, wo sich dann Leute in Leserbriefen melden. Aber ich glaube nicht, dass man über im weitesten Sinne ehrenamtliche Tätigkeiten schlecht schreiben sollte."

Da die freien Mitarbeiter in der Regel positiv berichten, bekommen sie auch fast nur positives Feedback, meist von Bekannten, Freunden oder Verwandten, die ihren Namen in der Zeitung gelesen haben. Manchmal kommt es auch vor, dass sich die Leute bedanken, über die berichtet wurde. Das psychische Hemmnis, kritisch zu berichten, da das soziale Umfeld ansonsten negativ reagieren würde, ist vermutlich höher, als es sich die Befragten eingestehen wollen. Auch Manuela Moenikes fand heraus, dass einige Mitarbeiter „dazu neigen, unkritisch und eher lobend zu berichten". (Moenikes 2001: 70) Die von ihr befragten freien Mitarbeiter seien „stark in ihren Berichterstattungsraum eingebunden" (ebd.: 77). „Dieses Eingebundensein der freien Mitarbeiter in das Gemeindeleben hat auch negative Folgen (…). Die verschiedenen gesellschaftlichen Gruppen üben Druck auf die freien Mitarbeiter aus." (ebd.: 78)

Offen von dem Druck, der auf sie ausgeübt wird, berichtet bis auf den Schüler, der wegen seines Artikels Probleme mit dem Direktor hatte, niemand. Doch zeigt sich dieser unterschwellig in den oben zitierten Aussagen und dem Feedback von Freunden und Bekannten. Diese spezielle Problematik von Lokalzeitungen kann wahrscheinlich nie ganz gelöst werden, da die lokalen Berichterstatter meist in ein gesellschaftliches Umfeld eingebettet sind, über das sie auch berichten. Umso wichtiger wäre es, in Weiterbildungen auf die Problematik hinzuweisen und Strategien zur Lösung zu besprechen. Denn den meisten von uns befragten Mitarbeitern ist der unterschwellige Druck nicht einmal bewusst.

2.5 Journalistische Aus- und Weiterbildung

Sieben der neun Schüler haben bereits ein Praktikum bei der Zeitung gemacht. Ein Mitarbeiter hat zusätzlich noch ein anderes Praktikum absolviert, drei haben bei Medien-Workshops mitgemacht, die nicht von der Zeitung organisiert worden sind. Fünf der Befragten haben am bereits erwähnten Foto-Workshop teilgenommen, den die Zeitung angeboten hatte. Zwei haben an einer anderen Schulung der Zeitung teilgenommen. Ein Mitarbeiter hat bereits in seinem Heimatland als Journalist gearbeitet. Der Grad der journalistischen Ausbildung der befragten Mitarbeiter ist also insgesamt nicht besonders hoch.

Vielleicht sind gerade deshalb bis auf einen alle Mitarbeiter der Meinung, dass journalistische Weiterbildungen notwendig und sinnvoll seien. Fast alle wünschten sich als Thema Tipps zum Schreiben der Artikel (Aufbau, Stil, Überschriften, Überleitungen, generelle Tipps). Außerdem hätte ein Schüler gerne Tipps zum selbstbewussten Auftreten bei Terminen.

2.6. Zusammenfassung

Obwohl Manuela Moenikes 1996/97 eine völlig andere Gruppe von freien Mitarbeitern befragte – sie interviewte bewusst diejenigen, die viel für die Zeitung schrieben und fotografierten – und die Befragung 15 Jahre zurück liegt, sind die Ergebnisse doch überraschend ähnlich. Der „Sprung ins kalte Wasser" der freien Mitarbeiter zu Beginn kristallisierte sich auch bei der vorliegenden Befragung als gängig heraus. Auch fällt der seltene persönliche Kontakt zwischen Redakteuren und Mitarbeitern in beiden Befragungen auf, wobei er heute wegen des Internets noch viel geringer ausfällt. Für eine Terminabsprache muss noch nicht einmal mehr telefoniert werden. Rückmeldungen vonseiten der Redaktion gab es 1996/97 allerdings trotzdem genauso wenig wie heute. Moenikes' Kritik von damals ist heute deswegen immer noch aktuell: „Darum können sich die freien Mitarbeiter nicht weiterentwickeln, ihnen fehlt es an Maßstäben, um die eigene Leistung einzuschätzen." (Moenikes 2001: 91)

Auf das journalistische Selbstverständnis bezogen kann man die von uns Befragten grob in zwei Gruppen einteilen: Die eine Gruppe sieht die Aufgabe des Journalisten schlicht darin, die Leser über eine Veranstaltung zu informieren und sie gegebenenfalls – wenn es das Thema zulässt – mit dem Artikel zu unterhalten. Neutralität wird von vielen zwar als wichtiges Kriterium genannt, aber es gibt daneben trotzdem die Tendenz, Veranstaltungen positiv darzustellen. Viele Mitarbeiter vermuten, dass die Leser das erwarten. Außerdem ist eine Mehrheit der freien Mitarbeiter sozial stark in ihren Berichterstattungsraum eingebunden, sodass eine psychische Hürde besteht, negativ über Menschen zu berichten, die man kennt. Diese Problematik, die den meisten von uns Befragten nicht bewusst ist, beschreibt auch Moenikes (vgl. 2001: 70).

Die zweite Gruppe hat ein anderes journalistisches Selbstverständnis: Sie will die Leser nicht nur informieren, sondern auch über Missstände aufklären. Auffällig ist, dass zu dieser Gruppe vor allem Schüler gehören. Der Grund dafür liegt vermutlich darin, dass es die Schüler gewöhnt sind, bei der Planung für die Jugendseite kontrovers über Themen zu diskutieren. Die erwachsenen freien Mitarbeiter dagegen besetzen fast ausschließlich Termine und nehmen an keiner Redaktionskonferenz teil.

Auch Moenikes' Erkenntnis, dass die Mitarbeiter kaum recherchieren und sich auf die Darstellungsformen Meldung und Bericht beschränken (vgl. ebd.), gilt für die vorliegende Untersuchung. Durch das Aufkommen des Internets ist dieser Rechercheweg zwar hinzugekommen, zu der Qualität der dort beschafften Informationen kann allerdings an dieser Stelle keine Aussage gemacht werden. Da es aber ein recht schneller und bequemer Weg der Recherche ist, wird er mittlerweile fast immer zusätzlich angewendet und es kann vermutet werden, dass so in bestimmten Fällen auch wichtige Informationen beschafft werden. Deswegen scheint es sinnvoll, bei Weiterbildungen auch das Thema Internetrecherche zu behandeln, damit Mitarbeiter lernen, die Seriosität verschiedener Quellen einzuschätzen.

Die von uns befragten Mitarbeiter geben genau wie die von Moenikes interviewten an, dass ihre Artikel wenig redigiert werden und dass sie das oft als Bestätigung ihrer Arbeit auffassen. Das ist ein Problem, denn vermutlich redigieren die Redakteure oft aus Zeitdruck wenig und nicht etwa, weil die Texte gut geschrieben und recherchiert sind. Auch hier können Weiterbildungen helfen, die Qualität der Artikel zu verbessern.

Für eine verstärkte Weiterbildungs-Offensive spricht auch, dass die journalistischen Kenntnisse der befragten freien Mitarbeiter gering sind. Viele kennen die Standards wie zum Beispiel verschiedene Darstellungsformen nicht und auch ethische Regelwerke wie der Pressekodex sind unbekannt. Eine journalistische Ausbildung – abgesehen von Schülerpraktika und vereinzelten Workshops – hat niemand absolviert; Weiterbildungen wurden ebenfalls nur sehr sporadisch besucht.

3. Auswertung der Feedback-Fragebögen

Um die Leitfadeninterview mit quantitativ erhobenen Daten zu ergänzen und die inhaltliche Gestaltung der INLOK-Workshops zu evaluieren und gegebenenfalls zu verbessern, wurden nach den Seminaren Feedback-Fragebögen verteilt. Die Antwortmöglichkeiten wurden zum Teil offen gestaltet, damit die Teilnehmer ihre positiven und negativen Bewertungen sowie ihre Wünsche und Anregungen möglichst frei formulieren konnten. Abgefragt wurden zunächst Geschlecht, Alter, Beruf und Dauer der freien Mitarbeit. Zudem sollten die Teilnehmer angeben, über welche Themen sie hauptsächlich im Lokalteil schreiben (kulturelle Veranstaltungen, Sport, Kommunalpolitik, aktuelle lokale Termine, „Sonstiges"). Mehrfachnennungen waren hier möglich, die Kategorie „Sonstiges" wurde zudem halboffen gestaltet. Auch wurden die freien Mitarbeiter befragt, ob sie bereits Seminare zur journalistischen Weiterbildung besucht haben, und wenn ja, zu welchen Themen (ebenfalls als offene Kategorie).

Im Anschluss ging es um die Bewertung des jeweiligen Workshops und des Referenten. Dabei wurden die Teilnehmer aufgefordert, positive und negative Kritik zu formulieren. Um die Ergebnisse zu ergänzen, konnten die Befragten anhand einer Likert-Skala mit fünf Items das Seminar und den Referenten bewerten. Unter anderem war dabei die Praxisrelevanz des Workshop-Inhalts für die freie Mitarbeit bei der Zeitung von Interesse.[6] Außerdem durften die freien Mitarbeiter angeben, ob bzw. zu welchen Themen sie sich noch eine Weiterbildung wünschen.

---

[6] Die einzelnen Items werden in der Auswertung sowie im Anhang beschrieben.

3.1 Auswertung Modul 1 (Grundkompetenzen im Lokaljournalismus)

Insgesamt füllten 15 Teilnehmer den Feedback-Fragebogen am Ende des Seminars aus. Alle waren nebenberuflich als Journalisten tätig. Elf der Befragten waren Schüler, die übrigen angegebenen Berufe waren: Dolmetscherin/Managerin; Selbstständig (gelernter Maurer und Polier); Polizeibeamtin; Krankenschwester. Das Alter der Teilnehmer lag zwischen 15 und 52 Jahren, es ergibt sich ein Durchschnitt von knapp 23 Jahren (Median: 18). Die Dauer der freien Mitarbeit betrug zwischen einem halben Jahr und 5,5 Jahren, im Durchschnitt waren die freien Journalisten knapp 1,5 Jahre für die Lokalzeitung tätig (Median: 1).

Themen der Berichterstattung

Die meisten Befragten, nämlich 14 (93 Prozent[7]) schreiben über aktuelle lokale Termine (als Beispiele wurden im Fragebogen die Eröffnung eines Schwimmbades und lokale Feste genannt). 13 der freien Journalisten (87 Prozent) berichten zudem über kulturelle Veranstaltungen wie Theateraufführungen oder Konzerte. Nur zwei schreiben über Lokalsport (13 Prozent), kommunalpolitischen Themen widmet sich nur einer der Befragten (7 Prozent). Unter dem Punkt „Sonstiges" wurde von drei freien Mitarbeitern die Jugendseite genannte, einer nannte eine „Porträtserie", ein weiterer „schulische Aktivitäten", wobei man diese ggf. auch den lokalen Terminen zuordnen könnte. Diese Ergebnisse decken sich mit den Aussagen des Redaktionsleiters: Mit komplizierteren Themen wie der Kommunalpolitik werden in der Regel festangestellte Redakteure betraut, während (kulturelle) Veranstaltungen, insbesondere am Wochenende, häufig mit freien Mitarbeitern besetzt werden.

Erfahrungen mit Weiterbildungen

Nicht einmal die Hälfte der Teilnehmer (40 Prozent) hatte vor dem INLOK-Workshop eine journalistische Weiterbildung absolviert. Fünf der sechs freien Mitarbeiter mit Weiterbildungserfahrung nahmen an der bereits erwähnten internen Fotoschulung teil. Zwei freie Journalisten bildeten sich noch anderweitig weiter: Einer davon absolvierte zusätzlich einen Workshop beim Privatfernsehen, der andere machte keine näheren Angaben zum Inhalt der absolvierten Weiterbildung.

Feedback zum Seminar

Insgesamt fiel das Feedback zum Seminar positiv aus. So gaben drei an, sie hätten viele Tipps erhalten. Acht lobten den unterhaltenden und kompetenten Vortragsstil bzw. die anschauliche Darstellung. Fünf fanden die Veranstaltung informativ und interessant. Des Weiteren wurden die Gruppenarbeit und die ausreichenden Pausen gelobt. Drei bemängelten, dass die Inhalte ihnen teilweise schon bekannt waren, was bei einem Seminar mit dem Titel „Grundkompetenzen" nicht weiter verwunderte. Ein Teilnehmer hatte Mühe, alle

---

[7]Alle Prozentwerte sind auf- bzw. abgerundet.

Informationen mitzuschreiben. Ein weiterer gab an, der Workshop sei zu wenig abwechslungsreich gewesen.

Die Auswertung aller Kategorien der Likert-Skala zeigt, dass das Feedback mehrheitlich positiv ausfällt (siehe Tabelle. 1). Besonders gut stuften die Teilnehmer die Vorbereitung des Seminarleiters und die Verständlichkeit der Inhalte ein, hier stimmt jeweils 100 Prozent der Befragten der Aussage völlig zu. Nur bei der Erwartung ergibt sich ein etwas breiteres Meinungsbild, hier wurde einmal die mittlere „neutrale" Kategorie angekreuzt.

Tabelle 1: Feedback der Seminarteilnehmer Modul 1

Antwortmöglichkeit	trifft völlig zu nicht zu				trifft gar
	1	2	3	4	5
Die Seminar-Inhalte entsprachen meiner Erwartung.	6 (40 %)	8 (53,3 %)	1 (6,7 %)	--	--
Der inhaltliche Aufbau war logisch, der „rote Faden" erkennbar.	11 (73,3 %)	4 (26,7 %)	--	--	--
Ich habe theoretisches Wissen dazu gelernt.	11 (73,3 %)	4 (26,7 %)	--	--	--
Die Inhalte kann ich in meinem Arbeitsalltag gut nutzen.	14 (93,3 %)	1 (6,7 %)	--	--	--
Der Seminarleiter war gut vorbereitet.	15 (100 %)	--	--	--	--
Die Inhalte wurden verständlich erklärt.	15 (100 %)	--	--	--	--
Es gab genügend Zeit für eigenes Erarbeiten und Übungen.	5 (33,3 %)	10 (66,7 %)	--	--	--

Quelle: Eigene Darstellung

Wünsche für Weiterbildungen

Die Mehrheit der freien Mitarbeiter (11 Teilnehmer, d.h. rund 73 Prozent) sprach sich für weitere Weiterbildungen in der Redaktion aus. Zwei lehnten diese ab, zwei weitere machten keine Angaben. Acht der Befragten wünschten sich einen Foto-Workshop bzw. eine Technikschulung für die eigene Kamera, drei würden ein Seminar zum Thema „journalistisches Schreiben" begrüßen. Noch genannt wurden „Auftreten bei Terminen" sowie „Kreativität".

3.2 Auswertung Modul 2 (Professionell schreiben)

Bei der Auswertung des Feedback-Fragebogens für das Modul 2 muss berücksichtigt werden, dass viele der freien Mitarbeiter bereits an Modul 1 teilgenommen hatten. Unter den 19 Teilnehmern, die den Fragebogen ausfüllten, waren diesmal 13 Schüler. Neu aufgeführte Berufe waren „Buchhändlerin" und „selbständige Schriftsetzerin/Screendesignerin", erneut mit dabei waren die Polizeibeamtin, die Dolmetscherin/Managerin sowie die Krankenschwester.

Das Durchschnittsalter der Teilnehmer lag bei dieser Befragung mit 24,4 Jahren (Median: 18) ein wenig höher, der jüngste Teilnehmer war 15, der älteste 52. Bezüglich der Dauer der freien Mitarbeit gab es große Unterschiede: Ein Mitarbeiter war erst seit sieben Monaten für die Zeitung tätig, die längste freie Mitarbeit betrug 5,5 Jahre. Im Schnitt arbeiteten die Befragten seit 1,8 Jahren für die Lokalzeitung (Median: 1,5).

Themen der Berichterstattung

Ähnlich wie bei Modul 1 berichtet auch hier die Mehrheit der freien Mitarbeiter, nämlich jeweils 14 (74 Prozent), über aktuelle Termine und kulturelle Themen. Drei freie Journalisten widmen sich dem Lokalsport (16 Prozent) und nur einer beschäftigt sich mit Kommunalpolitik (5 Prozent). Unter „Sonstiges" wurde sechsmal die Jugendseite genannt; weitere Nennungen waren: „Vereinsöffentlichkeit", „Schule" und „Museum".

Feedback zum Seminar

Als positive Punkte nannten fünf freie Mitarbeiter die Einbindung der Teilnehmer bzw. das Feedback für eigene Texte. Weitere lobten den Praxisanteil bzw. das praxisorientierte Arbeiten (vier Teilnehmer) und den strukturierten Aufbau des Workshops (drei Teilnehmer). Zwei freie Mitarbeiter erwähnten die verständlichen Erklärungen des Referenten positiv. Es wurden aber auch einige Mängel genannt: Zwei Teilnehmer kritisierten die Länge des Seminars, zwei die Länge der Diskussion über selbst geschriebene Texte. Fünf der Befragten wünschten sich noch mehr Praxis im Workshop und weniger Frontalunterricht.

Die Auswertung aller Kategorien zeigt trotz der Kritikpunkte, dass auch in Modul 2 das Feedback mehrheitlich positiv ausfällt (siehe Tabelle 2). Besonders gut stuften die Teilnehmer die Vorbereitung des Seminarleiters und die Verständlichkeit der Inhalte ein, bei der Vorbereitung stimmten 100 Prozent der Befragten der Aussage völlig zu, bei der Verständlichkeit der Inhalte 87,7 Prozent. Bei drei Kategorien (inhaltlicher Aufbau, theoretisches Wissen und Anwendung im Arbeitsalltag) ergibt sich ein etwas breiteres Meinungsbild, hier wurde jeweils einmal die mittlere „neutrale" Kategorie angekreuzt.

Wünsche für Weiterbildungen

Eine Mehrheit der freien Mitarbeiter (elf Teilnehmer, d.h. rund 58 Prozent) sprach sich für weitere Weiterbildungen in der Redaktion aus, fünf lehnten diese ab. Drei Teilnehmer machten keine Angaben. Vier der Befragten wünschten sich einen Foto-Workshop, zwei würden ein Seminar zum Thema Recherche begrüßen. Außerdem genannt wurden „Online", „Sportjournalismus", „Verantwortung dem Leser gegenüber", „Journalismus mit Unterhaltungswert" sowie „Kreativität".

Tabelle 2 : Feedback der Seminarteilnehmer Modul 2

Antwortmöglichkeit	trifft völlig zu			trifft gar nicht zu	
	1	2	3	4	5
Die Seminar-Inhalte entsprachen meiner Erwartung.	8 (53,3 %)	7 (46,7 %)	--	--	--
Der inhaltliche Aufbau war logisch, der „rote Faden" erkennbar.	11 (73,3 %)	3 (20 %)	1 (6,7 %)	--	--
Ich habe theoretisches Wissen dazu gelernt.	5 (33,3 %)	9 (60 %)	1 (6,7 %)	--	--
Die Inhalte kann ich in meinem Arbeitsalltag gut nutzen.	7 (46,7 %)	7 (46,7 %)	1 (6,7 %)	--	--
Der Seminarleiter war gut vorbereitet.	15 (100 %)	--	--	--	--
Die Inhalte wurden verständlich erklärt.	13 (87,7 %)	2 (13,3 %)	--	--	--
Es gab genügend Zeit für eigenes Erarbeiten und Übungen.	8 (53,3 %)	6 (40 %)	--	--	--

Quelle: Eigene Darstellung

3.3 Auswertung Modul 3 (Recherchieren im Lokalen/Onlinejournalismus)

Die Mehrheit der Teilnehmer von Modul 3 hatte zuvor bereits eines der anderen beiden Module besucht. Insgesamt 15 der freien Mitarbeiter füllten den Feedback-Fragebogen nach Seminarende aus. Unter den Besuchern des Workshops waren diesmal neun Schüler, ansonsten tauchten die bereits in 4.1 und 4.4 genannten Berufe wieder auf. Das Durchschnittsalter betrug 25,5 Jahre (Median: 19), die durchschnittliche Dauer der freien Mitarbeit lag bei 1,7 Jahren (Median: 1), einer der Befragten war erst seit zwei Monaten für die Lokalredaktion tätig.

Themen der Berichterstattung

Aufgrund der teilweise identischen Zusammensetzung der Teilnehmer in allen drei Modulen gab es hier keine überraschenden Ergebnisse: Jeweils 14 (80 Prozent) berichten über aktuelle Lokaltermine und kulturelle Themen; Sport und (Kommunal-)Politik widmet sich jeweils ein freier Mitarbeiter (6,7 Prozent). Unter „Sonstiges" taucht erneut die Jugendseite auf (vier Nennungen), außerdem „Ausstellungen/Messen", „Schule" und „Museum".

Erfahrungen mit Weiterbildungen

Mittlerweile hatten alle freien Mitarbeiter an Weiterbildungen teilgenommen. Der Großteil hatte an den vorangegangenen INLOK-Schulungen „Grundkompetenzen" und „Professionell Schreiben" teilgenommen, wie aus den Feedback-Fragebögen hervorging. Somit kam die Mehrheit erst durch das INLOK-Angebot in den Genuss einer journalistischen Weiterbildung.

Feedback zum Seminar

Wie in den vorherigen beiden Modulen war auch diesmal das Feedback fast durchweg positiv. Besonders gelobt wurden erneut die Vorbereitung des Seminarleiters und die Verständlichkeit der Inhalte (siehe Tabelle 3). Auch die Anwendung der Inhalte im Arbeitsalltag, der inhaltliche Aufbau und das erworbene theoretische Wissen wurden sehr positiv erwähnt. Offenbar entsprachen die Seminar-Inhalte nicht bei allen Befragten der Erwartung, was damit zusammenhängen kann, dass der Bereich Onlinejournalismus am Ende etwas zu kurz kam: Der erste Referent hatte beim Thema Recherche zeitlich stark überzogen. Offenbar hätten sich einige noch mehr Zeit für eigenes Erarbeiten und Übungen gewünscht, hier waren die Rückmeldungen nicht ganz so positiv.

Sieben freie Mitarbeiter schrieben, der Workshop sei spannend, kurzweilig und informativ gestaltet worden. Die Interaktivität und kreativen/praktischen Übungen wurden fünfmal positiv hervorgehoben. Zwei Teilnehmer lobten beim offenen Feedback die guten Erklärungen und Beispiele, drei das Eingehen auf eigene Probleme und Wünsche. Weitere positive Aspekte waren „offene Vortragsart", „passender Medieneinsatz" und „andere Blickwinkel zu erlernen". Kritisiert wurde von zwei Teilnehmern die zu kurze Dauer des Seminares, einer beschwerte sich, das Thema Online-Recherche sei zu kurz gekommen. Ein freier Mitarbeiter bemängelte den „großen Input, welcher am Ende die Konzentration einschränkte".

Tabelle 3: Feedback der Seminarteilnehmer Modul 3

Antwortmöglichkeit	trifft völlig zu		trifft gar nicht zu		
	1	2	3	4	5
Die Seminar-Inhalte entsprachen meiner Erwartung.	6 (40 %)	8 (53,3 %)	--	--	--
Der inhaltliche Aufbau war logisch, der „rote Faden" erkennbar.	11 (73,3 %)	4 (26,7 %)	--	--	--
Ich habe theoretisches Wissen dazu gelernt.	11 (73,3 %)	4 (26,7 %)	--	--	--
Die Inhalte kann ich in meinem Arbeitsalltag gut nutzen.	14 (93,3 %)	1 (6,7 %)	--	--	--
Der Seminarleiter war gut vorbereitet.	15 (100 %)	--	--	--	--
Die Inhalte wurden verständlich erklärt.	15 (100 %)	--	--	--	--
Es gab genügend Zeit für eigenes Erarbeiten und Übungen.	5 (33,3 %)	11 (73,3 %)	--	--	--

Quelle: Eigene Darstellung

Wünsche für Weiterbildungen

Die Mehrheit der freien Mitarbeiter wünschte sich weiterhin einen Foto-Workshop (achtmal genannt, einmal konkretisiert als „Technikschulung für die eigene Kamera"), am zweithäufigsten wurde „Schreiben" genannt (dreimal genannt). Weitere Wünsche waren „Auftreten" und „Kreativität".

3.4 Zusammenfassung

Wie bei den Leitfadeninterviews fallen die hohe Anzahl der Schüler unter den freien Mitarbeitern und das somit niedrige Durchschnittsalter der befragten Workshop-Teilnehmer auf. Nur wenige Teilnehmer haben vor den INLOK-Workshops Weiterbildungen absolviert, auch hier decken sich die Ergebnisse mit denen der Interviews. Die Dauer der freien Mitarbeit lag zwischen zwei Monaten und 5,5 Jahren – demnach hatten die Befragten größtenteils wenig Praxis-Erfahrung.

Das Feedback für die Workshops war mehrheitlich positiv: So wurde bei allen drei Modulen besonders die gute Vorbereitung der Referenten gelobt. Auch die Inhalte wurden der Mehrheit der Befragten zufolge verständlich erklärt und die Seminare waren schlüssig und logisch aufgebaut. Fast alle Teilnehmer wünschten sich weitere Schulungen zu unterschiedlichen Themen. Am häufigsten genannt wurden Fotoschulungen, viele wollten auch ihre journalistischen Kenntnisse in den Bereichen Recherche und Schreiben weiter vertiefen.

In den Modulen 2 und 3 (Professionell schreiben; Recherchieren im Lokalen/Onlinejournalismus) hätten sich mehrere Teilnehmer offenbar noch einen größeren Praxisanteil gewünscht – das eigene Schreiben und Erarbeiten kam ihnen zu kurz. Somit war vor allem die Dauer des Seminars sowohl direkt (d.h., der Workshop an sich wurde als zu lang oder zu kurz empfunden) als auch indirekt (d.h., es blieb zu wenig Zeit für praktisches Arbeiten oder bestimmte Themen wie Onlinejournalismus) ein mehrfach genannter Kritikpunkt. In Modul 1 (Grundkompetenzen im Lokaljournalismus) waren drei Teilnehmern die Inhalte teilweise bereits bekannt. Davon abgesehen schien das Niveau der freien Mitarbeiter insgesamt recht ähnlich zu sein: Weitere Beschwerden bezüglich unterschiedlicher Vorkenntnisse gab es in den folgenden Modulen nicht, und auch die Referenten hatten nach eigener Aussage keine Unterforderung einzelner Teilnehmer beobachtet. In allen drei Modulen erwiesen sich die freien Mitarbeiter insgesamt als sehr wissbegierig und motiviert.

4. Nachbesprechung und Bilanz der Redaktionsleitung

Insgesamt zeigten sich der Verlags- und der Redaktionsleiter sehr zufrieden mit der schnellen Organisation der Workshops und der Berücksichtigung des speziellen Schulungsbedarfs. Beide hatten selbst allen Seminaren beigewohnt. Die Anzahl der Teilnehmer (zwischen 15 und 23 pro Workshop) erschien den Leitern angemessen. In der verhältnismäßig kleinen Redaktion gab es auf diese Weise gerade eben genügend Arbeitsplätze. So benutzten die freien Mitarbeiter während der Schulung noch das Büro des Redaktionsleiters sowie den Konferenztisch.

Zudem zeigten die Fortbildungen bereits erste konkrete Wirkungen: Der Redaktionsleiter erzählte von zwei freien Mitarbeiterinnen, die ihn gefragt hatten, ob sie ihre Geschichten mit anderen Darstellungsformen als sonst aufziehen könnten. Auch die Mitarbeiter der Jugendseite planten eine inhaltliche Neugestaltung und baten ihren Chef diesbezüglich um ein gemeinsames Treffen. Der journalistische Nachwuchs überlegt sich künftig alle drei Monate ein Schwerpunkt-Thema und gestaltet die Seite optisch neu.

Festzuhalten bleibt, dass die freien Mitarbeiter nach der Schulung begonnen haben, sich viel stärker mit ihrer eigenen Arbeitsweise und ihrem Produkt auseinanderzusetzen. Außerdem deckten die Workshops den Leitern zufolge einen Gesprächsbedarf auf: Zwei freie Mitarbeiter hätten ihn bereits nach Feedback zu ihren Artikeln gefragt; er selbst überlege, wie er die Tatsache, dass er im Prinzip „ständig ansprechbar" sei, besser kommunizieren könne. In Planung sind zudem eigene Schreib- und Foto-Workshops für die freien Mitarbeiter, um eine kontinuierliche Schulung zu gewährleisten. Auch hier konnte der Pilotworkshop offenbar wichtige Impulse geben.

Bei den Workshops sowie den Interviews fiel auf, dass viele freie Mitarbeiter (zumindest diejenigen, die vorher kein Redaktionspraktikum gemacht hatten) nur sehr wenig über den Redaktionsalltag und die Zeitungsproduktion wissen. Mit einem größeren Hintergrundwissen würden sich Fragen wie: „Warum wurde meine Überschrift nicht übernommen?" ggf. gar nicht erst ergeben. Hier könnte eine eintägige Hospitanz in der Redaktion Abhilfe schaffen. Dadurch, dass die freien Mitarbeiter ihre Artikel per E-Mail schicken und wenig persönlicher Kontakt zur Redaktion gegeben ist, fällt ihre Identifikation mit der Zeitung oft eher gering aus. Hier würde vielleicht eine kleine Karte oder Bescheinigung helfen, die die freien Mitarbeiter mit zu Terminen nehmen könnten, um sich „auszuweisen". Besonders bei den jüngeren freien Mitarbeitern könnte dies zur Stärkung des Selbstbewusstseins beitragen. Zum Abschluss erhielten alle Teilnehmer der Weiterbildung einen Reader, in dem die wichtigsten Inhalte der Workshops und viele Praxistipps zusammengefasst sind.

Ein Vierteljahr später fragten die Autorinnen noch einmal per E-Mail beim Redaktionsleiter nach, ob sich die Workshops seiner Ansicht nach langfristig ausgezahlt hätten. Er teilte mit, dass der ein oder andere Mitarbeiter tatsächlich anders an Termine und Themen herangehe, auch die Qualität der Texte sei vereinzelt besser geworden. Allerdings würden weiterhin kaum Zusatzinhalte wie Infokästen oder eigene Themen angeboten. „Oft wird jetzt versucht, im Reportage-Stil zu schreiben, nicht immer gelingt das oder es ist auch einfach falsch. Deutlich wird, dass die Anfangseuphorie nach der ‚Schulungs-Trilogie' verebbt ist."

An der Kommunikation habe die Redaktion gearbeitet: Es gebe immer mehr Mitarbeiter, die aktiv ein Feedback auf ihre Texte und Bilder einforderten und es dann per E-Mail erhielten. Öfter in die Redaktion kämen sie aber nicht. Zudem habe es weitere Fortbildungen gegeben, darunter eine vierstündige Fotoschulung. Zwei festangestellte Reporter gaben den freien Mitarbeitern Tipps zur Motivwahl sowie zur richtigen Kameraeinstellung und erklärten den Umgang mit einer kostenlosen Bildbearbeitungssoftware. Der Redaktionsleiter selbst bot eine vierstündige Textschulung mit einem Dutzend Mitarbeitern zum Schwerpunkt Meldung/Bericht und Reportage an. Beide Schulungen werden im Herbst 2012 mit anderen Mitarbeitern wiederholt.

4.1. Verbesserungsvorschläge für die INLOK-Workshops

Konkret auf die drei Schulungen bezogen wünschten sich die Mitarbeiter einen größeren Praxisbezug – dies betrifft insbesondere den Schreibworkshop. Die Online-Berichterstattung kam in Modul 3 leider zu kurz, da der erste der beiden Referenten für seinen Teil

(Recherchieren im Lokalen) mehr Zeit benötigte als geplant. Allgemein bietet sich der Redaktionsleitung zufolge evtl. ein erstes Treffen der Teilnehmer zum gegenseitigen Kennenlernen in der Redaktion ohne Referenten an, damit während der Schulungen mehr Zeit für die eigentlichen Inhalte bleibt. Beim ersten Treffen nutzten die freien Mitarbeiter ausgiebig die Gelegenheit, um sich gegenseitig kennen zu lernen. Weitere Vorschläge waren ein kleiner Mittagsimbiss (etwa belegte Brötchen) für die Teilnehmer, im Pilotseminar wurden nur Getränke und Süßigkeiten bereitgestellt. Eine weitere Idee der Leiter war die Ausgabe von so genanntem „Wurfmaterial" an die Teilnehmer (d.h. Stifte oder Schreibblöcke mit dem Logo der Zeitung, evtl. Visitenkarten mit den Kontaktdaten der Redaktion bzw. der Abonnement-Abteilung), um die Identifikation mit der Zeitung zu stärken und auf Terminen ein wenig Werbung machen zu können.

Je nach Bedarf bietet sich darüber hinaus ein viertes Modul an, das den thematischen Schwerpunkt auf Fotografie oder crossmedialen Journalismus legen könnte. Auch ein anderer Rhythmus der Seminare, z.B. alle zwei bis drei Wochenenden statt an drei Wochenenden in kurzen Abständen hintereinander, war eine Überlegung. Dadurch wäre zwischen den Weiterbildungen mehr Luft, um über das bereits Gelernte nachzudenken. Der Redaktionsleiter sprach sich dagegen für die kompakte Variante aus. Auf diese Weise blieben die Teilnehmer in einem festen Schulungsrhythmus und könnten eventuell auftauchende Fragen und Probleme zeitnah im nächsten Workshop klären.

Vor dem nächsten Workshop in einer anderen Redaktion soll die Präferenz der potenziellen Teilnehmer anhand eines Fragebogens vorab ermittelt werden. Auch eine längerfristige Evaluation der Workshops bietet sich an. Mithilfe einer begleitenden Inhaltsanalyse der Artikel der freien Mitarbeiter und weiterer Nachbesprechungen mit den Redaktionsleitungen könnte so erhoben werden, ob sich die Qualität der Artikel nachhaltig verbessert hat.

5. Fazit

Anhand der Evaluation des Pilotseminars wurde deutlich, dass Weiterbildungen, wie INLOK sie realisiert, vor allem für freie Mitarbeiter wichtig sind. Zwar besteht auch ein Bedarf bei Festangestellten: So stellte Jonscher bereits 1991 einen unzureichenden Ausbildungsstand von Lokalredakteuren fest (vgl. 1991: 231) und forderte, die Qualität der Berichterstattung „durch besser bezahlte, professionell angeleitete und gezielter eingesetzte Pauschalisten und freie Mitarbeiter" zu verbessern (ebd.: 264). Und doch wird die Weiterbildung der festangestellten Redakteure zumeist redaktions- bzw. verlagsintern gewährleistet, während die freien Mitarbeiter trotz ihrer wachsenden Bedeutung für die lokalen redaktionellen Inhalte vernachlässigt werden. Die Teilnehmer des Pilotseminars hatten so gut wie keine journalistische Vor- oder Ausbildung, und für intensive und kontinuierliche Schulungen fehlte es der Redaktion, mit der das Pilotseminar realisiert wurde, nach eigener Aussage an Kapazitäten.

Der Weiterbildungsbedarf der freien Mitarbeiter ist natürlich je nach Lokalredaktion unterschiedlich. Hier spielen beispielsweise die Anzahl der Schüler, die durchschnittliche Dauer der freien Mitarbeit und vor allem die journalistische Vorbildung eine Rolle. Unsere nicht repräsentativen Ergebnisse zeigen, dass Grundlagen-Schulungen wie professionelles Schreiben, journalistische Fotografie, Recherche und Kenntnisse der Darstellungsformen für freiberufliche Journalisten sinnvoll sind, die die Arbeit für die Zeitung nebenberuflich betreiben und eher als ein Hobby verstehen. Die Bandbreite an freien Mitarbeitern im

Journalismus ist aber extrem hoch – unter freien Journalisten gibt es sehr unterschiedliche Vorkenntnisse, Ausbildungsniveaus und Weiterbildungserfahrungen. Vergleicht man etwa die Ausbildung der im Pilotseminar Befragten mit Studien-Ergebnissen von Isabel Buckow oder Weischenberg et al., die nur hauptberufliche, professionelle Journalisten berücksichtigten, schneiden sie deutlich schlechter ab. Die Mehrheit hat noch kein Abitur, geschweige denn einen Hochschulabschluss, während in der Buckow-Studie 74 Prozent und bei Weischenberg et al. 63,2 Prozent der befragten freien Mitarbeiter Akademiker waren (vgl. Buckow 2011: 49; Weischenberg et al. 2006: 353)[8]. Viele der hauptberuflichen Journalisten hatten zudem ein abgeschlossenes Volontariat oder zumindest journalistische Praktika absolviert (vg. Buckow 2011: 48, Weischenberg et al. 2006: 353). Bei nebenberuflich tätigen freien Mitarbeitern, wie sie im INLOK-Pilotseminar geschult wurden, war auch das journalistische Niveau insgesamt niedrig, es hatten nicht einmal alle Befragten ein Praktikum absolviert.

Fast alle Teilnehmer des Pilotseminars würden laut Feedback-Fragebogen weitere Schulungen begrüßen, viele äußerten diesbezüglich zudem konkrete Wünsche – das zeigt, wie groß die Bereitschaft zur Weiterbildung ist (und gleichzeitig die Einsicht, dass die eigenen journalistischen Kenntnisse verbessert werden müssen). Kontinuierliche Schulungen der freien Mitarbeiter verbessern nicht nur die Qualität des Lokalteils, sie könnten unter Umständen auch dazu dienen, die Freiberufler enger an die Redaktion zu binden und einer von der Redaktionsleitung beklagten Fluktuation der Mitarbeiter vorzubeugen.

Die Analyse der Leitfadeninterviews hat aber auch gezeigt, dass nicht nur Weiterbildungen für freie Mitarbeiter wichtig sind, sondern dass sich auf der anderen Seite auch die Redaktionen Gedanken darüber machen müssen, wie sie mit ihren Mitarbeitern umgehen. Denn neben Weiterbildungen gehören noch andere Komponenten dazu, damit die Qualität der Lokalberichterstattung langfristig steigen kann. Eine umfassende und gründliche Einführung zu Beginn der freien Mitarbeit wird in wenigen Redaktionen gängig sein. Dass für die neuen freiberuflichen Mitarbeiter meist eher der „Sprung ins kalte Wasser" gilt, hat die vorliegende Untersuchung ebenso gezeigt wie die von Manuela Moenikes. Beide sind allerdings nicht repräsentativ. Auch der geringe persönliche Kontakt zwischen Redakteuren und freien Mitarbeitern und daraus resultierende Kommunikationsprobleme führen vermutlich in vielen Redaktionen zu unausgesprochenen Konflikten. Hier sind neue Modelle des Redaktionsmanagements nötig, die trotz der wachsenden E-Mail-Kommunikation und Home-Office-Tendenz für einen besseren Austausch sorgen. Vielleicht würde bereits ein regelmäßiges persönliches Treffen zwischen Redakteuren und freien Mitarbeitern Abhilfe schaffen. Denn wie schon Meyen und Springer konstatierten, ist der Bedarf an Netzwerken unter freien Journalisten groß: Sie „suchen Kontakt zu Kolleginnen und Kollegen, die in der gleichen Lage sind. Sie brauchen Weiterbildung und Beratung, ein Forum für den Austausch und einen Interessensvertreter sowie einen Ort, an dem sie ‚dazugehören'" (Meyen; Springer 2009).

Ein anderes Problem, das sich sowohl in unserer als auch in Moenikes' Untersuchung gezeigt hat, war, dass die Artikel der freien Mitarbeiter kaum redigiert wurden. Vermutlich ist dies oft auf Zeitmangel der Redakteure zurückzuführen – ebenfalls ein arbeitsorganisatorisches Problem, das dringend gelöst werden muss, damit die Qualität der Artikel in Lokalzeitungen steigen kann.

---

[8] Allerdings waren die meisten der von Buckow befragten freien Journalisten nicht für Lokalzeitungen tätig, das Spektrum reicht von Publikumszeitungen über Fernsehen bis hin zu Pressestellen.

Zusammenfassend lässt sich festhalten, dass der journalistischen Weiterbildung – vor allem in Lokalredaktionen – eine größere Aufmerksamkeit zukommen muss. Dazu kann das INLOK-Projekt mit gezielten Schulungen einen sinnvollen Beitrag leisten, es kann Defizite in den Redaktionen aufzeigen und Denkanstöße zur Verbesserung der Weiterbildungssituation liefern. Aber auch in den Redaktions- und Verlagsleitungen muss langfristig ein Umdenken stattfinden, damit die Lokalzeitungen trotz knapper werdender finanzieller Mittel und schrumpfender personeller Kapazitäten ihre inhaltliche Qualität erhalten und steigern können.

Literatur

Buckow, Isabelle (2011): Freie Journalisten und ihre berufliche Identität. Eine Umfrage unter den Mitgliedern des Journalistenverbands Freischreiber. Wiesbaden.
Jonscher, Norbert (1991): Einführung in die lokale Publizistik. Theorie und Praxis der örtlichen Berichterstattung. Opladen.
Mittmeyer; Meike (2011): Lokaljournalismus im Spannungsfeld der Interessen. Berichterstattung zwischen Instrumentalisierung und Informationsauftrag. München.
Moenikes, Manuela (2001): Hobby: Journalist. Freie Mitarbeiter in lokalen Tageszeitungen. Wiesbaden.
Meyen, Michael/Springer, Nina; in Kooperation mit dem DFJV (2009): Freie Journalisten in Deutschland. Ein Report. Konstanz.
Kretzschmar, Sonja/Möhring, Wiebke/Timmermann, Lutz (2009): Lokaljournalismus. Wiesbaden.
Weischenberg, Siegfried/Malik, Maja/Scholl, Armin (2006): Journalismus in Deutschland 2005. Zentrale Befunde der aktuellen Repräsentativbefragung deutscher Journalisten. In: Media Perspektiven, 7/2006.

Die Autorinnen

Gesa Schölgens (*1982), Diplom-Journalistin, hat Journalistik und Politikwissenschaften an der TU Dortmund studiert und mit einer Arbeit zum Thema „Recherche wikiwiki – Die journalistische Nutzung der Online-Enzyklopädie Wikipedia" abgeschlossen. Ihr Volontariat absolvierte sie bei der taz. Als wissenschaftliche Mitarbeiterin am Institut für Journalistik der TU Dortmund hat sie die Initiative Lokaljournalismus mitbetreut. Freiberufliche Arbeit u. A. für handelsblatt.com, WDR Wissen, dpa, Ruhr Nachrichten und die Pressestelle der Verbraucherzentrale NRW.
Kontakt: gesa.schoelgens@tu-dortmund.de

Mareike Potjans (*1983), Diplom-Journalistin, hat Journalistik und Geschichte an der TU Dortmund studiert. Ihr Volontariat absolvierte sie bei der Neuen Westfälischen in Bielefeld. Als wissenschaftliche Mitarbeiterin am Institut für Journalistik der TU Dortmund hat sie die Initiative Lokaljournalismus mitbetreut. Sie ist Redakteurin in der Redaktion Bildung des Westdeutschen Rundfunks.
Kontakt: mareike.potjans@tu-dortmund.de

Profession mit Zukunft?
Zum Entwicklungsstand des Lokaljournalismus

Wiebke Möhring

Der Lokaljournalismus ist Hoffnungsträger und Sorgenkind zugleich. Einerseits wird ihm großes Potenzial im Hinblick auf Bürgerbeteiligung, Leserbindung und Rezipienteninteresse zugesprochen. Andererseits wird ihm traditionell vorgeworfen, langweilig, tradiert und wenig qualitätsvoll zu sein, er gilt als Ausprobierbecken und auch als Abstellgleis. Trotz alledem kehrt ein Ratschlag in der Zukunftsdebatte des Journalismus immer wieder – dieser zielt darauf ab, das Lokale zu stärken und herauszustellen. Im Fokus dieses Beitrags steht die Frage nach dem Entwicklungsstand des Lokaljournalismus. Dazu werden Bedeutung und Funktion des Lokaljournalismus skizziert sowie Gegenstände und Inhalte. Darauf aufbauend werden zwei für den Lokaljournalismus zentrale Entwicklungsbereiche herausgegriffen, dies sind die digitalen Herausforderungen sowie die gestiegenen Partizipationsmöglichkeiten.

1. Bedeutung und Funktion des Lokaljournalismus

Lokale Kommunikation hat im Alltag der Menschen schon immer eine zentrale Rolle gespielt. Lange bevor es Formen des heutigen Modells von Journalismus gab, tauschten die Menschen untereinander Informationen aus über den Ort, an dem sie lebten. Über viele Jahrhunderte hinweg waren es die öffentlichen Plätze, etwa der Marktplatz, der Kirch- oder Rathausplatz, an dem lokale Neuigkeiten ausgetauscht wurden. Hier erfuhr man Klatsch und Tratsch aus der Nachbarschaft, konnte sich ein Stimmungs- und Meinungsbild machen, konnte sich aktiv in Diskussionen einbringen. Entscheidend für den eigenen Wissenstand waren die persönliche und öffentliche Vernetzung, lokale Medien spielten zunächst keine Rolle.

Eine regelmäßige und umfassende Lokalberichterstattung entwickelte sich in Deutschland gegen Ende des 19. Jahrhunderts (vgl. Wilke 1984). Bis dahin hatten lokale Meldungen in den Zeitungen der damaligen Zeit keinen festen Platz, sie gelangten nur vereinzelt und unsystematisch in die Intelligenzblätter – jene Blätter, die in erster Linie (lokale) Annoncen druckten, also Anzeigenblätter waren. Noch bis ins 18. Jahrhundert hinein spielten Meldungen aus dem Lokalen eine deutlich untergeordnete Rolle, erst das „Reichspreßgesetz" von 1874 schuf die Voraussetzungen für die Etablierung eines Lokaljournalismus. (Haller 2003: 579; Jonscher 1995: 89-96) Nach und nach nahmen lokale Meldungen einen immer wichtigeren Stellenwert ein, so dass sich insbesondere mit der Generalanzeigerpresse der Typ der lokalen Tageszeitung mit einer regelmäßigen Berichterstattung über das örtliche Geschehen herausbildete, wie man ihn heute kennt. Es entstanden Formen der lokal berichtenden Zeitungen, die wir bis heute kennen: Denn einerseits begannen überregionale und regionale Zeitungen aus ökonomischen Gründen, das Lokale als einen in sich geschlossenen Teil zu bündeln, um so durch den Austausch von Seiten verschiedene lokale Räume zu bedienen – sie erscheinen (auch heute) in unterschiedlichen Ausgaben. Andere Zeitungen verstehen sich als reine Lokalzeitungen und bedienen ausschließlich ein Verbreitungsgebiet.

Doch wie lässt sich Lokalberichterstattung räumlich definieren? Die Frage danach, wie ein adäquater Raum für lokale Kommunikation abgegrenzt werden sollte, wird seit langem kontrovers diskutiert. Lokale Räume sind einerseits soziokulturelle Räume, in denen sich die Menschen zu Hause fühlen, die sie als ihre Heimat bezeichnen. Lokale Räume lassen sich aber auch aus anderen Perspektiven strukturieren, etwa wenn man als Grundlage politische Verwaltungseinheiten heranzieht. Aus publizistischer Perspektive wiederum können mediale Verbreitungsgebiete künstlich geschaffene lokale Räume sein, die sich sowohl an soziokulturellen Gegebenheiten als auch politischen Strukturen orientieren bzw. durch diese mit geschaffen werden. Als kleinste Medienmärkte gelten Städte, Gemeinden und Kreise, sie werden von den jeweiligen Medien zu unterschiedlichen lokalen und auch regionalen Verbundmärkten zusammengefasst. Diese unterschiedliche Zusammenfassung macht deutlich, dass eine Eingrenzung des Lokalen auf Begriffe wie Gemeinde, Stadt, Kreis, Region etc. theoretisch für alle Medien nicht sinnvoll ist. Wenn Rezipienten und Journalisten ihre Umwelt bestimmen, wählen sie in erster Linie die Gemeinde als Abgrenzungskriterium, als zusätzliche konstituierende Kriterien eines Kommunikationsraumes gelten Verwaltungsgrenzen, das soziokulturelle Leben und – gerade aus der Perspektive der Kommunikatoren – das Verbreitungsgebiet. Das Medienangebot selber begrenzt und erschafft also den Raum über sein Angebot mit. Das Verbreitungsgebiet der Lokalteile bedient damit einen lokalen Kommunikationsraum, den es gleichzeitig mit begrenzt (vgl. Ronneberger 1980; Trebbe 1996).

Dem Lokaljournalismus werden gesellschaftliche Funktionen zugeschrieben, deren Erfüllung – im Sinne einer öffentlichen Aufgabe – als gesellschaftlich wichtig erachtet wird. Wenn über die Inhalte der Lokalberichterstattung bewertende Aussagen getroffen werden, liegt als Maßstab häufig zugrunde, wie stark durch Lokaljournalismus eben diese publizistischen Funktionen erfüllt werden.

In einer Vielzahl von Arbeiten wird der funktionale Zusammenhang zwischen Gesellschaft und Medien im Allgemeinen beschrieben. Grob unterschieden werden normativ-demokratische und gesellschaftlich-soziale Funktionen (Möhring 2001). Gemeint sind Informations-, Öffentlichkeits- und Artikulationsfunktion, politische Bildungs- und Sozialisationsfunktion sowie die Kritik- und Kontrollfunktion auf der einen Seite und soziale Orientierungsfunktion, gesellschaftliche Sozialisationsfunktion sowie Rekreationsfunktion auf der anderen Seite (Ronneberger 1964; 1971). Für lokale Medien gilt bereits seit den frühen siebziger Jahren die soziale Orientierungsfunktion als eine Art Grundfunktion, die auch in späteren Arbeiten als besonderes Kennzeichen lokaler Kommunikation herausgestellt wird (Weischenberg 1995: 141; Möhring 2001). Demnach sollen „lokale Medien (…) anhand ihrer Berichterstattung dem Leser einen Rahmen für seinen Alltag geben, ihm helfen, sich innerhalb seiner Umwelt zurechtzufinden und an ihr teilnehmen zu können" (Möhring 2001: 11). Gemeint ist das Strukturieren und Aufbereiten gesellschaftlicher Veränderungen und Ereignisse auf der Ebene einer lokalen Plattform, die dem Leser bzw. Rezipienten eine Orientierung im öffentlichen Leben ermöglicht. Zentrale Ebenen der Orientierung sind dabei sozial-integrative Aspekte, Sach- und Handlungsorientierung, Interaktionsorientierung sowie problembezogene Aspekte. Über Themenauswahl und Aufbereitung, kontextuelle Einordnung und Bedeutungszuweisungen, über ein weites Meinungsspektrum und das Darstellen konträrer Ansichten kann der Lokaljournalismus seine Umwelt aufmerksam und kritisch begleiten. Lokalen Medien fällt die zentrale Rolle zu, Bürgern die politische und gesellschaftliche Partizipation an ihrem direkten Lebensumfeld zu ermöglichen, lokale Medien bilden eine Wirklichkeit der unmittelbaren Lebenswelt ab, die entscheidend ist für die Wahrnehmung des eigenen Umfelds und für die Umsetzung der Mitwirkungschancen (Kretzschmar et al. 2009: 29). Einen wichtigen Aspekt für Orientierung bilden dabei „das Aufspannen eines möglichst weiten Meinungsspektrums" und das Bewerten von Ereignissen. Grundlegende Annahme ist, dass mehr Pluralität zu einem größeren Orientierungsangebot führt (Möhring 2001: 24-25).

Die Bedeutung des Lokalen innerhalb des Journalismus und insbesondere innerhalb der Tageszeitungen ist unumstritten. Und da die Zeitungen oftmals innerhalb der Verbreitungsgebiete eine Monopolstellung einnehmen, ist umgekehrt auch die Bedeutung der Zeitung für das Lokale hoch. Für regionale und lokale Abonnementzeitungen ist der Lokalteil das Herzstück. Umfragen des Instituts für Demoskopie Allensbach belegen immer wieder, dass sich Leser insbesondere für das Lokale interessieren, 2010 gaben 85 Prozent an, „lokale Berichte hier aus dem Ort und der Umgebung" täglich zu lesen, ein Wert, der von keinem anderen Ressort oder Themengebiet erreicht wird (BDZV 2011: 518).[1] Dieser Wert ist in den zurückliegenden Jahren sogar noch gestiegen, was der Empfehlung, das Lokale zu stärken, zusätzliches Gewicht verleiht. Lokaljournalismus ist in seiner Bedeutung für den Leser wichtig, mehr als die Hälfte aller Leser (60 Prozent) vertrauen ihrer Lokalzeitung – auch dieser Wert ist höher als bei allen anderen Medien (BDZV 2011: 511). Der Lokalteil ist damit für den Fortbestand tagesaktueller Medien wie der Tageszeitung zukunftstragend – vorausgesetzt, der Lokaljournalismus kennt seinen eigenen Kommunikationsraum und versteht sich als dynamischer Teil davon (Jarren 2006).

2. Gegenstand und Inhalte des Lokaljournalismus

Lokale Kommunikationsräume lassen sich also nicht klar abgrenzen, entsprechend fällt auch eine weitere Unterteilung in hyper- und sublokale Räume oder die Trennung von lokalen und regionalen Räumen schwer – sie sind eben nicht nur geographisch bestimmt, sondern als soziale Räume auch ständig in ihren Beziehungen zueinander veränderbar (Jonscher 1995). Lokale Kommunikationsräume beinhalten somit sowohl Dimensionen der räumlichen Begrenzung als auch der demografischen Verdichtung auf bestimmte Zentren und damit der physischen Erfahrbarkeit des alltäglichen Lebens (Haller 2003: 576-577). Das bedeutet für den Lokaljournalismus, nicht nur über das zu berichten, was innerhalb eines Verbreitungsgebiets geschieht, sondern auch außerhalb liegende Ereignisse auf das Leben der Bürger zu beziehen. Lokaljournalismus soll also einerseits über die direkt erlebbaren Ereignisse vor Ort berichten und somit dem Leser Informationen aus und über seinen direkten Lebensraum liefern. Darüber hinaus beinhaltet Lokaljournalismus auch, über die Konsequenzen von auswärtigen Ereignissen und Entscheidungen zu berichten und sie für den Rezipienten in ihrer Tragweite einzuordnen. Was bedeutet der deutsche Atomausstieg, welche Zukunft hat die FDP, wie sicher sind deutsche Gefängnisse – auch solche Aspekte sind in der Lokalberichterstattung wichtig. Diese doppelte Art, lokale Bezüge zu leisten, macht die Bedeutung des Lokaljournalismus in seiner Bandbreite deutlich – die Redaktionen gehen verschieden damit um. Bereits 1978 kritisierte Schönbach, dass die damals untersuchten Zeitungen sich zu wenig auf Ereignisse außerhalb ihres Verbreitungsgebietes bezogen und damit ihre eigene Bedeutung

---

[1] Vgl. dazu den Beitrag von Süper in diesem Band.

reduzieren. Auch jüngere Untersuchungen kommen zu diesem Ergebnis (Möhring 2001).[2] Lokale Kommunikation bezieht sich somit auf ein räumlich begrenztes, für jedermann zugängliches und nach außen hin abgrenzbares Gebiet, entsprechend kann Lokaljournalismus beschrieben werden als mediale professionelle Aufbereitung lokaler und für den lokalen Raum wichtiger Ereignisse. Lokale Massenmedien haben gemeinsam, dass sie allgemein zugänglich sind, der universellen Information dienen, sich nicht an eine begrenzte Empfängerschaft richten und sich die Informationsvermittlung weitgehend an professionellen journalistischen Standards orientiert (Kretzschmar et al. 2009: 71).

Die Organisation der journalistischen Bearbeitung erfolgt traditionell auf der Basis von Ressorts, das Lokale ist dabei, neben Politik, Wirtschaft, Sport und Kultur, eines der klassischen fünf Ressorts, die eine weitgehende Ressortautonomie wahren. Diese Ressortstruktur liegt auch heute noch vielen Redaktionen zugrunde, ergänzt jedoch um neue Modelle (wie z.B. die Einrichtung von Newsdesks), die die Arbeitsstrukturen deutlich verändern und auch die Ressorts weniger eng definieren (Meier 2002). Unter dem Stichwort „redaktionelle Flexibilisierung" wird inzwischen versucht, die redaktionellen Kompetenzen besser auszuschöpfen, die eingesetzten Journalisten bearbeiten Themen nach Schwerpunkten und Kompetenzen, etwa in Recherche- und Reportageteams. Die Besonderheit des Lokalressorts ist, dass es sich nicht thematisch eingrenzen lässt, es ist ein so genanntes Querschnittsressort, welches sich über räumliche Bezüge definiert. In einer Lokalredaktion wird somit ein breites Themenspektrum bearbeitet, je nach Redaktionsgröße bilden sich bei der Bearbeitung feste Zuständigkeiten heraus, setzen die Redakteure (und freien Mitarbeiter) eigene Schwerpunkte bei der Bearbeitung bestimmter Themen. Der Abstimmungsbedarf des Lokalressorts mit allen anderen Ressorts ist besonders hoch, denn viele Themen haben sowohl einen lokalen, einen regionalen und einen nationalen Bezug. Und einer der diskutierten Vorschläge gegen den „redaktionellen Separatismus" betrifft das Lokale in seinem ureigensten Kern: eine (teilweise) Aufhebung der Trennung zwischen dem allgemeinen Mantelteil und dem Lokalen, umsetzbar z.B. in einem gemeinsamen Newsdesk (Meier 2002: 267). Gerade kleine Zeitungen gehen hier erfolgreich neue organisatorische Wege.

Die wissenschaftliche Betrachtung der Inhalte des Lokaljournalismus ist bis heute fragmentär. Prinzipiell bieten sich zwei Zugänge an, zum einen inhaltsanalytische Untersuchungen lokaljournalistischer Inhalte und zum anderen Befragungen über Nutzung und Bewertung dieser Inhalte. In der inhaltsanalytischen Betrachtung werden verschiedene Strukturmerkmale untersucht, die Aussagen über die publizistische Leistung des Lokaljournalismus erlauben sollen. Neben formalen Merkmalen wie Umfang, Platzierung, Darstellungsformen sind dies Strukturmerkmale wie Themen und Akteure, aber auch Ausprägungen der Nachrichtenfaktoren wie die Beurteilung der Zeitungsinhalte im Hinblick auf die Erfüllung bestimmter Leistungen.[3] Auch Aspekte der Qualitätsbeurteilung lassen sich inhaltsanalytisch beschreiben.[4] Die Lokalberichterstattung weist bis heute eine ganze Reihe von Defiziten und Mängeln auf, die insbesondere auf der Ebene der Leistungsstruktur festgemacht

---

[2] Chmelir & Scheschy sprechen im Zusammenhang mit jüngeren Entwicklungen von einem „Neuen Lokaljournalismus", der sich durch erhöhte Qualität und Seriosität auszeichnet. Auch sie verweisen auf die Wichtigkeit, im Lokalen auf überregionale Ereignisse zu verweisen und Bezüge herzustellen.

[3] Forschungsbilanzen zur Lokalkommunikation und Zusammenfassungen der einzelnen zahlreichen Studien finden sich z.B. bei Jonscher 1995; Möhring 2001; Rager/Schibrani 1981; Ronneberger/Stuiber 1976; Trebbe 1996; Wilking 1984.

[4] Vgl. dazu den Beitrag von Handstein in diesem Band.

werden. Sie ist gekennzeichnet durch eine hoch personalisierte Berichterstattung, die sich eher an selbstdarstellenden Aktivitäten und weniger an Sachthemen orientiert, durch eine Überrepräsentation der lokalen Elite und durch Kritiklosigkeit bzw. -hemmung, insbesondere gegenüber lokalen Honoratioren („Hofberichterstattung"). An diesem Kritikpunkt wird ein zentrales Charakteristikum der professionellen Bearbeitung deutlich – Lokaljournalisten weisen in der Regel eine große soziale Nähe zu den Akteuren und Themen auf.

Gleichzeitig ist Lokalberichterstattung durch einen starken Ereignisbezug geprägt, d.h. Themen werden aufgrund punktueller Anlässe und weniger in kontinuierlicher Folge aufgegriffen („Terminjournalismus"), und sie bietet zu wenig Hintergrundinformationen über kausale und finale Ereigniszusammenhänge. Lokalberichterstattung enthält zu wenig politische Information, stattdessen dominieren darstellende, referierende Inhalte („Verlautbarungsjournalismus"). Vernachlässigt werden die Bereiche und Themen, die den Lokaljournalisten entweder mehr Recherchen abverlangen, oder innerhalb des lokalen Raumes als zu „heiß" gelten und daher nur ungern journalistisch aufgegriffen werden oder die nicht den gängigen Nachrichtenfaktoren entsprechen. Schon früh wiesen Forschungsarbeiten darauf hin, dass innerhalb der Lokalberichterstattung insbesondere die drei Faktoren Personalisierung, (geringe) Dauer und räumliche Nähe von entscheidender Bedeutung bei der Auswahl der Nachrichten sind (Schönbach 1978) – auch neuere größer angelegter Studien weisen entsprechende Ergebnisse nach (Schneider/Möhring/Stürzebecher 2000). Gleichzeitig sind die Gruppen, die nicht über pressewirksame Mitteilungsmethoden verfügen, strukturell benachteiligt, ihre Anliegen bei den Lokalredaktionen einzubringen. Entsprechend spielen außerhalb von Unfällen und Unglücken kaum einzelne, namentlich genannte Bürger in der Presse eine Rolle – sie haben kaum Artikulationschancen.

3. Lokaljournalismus im digitalen Zeitalter

Der Kanon der Medien des Lokaljournalismus ist einerseits weit und andererseits begrenzt. Neben der Tageszeitung, die ihre lokalen Berichterstattungsgebiete in der Regel mit verschiedenen Ausgaben in ihren Verbreitungsgebieten bedient, gibt es eine Vielzahl an weiteren Printpublikationen wie Anzeigenblätter, lokale Anzeiger und Heimatzeitungen, Wochenblätter, Stadtmagazine oder auch Gemeindeblätter. In fast allen Bundesländern gibt es darüber hinaus lokale Radio- und Fernsehsender, nicht-kommerzielle Bürgersender und Offene Kanäle, die auch lokale Informationen vermitteln, d.h. in denen auch Lokaljournalismus angeboten wird. Seit einigen Jahren gibt es zudem zusätzlich im Internet lokaljournalistische Angebote.

Innerhalb des lokaljournalistischen Angebots hat traditionell, und dies noch immer, die lokale Tageszeitung die vorherrschende Rolle im lokalen Medienkanon (Herrmann 1993: 10; Kretzschmar et al. 2009: 71-75). Eine erkennbare Strategie der Verleger ist die seit Jahrzehnten bereits geforderte (Rück-)Besinnung auf ihre lokale Kompetenz. Der lokale Raum, und noch kleinteiliger der sogenannte hyperlokale Raum, wird wieder stärker ins Visier genommen, um mögliche Erlösmodelle zu erschließen und Leserschaften zu binden (Gajic 2009; Riefler 2009). Verleger wollen so verhindern, dass sich Konkurrenten auf dem Markt verankern, die ihnen ihre bisherige Monopolstellung innerhalb der Informationen der lokalen Alltagswelt streitig machen.

Es ist davon auszugehen, dass sich im Internet neue Kommunikationsformen und damit auch lokaljournalistisch relevante Plattformen etablieren werden. Die zunächst durchaus plausible Annahme, die Globalität des Internets würde ortslose Kommunikation stärken, lokale Räume auflösen und die Bedeutung des Nahraums schwächen, kann so nicht mehr stehen bleiben. Vielmehr trägt das Internet dazu bei, lokale Räume neu entstehen zu lassen und zu stärken (vgl. Höflich 1997: 480; Schmidt 2005). Mit steigender Zahl der Nutzer wird das Internet immer lokaler (Postill 2008: 414), mittlerweile nutzen beispielsweise 45 Prozent der Internetnutzer ab 14 Jahren laut ARD/ZDF-Onlinestudie häufig oder gelegentlich aktuelle Regionalnachrichten oder -informationen im Netz (van Eimeren/Frees 2011: 342; vgl. auch Oehmichen/Schroeter 2011). Dies trägt einem gesellschaftlichen Trend Rechnung, der Rückbesinnung auf „Heimat" und damit auf ortsgebundene Nähe (Simon/Kloppenburg/Schütz 2009). Es entstehen Informationsbedürfnisse, die auch durch die Nutzung des globalen Internets befriedigt werden.

Gleichzeitig sind, nach zögerlichem Beginn vor etwa 20 Jahren, heute fast alle lokalen Tageszeitungen auch im Internet präsent. Die Strategien des Online-Auftritts reichen von Zweitverwertung, E-Paper bis hin zu eigenständigen Plattformen. Die Verlagshäuser reagierten von Anfang an sehr unterschiedlich auf die Möglichkeiten, die sich ihnen hier boten (Neuberger 2003). Einheitliche Muster haben sich für die lokalen Angebote noch nicht herauskristallisiert. Insgesamt zeigen Internetauftritte, dass lokale und regionale Informationen auch online der am stärksten vertretene Themenschwerpunkt bleiben (Roth 2005). 2005 stellte Roth fest, dass die zu dem Zeitpunkt untersuchten Tageszeitungen im Internet insbesondere ihre Regionalität betonen, ihr Verbreitungsgebiet online also größer fassen als in der verbreiteten Printausgabe. In der Zwischenzeit scheint aber auch hier die Rückbesinnung auf die lokale Kompetenz ihre Auswirkungen zu zeigen, auch bei den Internetauftritten spielen die Lokalinformationen eine wichtige Rolle und werden zudem ergänzt um sogenannte hyperlokale Angebote. Dieser Begriff, der insbesondere in den USA in die Debatte um die strategische Ausrichtung von Tageszeitungen eingeführt wurde, bezeichnet Kommunikationsinhalte, die sich auf eine „geographische Mikro-Ebene" beziehen (Riefler 2009: 5), also etwa auf Stadtteile.

Neben den Aktivitäten rund um den eigenen Online-Auftritt sind lokale Medien auch in sozialen Netzwerken aktiv und publizieren für mobile Endgeräte. Eine aktuelle Erhebung zeigt, dass fast alle Tageszeitungen im Social Web aktiv sind, ein Großteil von ihnen (85 Prozent) integriert seine Arbeit in den Netzwerken auf seinen redaktionellen Webangeboten. Die weitaus meisten Zeitungen sind mittlerweile bei dem Mikroblogging-Dienst Twitter aktiv und/oder betreiben ein Profil in dem sozialen Netzwerk Facebook (Hoffmeister 2011). Ein gutes Drittel der Zeitungen unterhält eigenständige Aktivitäten wie Social-Media-Plattformen oder integrierte Leser-Blogs. Viele dieser Aktivitäten verfolgen unterschiedliche Ziele, die von einer eher technisch geprägten Traffic-Zufuhr für digitale Angebote bis zum allgemeinen Imageaufbau zur Kundenbindung und -gewinnung reicht (Hoffmeister 2011).

Im Zusammenhang mit den Internetaktivitäten der Lokalmedien haben sich für den Lokaljournalismus insbesondere neue crossmediale Anforderungen entwickelt. Inhalte im Internet werden anders rezipiert, erfordern im Idealfall andere textuale Strukturen. Das Medium Internet erfordert neue Arbeitsweisen, bei denen es die Besonderheiten dieser Rezeption zu beachten gilt. Für Medienunternehmen, die in verschiedenen Medienbranchen aktiv sind, ist crossmediales Denken schon seit vielen Jahren Bestandteil der strategischen Ausrichtung. Gerade im Lokaljournalismus kann das crossmediale Potenzial gut ausgeschöpft werden. Dazu müssen verschiedene organisations- und redaktionsinterne Arbeits- und Abstimmungsabläufe umgesetzt werden, insbesondere das Verhältnis zwischen Print- und Online-Redaktion muss geklärt sein, ebenso wie personelle Zuständigkeiten und Arbeitseinheiten und gemeinsame Verweisstrategien. Gerade Lokaljournalisten arbeiten dabei sehr stark mit der jeweiligen Nachbarredaktion zusammen, der Austausch erfolgt wechselseitig von Print zu Online und umgekehrt (Meyer 2005; vgl. auch Schantin/Juul/Meier 2007). Die Umsetzung von Crossmedia-Aktivitäten in Lokalredaktionen ist jedoch bisher nur wenig strategisch ausgerichtet, Aktivitäten sind selten abgestimmt und erfolgen eher als Top-Down-Prozess, initiiert von der Verlagsleitung, und weniger aus den Redaktionen heraus (Kretzschmar/Kinnebrock/Feierabend 2012).

Ein bislang ungelöstes Problem ist immer noch die Finanzierung: Wie viel des Angebots sollte kostenlos sein oder gegen Entgelt vertrieben, kann man die Onlineversion allein abonnieren oder als Zusatzangebot für Print-Abonnenten? Hyperlokale Angebote und mobile Applikationen als Geschäftsmodelle erfordern ebenfalls neue Finanzierungsansätze, die zurzeit noch erprobt werden. Die Strategien reichen über verschiedene Formen des bezahlten Inhalts zu bezahlten Zugängen. Es gibt, insbesondere im Ausland, auch Ansätze von Spenden oder Stiftungsfinanzierungen.

Lokale Internetangebote werden aber nicht nur von klassischen Lokalmedien bereitgestellt, sondern auch von bisher journalismusfernen Anbietern. Schon vor knapp zehn Jahren waren unter den Anbietern lokaler und regionaler Informationen auch Städte und Gemeinden, privatwirtschaftlich getragene Regionalportale (etwa im Kultur- und Veranstaltungssektor) und bundesweite Vermarktungsplattformen und Nachrichtensuchmaschinen, die lokale Suchfunktionen etabliert hatten (Oehmichen/Schröter 2003: 328). Das Internet bietet neue Kommunikationsplattformen, die jenseits von institutionalisierten journalistischen Angeboten liegen können, auch Privatpersonen und privat organisierte Gruppen können Informationen bereitstellen. Neben den Angeboten von professionellem Lokaljournalismus drängen somit neue Kommunikatoren in den lokalen Kommunikationsraum. Gleichzeitig beginnen sich neue Kommunikationsformen zu etablieren wie beispielsweise Blogs und partizipative Plattformen. Der Journalist Christian Jakubetz formuliert in diesem Zusammenhang treffend: „Die Struktur des heutigen Lokaljournalismus trägt keine zehn Jahre mehr" (zit. nach ‚Lokal, hyperlokal, nicht egal' 2009). Gerade lokale Plattformen und Netzwerke sowie Mobilkommunikation sind für Verlage und für Lokaljournalisten eine neue publizistische und wirtschaftliche Herausforderung.

4. Partizipation und Lokaljournalismus

Lokaljournalismus ermöglicht Partizipation, verstanden als Beteiligung sowohl am gesellschaftlichen als auch politischen Leben. Lokale Inhalte ermöglichen gleichzeitig in besonderem Maße die Partizipation von Laien im Entstehungsprozess von Lokaljournalismus. Gerade im lokalen Umfeld können sich Laien im Netz schreibend betätigen und so aktiv am Entstehungsprozess der öffentlichen Meinung teilnehmen – Lokaljournalisten sehen sich durch eine Reihe neuer Kommunikatoren auf der lokalen und hyperlokalen Ebene neuen Herausforderungen gegenüber. Professionell arbeitende Lokalredaktionen verlieren ihr Informationsmonopol, da es jetzt öffentlich zugänglich alternative Informationsplattformen gibt, die von Bürgern betrieben werden. Die Konzepte, wie Laien an journalistischen

Angeboten beteiligt werden können, tragen verschiedene Namen – Bürgerjournalismus, Netzwerkjournalismus, Laienjournalismus, es herrscht eine regelrechte „Begriffshyperinflation" (Engesser/Wimmer 2009: 47). Zugrunde liegen insgesamt drei Begriffsbereiche, die angesprochen werden, dies ist zum einen der Prozess der Nachrichtenentstehung, das Potenzial an Partizipation und das Feld der Profession. Auf dieser Grundlage schlägt Engesser den Begriff des partizipativen Journalismus vor:

> „Partizipativer Journalismus beteiligt die Nutzer zumindest am Prozess der Inhaltsproduktion, wird außerhalb der Berufstätigkeit ausgeübt und ermöglicht die aktive Teilhabe an der Medienöffentlichkeit." (Engesser 2008: 66)

Damit sind sowohl herkömmliche als auch neue Formen der Nutzerbeteiligung eingeschlossen und es wird nicht impliziert, dass die Erzeugnisse von geringerer Qualität sind. Diese Definition lässt sich ohne Weiteres auch auf den lokalen partizipativen Journalismus übertragen. Der Prozess der Inhaltsproduktion bezieht sich dann auf Inhalte mit Bezug zum alltäglichen und örtlichen Leben und die Aktivität ist angelegt auf die Teilhabe an der lokalen Öffentlichkeit (Brandt 2010: 8).

Nutzerbeteiligung ist im Lokaljournalismus nichts wirklich Neues. Bereits im späten 18. und 19. Jahrhundert spielten Leserbriefe insbesondere in Heimatzeitungen eine wichtige Rolle, lokale Zeitungen forderten ihre Leser aktiv zur Mitarbeit auf und boten sich ihnen als Forum ihrer eigenen Ansichten an (Schönhagen 1995). Bis heute wird insbesondere in Regionalzeitungen der Umgang mit Leserbriefen besonders ernst genommen, legen Lokalredaktionen Wert darauf, den Leser einzubinden, etwa mit Leser-Aktionen, herausgestellten Telefonnummern in den Lokalteilen oder Diskussionsveranstaltungen mit Lesern (Mlitz 2008). Nutzerpartizipation ist damit nichts Neues und dem Lokaljournalismus immanent – über seine Alltagswelt kann jeder etwas berichten, gerade der lokale Raum eignet sich somit für partizipative Formate (Bruns 2009a: 2; Langer 2010: 11). Denn die oftmals hohe Verbundenheit mit Ereignissen aus dem eigenen Umfeld und direkter Nachbarschaft kann die Bereitschaft, selber aktiv zu kommunizieren, erhöhen (Büffel 2008: 143). Mit dem Aufkommen von Weblogs und anderen partizipativen Angeboten sind, nicht nur im Lokaljournalismus, Ängste bei Journalisten und Beobachtern geweckt worden, der professionelle Journalismus sei gefährdet (Neuberger/Nuernbergk/Rischke 2009a: 9). Es wird auch diskutiert, ob die neu entstehenden Vermittlungsformen als „funktionale Äquivalente" zum professionellen Journalismus dienen können (Neuberger 2008: 19).

Die Erscheinungsformen dieser lokalen partizipativen Angebote sind vielfältig und zeigen, technisch und redaktionell, eine dynamische Entwicklung. Als erstes lokal ausgerichtetes interaktives Angebot startete die Augsburger Allgemeine Zeitung eine sogenannte Zeitungsmailbox, die nicht an das World Wide Web angeschlossen war, angelegt als zusätzlicher Interaktionskanal zwischen Redaktion und Leser und damit als zusätzliche, ergänzende Plattform und Forum lokaler Kommunikation sich konstituierender lokaler „elektronischer Gemeinschaften" (Höflich 1997: 487; Höflich/Schmidt: 2003). Den wesentlichen Vorteil im Hinblick auf die lokale Verankerung bieten Online-Ausgaben eben dadurch, dass sie die schon seit den Anfängen der Zeitungen zugrundeliegenden Gedanken des Forums und der Einbeziehung des Lesers neu aufleben lassen können. Die neuen technischen Möglichkeiten bieten somit eine „Renaissance der Lesermitarbeit" (Engesser 2008: 58) und die Möglichkeit, dass sich neue Kritikforen und Partizipationspotenziale herausbilden, die zu mehr Bürgernähe führen. Bis heute sind Foren ein beliebtes Feature der Online-

Angebote von regionalen Tageszeitungen (Büffel 2008: 140; Neuberger, 2007: 73; Roth 2005: 49). Die verschiedenen Modelle, die die einzelnen lokalen und regionalen Tageszeitungen zur Integration ihrer Nutzer (und Leser) einsetzen, sind, gemessen an Partizipationspotenzial und Themenbegrenzung, sehr verschieden.

Während einige Lokalzeitungen dem Leser allein die Möglichkeit geben, einzelne Artikel zu kommentieren oder zu bewerten, reicht das Angebot bis hin zu sogenannten Bloghoster-Konzepten, in welchen Leser gemeinsam mit Redakteuren eine Community bilden können (Bucher/Schumacher 2008: 489) (z.B. die Weblog-Community des Trierischen Volksfreunds; Büffel 2008). In Anlehnung an Engesser (2008) können vier Typen partizipativen Journalismus unterschieden werden, nämlich individuelle Formate wie Weblogs, (beispielsweise Placeblogs wie heddesheimblog.de oder ruhrbarone.de), Bottom-Up-Kollektivformate wie Regiowikis, partizipativ-professionelle Formate, die häufig von Tageszeitungsverlagen initiiert sind (z.B. myheimat.de), und Leserreporter-Rubriken in Verlagspublikationen (z.B. BILD-Reporter). In einer internationalen Anbieterbefragung zeigte sich, dass Einbeziehung der Nutzer häufig getrennt vom professionellen Journalismus stattfindet, etwa in Foren oder auf Websites (Quandt/Koch 2009: 59).

Für den Leser bzw. Nutzer lokaler Inhalte ist die, häufig aus marketingstrategischen Gründen vorangetriebene, Öffnung und Einbindung von anderen als professionellen Lokaljournalisten eine Bereicherung und eine gute Partizipationsmöglichkeit. Auf diese Weise können öffentliche lokale Diskurse entstehen, die aufgrund der bisherigen ungleichen Artikulationschancen nur schwer zu verwirklichen waren. Aus diesen internetöffentlichen Diskursen kann dann auch massenmediale Öffentlichkeit werden, wenn die eingebrachten Themen und Meinungen in die traditionellen Medienplattformen übernommen werden (Büffel 2008:149; Bucher/Schumacher 2008: 483). Für Lokaljournalisten stellen die nutzergenerierten Inhalte eine gute Möglichkeit dar, die Interessen und Einstellungen ihres Publikums wahrzunehmen, Themen zu finden und die Ereignisse ihres Kommunikationsraums aus anderen Perspektiven zu sehen (Kramp/Weichert 2012).

5. Fazit

Der Lokaljournalismus blickt auf eine lange Tradition zurück. Lokalen Tageszeitungen waren lange Zeit alleinige Anbieter lokaler Informationen, die auf reges Interesse ihrer Leser bauen konnten. Diese Gewissheit führte zu einer spürbaren Trägheit in der journalistischen Auseinandersetzung mit dem Lokalen als Gegenstand der Berichterstattung und verlangsamte eine dynamische Entwicklung. Der Wandel der Medienlandschaft in den vergangenen 20 Jahren – beschleunigt durch die rasante Verbreitung des Internets und der Mobilkommunikation und der dadurch entstehenden neuen Kommunikationsformen in den vergangenen zehn Jahren – führt dazu, dass sich gerade der Lokaljournalismus verändern muss. Das Lokale muss innovativ sein, Lokaljournalisten müssen sich den neuen Entwicklungen stellen, um in ihrem Berichterstattungsgebiet aktuell informiert zu sein und um ihren Lesern nah zu sein. Die Bereitschaft dazu zeigt sich – und das Potenzial, Innovationen im Journalismus auszuprobieren und umzusetzen, ist im Lokalen besonders hoch (Kramp/Weichert 2012: 148). Die besondere Herausforderung ist, Tradition und Innovation, Professionalität und Bürgerbeteiligung miteinander zu verbinden. Qualitätsvoller Lokaljournalismus bleibt daher wichtig; über die Plattformen darf gestritten werden.

Literatur

Brandt, Sarah (2010): Darf's noch etwas Heimat sein? Eine empirische Analyse von myheimat.de als Konkurrenz zur lokalen Tageszeitung aus Sicht der Nutzer. Masterarbeit am Institut für Journalistik und Kommunikationsforschung der Hochschule für Musik, Theater und Medien, Hannover.

Bruns, Axel (2009): Citizen Journalism and Everyday Life: A Case Study of Germany's myheimat. unter: http://snurb.info/files/talks2009/Citizen%20Journalism%20and%20Everyday%20Life.pdf, Stand: 23.3.2012.

Bucher, Hans-Jürgen/Schumacher, Peter (2008): Konstante Innovationen: Vom Online-Journalismus zum konvergenten Journalismus – wie neue Medien und alte Paradoxien die öffentliche Kommunikation verändern. In: Loosen, Wiebke/Pörksen, Bernhard/Scholl, Armin (Hrsg.): Paradoxien des Journalismus. Theorie - Empirie – Praxis. Wiesbaden: S. 477-502.

Büffel, Steffen (2008): Crossmediale Transformationen lokaler Öffentlichkeiten: Strategien von Zeitungsverlagen im Social Web. In: Zerfaß, Ansgar/Welker, Martin/Schmidt, Jan (Hrsg.): Kommunikation, Partizipation und Wirkung im Social Web. Grundlagen und Methoden: Von der Gesellschaft zum Individuum. Band 2: Strategien und Anwendungen: Perspektiven für Wirtschaft, Politik und Publizistik. Köln: S. 134-153.

Bundesverband Deutscher Zeitungsverleger (Hrsg.). (2011): Zeitungen 2011/12. Berlin.

Chmelir, Wolfgang/Scheschy, Wilfried (2001): Auf Augenhöhe mit dem Leser: der Neue Lokaljournalismus als journalistische Qualität. In: Fabris, Hans Heinz/Rest, Franz (Hrsg.): Qualität als Gewinn. Innsbruck: S. 157-168.

Engesser, Sven (2008): Partizipativer Journalismus: Eine Begriffsanalyse. In: Zerfaß, Ansgar/Welker, Martin/Schmidt, Jan (Hrsg.): Kommunikation, Partizipation und Wirkung im Social Web. Grundlagen und Methoden: Von der Gesellschaft zum Individuum. Band 2: Strategien und Anwendungen: Perspektiven für Wirtschaft, Politik und Publizistik. Köln: S. 47-71).

Engesser, Sven/Wimmer, Jeffrey (2009): Gegenöffentlichkeit(en) und partizipativer Journalismus im Internet. In: Publizistik, 54 (1): S. 43-63.

Gajic, Alexander (2009): Hyperantrieb: Stadtblogs beleben den Lokaljournalismus neu. In: epd medien, o. Jg. (92): S. 3-6.

Haller, Michael (2003): Lokale Kommunikation. In: Bentele, Günter (Hrsg.): Öffentliche Kommunikation. Handbuch Kommunikations- und Medienwissenschaft. Wiesbaden: S. 576-589.

Herrmann, Carolin (1993): Im Dienste der örtlichen Lebenswelt: Lokale Presse im ländlichen Raum. Opladen.

Höflich, Joachim R. (1997): Kommunikation im „lokalen Cyberspace": Das Projekt einer Zeitungsmailbox. In: Bentele, Günter/Haller, Michael (Hrsg.): Aktuelle Entstehung von Öffentlichkeit. Akteure – Strukturen – Veränderungen. Konstanz: S. 479-489.

Höflich, Joachim R./Schmidt, Jan (2003): Von der Zeitungsmailbox zur Online-Zeitung. Oder: Vom Verlust der Gemeinschaft. In: Theis-Berglmair, Anna M. (Hrsg.): Beiträge zur Medienökonomie: Internet und die Zukunft der Printmedien. Kommunikationswissenschaftliche und medienökonomische Aspekte. Berlin: 193–214.

Hoffmeister, Christian (2011): Social Media als Herausforderung für Zeitungsverlage. Berlin.

Jarren, Otfried (2006): Die Tageszeitung muss anders werden – Der Markt wird sich in der

Zukunft ausdifferenzieren. In: Bundeszentrale für politische Bildung (Hrsg.): Qualität ist das beste Rezept. Journalisten-Reader des 14. Forum Lokaljournalismus 2006. Bonn: 13-16.

Jonscher, Norbert (1995): Lokale Publizistik: Theorie und Praxis der örtlichen Berichterstattung. Ein Lehrbuch. Opladen.

Kramp, Leif/Weichert, Stephan (2012): Innovationsreport Journalismus. Ökonomische, medienpolitische und handwerkliche Faktoren im Wandel. Bonn.

Kretzschmar, Sonja/Möhring, Wiebke/Timmermann, Lutz (2009): Lokaljournalismus. Wiesbaden.

Kretzschmar, Sonja/Kinnebrock. Susanne/Feierabend, Lutz (2012): X-Media: Wege in die crossmediale Zukunft von Lokalredaktionen. Vortrag am 29.3.2012 auf dem 20. Forum Lokaljournalismus, Bremerhaven.

Langer, Ulrike (2010): Journalismus unter Zugzwang. In: Tendenz, o. Jg.(2), S. 8-11.

Lokal, hyperlokal, nicht egal: Experimente mit Lokaljournalismus im Web (19.8.2009). unter: http://www.mediencity.de/Lokalhyperlokal-nicht-egal-Experimente-mit.5740.0.2.html. Stand: 23.3.2012.

Schantin, Dietmar/Juul, Torben/Meier, Klaus (Hrsg.) (2007): Crossmediale Redaktionen in Deutschland. Webdossier. unter: www.ifra.com/newsplex_hda. Stand: 9.1.2013.

Meier, Klaus (2002): Ressort, Sparte, Team. Wahrnehmungsstrukturen und Redaktionsorganisation im Zeitungsjournalismus. Konstanz.

Meyer, Klaus (2005): Crossmediale Kooperation von Print- und Online-Redaktionen bei Tageszeitungen in Deutschland. München.

Möhring, Wiebke (2001): Die Lokalberichterstattung in den neuen Bundesländern: Orientierung im gesellschaftlichen Wandel. München.

Mlitz, Andrea (2008): Dialogorientierter Journalismus. Leserbriefe in der deutschen Tagespresse. Konstanz.

Neuberger, Christoph (2003). Strategien deutscher Tageszeitungen im Internet. In: Neuberger, Christoph/Tonnemacher, Jan (Hrsg.): Online – Die Zukunft der Zeitung? Das Engagement deutscher Tageszeitungen im Internet Wiesbaden: S. 152-213.

Neuberger, Christoph (2007): Nutzerbeteiligung im Online-Journalismus: Perspektiven und Probleme der Partizipation im Internet. In: Rau, Harald (Hrsg.): Zur Zukunft des Journalismus. Frankfurt am Main: S. 61-94.

Neuberger, Christoph (2008): Internet und Journalismusforschung. Theoretische Neujustierung und Forschungsagenda. In: Quandt, Thorsten/Schweiger, Wolfgang (Hrsg.): Journalismus online – Partizipation oder Profession? Wiesbaden: S. 17-42.

Neuberger, Christoph/Nuernbergk, Christian/Rischke, Melanie (2009): Journalismus im Internet: Zur Einführung. In: Neuberger, Christoph/Nuernbergk, Christian/Rischke, Melanie (Hrsg.): Journalismus im Internet. Profession, Partizipation, Technisierung. Wiesbaden: S. 9-18.

Oehmichen, Ekkehardt/Schröter, Christian (2003): Regionale Internetangebote: Anbieter, Angebote und Nutzung. In: Media Perspektiven, o. Jg. (7): 320-328.

Oehmichen, Ekkehardt/Schröter, Christian (2011): Internet zwischen Globalität und Regionalität. In: Media Perspektiven, o. Jg. (4): S. 182-194.

Postill, John (2008): Localizing the internet beyond communities and networks. In: New Media and Society, 10 (3): S. 413-431.

Quandt, Thorsten/Koch, Ansgar (2009): „Wir sind doch nicht YouTube!" In: Message

[Online], o. Jg. (3): 56-65. unter: www.message-online.com/93/volltext93.pdf. Zugriff am 12.3.2010.

Rager, Günther/Schibrani, Harald (1981): Das Lokale als Gegenstand der Kommunikationsforschung. Bericht über den Stand der Forschung in der Bundesrepublik. In: Rundfunk und Fernsehen, 29: S. 498-508.

Riefler, Katja (2009): Hyperlokale Verlagsstrategien. Fallbeispiele – Erlösmodelle – Erfolgsfaktoren. Berlin.

Ronneberger, Franz/Stuiber, Heinz-Werner (1976): Lokale Kommunikation und Pressemonopol. In: Noelle-Neumann, Elisabeth/Ronneberger, Franz/Stuiber, Heinz-Werner (Hrsg.): Streitpunkt lokales Pressemonopol. Untersuchungen zur Alleinstellung von Tageszeitungen. Düsseldorf: S. 59-168.

Ronneberger, Franz (1964): Die politischen Funktionen der Massenkommunikationsmittel. In: Publizistik, 9: S. 291-304.

Ronneberger, Franz (1971): Sozialisation durch Massenkommunikation. In: Ronneberger, Franz (Hrsg.): Sozialisation durch Massenkommunikation. Stuttgart: S. 32-125.

Ronneberger, Franz (1980): Kommunikationspolitik. Band II: Kommunikationspolitik als Gesellschaftspolitik. Mainz.

Roth, Judith (2005): Internetstrategien von Lokal- und Regionalzeitungen. Wiesbaden.

Schmidt, Jan (2005): Der virtuelle lokale Raum: Zur Institutionalisierung lokalbezogener Online-Nutzungsepisoden. München.

Schneider, Beate/Möhring, Wiebke/Stürzebecher, Dieter (2000): Ortsbestimmung. Lokaljournalismus in den neuen Ländern. Konstanz.

Schönbach, Klaus (1978): Die isolierte Welt des Lokalen. Tageszeitungen und ihre Berichterstattung über Mannheim. In: Rundfunk und Fernsehen, 26: S. 260-277.

Schönhagen, Philomen (1995): Die Mitarbeit der Leser: Ein erfolgreiches Zeitungskonzept des 19. Jahrhunderts. München.

Simon, Erik/Kloppenburg, Gerhard/Schütz, Michael (2009): Regionale Interessen und Heimatverständnis. In: Media Perspektiven, o . Jg.: S. 60-67.

Trebbe, Joachim (1996): Der Beitrag privater Lokalradio- und Lokalfernsehprogramme zur publizistischen Vielfalt. Eine Pilotstudie am bayerischen Sendestandort Augsburg. München.

van Eimeren, Birgit/Frees, Beate (2011): Drei von vier Deutschen im Netz – ein Ende des digitalen Grabens in Sicht? Ergebnisse der ARD/ZDF-Onlinestudie 2011. Media Perspektiven, o. Jg. (7-8), S. 334-349.

Weischenberg, Siegfried (1995): Journalistik. Theorie und Praxis aktueller Medienkommunikation. Band 2: Medientechnik, Medienfunktionen, Medienakteure. Opladen.

Wilke, Jürgen (1984): Nachrichtenauswahl und Medienrealität in vier Jahrhunderten. Berlin.

Wilking, Thomas (1984): Lokale Medien: Perspektiven für die Forschung. Eine kritische Bilanz. In: Publizistik, 29: S. 181-197.

Die Autorin

Dr. Wiebke Möhring (*1970) ist seit 2009 Professorin für Öffentliche Kommunikation an der Hochschule Hannover. Sie hat Medienmanagement am Institut für Journalistik und

Kommunikationsforschung (IJK) der Hochschule für Musik, Theater und Medien Hannover studiert und war danach dort als wissenschaftliche Mitarbeiterin tätig. 2007 übernahm sie eine Vertretungsprofessur an der LMU München. Ihre Forschungsschwerpunkte sind öffentliche Kommunikation, Methoden der empirischen Sozialforschung und Lokalkommunikation.
Kontakt: wiebke.moehring@hs-hannover.de

Innovation im Lokaljournalismus braucht Exzellenz
Plädoyer für eine nachhaltige Personalentwicklung

Anke Vehmeier

Angekratztes Image, unsoziale Arbeitszeiten, schlechte bis keine Karrierechancen. Der einstige Traumjob der heutigen Mitt- und Endvierziger ist für die junge Generation kaum eine Option[1] (Geißler 2011: 16). Dabei wird sie in der neuen digitalen Welt dringend gesucht. Dieser Beitrag zeigt, wie notwendig eine strukturierte Personal- und Führungskräfteentwicklung für lokale und regionale Medienhäuser ist und macht deutlich, wie dramatisch sich die Situation für die Lokalzeitungen entwickeln könnte – vor allem für die in der „Provinz"[2] (Geißler 2011: 18). Er ist ein Plädoyer, dieses Thema ernst zu nehmen, um nicht am Ende den Anschluss zu verlieren.

Der Fachkräftemangel in Deutschland greift um sich. Viele Branchen suchen bereits verzweifelt nach qualifiziertem Personal. Der Kampf um die besten Köpfe bringt den Journalismus im Vergleich zu anderen Wirtschaftszweigen bereits ins Hintertreffen. Und im Lokaljournalismus ist es nur eine Frage der Zeit, bis diejenigen abgehängt werden, die sich nicht aktiv um Personalentwicklung kümmern. Personalentwicklung? Womit sich große und zunehmend mehr mittelständische Unternehmen nicht erst seit gestern intensiv beschäftigen, das ist in vielen Medienhäusern ein Fremdwort oder findet bestenfalls auf der Verlags- und Vertriebsschiene statt.

Der Blick auf die Redaktion muss sich auch aus kaufmännischer Perspektive ändern. In Zeiten schwindender Einnahmen durch Anzeigen muss mit dem redaktionellen Inhalt mehr Geld verdient werden als jemals zuvor. So kann das Thema Personal nicht länger nur als Kostenverursacher behandelt werden. „Verleger müssen wissen, dass Qualität auch Personal meint. Wer Redaktionen als Kostenfaktor und nicht als Investition sieht, verliert auf lange Sicht das Rennen", mahnt Sven Gösmann, Chefredakteur der Rheinischen Post in Düsseldorf (2012).

Zwar ist Journalismus für viele junge Menschen ein Modeberuf („Was mit Medien"), aber gleichzeitig waren Journalisten für die demokratische Gesellschaft noch nie so wichtig wie in diesem Zeitalter der explodierenden Information. Schon deshalb müssen die Einsteiger qualitätsvoll ausgebildet werden. Sie sollen kundig, kritisch, verantwortungsvoll und misstrauisch sein, um diesen schwierigen und zugleich faszinierenden Beruf ausüben zu

---

[1] Geißler, Ralf in journalist 5/2011: 16: „Im April hat das Institut für Demoskopie Allensbach ein neues Berufe-Ranking veröffentlicht. Nur 17 Prozent der Deutschen halten Journalismus für eine Profession, vor der sie Achtung haben. Wer geliebt werden will, sollte Medizin studieren, Pfarrer oder Rechtsanwalt werden. Reporter gelten als windige Zunft."

[2] Geißler, Ralf in journalist 5/2011: 18: „Tatsächlich merken einige Verlage fernab der Metropolen schon jetzt, dass es schwieriger wird, Bewerber zu finden. So interessierten sich beim Weser-Kurier in Bremen zuletzt nur noch 80 Nachwuchsjournalisten für die acht Volontariatsplätze. Ein Jahr zuvor waren es noch 250 gewesen."

können. „Wenn die demokratische Gesellschaft funktionieren soll, dann ist sie auf Journalisten angewiesen, die viel können, viel wissen und ein waches Bewusstsein für ihre Verantwortung besitzen." (Schneider/Raue 2012: 13) Doch das kann nicht alles sein. Die jungen Menschen, die Hochbegabten zumal, möchten Perspektiven aufgezeigt bekommen. Sie wollen ein Ziel vor Augen haben und die Chancen und Wege, dieses zu erreichen. „Journalismus ist für viele potentielle Bewerber, die noch vor einigen Jahren ohne zu zögern eine Karriere in einem Medienunternehmen angestrebt hätten, kein Karriereberuf mehr. Vor allem vielversprechende Absolventen, die sich früher in Alphatier-Manier auf Posten als Ressortleiter und Chefredakteure Hoffnungen machen konnten, meiden inzwischen den Journalismus. Sie wechseln auf gutdotierte Stellen in Unternehmensberatungen, Agenturen für Kommunikationsdienstleistungen oder Public Affairs", sagt Medienjournalist Christian Meier (2010).

1. Fehler in der Personalauswahl

Der Fachkräftemangel wird in fast allen Branchen der Wirtschaft bereits beklagt. Im Journalismus wurde Personalsuche bisher mehr als Luxusproblem behandelt – schließlich gibt es ja immer noch genug Bewerber. Und wenn ein Kandidat nicht bereit ist, schlechtere Bezahlung als im Tarifvertrag oder fehlende Altersvorsorge zu akzeptieren, wird er eben nicht genommen, denn schließlich stehen die jungen Menschen, auf die der Journalistenberuf eine Faszination ausübt, ja Schlange – so zumindest immer noch eine weit verbreitete Meinung in deutschen Chefredaktionen. Vielleicht ist das (noch) so, aber sind diese Kandidaten auch die richtigen? Ist der langjährige freie Mitarbeiter, der die Redaktion in- und auswendig kennt der Redakteur der Zukunft? Oder der Pauschalist des Konkurrenzblattes, der mühelos drei Seiten am Tag allein zugeholzt hat, der künftige Lokalchef?

Im Journalismus seien in den vergangenen Jahren in puncto Personalauswahl und -ausbildung viele Fehler gemacht worden, konstatierte Paul-Josef Raue beim 20. Forum Lokaljournalismus 2012 der Bundeszentrale für politische Bildung (bpb) in Bremerhaven: „Wir haben viel zu spät erkannt, dass die Auswahl der Leute einfach nicht stimmt." Das traditionelle Bild des Learning-by-doing funktioniert heute nicht mehr. Und die Folgen sind inzwischen an vielen Stellen sichtbar. Es fehlt an geschultem Führungspersonal, an Lokalchefs und Deskleitern, die für genau diese Aufgabe früh ausgewählt und kontinuierlich entwickelt worden sind. Es scheint aus heutiger Sicht geradezu fahrlässig oder arrogant, dass Redaktionen sich jeglichem strukturierten Auswahlverfahren und maßgeschneiderter Kriterien verweigert haben und stattdessen mit handgestrickten Einstellungstests oder gar nur in persönlichen Vorstellungsrunden neues Personal akquiriert haben. Christian Meier:

> „Wer weiß, wie beispielsweise Unternehmensberatungen ihr Personal hegen und pflegen, sieht sich in der Medienbranche einer personalpolitischen Ödnis gegenüber (…) Wichtig(er) ist die Frage, wer heute überhaupt erst gar nicht in den Journalismus geht. Welche Talente der Branche von vornherein durch die Lappen gehen." (Meier 2010)

Zumeist war es der langjährige freie Mitarbeiter, der fast automatisch zum Volontär wurde. „Die gängige Rekrutierungs-Praxis ist Geldvernichtung", urteilt auch Jens Schröter, Leiter der Burda-Journalistenschule (2012).

2. Digitale Revolution fordert „neue" Journalisten

Vor ein paar Jahren habe man in Koblenz noch geschaut, ob der zukünftige Volontär in das „Printgefüge" des Verlages passen könnte, also ruhig und geräuschlos die tägliche Zeitung produzieren kann. Neun von zehn zu besetzende Stellen seien nach diesem Raster ausgewählt worden. „Das haben wir radikal geändert", sagt Christian Lindner, Chefredakteur der Rhein-Zeitung (2012: Forum Lokaljournalismus). Auf Entdeckungstour ist er gegangen: Früher habe man sehr stark auf Erfahrung der Volontärskandidaten geschaut, heute guckt die Chefredaktion nach „Typen". Christian Lindner stellt auch ganz bewusst Leute ein, die noch nie eine Zeile für Print geschrieben haben, die aber bewiesen haben, „dass sie mit Facebook genial umgehen können und ein Gespür dafür haben, wie sie in den sozialen Netzwerken für publizistische Aufmerksamkeit sorgen".

Und das macht Sinn: Denn die digitale Revolution hat den Journalisten-Beruf so grundlegend geändert, dass sich nicht nur die Arbeitsplätze geändert haben, sondern sich auch das Personal ändern muss. Schneider und Raue schreiben in ihrem „Neuen Handbuch des Journalismus und des Online-Journalismus": „Zum ersten Mal in der Ausbildung lernen die Alten – die Profis der analogen Welt – von den Jungen – die technisch Versierten der digitalen." Das ist Chance und Herausforderung zugleich. Denn diese vermeintliche Synergie-Beziehung entsteht keineswegs automatisch. Ausbildung und damit auch Weiterbildung darf nicht dem Zufall überlassen bleiben. Das Thema hat Christian Lindner angepackt, vermutlich als einer der ersten Chefredakteure von lokalen und regionalen Tageszeitungen in Deutschland. Beim „Forum Lokaljournalismus" sagte er: „Wir suchen jetzt möglichst unterschiedliche Menschen und haben dabei für die Zukunft grundverschiedene Rollen im Auge." Die Personalauswahl wird zur strategischen Planung. Im Idealfall, so Lindner, entwickelt sich aus einem Jahrgang ein technisch-versierter Chef vom Dienst, ein mobiler Journalist, ein künftiger Korrespondent in Berlin, ein Lokalchef, ein typischer investigativer Journalist und jemand, der Spaß hat an sozialen Medien. Einen solchen Jahrgang wünschten sich sicherlich viele andere Chefredakteure auch. Doch dazu muss zunächst einmal ein Bewusstsein da sein, dass eine derart strukturierte Kandidatensuche ein Zukunftsthema ist.

Heute ist die Suche nach Volontären noch nicht das vornehmliche Problem in den Redaktionen, doch die Tendenz ist eindeutig erkennbar. Die Zahl der Bewerbungen sinkt, wie eine stichprobenartige Umfrage des Magazin journalist in 2011 ergab. Allerdings steigt der Anteil der weiblichen Nachwuchsjournalisten seit Jahren kontinuierlich. Medienjournalist Ralf Geißler: „Bei den Tageszeitungen sind heute 57 Prozent der Volontäre weiblich und 43 Prozent männlich. 1993 war das Verhältnis noch umgekehrt." (Geißler 2011: 16) Das nimmt die Verlage in die Pflicht. Sie müssen Strategien entwickeln, bei sinkenden Bewerberzahlen die besten Köpfe und Talente für sich zu gewinnen, konstatiert Sabine Roschke. Die Ausbildungsredakteurin und inhaltliche Leiterin der Journalistenschule Ruhr appelliert: Nur eine Exzellenz-Ausbildung sichert die Zukunft (Roschke 2011: 25).

3. Respekt und faire Bezahlung

Zu einer exzellenten Ausbildung gehören jedoch auch Respekt und faire Bezahlung. Dass es mit diesen Tugenden in einigen Häusern nicht immer zum Besten steht, zeigt ein Beispiel aus dem Sommer 2012. Eine junge Frau aus Nordrhein-Westfalen beschrieb in ihrem Blog unter dem Titel „Ausbeutungsmaschine Journalismus" mit welchen unmoralischen finanziellen Angeboten junge Leute, die ein Volontariat absolvieren wollen, heute konfrontiert werden – trotz bester Qualifikationen mit Studium, jahrelanger Berufserfahrung und etlichen Praktika. 1000 Euro im Monat brutto, bot man der jungen Frau an. Sie sollte neben ihrem Lebensunterhalt davon Auto und Wohnung im Verbreitungsgebiet – beides Voraussetzungen für den Job – bestreiten. An anderer Stelle wurden ihr 1500 Euro geboten bei einem vertraglich fixierten wöchentlichen Arbeitspensum von bis zu 67 Stunden. Den ersten Fall kommentiert Joachim Braun, Chefredakteur des Nordbayerischen Kuriers: „Für einen hochqualifizierten Vollzeitjob ein Hartz IV-Lohn". Zum zweiten Fassungslosigkeit: „Ja, geht's noch? Gibt es in unserer Branche überhaupt keine Moral mehr?" (2012: Blog) Braun wurde selbst aktiv, stellte die junge Frau ein.

> „Wir – und damit meine ich verantwortliche Redakteure und deren Geschäftsführer – können doch nicht von unseren Redakteuren verlangen, dass sie kreativ sind und dass sie es schaffen, die digitale Herausforderung anzunehmen und den Übergang zu neuen Kanälen zu bewältigen, wenn wir deren Leistung auf der anderen Seite nicht anerkennen, in dem wir sie schlecht bezahlen und ständig unausgesprochen damit drohen, dass sie die nächsten sind, die gehen müssen, wenn die Krise weitergeht. Wer Existenzangst haben muss und sich ausgebeutet fühlt, hat doch keine Ideen. So können wir den Journalismus vergessen." (Braun 2012: Blog)

4. Mangelndes Problembewusstsein

Verlage müssen Möglichkeiten entdecken und nutzen, die Hochbegabten auch zu finden. Ein mangelndes Problembewusstsein attestiert Verlagsberater Steffen Büffel vielen Chefredakteuren. Gerade auch bei kleineren Verlagen. Gleichzeitig macht er eine Lücke im System aus. Viele Absolventen von Universitäten und Akademien seien mit dem Wissen ausgestattet, um die Aufgaben bewältigen zu können. Doch würden sie sich damit selten bei Lokalzeitungen bewerben, da sie gar nicht wüssten, welche Kompetenzen in den Redaktionen gebraucht würden. Auch aus Stellenausschreibungen gehe selten hervor, welche Professionen gewünscht seien, beobachtet der Medienberater, der für seine Studien „Zeitungen online" jedes Jahr rund 300 deutsche Tageszeitungen untersucht (Büffel 2012: Forum Lokaljournalismus). Das liege oft daran, dass die Chefredakteure gar nicht wissen, was sie zum Beispiel mit Social Media anstellen wollen, so dass auch die Anforderungen an die Fähigkeiten der Kandidaten nicht konkret formuliert werden. Denn eine Floskel wie „sicherer Umgang mit den sozialen Netzwerken" oder „sich in Sozialen Netzwerken zu Hause fühlen"[3] helfen da nicht. Denn natürlich sind die jungen Leute heute (in der Mehrzahl) in sozialen Netzwerken unterwegs – größtenteils natürlich privat. Sie haben aber keine Idee davon, wie sie diesen intuitiven Umgang für eine Redaktion nutzbar machen können. „Was alle Journalisten (…) jedoch bräuchten, (ist) ein Verständnis, wie digitale Kommunikation funktioniert, und ein selbstverständlicher Umgang mit ihr. Weil sie inzwischen eine grundlegende Kulturtechnik auch in unserem Land geworden ist", konstatiert Stefan Plöchinger, Chefredakteur von sueddeutsche.de (Plöchinger 2012: 48).

---

[3] Zahlreiche Beispiele sind der Autorin bekannt, jedoch soll niemand hier vorgeführt werden.

So sah sich der Blogger, Berater und gelernte Redakteur Christian Jakubetz einer interessanten Frage einer jungen Journalistin gegenüber. Sie wollte wissen: „Bin ich mit dem, was ich tue, zu früh dran?" Jakubetz antwortet:

> „Im Jahr 2012 fragen sich Journalisten also allen Ernstes, ob sie mit dem Erlernen digitaler Werkzeuge zu früh dran sind? Man muss den Hintergrund dieser Frage kennen, um sie verstehen zu können: Natürlich, so beschrieb die Kollegin, wisse sie darum, dass diese Werkzeuge unerlässlich seien. Sie habe in ihrem Studium oft genug erlebt, wie wichtig es ist, sich mit diesen Dingen zu beschäftigen. Nur jetzt, wo sich das Studium dem Ende nähert und der Schritt in den Beruf bevorstehe, frage sie sich: Wer will das überhaupt? Wer braucht das überhaupt? Habe ich etwas gelernt, was zwar theoretisch toll, in der Praxis aber völlig nutzlos ist? Die Frage stellte sich ihr beim Blick auf die Realität des deutschen Online-Journalismus. Da könne sie nun so viel. Slideshows. Webvideos. Multimediale Geschichten erzählen. All das eben, was sie an Universitäten und an Journalistenschulen und überall da, wo man glaubt, den modernen Journalismus mit zu gestalten, so erzählt bekommen habe. Nur in der Praxis, auf den Webseiten von vielen deutschen Medien, da entdecke sie all das eben nicht: Webvideos. Multimediale Geschichten. Slideshows. Stellt sich dann also nicht tatsächlich die Frage, für etwas ausgebildet worden zu sein, was kein Mensch braucht?" (2012: Blog)

5. Große Sehnsucht nach Talenten

Diese Ratlosigkeit der jungen Frau scheint auf beiden Seiten zu bestehen. Dazu passt die Analyse der vom journalist Befragten: Danach ist der journalistische Nachwuchs zwar noch motiviert und engagiert, aber weniger experimentier- und kommentierfreudig, weniger kreativ und spontan, dafür eher stereotyp (weiblich, gut ausgebildet, zweieinhalb Fremdsprachen, aus geordneten Verhältnissen, viele Praktika und Auslandserfahrung) (Vehmeier 2011: 24f.). Und was die Zukunftsaussichten anbelangt, ist er viel realistischer als die Jahrgänge zuvor. Ralf Geißler schätzt, dass es 5000 Journalisten in Deutschland unter 30 Jahren gibt. Sie gehörten zu einer „Generation, die das Wort Medienkrise schon beim Abitur kannte. Die zum Studienbeginn erzählt bekam, dass die Zeitungsverlage nicht wissen, wie sie das Internet überleben sollen. Und die nach der Abschlussarbeit eher über einen Antrag auf Starthilfe für Freiberufler nachdachte als über eine Festanstellung". Und über Gründe für mehr weibliche Bewerber „kann man nur spekulieren. Steigt der Frauenanteil, wenn Berufe ökonomisch an Attraktivität verlieren? Geschlechterforscher wissen zumindest, dass junge Männer bei der Berufswahl stärker auf das Sozialprestige und das zu erwartenden Einkommen achten. Vielleicht sind sie auch weniger risikobereit als Frauen."

Bei Vorstellungsgesprächen wird mehr nach Tarif und Gehalt, nach Arbeitszeiten und Urlaubstagen gefragt, als nach Blattkonzepten, Ausbildungsinhalten und Entwicklungschancen, beobachtet Ulrike Trampus, Chefredakteurin der Ludwigsburger Kreiszeitung. Offensichtlich beeinflusst das System der Bachelor-Studiengänge auch die Erwartungen an das Volontariat. So erwarten viele Kandidaten einen vorgezeichneten Ausbildungsweg, sie warten eher auf Aufträge, als dass sie eigene Themen vorschlagen, sich für eine Idee besonders stark machen und für eine ungewöhnliche Aufbereitung streiten (Trampus 2012: 24).

Die Sehnsucht nach frischen, innovativen und kreativen Talenten ist in den Redaktionen groß. Doch sind es die wenigsten, die tatsächlich systematisch danach suchen und – noch wichtiger – diese auch aktiv fördern. Vielmehr konstatiert Paul-Josef Raue: „Mehr Sorgen bereitet, dass auch in Deutschland Startups entstehen, die schnell millionenschwer werden: Sie werden selten von Verlagen gegründet, sondern von jungen Tüftlern, die kein Geld für teure Marktanalysen und ausführliche Business-Pläne haben und keine Lust auf lange Konferenzen." (Raue 2012: Interview dapd). Der Chefredakteur der Thüringer Allgemeinen Zeitung fragt sich angesichts dessen: „Warum entdecken wir diese Leute nicht? Stimmt unsere Ausbildung, unsere Talent-Suche nicht mehr? Haben wir das Gespür für Ausgewogenheit verloren, wenn wir Risiko, Neugier, Spontaneität und Mut in die eine Waagschale legen und Wirtschaftlichkeit, Seriosität, Kontrolle und Kontinuität in die andere?" Diese Tendenz sieht auch Steffen Büffel:

> „Die Verlage und damit der Journalismus haben davon nur marginal profitiert. Innovationen kommen von außen und in den meisten Fällen nicht von den Verlagen selbst. Woran liegt das? Gründe gibt es viele, aber im Kern leidet der Journalismus an einem enormen Fachkräftemangel. Insbesondere im Lokaljournalismus, wird dies zunehmend zum Problem" (2011).

6. In Mitarbeiter investieren

Berthold L. Flöper von der Bundeszentrale für politische Bildung, die seit vielen Jahren ein erfolgreiches und ambitioniertes Weiterbildungsprogramm für aufstrebende Lokalredakteure mit verschiedenen Angeboten (u.a. den Lokalpressedienst drehscheibe, www.drehscheibe.org)[4] betreibt, macht noch einen weiteren Grund für die künftigen Personalprobleme bei lokalen Tageszeitungsverlagen aus: „Es fehlt oft an einem offenen Umfeld für Weiterbildung bei den älteren etablierten Redakteurinnen und Redakteuren." Manche Praktikanten und Volontäre seien entsetzt, mit wie viel Ignoranz neue Entwicklungen in den Lokalredaktionen übersehen werden. Die Ideen der Jungen werden nicht ernst genommen oder ausgebremst. Ein Feedback gibt es nicht. Das „Über-den-Tellerrand" schauen ist bei den Älteren wenig ausgeprägt, und das ist insgesamt schädlich für Deutschland, das sich als Wissensgesellschaft begreift. Das müssen vor allem Führungskräfte in den Verlagen begreifen. Nur wer in die Mitarbeiter investiert, bekommt auch mehr von ihnen zurück. „Wer sich nicht mindestens ein Mal in zwei Jahren zu einer Weiterbildung anmeldet, dürfte gar nicht erst in den Genuss von Beförderungen kommen. Schon das Interesse ist wichtig", sagt Flöper. (Vehmeier 2012: Interview) Warum sind so manche journalistische Leistungen im Lokalen so unzureichend? „Das hat mit der immer komplizierteren Welt zu tun und der Schnelligkeit." (ebd.) Alle Arten von Themen stürmen auf die Lokalredaktionen ein, sie sollen sie lese(r)gerecht und wenn möglich orientierend umsetzen. Gerade bei der kommunalen Politikberichterstattung erwarten die Bürger neue Wege „ihrer Zeitung", damit sie sich einmischen können. Noch ist die Glaubwürdigkeit vor Ort groß. Sie darf nicht aufs Spiel gesetzt werden. Manche Redaktionen können es, andere bleiben auf der Strecke. Die Schere zwischen Lokaljournalismus mit Qualitätsansprüchen und 08/15-Produkten wird immer größer. Ein offener Austausch gerade über spezielle Weiterbildungsangebote könnte dieses Defizit begrenzen.

7. Personalpolitische Katastrophe

Die geänderten Anforderungen und eine notwendige Debatte um Kriterien für eine erfolgs- und bedarfsorientierte Ausbildung sind also offensichtlich. Doch ein bisher sträflich vernachlässigter Bereich in Redaktionen ist die Personalpolitik, und noch evidenter ist die größtenteils nicht vorhandene Personalentwicklung für die veränderten Aufgaben in den Redaktionen. Eklatant ist zudem, wie vielerorts in einem Medienhaus mit zweierlei Maß

---

[4] Siehe auch den Beitrag von Lutz Feierabend in diesem Band.

gemessen wird: Die Auszubildenden in den Vertriebs- und Marketing-Abteilungen der (zumeist größeren) Verlage genießen Wertschätzung und Förderung. Sie werden in Traineeprogrammen geschult, haben Mentoren und Coaches.

Beim Blick in die Redaktion allerdings wird deutlich, dass der Nachwuchs bei weitem nicht diesen Stellenwert und diese Förderung erhält. Dort sind Volontäre oft nur billige Arbeitskräfte, die schlimmstenfalls mit Vorankündigung nicht übernommen werden. Wohlwollend könnte man noch sagen, es ist eine unternehmerisch fragliche Entscheidung, für den Markt und damit für die Konkurrenz auszubilden (wenn es sich denn um eine qualifizierte Ausbildung handelt und nicht um moderne Ausbeutung). Personalpolitisch betrachtet ist es eine Katastrophe. Denn gezielter Aufbau und Förderung von Führungskräften ist in regionalen und lokalen Redaktionen weitgehend unbekannt. Strategische Programme? Mit wenigen Ausnahmen Fehlanzeige. Das muss sich ändern – und zwar schnell. Denn wo sollen sie herkommen, die künftigen Deskmanager, Lokalchefs und Chefredakteure, die das Überleben der lokalen Tageszeitung sichern sollen? Medienjournalist Christian Meier präzisiert:

> „Denn nur die Investition in die klügsten und leidenschaftlichsten Nachwuchskräfte kann ein weiteres Abrutschen der Medienunternehmen verhindern. Nur wenn Medien sich zu den lebendigen Wissensspeichern wandeln, haben sie bei dem Orientierung suchenden Publikum eine Chance." (2010)

8. Legitimation von Führungskräften

Über Jahrzehnte hinweg war Personalpolitik in vielen Verlagen eine „Erbfolgeregelung", ein mehr zufälliges Hocharbeiten oder schlichtweg ein nicht an den Fähigkeiten orientiertes Belohnungs- und Beförderungssystem – frei nach dem Motto, „der beste Schreiber ist auch der beste Chef". Darüber, dass ein guter Redakteur, ein brillanter Journalist nicht selbstverständlich auch eine gute Führungskraft ist, wird oft nicht gesprochen, fasst Kirsten Annette Vogel den Status quo zusammen. Die Führungskräfte-Trainerin und Leiterin des TOP.Ifm Instituts für Medienprofis in Deutschland aus Köln fragt zwar süffisant – aber zu Recht: „Wie viele Chefredakteure in Hörfunk, Print, Fernsehen und Online haben eine Aus- oder Weiterbildung zum Chefredakteur?" (Vogel 2010: 30) Diese Frage mag mancher belächeln, doch die Argumentation der Trainerin ist nachvollziehbar:

> „In anderen Berufsgruppen ist die Legitimation von Führungskräften klar geregelt. Bei Handwerkern zum Beispiel ist festgelegt, dass sie nach der Gesellenprüfung eine Meisterschule besuchen und mit der entsprechenden Meisterprüfung abschließen, um einen Betrieb führen und Lehrlinge ausbilden zu dürfen (...). Und stellt man jetzt einmal die Frage nach dem sogenannten ‚Bildungspatent' von Führungskräften in den Medien, so wird man in diesem Zusammenhang nicht wirklich fündig. Natürlich gibt es Studiengänge der Publizistik, des Journalismus, es gibt Volontariate mit theoretischen und praktischen Teilen, aber in welchen von ihnen wird gelehrt und gelernt, wie man Menschen in den Medien führt?" (Vogel 2010: 30)

Die Diskussion über Führung und Führungskompetenz im Journalismus steckt gerade einmal in den Kinderschuhen. Qualifizierungsangebote und Fachliteratur sind ebenso rar gesät. (Vogel 2010: 34) Die ABZV (Akademie berufliche Bildung der deutschen Zeitungsverlage) bietet für 2013 eine spezielle Qualifizierung für Frauen in Führungspositionen an: „Als erste Einrichtung publizistischer Bildungsarbeit in Deutschland hat die ABZV diese Reihe ausschließlich für Journalistinnen entwickelt – und für Medienunternehmen, die planen, mehr Frauen Führungsverantwortung zu übertragen."

Wenn davon auszugehen ist, dass Chefredakteure sich durch Erfahrung, innovative Ideen, neue Konzepte und persönliche Eigenschaften für eine Position empfehlen, so ist die Auseinandersetzung mit den Auswahlkriterien und der Entwicklung von Personal für das „mittlere Management" der Redaktion dringend nötig. Denn die Anforderungen an Journalisten in Führungspositionen verändern sich ebenso rasant, wie sich die redaktionellen Strukturen und Berufsbilder wandeln. Es entstehen völlig neue Positionen, auf die der Nachwuchs weder im Volontariat noch in den ersten Berufsjahren vorbereitet wird. Deskleiter, Redaktionsmanager, Moderatoren, Produktentwickler und Netzwerker werden gesucht. Sie sollen die Zielgruppen crossmedial ansprechen und neue, wirtschaftliche Produkte erstellen. Daneben müssen die klassischen Führungsaufgaben erstmals tatsächlich wahrgenommen werden. Weit jenseits der klassischen Terminvergabe und Anwesenheit bei Konferenzen sollen die Führungskräfte auch versiert sein in Mitarbeiter-Kommunikation und Führung, in Krisen- und Konfliktlösung und zunehmend auch im kaufmännischen Denken.

Jeremy Caplan von der City University New York glaubt:

> „Noch viel zu wenige Hochschulen beziehen die unternehmerische Seite in ihre Ausbildung ein. Dabei hängt von den Kenntnissen der jungen Journalistengeneration wesentlich mit ab, wie die Zukunft der Branche gestaltet wird. Kaufmännisches Denken heißt: Sie denken sich nicht nur Inhalte aus, sondern auch Märkte für die Inhalte. Und sie denken nicht nur an Leser, Konsumenten und Nutzer, sondern auch an Geschäftsmodelle. Für traditionelle Journalistenschulen steht das nicht im Mittelpunkt. (…) Journalisten sollten ein Verständnis dafür entwickeln, wo das Geld herkommt und wie die Medienbranche funktioniert, denn sie ändert sich gerade und das betrifft uns alle. Als professionelle Journalisten müssen wir darauf vorbereitet sein. Das hilft uns, den Markt und die Interessen der Nutzer zu verstehen. Es hilft uns auch, unsere eigene Karriere weiterzuentwickeln, so dass wir nicht bei einem Punkt in der Mitte unseres Lebens ankommen, an dem es nicht mehr weitergeht. Wenn wir wissen, wohin sich der Markt bewegt, können wir schneller reagieren" (Langer, von Streit, Weichert 2012).

9. Buhlen um die Gunst der klügsten Köpfe

Karrierechancen und Karriereplanung lauten die Schlagwörter oder besser, die Fremdwörter in deutschen Lokalzeitungen. Bei der Wahl von Ausbildung oder Studium legen junge Leute größten Wert auf einen zukunftsorientierten Arbeitsplatz. Das sagten 63 Prozent der mehr als 2000 von Allianz und Gesellschaft für Konsumforschung (GfK) (2011) befragten 18- bis 29-Jährigen. Viele Unternehmen nehmen die angestrebten Werte wie sicherer Arbeitsplatz, gute Bezahlung und Aufstiegschancen sehr ernst und buhlen um die Gunst der klügsten Köpfe mit speziellen Programmen und Fördersystemen. Selbst Bund und Länder werben damit für den Öffentlichen Dienst – nur in den Medienbetrieben ist man davon weit entfernt. Sie sind für viele junge Leute deshalb unattraktiv geworden. „Ich bin in ein verlorenes Jahrzehnt hineingeboren, viele Journalisten wurden in die Arbeitslosigkeit getrieben. Ich kann nicht warten, bis die Medienbetriebe sich neu aufgestellt haben", sagte Blogger und TV-Journalist Richard Gutjahr (Jahrgang 1974) beim „Forum Lokaljournalismus". Im Gepäck hatte der Absolvent der Deutschen Journalistenschule in München das Rüstzeug, dass so viele junge Nachwuchsjournalisten auch haben: Studium, diverse Praktika im In- und Ausland, freier Mitarbeit in Print und TV. Doch Gutjahr nahm seine Karriere selbst in die Hand und erfindet sich ständig neu, er sorgte als Blogger (www.gutjahr.biz) für Furore, als er 2010 berichtete, wie er tagelang in New York Schlange stand, um ein iPad zu ergattern oder als er 2011/2012 spontan und ohne Auftrag nach Ägypten reiste, um über die Revolution zu berichten. Die User seines Blogs haben daraufhin eine Spendenaktion gestartet, mit der Gutjahr seine Reportagen finanzieren konnte.

Heute arbeitet Richard Gutjahr unter anderem in der Chefredaktion des Bayerischen Fernsehens. Gutjahr ist dem Journalismus erhalten geblieben, andere Entrepreneurs, die ihr Glück selbst in die Hand nehmen und sich anderweitig orientieren, werden damit – speziell für den Lokaljournalismus – zur „verlorenen Generation". „Das Image des Lokaljournalismus ist bei den Absolventen nicht das beste, gerade, wenn es dann noch um Standorte in der Provinz geht", weiß Medienberater Steffen Büffel aus seiner Lehrtätigkeit (2012). Die PR lockt mit Geld, Titeln und Privilegien. Bereits jeder dritte Teilnehmer an Seminaren der Akademie der Bayerischen Presse arbeitete 2010 in der PR, im Jahr 2000 war es noch jeder sechste.[5] So scheint es geboten, dass lokale Medienbetriebe an ihrer Attraktivität arbeiten und aktives Hochschulmarketing betreiben, um an die jungen Talente überhaupt heranzukommen. Mit dem Zufallsprinzip werden Verlage in Zukunft zwar noch an Volontäre kommen, aber mit dem Anspruch, die eigene Qualität zu steigern, braucht es die Talentierten, die Hochbegabten. Wer sich bei der Rekrutierung nicht engagiert, verabschiedet sich quasi heute schon aus der ersten Liga in die Amateurklasse.

10. Verlage als Arbeitgeber

Ein weiteres Feld, auf dem die Medienhäuser im Wettlauf um die klügsten Köpfe bisher noch wenig aktiv sind, ist die Image- und Marken-Pflege. Womit sich Unternehmen in vielen anderen Branchen intensiv beschäftigen, scheint in Verlagen bisher weitgehend unbeachtet zu sein. „Employer Branding" (zu Deutsch: Arbeitgebermarkenbildung) heißt das Stichwort. Um im Wettbewerb um Fach- und Führungskräfte im Lokaljournalismus gegenüber der Konkurrenz bestehen zu können, werden die beiden Faktoren – Markenbildung und Image – in den nächsten Jahren immer wichtiger werden. Wer sich in den Zielgruppen der Young Professionals nicht als attraktive Marke und als innovativer Arbeitgeber aufstellen kann, dürfte auf lange Sicht abgehängt werden. Eine professionelle Darstellung als Arbeitgeber dürfte dann unerlässlich für Lokalzeitungsverlage sein. Denn der Wettlauf wird an Dynamik zunehmen: Die Schwierigkeit steigt, gut ausgebildeten Nachwuchs zu finden und langfristig zu binden. Dies gilt nicht nur für die Jungredakteure, sondern auch für Führungskräfte in Redaktionen und anderen Verlagsbereichen. Gerade im Lokaljournalismus gibt es Fakten, die eine erfolgreiche Rekrutierung der Besten erschweren dürften: zum Beispiel die geographische Lage („weit ab vom Schuss", „Provinz", „Pampa"), das schlechte Image der Zeitungsverlage als Arbeitgeber, fehlende Entwicklungsmöglichkeiten für Nachwuchs in alten, gewachsenen Strukturen, vermutete Innovationsfeindlichkeit, schwierige wirtschaftliche Lage, schlechte Presse über die Lage der Printmedien. Die jungen Nachwuchsführungskräfte sind kein Betätigungsfeld für Headhunter und Personalberater (da in der Regel ein Drittel eines

---

[5] Journalist 05/2011: 13. Dazu auch: Baetz, Brigitte, Deutschlandfunk: Das Buch können Sie dann behalten. Warum die Qualität im Journalismus abnimmt, 20.11.2009: „30.000 bis 50.000 PR-Mitarbeitern stehen hierzulande rund 48.000 hauptberufliche Journalisten gegenüber. Während die Zahl derjenigen, die vom Journalismus überhaupt noch leben können, zurückgeht, steigt die Zahl der PR-Beschäftigten. In den USA hat sich das Zahlenverhältnis längst zugunsten der PR verschoben. Die Tendenz zum sogenannten Nutzwertjournalismus, mit dem sich die Verlage mehr Werbeeinnahmen erhoffen, fördert dabei die Nähe zur PR und weicht den Standard der journalistischen Unabhängigkeit auf. So Günter Bartsch vom „Netzwerk Recherche".

Jahresgehalts eines vermittelten Kandidaten als Honorar gezahlt wird, ist diese Klientel eher uninteressant), hier müssen die Verlage selbst tätig werden. Christian Lindner ist überzeugt, dass den lokalen und regionalen Tageszeitungen bereits heute Jahr für Jahr hunderte großer Talenten verloren gehen. Stephan Weichert sieht darin ein hausgemachtes Problem:

> „Außerdem wurde zu wenig in den gesamten Online-Bereich investiert, die besten Ideen kamen auch selten aus den Entwicklungsredaktionen der einzelnen Verlage, sondern eher von expetimentierfreudigen 20-Jährigen. Die Folge ist ein schmerzhafter ‚Braindrain': Wir erleben zurzeit, dass gute Journalisten in die PR-Branche abwandern, da ihnen die Verlage keine Perspektive bieten. Da gehen Kreativität und Genialität verloren" (Weichert 2010).

Chefredakteur Lindner appelliert, den jungen Leuten Perspektiven aufzuzeigen (2012). Wer alles dem Zufall überlässt, hat am Ende das Nachsehen. Zuvor haben bereits die elektronischen Medien, der öffentliche Dienst oder die PR die Hochbegabten mit besseren Gehältern und attraktiveren Arbeitszeiten in ihre Unternehmen gelockt. In Koblenz hat man deshalb bereits gehandelt und ein – in lokalen und regionalen Tageszeitungen vermutlich einzigartiges – Programm zur Personalentwicklung aufgelegt, den RZ-Campus. Es geht dabei darum, systemische Begabungen der Young Professionals zu erkennen und zu fördern. Die Talente im eigenen Haus sollen nicht in Vergessenheit geraten und womöglich am Ende zur Konkurrenz wechseln. Beim RZ-Campus können sich junge und mitteljunge Redakteure bewerben, die Interesse an der eigenen Weiterentwicklung haben und sich einer Führungsaufgabe mit Verantwortung stellen wollen. 10 bis 12 Plätze stehen jährlich für das jeweils zwölf Monate umfassende Programm zur Verfügung. 30 bis 40 Nachwuchsjournalisten bewerben sich jedes Jahr bei Chefredakteur Lindner. Diejenigen, die ausgewählt werden, bleiben in ihren jeweiligen Redaktionen, gehen aber zu 25 Prozent aus ihrem Job heraus und lernen den Verlag und seine Abteilungen und Entscheider intensiv kennen. Sie lernen Megatrends der Branche kennen und trainieren Führungsaufgaben. Im Managementblock lernen die „Campagnolos" unter anderem Konfliktstrategien, Projektmanagement und Personalführung.

11. Fazit

Die äußeren Faktoren sind durch demografischen Wandel und Fachkräftemangel zusehends deutlich. Sie werden in absehbarer Zeit die lokalen Medien mit voller Wucht treffen und die heutige Qualitätsdebatte um den Lokaljournalismus wird ganz neue Themen und Herausforderungen bekommen. Nur wer sich heute mit dem Thema Personal auseinandersetzt und schnellstmöglich strukturierte und nachhaltige Personal- und Führungsstrategien umsetzt, wird morgen noch in der Champions League des Lokaljournalismus spielen und um die hochbegabten und exzellenten Nachwuchsjournalisten mitbieten können. Wer den Zug der Zeit verpasst, wird in naher Zukunft vom Markt der „High Potentials" vielleicht für immer abgeschnitten sein. Christian Lindners Devise sollte Programm sein: „Wir müssen die jungen Talente davon überzeugen, dass Karriere sehr wohl über das Lokale führt."

Fünf Thesen: Das muss sich ändern

1. Ausbildung und Qualifizierung müssen systematisiert werden – mit geschultem Personal und Konzept.

2. Die Volontärsausbildung neu erfinden: auf junge Leute hören, sie sollen ausprobieren dürfen – Selbstkritik und ein offenes Umfeld für Innovationen schaffen. Spaß haben und machen.

3. Ausbildungsredakteure und Mentoren erkennen und fördern die Stärken des Nachwuchses mit Blick auf spätere Führungspositionen.

4. Führungskräfte müssen unternehmerisches Denken entwickeln und darin geschult werden. Sie müssen auch Geschäftsmodelle, Märkte und das Medienhaus als „Marke" im Blick haben.

5. Lokalredaktionen müssen Qualitätskriterien für Weiterbildungsangebote entwickeln. Weiterbildung muss Bestandteil von Zielvereinbarungen und Karriereplanung sein.

Literatur

Braun, Joachim (2012): Internet-Blog. unter: http://ankommen.nordbayerischer-kurier.de/2012/08/27/wer-angst-hat-ist-nicht-kreativ/#more-563. Stand: September 2012.

Büffel, Steffen (2012): „Karriere bei der Zeitung – wo gibt's denn so was?", Podiumsdiskussion beim 20. Forum Lokaljournalismus 2012 der Bundeszentrale für politische Bildung.

Büffel, Steffen (2011) „Innovation im Journalismus braucht Fachkraft". In: Message 3/2011

Gösmann, Sven (2012): Topstory Tageszeitungen. unter: http://www.horizont.net/aktuell/medien/pages/protected/show.php?id=107757&page=3&params=. Stand: 24.5.2012

Jakubetz, Christian 2012 in seinem Blog: http://www.blog-cj.de/blog/2012/08/17/viel-zu-spaet-um-zu-frueh-zu-sein/

Langer, Ulrike/ von Streit, Alexander/ Weichert, Stephan: Interview mit Jeremy Caplan: „Wir können uns den Luxus der Arroganz nicht mehr leisten" unter: www.vocer.org. Stand 26.8.2012

Lindner, Christian (2012): „Karriere bei der Zeitung – wo gibt's denn so was?", Podiumsdiskussion beim 20. Forum Lokaljournalismus 2012.

Meier, Christian (2010): Dahinter müssen kluge Köpfe stecken. unter: http://www.sueddeutsche.de/medien/serie-wozu-noch-journalismus-dahinter-muessen-kluge-koepfe-stecken-1.961998, Stand: 7.1.2013

Plöchinger, Stefan (2012): Deutschland hinkt hinterher. In: MediumMagazin 03/2012: 48

Raue, Paul-Josef: „Karriere bei der Zeitung – wo gibt's denn so was?", Podiumsdiskussion beim 20. Forum Lokaljournalismus 2012 der bpb.

Raue, Paul-Josef in einem Interview mit der Nachrichtenagentur dapd am 3.8.2012

Schneider, Wolf/Raue, Paul-Josef: Das neue Handbuch des Journalismus und des Online-

Journalismus. bpb-Schriftenreihe, Band 1198. Bonn 2012: 13.

Vehmeier, Anke (2011): Umfrage „Volo 2011". In: journalist 5/2011: 24f.

Vehmeier, Anke (2012): Interview mit Berthold L. Flöper, Leiter des Lokaljournalistenprogramms der Bundeszentrale für politische Bildung

Vogel, Kirsten Annette (2010): Führung. Macht. Medien. Die Kunst, Journalisten zu führen und diese Führung anzunehmen. Salzburg: 30

Weichert, Stephan (2010): „Berufsbild Journalist. Zuviel Lamento, zu wenig Experimente". In: Rheinischer Merkur. 12.8.2010

Die Autorin

Anke Vehmeier (*1966) hat bei der Oberhessischen Presse in Marburg volontiert und war anschließend als Redakteurin beim General-Anzeiger in Bonn tätig. Heute ist sie freie Journalistin in Bonn für Tageszeitungen und Medien-Magazine. Seit rund 15 Jahren ist sie in der Aus- und Weiterbildung für Journalisten tätig.

Kontakt: anke.vehmeier@web.de

Partizipativer Journalismus im Lokalteil von Tageszeitungen[1]

Annika Sehl

Partizipativer Journalismus ist seit einigen Jahren en vogue in (Lokal-)Redaktionen: Die Saarbrücker Zeitung ruft Leserreporter auf, sich mit (lokalen) Themenhinweisen zu melden und Fotos zu schicken, auf der Website des Trierischen Volksfreunds können Leser in einem Regio-Wiki mitschreiben oder bei der Westdeutschen Allgemeinen Zeitung anonym Informationen über ein Online-Enthüllungsportal an die Redaktion übermitteln. Rezipienten werden auf diese Weise selbst Produzenten von Inhalten. Die Untersuchung geht der Frage nach, wie und warum Tageszeitungen ihre Leser in redaktionelle Prozesse und die Produktion von Inhalten einbinden – und ob dies eine Chance für publizistische Vielfalt im Lokalen bietet.

1. Einleitung

Seit Januar 2006 fordert die Saarbrücker Zeitung ihre Leser auf, für sie zu Reportern zu werden: „Sie wissen, was in Ihrem Ort passiert? Können Schönes, Kurioses oder Ärgerliches berichten? Oder Sie kennen Menschen in Ihrer Umgebung, die unbedingt mal in die Zeitung müssen? Sie schicken uns Ihre Themen-Tipps, wir recherchieren. Sie können uns auch Fotos schicken, die wir mit Ihrem Namen drucken. Als Leser-Reporter der Saarbrücker Zeitung haben Sie den direkten Draht zur Redaktion." (Saarbrücker Zeitung, o. J.)

Der Leserreporter der Saarbrücker Zeitung ist nur eines von vielen Beispielen, wie Regionalzeitungen heute ihre Leser in die Produktion von lokalen Inhalten einbeziehen. Vor allem im Social Web nehmen Redaktionen den Dialog mit ihren Lesern auf und beteiligen sie an der Produktion von Inhalten – von Online-Kommentaren zu redaktionellen Artikeln bis hin zu eigenen Leser-Blogs auf der Zeitungs-Website. Dabei verschwimmt die Grenze zwischen Rezipient und Produzent. Den partizipativen Journalismus in seiner heutigen Form möglich gemacht hat die Entwicklung so genannter Social Software (vgl. Neuberger/Nuernbergk/Rischke 2007: 96).

Im Mittelpunkt dieses Aufsatzes steht ein Überblick, wie und warum deutsche Tageszeitungen ihre Leser an der Produktion von lokalen Inhalten beteiligen, online wie offline. An drei Beispielen wird darüber hinaus untersucht, ob diese Partizipation zur publizistischen Vielfalt im Lokalteil beiträgt – und wie Redaktionen darauf Einfluss nehmen (können). Denn gerade der, wenn auch schon etwas angestaubte, Forschungsstand zum Lokaljournalismus in Tageszeitungen zeigt, dass es im Lokalen um publizistische Vielfalt oftmals schlecht bestellt ist. Die These hier ist, dass eine Vielfalt von Laienkommunikatoren dazu beitragen könnte, Themen einzubringen und Perspektiven abzudecken, die professionelle Journalisten vernachlässigen.

---

[1] Beim vorliegenden Aufsatz handelt es sich um eine gekürzte Fassung der Dissertation der Autorin, die sie 2011 an der Technischen Universität Dortmund eingereicht hat. Das gesamte Manuskript wird voraussichtlich im Frühjahr 2013 im Nomos Verlag erscheinen.

2. Publizistische Vielfalt (im Lokalen)

Ihren geschichtlichen Ursprung hat die Forderung nach publizistischer Vielfalt im liberal-demokratischen und pluralistischen Staat (vgl. u.a. McQuail/van Cuilenberg 1982: 682). Das theoretische Konzept, das der publizistischen Vielfalt also zugrunde liegt, ist die pluralistische Demokratietheorie (vgl. u.a. Fraenkel 1991). Die pluralistische Demokratietheorie basiert auf der Annahme, dass es in der Gesellschaft sehr verschiedene, häufig gegensätzliche Meinungen und Interessen gibt, die organisiert und artikuliert werden können und so ein Ausgleich zwischen ihnen geschaffen werden kann. Dies geschieht, indem sich die verschiedenen Meinungen und Interessen in Interessengruppen organisieren und sich in der Öffentlichkeit bewegen, streiten und verständigen sollen (vgl. Rager/Weber 1992: 8).

Aufgabe der Massenmedien ist es dabei, die pluralen Interessen zu vermitteln, indem sie ihnen Artikulationsmöglichkeiten bieten (vgl. Roegele 1977: 214). Gleichzeitig sollen eben diese Massenmedien zur gesellschaftlichen Integration beitragen (vgl. Ronneberger 1985: 15). Integration heißt allerdings weder, dass Journalismus stets einen Ausgleich von Interessengruppen herbeiführen muss (vgl. Rager/Weber 1992: 9) noch, dass alle Bürger mit gleichen Beteiligungschancen ausgestattet wären. Die Zugangschancen der einzelnen Gruppen zu den Medien sind durchaus unterschiedlich (vgl. Gerhards/Neidhardt/Rucht, 1998: 42 f.). Die Konsensbildung zwischen den Bürgern und zwischen Bürgern und Politik soll gelingen mittels publizistischer Vielfalt (vgl. Rager/Weber 1992: 9).

Van Cuilenburg (2002) hat eine „diversity chain" entworfen, die illustriert, wie der wechselseitige Austausch von Vielfaltskonzepten auf verschiedenen Ebenen zur Demokratie beiträgt: Während die publizistische Vielfalt („media diversity") im besten Fall die Vielfalt in der Gesellschaft widerspiegelt („social diversity"), kann sie so zur Meinungsvielfalt („opinion diversity") beitragen. Diese ist wiederum Voraussetzung für eine funktionierende Demokratie („democracy") (vgl. van Cuilenburg 2002: 2).

Forschungsergebnisse zum Lokaljournalismus, wenngleich größtenteils schon älter, lesen sich jedoch wie eine Mängelliste: Zu wenig Politikberichterstattung, kaum Kontroversen in der Tageszeitung, und es kommen vor allem organisierte Interessen zu Wort wie Vereine, Parteien oder Verbände. Unorganisierte Bürger haben dagegen wenige Chancen (für einen Überblick vgl. u.a. Jonscher 1995). Eine neuere Möglichkeit, diesem Defizit entgegenzuwirken und die zivilgesellschaftliche Stimme zu stärken, bietet sich Zeitungsverlagen in Form des partizipativen Journalismus im Social Web. Insbesondere im Lokalen ist ein Beitrag der Leser zu erwarten, da die Themen in ihrer Nahwelt stattfinden. Die Studie prüft daher in einer detaillierten Inhaltsanalyse für drei Lokalteile von Regionalzeitungen die These, ob die verstärkte Einbindung von Lesern im partizipativen Journalismus der mangelnden Offenheit für Themen, Meinungen und Akteure in der Berichterstattung entgegenwirken kann. Sie begründet sich darin, dass im partizipativen Journalismus – anders als im rein professionellen Journalismus – ein Wechsel von Publikums- und Leistungsrollen zumindest im von den Medien dafür vorgesehenen Rahmen für das gesamte Publikum möglich ist und nicht nur Vertretern einiger gesellschaftlicher Gruppen vorbehalten bleibt.

3. Begriffsbestimmung partizipativer Journalismus

Zunächst ist allerdings zu klären, was in diesem Aufsatz unter partizipativem Journalismus verstanden wird. Das ist insbesondere bei einem Diskussionsgegenstand wichtig, bei dem so wenig Konsens über Begrifflichkeiten und ihre Bedeutung besteht wie beim Thema Publikumsbeteiligung im Journalismus. Sogar von einer „Begriffshyperinflation" spricht Engesser (2008: 48) in Bezug auf partizipative Medienformate im Internet. Neuberger (2007: 69) hat allein folgende Begriffe aus der Literatur zusammengetragen: „Participatory journalism" (u.a. Bowman/Willis 2003), „Grassroots journalism" (u.a. Gillmor 2004), „Citizen journalism" (u.a. Outing 2005), „Open source journalism" (u.a. Wikipedia 2009) oder „Peer-to-Peer journalism" (u.a. Moeller, n. d.).

Um dieser Begriffsvielfalt entgegenzuwirken und den Diskussionsgegenstand trennscharf inhaltlich zu bestimmen, werden in der Literatur drei Wege beschritten: Engesser (2008) versucht es mit der Methode der Begriffsexplikation. Dazu sammelt er frühere und neuere Formen der partizipativen Vermittlung sowie die in der Literatur dafür gebräuchlichen Begriffe. Danach wählt er mit Hilfe seiner Adäquanzkriterien Ähnlichkeit, Exaktheit, und Fruchtbarkeit den treffendsten Begriff aus und definiert ihn neu (vgl. Engesser 2008: 48). Aus Engessers Begriffsanalyse wird übernommen: „Partizipativer Journalismus beteiligt die Nutzer zumindest am Prozess der Inhaltsproduktion, wird außerhalb der Berufstätigkeit ausgeübt und ermöglicht die aktive Teilhabe an der Medienöffentlichkeit" (Engesser 2008: 66).

Allerdings ist Engessers Definition noch recht breit gehalten und umfasst auch das, was Nip (2006) unter „Citizen journalism" versteht. Nip (2006: 216) grenzt fünf „Models of Connection Between Mainstream Journalism and the People" inhaltlich gegeneinander ab. Wesentlich ist hier die Unterscheidung zwischen „Citizen journalism" und „Participatory journalism" (Nip 2006: 216). Unter ersterem versteht Nip ein Phänomen „where the people are responsible for gathering content, visioning, producing and publishing the news product" (Nip 2006: 218). Beim letzterem hingegen ist „user contribution (...) solicited within a frame designed by the professionals" (Nip 2006: 217). Während also im Bürgerjournalismus der gesamte Prozess der Inhaltsproduktion und Veröffentlichung in Händen der Laienkommunikatoren liegt, findet partizipativer Journalismus unter dem Dach und der Kontrolle einer professionellen Medieninstitution statt. Nip illustriert diese wesentliche, aber in der Diskussion oft vernachlässigte Unterscheidung am Beispiel der Amateurfotos und -videos über den Tsunami in Südasien im Dezember 2004: „The photographs and videos taken of the tsunami in South Asia by tourists and the local people in December 2004 would amount to citizen journalism if they were published by the people themselves, but would be participatory journalism if the material was handed to a mainstream news organization for publication" (Nip 2006: 218).

Lasica (2003) und Outing (2005) nehmen schließlich eine Feinbestimmung des partizipativen Journalismus vor, indem sie auf verschiedenen Stufen nach dem Ausmaß der Nutzerbeteiligung differenzieren – von Online-Kommentaren zu journalistischen Beiträgen bis zu Webseiten, die professionelle und partizipative Beiträge nebeneinander präsentieren, wobei jedoch die jeweilige Herkunft klar bleibt. Auch Domingo et al. (2008) bewegen sich auf der Ebene der Feinabstimmung. Sie entwickeln einen analytischen Schlüssel, der differenziert erfasst, auf welcher Stufe des Produktionsprozesses das Publikum eingebunden wird: Von „access/observation", „selection/filtering", „processing/editing", und „distrubution" bis zur „interpretation" der Nachricht nach der Veröffentlichung (Domingo et al. 2008: 331).

Die in der Literatur dargestellten Ansätze zur Annäherung an den Begriff partizipativen Journalismus werden hier zu folgender, präzisierter Definition zusammengeführt:

> Im partizipativen Journalismus binden professionelle journalistische Medieninstitutionen ihr Publikum in redaktionelle Prozesse ein und beteiligen es an der Produktion von Inhalten. Die professionellen Journalisten werden dadurch nicht überflüssig, ihre Arbeit wird lediglich unterstützt und ergänzt. Die professionellen Journalisten behalten die Entscheidungsmacht und legen auch fest, wie sich das Publikum einbringen kann und wer was, wann und in welcher Form publizieren darf. Für partizipativen Journalismus bietet sich das Internet wegen seiner hohen Interaktivität besonders an, aber auch in die Arbeit anderer Medien kann das Publikum stärker einbezogen werden. Die Ausprägungen des partizipativen Journalismus sind dabei äußerst vielfältig.

4. Frühere Formen der Publikumspartizipation (im Lokalen)

Das Publikum als Kommunikator – was durch das Internet und insbesondere Social Software eine neue Dimension erfahren hat, geht auf eine lange Tradition in Deutschland zurück, vor allem im lokalen (Print-)Journalismus. Schon im 18./19. Jahrhundert beteiligten sich Leser an der Zeitungsarbeit (vgl. Schönhagen 1995). Diese Mitarbeit der Leser erschloss den Zeitungen vor allem im Lokalen neue Informationen (vgl. Groth 1962: 99).

Auch der bis heute existente Leserbrief hat seine Wurzeln im 18. Jahrhundert (vgl. u.a. Mlitz 2008: 134 ff.). Das Pendant dazu für den Rundfunk ist das Hörer- und Zuschauertelefon, das sich jedoch erst in den 1970er Jahren durchsetzte (vgl. Burger 1991; Neumann-Braun 2000).

In dieser Zeit entstanden auch zahlreiche Zeitungsneugründungen, die sich als Alternative zu den etablierten Medien verstanden (vgl. u.a. Büteführ 1995; Holtz-Bacha 1999). Obwohl bis heute eine Vielzahl von alternativen Pressepublikationen erscheint, haben sie nicht mehr dieselbe Bedeutung. Gesellschaftliche und politische Rahmenbedingungen, die die Gründung der Alternativpresse begünstigten, haben sich geändert, und viele damals behandelte Themen wie Ökologie inzwischen Eingang in die Berichterstattung etablierter Medienangebote gefunden (vgl. Holtz-Bacha 1999: 345).

In den 1980er Jahren und 1990er Jahren verbreitete sich Bürgerjournalismus auch im Rundfunk. Mehrere Bundesländer führten nichtkommerzielle Radios (vgl. Buchholz 2001) und Offene Kanäle (vgl. Walendy 1993) ein. Medienpolitisches Ziel hinter beiden Anstrengungen war, Personen, die sonst in wenigen medialen Angeboten vertreten sind, eine Artikulationsmöglichkeit zu bieten, und zur publizistischen Vielfalt, insbesondere im Lokalen beizutragen (vgl. u.a. BpB 1980: 31). Jüngst entwickelten viele Bundesländer ihre Offenen Kanäle konzeptionell weiter, um so u.a. eine breitere Partizipation, bessere Programmqualität und Akzeptanz beim Publikum zu sichern (vgl. ALM 2008: 325).

Der knappe Überblick über frühere Formen zeigt, dass professionelle Medieninstitutionen schon seit Jahrhunderten die Nähe zu ihrem Publikum suchen, um von ihm Informationen zu erhalten. Daneben sind alternative Medienangebote entstanden, oftmals als Reaktion auf die Berichterstattung der etablierten Medien, die als defizitär empfunden wurde und auf diese Weise ergänzt werden sollte (vgl. Rager/Sehl 2010: 59).

5. Empirische Studie

Die empirische Studie zum partizipativen Journalismus im Lokalteil von Tageszeitungen umfasste ein mehrstufiges Forschungsdesign mit einer Methodenkombination aus Chefredaktionsbefragung aller Tageszeitungen mit Vollredaktion in der Vorstudie, einer detaillierten Inhaltsanalyse ausgewählter Zeitungen in der Hauptstudie und Leitfadeninterviews auf operativer Ebene in der Vertiefungsstudie.

Teilstudie A: Chefredaktionsbefragung (Vorstudie)

Die Chefredaktionsbefragung als Vorstudie diente dazu, die Grundgesamtheit der Tageszeitungen zu erfassen, die Leserbeiträge im Lokalteil abdruckt, um auf dieser Basis eine Stichprobe für die Hauptstudie ziehen zu können. Gleichzeitig lieferte sie Erkenntnisse zu Zielen und Umgang der Tageszeitungen mit partizipativem Journalismus. Die Daten der Befragung der Chefredaktionen deutscher Tageszeitungen mit Vollredaktion wurden 2008/2009 erhoben und die Rücklaufquote lag bei 58 Prozent (75 von 129).

Die Ergebnisse der Befragung zeigen, dass nahezu alle befragten Tageszeitungen ihre Leser in die Produktion von Inhalten einbinden, online wie offline. Am weitesten verbreitet sind zum Erhebungszeitpunkt allerdings solche partizipativen Formate, die Leser auf die Rolle eines Kommentators redaktionell erstellter Inhalte beschränken. Auf den vorherigen Stufen des Produktionsprozesses – von der Themenfindung und -auswahl über Recherche, Schreiben und Veröffentlichen – spielt der Dialog dagegen eine geringe oder gar keine Rolle. Es sind noch immer die professionellen Journalisten, die die hauptsächlichen Inhalte erstellen. Wenig überraschend ist in der Folge auch, dass die meisten Chefredaktionen angaben, dass Leserbeiträge häufig eine Reaktion auf die redaktionelle Berichterstattung darstellen.

Offensichtlich sehen viele Zeitungen partizipativen Journalismus vor allem als Möglichkeit, Feedback zur eigenen Berichterstattung zu erhalten und die Leser-Blatt-Bindung zu stärken. Diese Aspekte wurden auch vorrangig auf die Frage nach den Erwartungen an den Dialog mit dem Leser genannt. Ferner äußerten die Befragten, neue Zielgruppen online wie für das Printprodukt gewinnen zu wollen. Im Vordergrund stehen folglich eher ökonomisch orientierte Motive. Auch hier sind die Ergebnisse konform zu Referenzstudien (vgl. u.a. Vujnovic et al. 2010). Aber auch die These dieser Ausarbeitung, dass partizipativer Journalismus publizistische Vielfalt befördern könnte, erzielte hohe Zustimmung.

Über die Hälfte der befragten Zeitungen veröffentlicht Online-Leserbeiträge auch im Printprodukt, am häufigsten im Lokalteil. Dabei wählen sie die Beiträge nach Kriterien wie Aktualität und (lokaler) Relevanz aus, die auch den klassischen Auswahlroutinen im Journalismus entsprechen. Kriterien, welche die Besonderheiten des partizipativen Journalismus betonen wie eine subjektive Sichtweise, wurden dagegen seltener genannt.

Als inhaltlich relevant beurteilte gut die Hälfte der Chefredaktionen die Leserbeiträge nur teils, teils. Etwas weniger als ein Viertel gab sogar an, eher unzufrieden oder unzufrieden damit zu sein. Zu häufig werde nur über persönliche Erfahrungen geschrieben, so die Kritik.

Ein Zwischenfazit der befragten Chefredaktionen lautet, dass partizipativer Journalismus geholfen habe, neue Zielgruppen für die Websites der Zeitung zu erschließen, und die Meinungsvielfalt bereichert habe. Ob partizipativer Journalismus tatsächlich publizistische Vielfalt erweitert, sollte die folgende Inhaltsanalyse beantworten.

Abbildung 1: Motivation der Chefredaktionen für partizipativen Journalismus

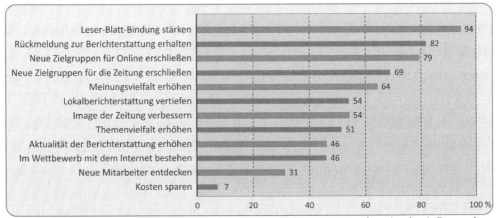

nach relativer Häufigkeit (Mehrfachantworten), Formen der Lesermitarbeit zusammengefasst, Angaben in Prozent der Fälle, n = 65-67 (Quelle: eigene Erhebung)

Teilstudie B: Inhaltsanalyse (Hauptstudie)

Auf Basis der Chefredaktionsbefragung und einer weiteren inhaltsanalytischen Vorstudie mit zehn Zeitungen wurden schließlich nach den Kriterien „Vielfalt der im Lokalteil abgedruckten partizipativen Formate" und „Anzahl der Leseraussagen" während des Erhebungszeitraums zwei Zeitungen für die Hauptstudie ausgewählt (Rheinische Post, Westdeutsche Allgemeine Zeitung) und das Sample durch eine dritte ergänzt, die zum Untersuchungszeitpunkt aktuell einen renommierten Preis für ihre Konzept einer Bürgerzeitung erhalten hatte (Braunschweiger Zeitung). Die Stichprobe der Inhaltsanalyse umfasste den Lokalteil dieser Tageszeitungen am Haupterscheinungsort an 24 zufällig gezogenen Erhebungstagen innerhalb eines Jahres. Die Untersuchung setzt sich zusammen aus einer Analyse der Vielfalt aller Leserbeiträge mittels bestimmter aus der Theorie und Literatur abgeleiteten Indikatoren und einem Vergleich der Leserbeiträge zur redaktionellen Berichterstattung anhand ausgewählter Themen.

Die Ergebnisse zur Vielfalt der Leserbeiträge in sich zeigten, dass sie durchaus eine Bandbreite an Formaten, Themen, Handlungsträgern sowie Lob und Kritik abdeckten. Dieses positive Bild wurde jedoch eingeschränkt, wenn man jeweils die drei häufigsten Ausprägungen betrachtete. Sie machten deutlich, dass sich ein Großteil der Codierungen auf nur wenige Ausprägungen konzentrierte. Zwischen den Zeitungen gab es dabei Gemeinsamkeiten bei den Häufigkeiten beispielsweise der Themenbehandlung oder Handlungsträger, aber auch klare Abweichungen, die sich u.a. aus speziellen Rubriken oder redaktionellen Aufrufen ergaben. Die Westdeutsche Allgemeine Zeitung schnitt in Bezug auf die Vielfalt der Leseraussagen schlechter ab als die Braunschweiger Zeitung oder die Rheinische Post, über alle Indikatoren hinweg. Dies hängt damit zusammen, dass sie sich mit Leserbriefen und Onlinekommentaren noch stärker als die anderen beiden Zeitungen auf reine Feedbackformate konzentrierte und häufig solche zu politischen Themen abdruckte. Gleichzeitig erzielte die Westdeutsche Allgemeine Zeitung aber das beste Ergebnis für die Relevanz der Leserbeiträge. Das ist eine klare Folge davon, dass Leser in ihren Leserbriefen und Onlinekommentaren die journalistischen Relevanz-Zuschreibungen übernahmen. Somit erlauben offenere partizipative Formate zwar mehr Freiheit für Leser, eigene Themen einzubringen. Reine Feedbackformate sind hier eingeschränkter, führen jedoch zu einer hohen Relevanz der Beiträge, sofern diese bereits in den redaktionellen Beiträgen gegeben war.

Abbildung 2: Partizipative Formate im Lokalteil der untersuchten Tageszeitungen

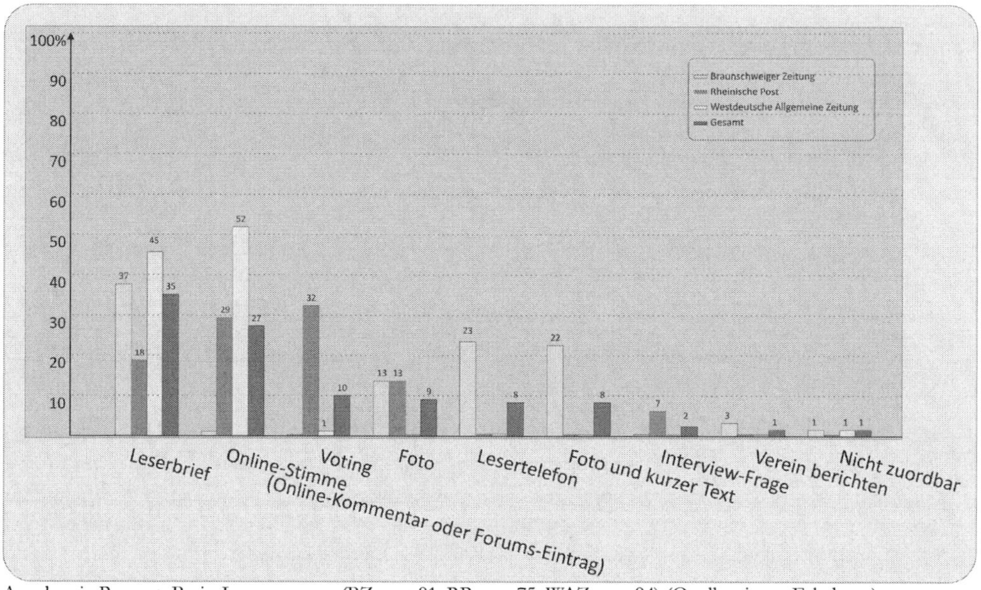

Angaben in Prozent, Basis: Leseraussagen (BZ: n = 91, RP: n = 75, WAZ: n = 94) (Quelle: eigene Erhebung)

Bemerkenswert über alle untersuchten Zeitungen hinweg ist der relativ hohe Anteil an Leseraussagen zu politischen Themen. Sie widersprechen, zumindest für den Lokalteil, dem weit verbreiteten Vorurteil, dass Leser nur über belanglose Themen schreiben. Gleichzeitig steht dieses Ergebnis im Kontrast zum (in die Jahre gekommenen) Forschungsstand über Lokaljournalismus in der Tageszeitung, der anmahnte, dass zu wenig über politisch relevante Themen berichtet werde (vgl. u.a. Rager 1982; Rombach 1983). Wenig überraschend kamen in den Leseraussagen auch häufiger „normale Bürger" als Handlungsträger vor, während der Forschungsstand mehrheitlich ein Übergewicht an Funktionsträgern kritisierte (vgl. u.a. Haller/Mirbach 1995; Jonscher 1989). Außerdem übten die Leser in ihren Texten in der Regel Kritik und lobten nur selten – ebenfalls ein Gegensatz zum Forschungsstand zur professionellen Lokalberichterstattung in der Tageszeitung (vgl. u.a. Rager 1982; Stofer 1975).

Abbildung 3: Themengruppen

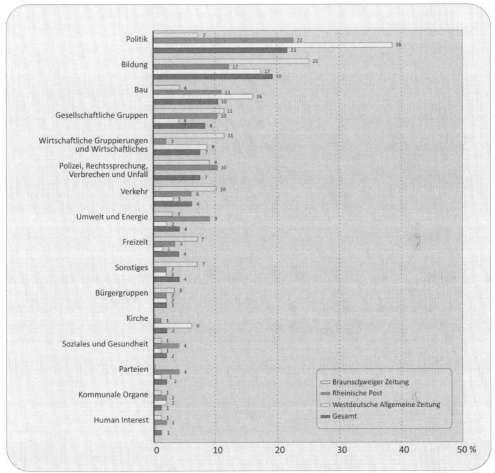

nach relativer Häufigkeit (Mehrfachnennungen), Angaben in Prozent der Fälle, Basis: Leseraussagen (BZ: n = 91, 150 Nennungen; RP: n = 75, 124 Nennungen, WAZ: n = 94, 115 Nennungen; gesamt: n = 260, 389 Nennungen) (Quelle: eigene Erhebung)

Der direkte exemplarische Vergleich der redaktionellen Berichterstattung zu ausgewählten Themen mit Leseraussagen zeigte darüber hinaus, dass Leser seltener die Informationsvielfalt bereicherten im Hinblick auf Themen oder Handlungsträger. Sie trugen jedoch zur Meinungsvielfalt bei. Leser diskutierten Themen oftmals aus einer subjektiven Perspektive heraus, häufig auch mit persönlicher Betroffenheit, und ergänzten ihre Erfahrungen. In der Regel waren ihre Meinungsäußerungen dabei auch pointierter als die Wertungen in der redaktionellen Berichterstattung. Ob und welchen Einfluss die Auswahl von Leseraussagen auf dieses Ergebnis hat, war im nächsten Untersuchungsschritt zu klären.

Teilstudie C: Leitfadeninterviews auf operativer Ebene (Vertiefungsstudie)

Die Ergebnisse der Leitfadeninterviews mit den Redaktionsleitern der Lokalredaktionen am Hauptsitz der drei Zeitungen vertieften und triangulierten die Ergebnisse der Inhaltsanalyse. Sie zeigten, dass die Zeitungen teils sehr unterschiedliche Erwartungen an den Dialog mit dem Leser haben: von Hinweisen für die lokale und sublokale Berichterstattung über einen eher serviceorientierten Journalismus bis hin zu mehr Feedback von den Lesern und einem Meinungsforum. Entsprechend unterschiedlich wird der Dialog auch geführt, offen und direkt nach Themen oder Ärgernissen der Bürger gefragt oder stärker auf deren Feedback zu redaktionellen Texten gesetzt.

Im Zentrum der Leitfadeninterviews standen die Auswahlkriterien der Redaktionen für Leserbeiträge, wenn nur einige davon im Lokalteil abgedruckt werden können. Hier zeigte sich, dass Leserbriefe grundsätzlich eine sehr hohe Chance haben, abgedruckt zu werden. Vor allem bei Onlineeinträgen müssen die Redaktionen jedoch eine deutliche Auswahl treffen. Dabei kristallisierten sich als die wesentlichen Kriterien eine rechtliche Unbedenklichkeit, eine gewisse inhaltliche Relevanz des Beitrags im Sinne einer Massentauglichkeit, eine generelle Bandbreite an Themen und Meinungen sowie eine prägnante Darstellungsweise des Schreibers heraus. Diese Kriterien sind nahezu identisch mit den Qualitätskriterien im Journalismus. Damit decken sich die Ergebnisse mit denen der Chefredaktionsbefragung in Vorstudie A. Hinweise für eine Präferenz ganz konkreter Einzelthemen konnten dagegen nicht festgestellt werden.

Die Befunde der Inhaltsanalyse sahen die Redaktionsleiter weitgehend als zutreffend an. Nur der Redaktionsleiter Düsseldorf der Rheinischen Post, Hans Onkelbach, sah den thematischen Schwerpunkt nicht als allgemein zutreffend, sondern lediglich durch den Untersuchungszeitraum bedingt. Interessant war, dass alle Redaktionsleiter zwar zustimmten, dass Leser überwiegend Meinungen und seltener Fakten liefern. Gleichzeitig wiesen sie jedoch auch darauf hin, dass sie (Online-)Hinweise von Lesern auch für die redaktionelle Berichterstattung weiterverfolgen und einarbeiten – nicht zwingend mit einem Hinweis auf den Urheber. So ist davon auszugehen, dass Leser noch mehr zur Berichterstattung beitragen als die Inhaltsanalyse erfasste. Denn in diesen Fällen war der Leser in der Inhaltsanalyse nicht zwingend als Quelle der Information zu ermitteln. Hier ordneten die Ergebnisse aus den Leitfadeninterviews die der Inhaltsanalyse in einen Kontext ein, gaben ihnen eine neue Bedeutung und zeigen damit, wie wesentlich eine Methodentriangulation ist.

5. Fazit

Leserbeiträge waren in den untersuchten Lokalteilen während des Untersuchungszeitraums in sich vielfältig und erweiterten auch die Meinungsvielfalt des Lokalteils. Neue Informationen und Fakten trugen sie aber seltener bei, obwohl auch hier Potenzial liegen könnte. Zwar haben Leser bei allen untersuchten Zeitungen die Möglichkeit, Themen vorzuschlagen oder Hinweise zu aktuellen Themen zu schicken, aktiv gefördert wird dies im Wesentlichen jedoch nur bei einer Zeitung. Ansonsten setzen die Zeitungen in den Optionen der Lesermitarbeit oft erst auf der Interpretationsstufe, also der Meinungsäußerung nach der Veröffentlichung eines professionell-journalistischen Beitrags, an. Damit verengen sie den Spielraum dafür, dass Leser auch zur Informationsvielfalt beitragen. Auf der anderen Seite sichern sie so eine Relevanz der Themen, vorausgesetzt, dass diese bereits im professionell erstellten Beitrag gegeben war. Dass

Redaktionen schließlich Leserbeiträge gemäß traditionellen Routinen und Konventionen im Journalismus auswählen, wie Aktualität und Relevanz, zeigte ebenso deutlich, dass sie versuchen, Partizipation in den Rahmen der Profession zu integrieren und nach deren Regeln zu managen. Gleichwohl ist auch das im Sinne eines diskursiv verstandenen Journalismus eine Möglichkeit, dass Journalisten als Anwälte der Bedingungen des Diskurses zur Diskussion bestimmter gesellschaftlich relevanter Themen aufrufen und benachteiligten oder unterrepräsentierten Themen, Meinungen oder Akteuren zu Gehör verhelfen – gerade auch in der Nahwelt.

Literatur

Arbeitsgemeinschaft der Landesmedienanstalten in der Bundesrepublik Deutschland (ALM) (Hrsg.) (2008): ALM Jahrbuch 2008. Landesmedienanstalten und privater Rundfunk in Deutschland. Berlin.

Bowman, Shayne/Willis, Chris (2003): We Media. How audiences are shaping the future of news and information. unter: http://www.hypergene.net/wemedia/download/we_media.pdf, Stand: 27.1.2011

Buchholz, Klaus-Jürgen (2001): Nichtkommerzielle Lokalradios in Deutschland. In: Media Perspektiven, 32 (9): S. 471-479

Bundeszentrale für politische Bildung (BpB) (Hrsg.) (1980): Der Offene Kanal. Kriterien für ein Bürgermedium. Bonn.

Burger, Harald (1991): Das Gespräch in den Massenmedien. Berlin, New York.

Büteführ, Nadja (1995): Zwischen Anspruch und Kommerz. Lokale Alternativpresse 1970-1993. Systematische Herleitung und empirische Überprüfung. Münster, New York.

Domingo, David/Quandt, Thorsten/Heinonen, Ari/Paulussen, Steve/Singer, Jane/Vujnovic, Marina (2008): Participatory Journalism Practices in the Media and Beyond: an International Comparative Study of Initiatives in Online Newspapers. Journalism Practice, 2 (3): S. 326-342.

Engesser, Sven (2008): Partizipativer Journalismus: Eine Begriffsanalyse. In Ansgar Zerfaß/Martin Welker/Jan Schmidt (Hrsg.), Kommunikation, Partizipation und Wirkungen im Social Web (Bd. 2, Strategien und Anwendungen: Perspektiven für Wirtschaft, Politik und Publizistik: 47-71. Köln)

Fraenkel, Ernst (1991): Der Pluralismus als Strukturelement der freiheitlich-rechtlichen Demokratie. In Ernst Fraenkel (Hrsg.): Deutschland und die westlichen Demokratien. Mit einem Nachwort über Leben und Werk Ernst Fraenkels. Herausgegeben von Alexander v. Brünneck (297-325). Frankfurt.

Geissler, Reiner (1979): Partizipatorisch-pluralistische Demokratie und Medieninhalte. Publizistik (3): S. 171-187.

Gerhards, Jürgen, Neidhardt, Friedhelm/Rucht, Dieter (1998): Zwischen Palaver und Diskurs. Strukturen öffentlicher Meinungsbildung am Beispiel der deutschen Diskussion zur Abtreibung. Opladen, Wiesbaden.

Gillmor, Dan (2004): We the Media. Grassroots Journalism. By the people, For the people. Sebastopol, CA.

Groth, Otto (1962): Die unerkannte Kulturmacht. Grundlegung der Zeitungswissenschaft (Periodik) (Bd. 4). Berlin.

Haller, Michael/Mirbach, Thomas (1995): Medienvielfalt und Kommunale Öffentlichkeit. München.

Holtz-Bacha, Christina (1999): Alternative Presse. In: Jürgen Wilke (Hrsg.): Mediengeschichte der Bundesrepublik Deutschland. Köln.

Jonscher, Norbert (1989): Inhalte und Defizite des lokalen Teils in der deutschen Tagespresse. Göttingen.

Jonscher, Norbert (1995): Lokale Publizistik. Theorie und Praxis der örtlichen Berichterstattung. Ein Lehrbuch. Opladen.

Lasica, Joseph D. (2003: What is Participatory Journalism? unter: http://www.ojr.org/ojr/workplace/1060217106.php, Stand: 31.5. 2011.

McQuail, Denis/van Cuilenberg, Jan (1982): Vielfalt als medienpolitisches Ziel. Beschreibung eines evaluativen Forschungsansatzes am Beispiel der Niederlande. In: Media Perspektiven, 13 (11): S. 681-692.

Mlitz, Andrea (2008): Dialogorientierter Journalismus. Leserbriefe in der deutschen Tagespresse. Konstanz.

Moeller, Erik (n.d.). P2PJ. Peer to Peer Journalism.

Neuberger, Christoph (2007): Nutzerbeteiligung im Online-Journalismus. Perspektiven und Probleme der Partizipation im Internet. In Harald Rau (Hrsg.): Zur Zukunft des Journalismus, Frankfurt (Main) u.a.: S. 61-94

Neuberger, Christoph/Nuernbergk, Christian/Rischke, Melanie (2007): Weblogs und Journalismus: Konkurrenz, Ergänzung oder Integration? Eine Forschungssynopse zum Wandel der Öffentlichkeit im Internet. In: Media Perspektiven, 38 (2): S. 96-112.

Neumann-Braun, Klaus (2000): Wo jeder was zu sagen hat. Oder: Formen der Rezipientenbeteiligung an der Radiokommunikation – ein Fallbeispiel zur Einführung in zentrale medien- und kommunikationssoziologische Fragestellungen. In: Klaus Neumann-Braun/Stefan Müller-Doohm (Hrsg.): Medien und Kommunikationssoziologie. Eine Einführung in zentrale Begriffe und Theorien. München: 9-28

Nip, Joyce Y. M. (2006): Exploring the second phase of public journalism. In: Journalism Studies, 7 (2): S. 212-236.

Outing, Steve (2005, 31.5.2005): The 11 Layers of Citizen Journalism. unter: http://www.poynter.org/content/content_view.asp?id=83126, Stand: 28.10. 2010.

Rager, Günther (1982): Publizistische Vielfalt im Lokalen. Eine empirische Analyse. Tübingen.

Rager, Günther/Sehl, Annika (2010): Leserreporter – Volkskorrespondent revisited? Wie Bürgerjournalismus den heutigen partizipativen Journalismus beeinflusst. In Mike Friedrichsen, Jens Wendland/Galina Woronenkowa (Hrsg.): Medienwandel durch Digitalisierung und Krise. Eine vergleichende Analyse zwischen Russland und Deutschland. Baden-Baden: S. 55-66

Rager, Günther/Weber, Bernd (1992): Publizistische Vielfalt zwischen Markt und Politik. Eine Einführung. In: Günther Rager/Bernd Weber (Hrsg.): Publizistische Vielfalt zwischen Markt und Politik. Mehr Medien - mehr Inhalte? Düsseldorf, Wien, New York, Moskau: 7-26.

Roegele, Otto-B. (1977): Verantwortung des Journalisten. In P. Schiwy/W. Schütz (Hrsg.), Medienrecht. Stichwörter für die Praxis, 207-215. Neuwied, Darmstadt.

Rombach, Theo (1983): Lokalzeitung und Partizipation am Gemeindeleben. Eine empirische Untersuchung. Berlin.

Ronneberger, Franz (1985): Integration durch Massenkommunikation. In Ulrich Saxer (Hrsg.): Gleichheit oder Ungleichheit durch Massenmedien? München: S. 3-18.

Saarbrücker Zeitung (o. J.): Leser werden für die SZ zu Reportern. unter: http://www.saarbruecker-zeitung.de/meinesz/leserreporter/art18260,2237099, Stand: 25.7.2010.

Schönhagen, Philomen (1995): Die Mitarbeit der Leser. Ein erfolgreiches Zeitungskonzept des 19. Jahrhunderts. München.

Stofer, Wolfgang (1975): Auswirkungen der Alleinstellung auf die publizistische Aussage der Wilhelmshavener Zeitung. Nürnberg.

van Cuilenburg, Jan (2002): The media diversity concept and European perspectives. unter: http://www.cvdm.nl/dsresource?objectid=6838&type=org, Stand: 10.1.2011.

Vujnovic, Marina/Singer, Jane B./Paulussen, Steve/Heinonen, Ari/Reich, Zvi/Quandt, Thorsten et al. (2010). Exploring the political-economic factors of participatory journalism. Views of online journalists in 10 countries. In: Journalism Practice, 4 (3): S. 285-296

Walendy, Elfriede (1993): Offene Kanäle in Deutschland – ein Überblick. In: Media Perspektiven, 24 (7): S. 306-316

Wikipedia (2011): Open source journalism [Wikipediaeintrag]. unter: http://en.wikipedia.org/wiki/Open_source_journalism, Stand: 23.7.2011.

Die Autorin

Dr. des. Annika Sehl (*1981), Diplom-Journalistin, ist Vertretungsprofessorin am Institut für Journalistik der TU Dortmund. Sie hat Journalistik und Politikwissenschaft sowie Volkswirtschaftslehre (Wirtschaftspolitik) an den Universitäten Dortmund und Göteborg studiert und 2011 in Journalistik an der TU Dortmund promoviert. Ihr Volontariat absolvierte sie bei N24 in Berlin, Hamburg und München. Sie war wissenschaftliche Mitarbeiterin am Institut für Journalistik der TU Dortmund und Research Fellow am Erich-Brost-Institut für internationalen Journalismus. Ihre Forschungsinteressen sind Journalismusforschung, Rezeptionsforschung und Forschungsmethoden.
Kontakt: annika.sehl@tu-dortmund.de

Kapitel II

Probleme des Lokaljournalismus

Meine Heimat. Meine Zeitung.
Zur Ortsbindung von Lokalzeitungslesern und Nutzern lokaler Nachrichtenseiten.[1]

Daniel Süper

Wer heute über „Heimat" spricht oder eine „Heimatzeitung", klingt eher nostalgisch als modern. Dabei tut er als lokaler Medienmacher genau das richtige – so die These dieses Beitrags: Denn auch in Zeiten gesellschaftlicher Megatrends wie „Globalisierung" oder „Mobilisierung" zeichnet das lokale Publikum seine enorme Verwurzelung am Wohnort aus. Ohne Ortsbindung ist kaum ein Interesse an lokalen Informationen denkbar, wie eine Untersuchung unter 3.000 Lesern und Nutzern der Ruhr Nachrichten zeigt. Der Beitrag skizziert den Zusammenhang und seine Folgen.

Für den stetigen Auflagenverlust von Lokalzeitungen existieren viele Erklärungen. Der wachsende mediale Wettbewerb etwa, ein für Zeitungen zunehmend ungünstiges gesellschaftliches Umfeld oder die sinkende Lesesozialisation junger Menschen gelten als triftige Gründe.

Wer sich aber auf die lokale Presse konzentriert, muss gegenüber überregionalen Angeboten einen Erklärfaktor besonders in Augenschein nehmen: die Bindung der Leser an ihren Wohnort. Schon seit Jahren gibt es Hinweise darauf, wie wichtig die Verwurzelung von Menschen in ihrem Lebensraum für das Interesse an lokalen Informationen sein könnte: So ist die Lesedichte von Lokalzeitungen in urbanisierten Gebieten geringer als in ländlichen (Goldbeck 2006: 126). Eine denkbare Erklärung für diesen Umstand könnte darin liegen, dass gerade in Großstädten Menschen statistisch häufiger den Wohnort wechseln und somit weniger Zeit haben, sich am Ort zu verwurzeln als in ländlichen Gebieten.

Über mehrere Jahre hinweg war die Auflagenentwicklung von lokalen deutschen Zeitungstiteln schlechter als jene von überregionalen, die Reichweitenentwicklung von lokalen Nachrichtenanbietern im Internet schlechter als jene von überregionalen (Kolo/Meyer-Lucht 2007: 517f.). Die Ursachen dafür ließen sich vermutlich mit einigem Recht bei Anbietern und Nachfragern gleichermaßen suchen. Für die Anbieterseite wäre zu fragen: Haben überregionale Angebote im Schnitt womöglich schlicht attraktivere Angebote entwickelt als lokale? Wurden die Leserinteressen also besser erkannt und bedient? Doch auch auf Seiten der Rezipienten lägen veritable Ansätze, denn ohne Frage beeinflussen gesellschaftliche Megatrends wie die „Globalisierung" oder „Mobilisierung" die Raumbindung von Menschen. Das wiederum müsste sich besonders bei lokalen Titeln bemerkbar machen, wenn denn die Eingangsvermutung stimmt. So könnten gesellschaftliche Megatrends einen Erklärbeitrag für

---

[1] Basis für diesen Aufsatz ist die Dissertation des Autors: Chmielewski, Daniel (2011): Lokale Leser. Lokale Nutzer. Informationsinteressen und Ortsbindung im Vergleich. Eine crossmediale Fallstudie. Köln.

die spezifisch schwache Auflagenentwicklung von Lokaltiteln darstellen. Besonders ältere Zeitungsleser gelten als Interessenten für den Lokalteil, eine Bevölkerungsgruppe, der meist eine enge Bindung an ihren „Heimatort" zugeschrieben wird (Blödorn et al. 2006: 635).

Das alles klingt plausibel. Und doch sei mit Blick auf die vorliegenden Indizien eine Frage erlaubt: Wissen wir wirklich, wovon wir sprechen? Was ist eigentlich das „Lokale", das in der journalistischen Praxis wie in den Kommunikationswissenschaften so leicht von den Lippen geht? Was ist „Raumbindung"? Und lässt sich der Nachweis führen, dass lokal verwurzelte Menschen sich tatsächlich stärker für lokale Informationen interessieren als andere? Im Spannungsfeld dieser Fragen bewegt sich dieser Aufsatz.

1. Zentrale Begriffe: Lokales und Ortsbindung

Wer die zentralen Begriffe abstecken möchte, wird die Erklärungen nicht nur in der Kommunikationswissenschaft finden. Aktuelle Erkenntnisse zum „Lokalen" etwa liefern eher Volkskundler, Regionalwissenschaftler, Raumplaner oder Geografen. Sie beschreiben Räume nicht einfach topografisch oder in materiellen Dimensionen, sondern in einer abstrakten Form. Das Denken „in Räumen" ist demnach nichts anderes als eine individuelle Vorstellung. Was als „lokaler" Raum wahrgenommen wird, hängt ab von sozialen Kontakten, Erfahrungen oder dem eigenen Interessenshorizont (Bausinger 1996: 8ff.). Großstädte können in der Vorstellung von Menschen ebenso „lokal" sein wie Dörfer oder Straßenzüge. Die Vielzahl an Einflussgrößen in der Vorstellungswelt von Menschen lassen das Lokale als ein „n-dimensionales Hypervolumen" (Hassemer, Rager: 2006: 41) erscheinen. Und das ist – Ironie der Bemühung – schwer zu verorten. Dennoch lässt sich für unseren Zweck festhalten: Das „Lokale" beschreibt die unmittelbare Lebenswelt eines Menschen in einem geografischen Nahbereich. Dessen Ausdehnung ist fließend, weil je nach individueller Wahrnehmung verschieden.

Für die Beziehung von Mensch und Raum existieren viele Begriffe. „Heimatliebe" zum Beispiel ist ein allseits bekanntes und sehr poetisches Wort. Leider ist es für wissenschaftliche Zwecke nicht ideal, weil „Heimatliebe" semantisch verschiedene Konnotationen enthält, die zu allem Übel miteinander verschwimmen. Zielführender scheint für den deutschen Sprachraum der Rückgriff auf den Begriff „Ortsbindung". Dem Sozialgeografen Reuber (1993: 6) zufolge liegt eine Ortsbindung vor, „wenn eine Person ihren Wohnsitz freiwillig an ihrem Ort behalten möchte". Das leuchtet unmittelbar und fast schon intuitiv ein. Komplexer sind die Hintergründe. Denn das beschriebene Gefühl wird beeinflusst von den individuellen Bindungsansprüchen eines Menschen einerseits und den Bindungspotenzialen eines Raumes andererseits. Beispielhaft ausgedrückt: Manche Menschen fühlen sich im Grünen besonders wohl – und manche Orte sind eben grüner als andere, was sich im konkreten Fall förderlich auf die Ortsbindung auswirken dürfte. Wer aber im Treiben einer Großstadt aufgewachsen ist, dem können dieselben Orte im Grünen möglicherweise eher langweilig als attraktiv vorkommen.

Natürlich sind solche Annäherungen noch zu pauschal, um ein tieferes Verständnis zu fördern. Deshalb ist an dieser Stelle eine gewisse Vertiefung basierend auf Reubers Erklärmustern ratsam (ausführlich zu Bindungsansprüchen und Bindungspotenzialen siehe Reuber 1993: 118ff.). Die Bindungsansprüche eines Menschen werden demnach beeinflusst durch:

- die individuelle Bindungskompetenz, die sich bereits in früher Kindheit entwickelt,
- die Kindheimat als prägenden Schauplatz der ersten Ortsbindung,
- den sozialen Status,
- die Stellung im Lebenslauf und den Lebensstil,
- die Wohndauer und
- die Wohnsituation.

Die Bindungspotenziale eines Raumes haben:

- soziale Komponenten (Gibt es hier Freunde oder Bekannte?)
- physiognomisch-ästhetische Komponenten (Zum Beispiel: Wie einmalig oder abwechslungsreich ist ein Raum?)
- symbolische Komponenten (Besitzen Elemente des Raumes emotionale Bedeutung?)
- funktionale Komponenten (Sind alle Einrichtungen vorhanden, um das Dasein zu befriedigen?)

Je besser die Bindungsansprüche eines Menschen zu den Bindungspotenzialen eines Raumes passen, desto größer ist die Wahrscheinlichkeit für eine starke Ortsbindung. Reuber (114ff.) hat vier idealtypische und empirisch verifizierbare Dimensionen der Ortsbindung herausgearbeitet:

1. Rationale Ortsbindung: Sie liegt vor, wenn ein Wohnort des Verstandes wegen bevorzugt wird. Argumente liefern zum Beispiel die Qualität der eigenen Wohnung (Größe, Ausstattung), die Vorteile des Wohnumfeldes oder die Nähe zum Arbeitsort.
2. Soziale Ortsbindung: Sie wirkt intensiver als eine rein rational begründete Entscheidung für einen Wohnort und entsteht aus dem Wunsch, jenen Menschen nahe zu sein, denen man sich verbunden fühlt. Wer Freunde oder Verwandte in der Nähe weiß, fühlt sich (abhängig von den eigenen Bindungsansprüchen) häufig schneller an einem Ort heimisch als anderswo.
3. Emotionale Ortsbindung: Sie beschreibt ein noch engeres Band zwischen Mensch und Raum als die zuvor genannten Formen und gründet sowohl auf sozialen Faktoren als auch auf der passenden Ausstattung des Raumes. Hinzu kommt: Zeit. Nur wer länger an einem Wohnort lebt, hat in der Regel Gelegenheit, sich emotional an ihn zu binden.
4. Lokale Identifikation: Sie stellt die stärkste Form von Ortsbindung dar. Im höchsten Maße passen Bindungspotenziale des Raumes und individuelle Bindungsansprüche zusammen – bis hin zu einem emotionalen „Sich-Gleich-Setzen". Wer von sich sagen kann: „Mein Wohnort ist ein Teil von mir", identifiziert seine eigene Persönlichkeit mit seiner räumlichen Umgebung. Am wahrscheinlichsten ist eine derartige Aussage bei Menschen, die ihre Kindheimat im Wohnort besitzen – und eben dort über mehrere Jahrzehnte wohnen.

Auf dieser begrifflichen Basis lässt sich Ortsbindung für die Kommunikationswissenschaft (und in praktischer Ausformung für den Journalismus) empirisch erfassen. Und sie lässt sich für die Leser und Nutzer lokaler Nachrichtenangebote in ein Verhältnis zu deren lokalem Informationsinteresse setzen.

2. Studiendesign

Die nachfolgend zitierten Ergebnisse beruhen auf einer empirischen Studie unter 3000 Lesern und Nutzern der Ruhr Nachrichten (Chmielewski 2011: 164ff.). Einbezogen in die Untersuchung wurde sowohl die Printausgabe als auch die Website www.RuhrNachrichten.de. Die Befragungen wurden durchgeführt in drei westfälischen Orten von unterschiedlicher Größe und mit unterschiedlichen Bindungspotenzialen: der Großstadt Dortmund (rund 580.000 Einwohner/2090 Einwohner pro km²), der Stadt Schwerte (rund 50.000 Einwohner/870 Einwohner pro km²) und dem ländlichen Nordkirchen (rund 11.000 Einwohner/200 Einwohner pro km²). In diesen Orten erscheinen die Ruhr Nachrichten jeweils mit einer eigenen Lokalausgabe. Die Fragebögen umfassten (meist skalierte) Items zum Informationsinteresse, zur Ortsbindung und zur Demografie (Chmielewski 2011: 62ff.).

Dank des Zugangs zur Abonnentenkartei der Ruhr Nachrichten ließen sich Zufallsstichproben für Umfragen unter den Zeitungslesern in diesen Orten ziehen. Im Ergebnis ergaben sich bezüglich zentraler demografischer Stellgrößen repräsentative Rückläufe (Chmielewski 2011: 100).

3. Ergebnisse zur Ortsbindung

Abonnenten der Ruhr Nachrichten und Nutzer von RuhrNachrichten.de sind in höchstem Maße ortsgebunden. Dieses Ergebnis ist keine Überraschung. Überraschend allerdings ist, wie bedingungslos es zu formulieren ist. Beispielhaft in Grafik 1 eine Übersicht zum Item „Ich lebe gerne in…“: Nur rund 1 Prozent der Leser (postalisch befragt) und Nutzer (Online-Umfrage) stimmen der Antwort „gar nicht“ zu. Mehr als 90 Prozent bejahen sie, der Großteil von ihnen uneingeschränkt.

Wenn man verschiedene Items kombiniert und zu den Ortsbindungs-Kategorien verdichtet, ergibt sich das Bild in Grafik 2. Leser und Nutzer ohne Ortsbindung sind demnach statistisch gesehen ein kleines Wunder. Selbst in den höchsten Ortsbindungs-Kategorien („Lokale Identifikation“, „Emotionale Ortsbindung“) sind die Ränge voll besetzt. Abgleiche mit veröffentlichten Ergebnissen einer Forsa-Umfrage in Dortmund (Forsa 2008: 3) oder mit den Zustimmungswerten zu höheren Bindungsebenen wie dem Bundesland Nordrhein-Westfalen oder Deutschland belegen, wie außergewöhnlich stark die lokale Ortsbindung ist.

Dabei ist kein Zusammenhang zwischen Stärke der Ortsbindung und Alter der Leser oder Nutzer erkennbar. Wer also glaubt, das Alter spiele für die Verwurzelung vor Ort eine Rolle, der irrt. Entscheidender ist eine Hintergrundvariable, die durchaus auf das Lebensalter einzahlt: Nachweisbar ist ein positiver Zusammenhang zur Lebensdauer am Ort. Je länger ein Mensch an einem Ort lebt, desto länger hat er Zeit, Wurzeln zu schlagen – soziale Beziehungen aufzubauen, die Physiognomie der Natur kennenzulernen oder Ähnliches. Die Ortsbindungsmuster von Leserinnen und Nutzerinnen unterscheiden sich dabei nicht signifikant von jenen der (männlichen) Leser und Nutzer. Auch die Annahme, in kleinen Orten sei die Ortsbindung der Befragten per se stärker als in großen, lässt sich in dieser Untersuchung nicht erhärten. Besonders spannend aber: Junge Leser unter 30 Jahren finden den Weg zur gedruckten Heimatzeitung ganz offensichtlich in den allermeisten Fällen nur noch dann, wenn ihr Wohnort auch ihr Geburtsort ist. Diese Zuspitzung ist beim Zusammenhang von lokalem Interesse und Ortsbindung gesondert zu beleuchten.

Grafik 1: „Ich lebe gern in…"

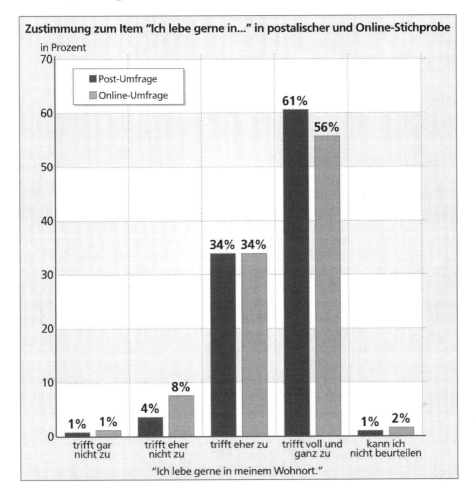

Grafik 2: Ortsbindung bei Print- und Online-Nutzern

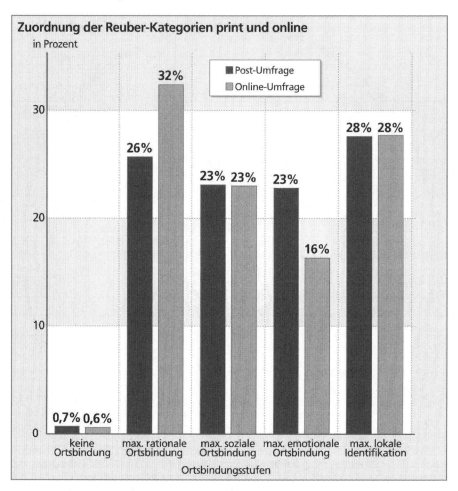

4. Ergebnisse zum lokalen Interesse

Ruhr Nachrichten-Rezipienten interessieren sich Print wie online vor allem für lokale Inhalte. Im Vergleich zu anderen räumlichen Bezugsebenen ist das in den kognitiven Karten der Leser und Nutzer unterschiedlich verortete „Lokale" die spannendste Berichterstattungsebene. Das Interesse an lokalen Inhalten korreliert stark mit dem an sublokalen Inhalten – also beispielsweise der Berichterstattung auf Stadtteil-Ebene. Noch mittelstark ist ein Zusammenhang mit dem Interesse an Informationen aus der „Region" zu erkennen. Zu sämtlichen höheren Ebenen sind Korrelationen nicht mehr nachweisbar.

Wie freudespendend wäre es für viele Medienschaffenden, wenn ein „Mehr" an Informationsinteresse auch mit einem „Mehr" an Quellenvielfalt einherginge. Tatsächlich lässt sich für die Teilnehmer dieser Studie festhalten: Dafür gibt es keinen Beleg. Neben der Lokalzeitung und dem Lokalradio gehören Gespräche mit Freunden oder Bekannten zu den bedeutendsten lokalen Informationsquellen für die Befragten. Und diese Nutzungsroutinen scheinen stark habitualisiert, eine Ausweitung eher die Ausnahme. Obwohl in allen Untersuchungsorten weitere Lokalzeitungen neben den Ruhr Nachrichten existierten, wuchs ihre Nutzung nicht signifikant mit dem lokalen Interesse der Befragten an. Auch andere Nachrichtenangebote – verbreitet etwa per Internet – legten nicht in der Gunst der Leser zu. Aus pluraler Perspektive ist das ernüchternd. Hassemer und Rager (2006: 253) urteilten bereits vor sechs Jahren:

> „Wie viel Vielfalt im Lokalen nötig und gewollt ist, regelt nun wieder der Markt. Auf lokale Information will der Bürger nicht verzichten. Auf eine zweite Quelle, die den Pluralismus im geografischen Nahbereich sicherstellen könnte, offenbar schon."

Immerhin: Je stärker Leser und Nutzer sich für lokale Inhalte interessieren, desto breiter ist auch ihr Themeninteresse. Lokales Interesse manifestiert sich also nicht nur in der Tiefe, sondern auch in der Breite. Das ist wenig verwunderlich. „Lokales" ist Meta-Thema mit fließenden inhaltlichen Grenzen. Der Skandal im Sportverein kann zum Beispiel schnell politische Züge tragen, wirtschaftliche Hintergründe berühren oder die lokale Prominenz zur Stellungnahme zwingen.

Print wie online dominieren die gleichen Themenfelder in der Gunst von Lesern und Nutzern. „Vermischte" Meldungen (zum Beispiel Polizeimeldungen) führen in der Beliebtheitsskala vor lokalpolitischen Themen. Interessant sind die Korrelationen zwischen thematischen Vorlieben. Politisches und wirtschaftliches Interesse korrelieren bei Lokalnachrichten stark miteinander, wirtschaftliches und kulturelles Interesse noch immer mittelstark. Ein Dreiklang dieser Themenfelder kennzeichnet „gesellschaftsorientierte" Leser und Nutzer. Die „Soft-News-Rezipienten" interessieren sich eher für Service-Themen – und deren Nutzung korreliert mittelstark bis stark mit dem Interesse an lokaler Werbung.

Während frühere Studien unterschiedliche thematische Vorlieben bei der Nutzung regionaler Internetangebote von Frauen und Männern ausmachten (vgl. etwa Oehmichen/Schröter 2003), gleichen sich die Themenvorlieben unter den weiblichen wie männlichen 3000 Befragten hier verblüffend. Nicht haltbar scheint auch die Vermutung, mit wachsendem Alter lasse die Freizeitorientierung zugunsten des lokalen Informationsbedürfnisses nach.

5. Ergebnisse: Zusammenhang von Ortsbindung und lokalem Informationsinteresse

Lokale Leser und lokale Nutzer sind stark ortsgebunden. Und sie interessieren sich in erster Linie für Informationen aus ihrer Nahwelt. So weit, so gut. Doch wie hängen beide Momente zusammen? Die Antwort ist eindeutig: Sie bedingen einander auf breiter Ebene. Ohne Ortsbindung ist lokales Interesse kaum vorstellbar. Oder umgekehrt interpretiert: Ortsgebundene Leser und Nutzer ohne lokales Interesse finden sich nur sehr selten.

Dabei lassen sich folgende Thesen nach Prüfung der vorliegenden Studiendaten aufrechterhalten:

- Das Interesse an lokalen Inhalten hängt signifikant mit dem Grad der Ortsbindung zusammen. Der Zusammenhang ist positiv. Mit der Ortsbindung wächst also das lokale Interesse – und umgekehrt.
- Die Ortsbindung hängt signifikant positiv zusammen mit der Informationsfrequenz, also der Nachfragehäufigkeit (nicht Quellenvielfalt!) nach lokalen Informationen.
- Die Ortsbindung hängt signifikant positiv zusammen mit der interessierenden Themenbreite.
- Auf unterschiedliche Weise ortsgebundene Menschen fragen unterschiedliche Inhalte nach.

Diese Zusammenhänge lassen sich für Zeitungsleser wie Internet-Nutzer belegen. Das Zusammenspiel von Ortsbindung und lokalem Interesse funktioniert damit medienübergreifend und auf breiter definitorischer Ebene. Bei der Analyse der Umfrage zeigte sich, dass besonders für junge Zeitungsleser eine starke Beziehung besteht, messbar stärker als in höheren Altersgruppen. Dieser „Jugendeffekt" ist bemerkenswert – gerade weil er auf die Abonnenten beschränkt bleibt. Für Internet-Nutzer ist er nicht auffindbar. Das heißt: Er ist besonders interpretationsbedürftig.

Rinsdorf (2003) machte in seiner gründlichen Studie über die Abonnementsentscheidung (allein lebender) junger Lokalzeitungsleser ein Bündel von fünf Faktoren aus:

- Nutzen eines Abonnements im Vergleich zum Medienmix ohne Abonnement,
- lokale Verankerung und Ortsloyalität,
- Medienbiografie,
- lebensweltlicher Kontext, in dem die Medien genutzt werden,
- Wunsch nach Abwechslung als Persönlichkeitsmerkmal.

Gerade ortsloyale junge Menschen, die ihre Zukunft im aktuellen Wohnort sehen, seien für ein Abonnement zugänglich. Diese explorativ gewonnene Erkenntnis Rinsdorfs deckt sich mit den Ergebnissen dieser Studie. Sie erklärt aber nicht, warum gerade bei jungen Menschen der Zusammenhang zwischen Ortsbindung und lokalem Interesse so stark ist.

Es liegt deshalb nahe, die Erklärung nicht in jenen Beweggründen für ein Abonnement zu suchen, die jungen Lesern eigen sind. Sondern womöglich liegt sie gerade in jenen, die sie von (lese-)älteren Abonnenten unterscheiden. Die schlüssigste Antwort heißt: „Gewohnheit". Oder in wissenschaftlicherem Terminus: „Habitualisierung". Zeitung ist ein Gewohnheitsmedium. Sie gehört für viele Menschen noch immer zum rituellen Tagesablauf, ist häufig etwa Teil des Frühstücks oder der Kaffeepause. Wer nach langer, ritualisierter Lesekarriere in einen neuen Ort zieht, dürfte empfänglicher für ein Abonnement sein als ein vergleichbarer Neueinwohner ohne Zeitungssozialisation. Denn: Auch im neuen Wohnort kann die Zeitung ihre strukturierende Funktion im Tagesablauf erfüllen. Sie erfährt damit abseits der Ortsbindung einen Zusatznutzen.

Habitualisierung würde auch erklären, warum der Zusammenhang zwischen lokalem Interesse und Ortsbindung bei jungen Internetnutzern nicht stärker ist als bei älteren. Der Aufruf einer lokalen Nachrichten-Website ist für die meisten User (noch) kein ähnlich ritualisiertes Ereignis wie das tägliche, jahrelange Lesen der Tageszeitung. Hier zeigt sich ein charakteristischer Unterschied zum „push-Medium", also der Tageszeitung. Sie liegt morgens im Briefkasten, ohne dass der Abonnent sich täglich bewusst dafür entscheiden und entsprechend handeln müsste.

Spannend ist die Frage, welche Themen besonders von wachsender Ortsbindung der Leser profitieren. Hier zeigt sich: Gerade das Interesse junger Menschen am Lokalsport, an Lokalpolitik und an vermischten Lokalthemen hängt mit ihrer Ortsbindung zusammen. Diese Verbindungen sind plausibel. Junge Leser haben – wie dargestellt – ihre Kindheimat überwiegend im Wohnort. Sportvereine spielen in der Sozialisation vieler junger Menschen eine besondere Rolle (Winchenbach, Wydra 2003). Wer selbst Erfahrungen in einem Sportverein gesammelt hat, auf diese Weise „Bindung" erfuhr, speist sein persönliches Interesse am Lokalsport. Im Fall der Lokalpolitik gilt: Wer seine Zukunft im Wohnort sieht, wird sich vermutlich eher für politische Prozesse in diesem Gebiet interessieren als andere.

6. Folgen für die Reichweiten-Entwicklung

Wenn es stimmt, dass interessante Zeitungen und Webseiten eher gelesen werden als uninteressante, hat der hier skizzierte Zusammenhang Einfluss auf die Entwicklung der Reichweiten von Lokalmedien. Je stärker die Ortsbindung, desto stärker das generelle Interesse an lokalen Nachrichten. Je schwächer die Ortsbindung, als desto uninteressanter werden solche Nachrichten empfunden. Folglich müssten Lokalverlage in jenen Gebieten in der Reichweitenentwicklung im Vorteil sein, in denen sich die Ortsbindung der Einwohner relativ gesehen besser entwickelt als anderswo. Der Zusatz „relativ gesehen" ist bedeutend. Denn es fehlen gesicherte Erkenntnisse darüber, ob und wie stark sich die Ortsbindung von Menschen in den vergangenen Jahren und Jahrzehnten geändert hat. Immerhin stehen sich zwei Thesen gegenüber:

1. Das Lokale verliert an Bedeutung: Hier wäre Ortsbindung nichts anderes als der verschwindende Reflex einer modernen Gesellschaft auf ihrem Weg in die Postmoderne. Eine solche Gesellschaft kennzeichnen immer stärkere Vernetzung einerseits – und Enträumlichung andererseits. Giddens (1991: 16ff.) nennt den Prozess „disembedding" und meint das fortschreitende Lösen sozialer Beziehungen aus lokalen Kontexten. Zugespitzt formuliert: Wer seine Freunde früher nur um die Ecke treffen konnte, findet sie heute in sozialen Netzwerken per Internet. Das „Lokale" wird zunehmend unwichtig.
2. Das Lokale gewinnt an Bedeutung: Hier wäre „Heimat" ein erstarkender Reflex einer sich entankernden Postmoderne, die noch Halt im Raum sucht. Blotevogel (2001: 13) etwa vermutet, dass regionale Identitäten nicht einfach im Strom der Globalisierung abgeschliffen werden, sondern im Gegenteil an Bedeutung sogar gewinnen.

Für beide Thesen finden sich Hinweise. Natürlich spricht vieles dafür, dass Megatrends wie Globalisierung und Mobilisierung die Ortsbindung von Menschen beeinflussen. Deutlich wird dies in Großstädten, wo in Innenstadtbereichen die Wohndauer vor Ort oftmals geringer ist als etwa in ländlichen Gebieten. In urbanisierten Gebieten Deutschlands ist die Lokalzeitungsdichte heute geringer als in ländlichen. Möhring und Stürzebecher (2008) belegen in einer Längsschnittanalyse, dass das Gefälle zwischen 1996 und 2006 zugenommen hat. Natürlich können weitere Faktoren zu dieser Entwicklung beitragen – Ortsbindung ist nur einer davon. Aber, das scheint erkennbar: Er sollte gewürdigt werden.

Umgekehrt besteht zu Fatalismus kein Anlass. Menschen sind per se ortsgebunden. Sie haben einen Wohnort, eine Arbeitsstelle, einen Lieblingsplatz. Allein die hohe Ortsbindung unter den befragten Webnutzern – die nur zum geringeren Teil Zeitungsleser waren – verweist auf die ungebrochene Bedeutung lokaler Identitäten. An der grundsätzlichen Mechanik aus Bindungsbedürfnissen von Menschen und Bindungspotenzialen eines Raumes ändern auch die aktuellen gesellschaftlichen Megatrends soweit ersichtlich nichts. Insofern besteht auch in Zukunft ein Nährboden für das Interesse an lokalen Informationen.

7. Folgen für Lokaljournalisten und Verlage

Die Folgen aus dem nachweisbaren Zusammenhang zwischen Ortsbindung und Lokalinteresse von Lesern und Nutzern sind vielfältig. Hier können nur einige wichtige Punkte aufgezählt werden:

Konzentration auf lokale Inhalte: Bundesweit haben Lokalverlage auf der Suche nach Alleinstellungsmerkmalen ihrer Inhalte den Weg ins Lokale vertieft und bis ins Sublokale ausgedehnt. Dieser Weg ist alternativlos. Die einfache Wahrheit ist eben: Ein lokales Publikum möchte in erster Linie lokale Inhalte. Das wiederum heißt: Inhalte müssen konsequent lokalisiert werden – und Redaktionen entsprechend ausgestattet wie eingestellt sein.

Was „lokal" ist, entscheidet der Leser. Häufig orientieren sich die Zuschnitte von Ausgaben an Verwaltungsgrenzen. Die aber müssen nicht mit der Lebenswirklichkeit von Lesern übereinstimmen. Wo das nicht der Fall ist, entkoppeln sich lokales Interesse und Ortsbindung. Ein Zustand, der aus Lesersicht Raum für Verbesserungen lässt.

Print wie online funktionieren die gleichen Bindungslogiken und es interessieren inhaltlich die gleichen Stoffe. Das ist insofern bemerkenswert, als sich Zeitungsleser und Internet-Nutzer schon demografisch deutlich unterscheiden. Natürlich müssen die Inszenierungslogiken der Stoffe medienspezifisch sein. Das heißt: Grundsätzlich funktioniert eine gute lokale Zeitungsgeschichte auch im Netz – und umgekehrt. Je nach Genre muss sie aber unterschiedlich aufbereitet werden.

Marktforschung erlebt in vielen Lokalverlagen zurzeit einen Aufschwung – bedingt durch den schärfer werdenden Wettbewerb um eine schrumpfende Anzahl von Printlesern, also jener Lesergruppe, die aus ökonomischer Sicht für jeden Verlag noch immer am wertvollsten ist. Es wäre sinnvoll, sie raumorientiert zu gestalten (vgl. Jarren 2006).

Es klingt ein wenig barock, im 21. Jahrhundert eine „Heimatzeitung" machen zu wollen. Aber das Konzept ist schlüssig und auch heute noch modern. Lokale Medien erreichen auf verschiedenen Kanälen vornehmlich Menschen mit hoher und höchster Ortsbindung. Ihnen journalistische Informationen aus dem Lebensumfeld anzubieten, macht Sinn. Das bedeutet nicht, in Folklore fallen zu müssen, sondern lediglich im besten Sinne Informationen mit einem lokalen Bindungsgefühl zu versehen.

8. Fazit

Ortsbindung ist eine bedeutende Variable für das Interesse an lokalen Nachrichten. Deren Vermessung blieb lange aus. Sie beeinflusst allerdings nachweislich auf vielfältige Weise das

Leseinteresse. Damit sollte die Ortsbindung des Publikums Beachtung finden sowohl bei der Erklärung von Reichweitenentwicklungen als auch in redaktionellen Fragen und jenen der Verlagsstrategie. Hier scheint heute noch viel Potenzial vorhanden.

Literatur

Bausinger, Hermann (1996): Kulturelle Raumstruktur und Kommunikation in Baden-Württemberg. Eine Studie zur Identität der Baden-Württemberger. Stuttgart (Südfunk-Hefte, 23).

Blotevogel, Hans Heinrich (2001): Regionalbewusstsein und Landesidentität am Beispiel von Nordrhein-Westfalen. Diskussionspapier 2/2001. Duisburg.

Blödorn, Sascha/Gerhards, Maria/Klingler, Walter (2006): Informationsnutzung und Medienauswahl 2006. Ergebnisse einer Repräsentativbefragung zum Informationsverhalten der Deutschen. In: Media Perspektiven, Jg. 37, H. 12: S. 630-638

forsa. Gesellschaft für Sozialforschung und statistische Analysen mbH (2008): Dortmund-Barometer: Frühjahr 2008. Berlin.

Giddens, Anthony (1991): Modernity and Self-Identity. Self and Society in the Late Modern Age. Cambridge.

Goldbeck, Kerstin (2006): Leistungsdaten für die Zeitung. In: Bundesverband Deutscher Zeitungsverleger (Hrsg.): Zeitungen 2006. Berlin: S. 122-132

Hassemer, Gregor/Rager, Günther (2006): Zur Bedeutung des Lokalen in den Medien. In: Saldern, Adelheid von (Hrsg.): Stadt und Kommunikation in bundesrepublikanischen Umbruchszeiten. Stuttgart (Geschichte, 17): S. 239-255

Jarren, Ottfried (2006): Die Tageszeitung muss anders werden – Der Markt wird sich in der Zukunft ausdifferenzieren. In: Bundeszentrale für politische Bildung (Hrsg.): Qualität ist das beste Rezept. Journalisten-Reader des 14. Forums Lokaljournalismus 2006. Bonn: 13-16.

Kolo, Castulus/Meyer-Lucht, Robin (2007): Erosion der Intensivleserschaft. Eine Zeitreihenanalyse zum Konkurrenzverhältnis von Tageszeitungen und Nachrichtensites. In: Medien- und Kommunikationswissenschaft, Jg. 55, H. 4: 513-533

Möhring, Wiebke/Stürzebecher, Dieter (2008): Lokale Tagespresse: Publizistischer Wettbewerb stärkt Zeitungen. In: Media Perspektiven, Jg. 39, H. 2: S. 91-101

Oehmichen, Ekkehardt/Schröter, Christian (2003): Regionale Internetangebote. In: Media Perspektiven, Jg. 34, H. 7: S. 320-328

Reuber, Paul (1993): Heimat in der Großstadt. Eine sozialgeographische Studie zu Raumbezug und Entstehung von Ortsbindung am Beispiel Kölns und seiner Stadtviertel. Köln (Kölner geographische Arbeiten, 58).

Rinsdorf, Lars (2003): Einflußfaktoren auf die Abonnementsentscheidung bei lokalen Tageszeitungen. Münster, Hamburg, London (Dortmunder Dialoge, 3)

Winchenbach, Heike/Wydra, Georg (2003): Vereinsbindung im Jugendalter. (magazinforschung, 1/2003). unter http://archiv.uni-saarland.de/mediadb/profil/veroeffentlichungen/ffmagazin/1-2003/6.pdf: Stand: 20. Mai 2009

Der Autor

Dr. Daniel Süper (*1979), Diplom-Journalist, hat Journalistik an der Technischen Universität Dortmund sowie Geschichte-, Wirtschafts- und Politikwissenschaften an der Ruhr-Universität Bochum studiert. Er promovierte über den Zusammenhang von Informationsinteressen und Ortsbindung. Daniel Süper arbeitete ab 2005 als Nachrichtenredakteur für die Ruhr Nachrichten und ab 2009 als Projektredakteur in der Chefredaktion. Seit 2011 betreut er Verlags-Projekte in der Geschäftsleitung des Medienhauses Lensing.
Kontakt: daniel.sueper@mdhl.de

Die Emanzipation des Lokalen.
Das Lokaljournalistenprogramm der Bundeszentrale für politische Bildung – eine Erfolgsgeschichte

Lutz Feierabend

Das Lokaljournalistenprogramm der Bundeszentrale für politische Bildung ist das einzige Bildungsangebot in Deutschland, das sich ausschließlich an Lokalredakteure richtet. Weil das Programm nachhaltig ist und dauerhaft durch seine Vielzahl an Angeboten unterschiedliche Zugänge bietet, ist ein hervorragendes Netzwerk für Lokalredakteure entstanden. Der Betrag gibt einen Überblick über das Angebot des Programms und die Nutzbarkeit in der Praxis.

Das Lokaljournalistenprogramm der Bundeszentrale für politische Bildung (bpb) besteht – fast vier Jahrzehnte nach seiner Gründung – aus einem Angebotspaket, dessen unterschiedliche Teile sich zu einem sinnvollen Ganzen fügen: Neben Modellseminaren, Workshops und Redaktionskonferenzen für die lokaljournalistische Weiterbildung, an denen seit dem Bestehen mehrere tausend Lokaljournalisten teilgenommen haben, bietet das Programm mit dem alljährlich stattfindenden Forum Lokaljournalismus den bedeutendsten lokaljournalistischen Kongress im deutschsprachigen Raum.

Durch das Magazin drehscheibe werden erfolgreiche lokaljournalistische Projekte bundesweit in den Lokalredaktionen bekannt gemacht und zur Nachahmung empfohlen. Mittlerweile lassen sich rund die Hälfte aller bundesdeutschen Lokalredaktionen diesen Dienst nicht entgehen. Das Magazin gibt es in einer Printversion. Darüber hinaus bietet die drehscheibe ein Onlineportal mit vielerlei hilfreichem Service – vom Redaktionskalender über Seminardokumentationen bis zu Videos. Die Dokumentationen der Seminare werden ebenso Lokalredaktionen zur Verfügung gestellt wie umfangreiche Materialienbände zu verschiedenen, für die journalistische Arbeit relevanten Themen (z.B. Wahlen).

1. Wie alles anfing

Journalisten sind sicherlich eine besonders heterogene Berufsgruppe, die aber einen Charakterzug gemeinsam hat: ihre Widersprüchlichkeit. Während Journalisten in flammenden Kommentaren jedweden – Politiker, Unternehmer, Lehrer, Fußballtrainer – dazu verdonnern, endlich mit der Zeit zu gehen, tiefgreifende Reformen einzuleiten, sich, ihr Team oder gar das ganze Land zu modernisieren, richten sie diesen Anspruch eher selten an sich selbst.

Diese Haltung scheint sich bis heute erhalten zu haben – Journalisten verändern nur ungern ihre tradierten Verhältnisse. Die aufgrund der gesellschaftlichen und technologischen Dynamik erforderliche Anpassung des eigenen Rollenmodells und Produkts erfolgt nicht systematisch und zuweilen eher zufällig. Was auch damit zu tun haben kann, dass Weiterbildung nicht fester Bestandteil der beruflichen Karriere ist.

„Von der Hälfte aller Journalisten deutscher Sprache lässt sich behaupten, dass sie sich für ihre Leser und Hörer eigentlich nicht interessieren. Wer in beamtenähnlichem Status bei einem öffentlich-rechtlichen Sender oder wer bei einer Abonnementszeitung mit regionalem Monopol beschäftigt ist, der steht unter der Versuchung, seine Spalten und Minuten so zu füllen, dass er sich möglichst wenig anzustrengen braucht. Der Anteil derjenigen Journalisten, die dieser Versuchung unterliegen, schwankt von Redaktion zu Redaktion, manchmal von Ressort zu Ressort; erheblich ist er überall." (Schneider/Raue 2012: 14)

Grund dazu, sich zu bewegen, hatten die Journalisten in Deutschland, insbesondere in den Tageszeitungen, allerdings lange Jahre ohnehin nicht. Konkurrenzlos als Informationsvermittler, vor allem auf dem lokalen Markt, waren sie die unangefochtenen Herren der Nachrichtenauswahl und -verteilung. Da die Verlage in diesen guten, alten Zeiten beispielhafte Renditen verzeichneten, war auch der Veränderungsdruck innerhalb der Zeitungshäuser nicht besonders ausgeprägt.

Gleichzeitig kamen auch keine korrigierenden Impulse von den Hochschulen. Journalismus war, anders als beispielsweise in den USA, keine Wissenschaft, die Impulse für eine Steigerung des Qualitätsniveaus liefert, sondern Sache der Journalisten. Sie steuerten den Berufszugang über den diffusen Begriff „Talent", das die Bewerber hatten oder eben nicht hatten. Lebenslanges Lernen war ein Fremdwort.

Nicht unterschlagen werden darf aber an dieser Stelle, dass es durch die Berufsverbände eine ganze Reihe an Bildungsangeboten – für Berufseinsteiger gleichermaßen wie zur weiteren Professionalisierung von etablierten Journalisten – gab. Und auch politische Stiftungen hatten Weiterbildungsangebote auf dem Programm. Das Angebot war jedoch eher selten auf Lokaljournalisten zugeschnitten – ein umfassendes lokaljournalistisches Bildungsangebot existierte nicht. Und Gegenstand einer institutionalisierten kritischen Reflexion war der lokaljournalistische Alltag in der Republik schon gar nicht.[1]

2. Gründung des Lokaljournalistenprogramms

Auch wenn bisher viel von Versäumnissen die Rede war: Die Lage der Journalisten war vergleichsweise komfortabel. Das änderte sich im Jahr 1970, als die Ruhe empfindlich durch eine fundamentale Kritik der journalistischen Arbeit in Deutschland gestört wurde. Die beiden Kommunikationswissenschaftler Wolfgang Langenbucher und Peter Glotz legten ihr epochales Werk „Der missachtete Leser. Zur Kritik der deutschen Presse vor" und zeigten erhebliche Defizite in der journalistischen Praxis auf. Die durch diese Streitschrift ausgelöste Debatte über Qualitätsstandards im Journalismus hatte erhebliche Folgen für die Journalisten und hält – erfreulicherweise – bis heute an. Nicht nur die Leser wurden missachtet, auch die Lokalredaktionen erfreuten sich in den Verlagshäusern in der Regel keiner besonderen Aufmerksamkeit. Lange Zeit waren sie lediglich die Talentschmiede, die viele schnellstmöglich wieder verlassen wollten. Dementsprechend war das Ansehen der Lokalredakteure in den regionalen Tageszeitungen alles andere als hoch.

---

[1] Dies ist auch deswegen unverständlich, weil die meisten deutschen Journalisten in Lokalredaktionen beschäftigt sind. „Über ein Viertel aller deutschen Journalisten arbeitet in erster Linie im Bereich Lokales und Regionales. (…) Im Hinblick auf die unterschiedlichen Medien sind es vor allem Zeitungen und Anzeigenblätter, für die Lokaljournalisten arbeiten. So arbeiten 59 Prozent aller Zeitungsjournalisten im Lokalressort, bei den Anzeigenblättern sind es 44 Prozent. Im Hörfunk und Fernsehen gehört das Lokale zu den kleineren Ressorts, nur etwa jeder zehnte Rundfunkjournalist berichtet über Lokales." (Kretzschmar et al. 2009: 149f)

> „Vor 40 Jahren war es wirklich so, dass die Lokalredakteure die unterste Charge im Getriebe der Zeitungen waren. Sie fühlten sich als fünftes Rad am Wagen, sie waren wirklich missachtet." (Steeger 2011: 8)

Dementsprechend wurden viele Lokalredaktionen von der allgemeinen Qualitätsdebatte gar nicht oder nur unzureichend erfasst. Und noch weniger hatten sie sich neuen Ansprüchen und Aufgaben zu stellen, deren Bewältigung innerhalb der Verlagshäuser beispielsweise durch die Chefredaktionen aufgegeben und kontrolliert wurde. Daraus folgt, dass Lokaljournalisten oft genug weder sich selbst unter Druck setzten noch von Kollegen oder Vorgesetzten unter Druck gesetzt wurden, systematisch die journalistische Arbeit in ihren Redaktionen zu steigern, indem sie beispielsweise Weiterbildungsangebote wahrnahmen.

Vor diesem Hintergrund ist das entschlossene Vorgehen von Dieter Golombek von der Bundeszentrale für politische Bildung für einen besseren Lokaljournalismus besonders lobenswert. Er rief 1975 bei der bpb das Lokaljournalistenprogramm ins Leben. Es ist für die Verlagsbranche vielleicht kein Ruhmesblatt, dass sich eine staatliche Behörde dieser für die Unternehmen doch so zentralen Aufgabe angenommen hat. Doch eigentlich liegt es nahe, dass die bpb sich mit großem Engagement der journalistischen Weiterbildung widmet. Denn eines ihrer zentralen Ziele lautet: „Die Bundeszentrale hat die Aufgabe, durch Maßnahmen der politischen Bildung Verständnis für politische Sachverhalte zu fördern, das demokratische Bewusstsein zu festigen und die Bereitschaft zur politischen Mitarbeit zu stärken."[2]

Hier liegt mindestens eine Verwandtschaft zu den Aufgaben der Presse vor, die – nicht nur, aber auch – politische Informationen verbreitet. Gerade im Lokaljournalismus waren die Redaktionen vor Ort lange Zeit die einzigen verlässlichen Vermittler lokalpolitischer Nachrichten inklusive einer Bewertung. Auch Lokalredakteure, folgerte Golombek richtig, können also wichtige Agenten politischer Bildung sein (vgl. Steeger 2011: 8). Sein Nachfolger an der Spitze des Lokaljournalistenprogramms, Berthold L. Flöper, begründet dies so einfach wie nachvollziehbar: „Alles, was die Qualität der Tageszeitung im weiten Bereich der Politikberichterstattung fördert, dient der politischen Bildung. Weil die Demokratie den informierten, orientierten und handlungsbereiten Bürger braucht."[3]

Ausgangspunkt des Engagements war eine schonungslose Analyse der lokaljournalistischen Wirklichkeit:

> „Der Salzburger Professor Günter Kieslich hat damals in einer Untersuchung die Defizite bei den Lokalredaktionen als sehr hoch eingeschätzt. Dann sind (…) Langenbucher und Glotz an die Bundeszentrale für politische Bildung herangetreten, weil sie der Meinung waren, dass man etwas tun müsse. Und wenn man aber erstmal nicht weiß, was man tun soll, forscht man. Es wurde also ein großes Forschungsprogramm, ‚Journalismus und kommunale Öffentlichkeit', aufgelegt, das die Defizite bei den Lokalredaktionen eindrucksvoll bestätigte. Die Konsequenz war dann unser Fortbildungsprogramm." (Steeger 2011: 8)

Die Liste der Defizite war lang, wie auch spätere Untersuchungen belegten. Norbert Jonscher, Verfasser eines der wenigen Standardwerke zum Lokaljournalismus, hat eine Reihe von Erkenntnissen zusammengeführt (vgl. Jonscher 1991: 110). So wurde festgestellt, dass das „Kommunikationsverhalten von Lokalredaktionen" zu passiv sei. Offenbar basierten „85 Prozent der Artikel nur auf einer einzigen, meist schriftlichen Information". Lokalredakteure

---

[2] Paragraph 2 des Erlasses über die Aufgaben der Bundeszentrale für politische Bildung vom 24. Januar 2001
[3] Bundeszentrale für politische Bildung: Das Lokaljournalistenprogramm. Unter: http://www.bpb.de/presse/55435/das-programm, Abfrage: 1.5.2012. Dabei hat die bpb laut Flöper den unschätzbaren Vorteil, dass „sie quasi überparteilich arbeiten kann und nicht in den Interessenkonflikt zwischen Journalisten und Verlegern eingespannt ist" (ebd.).

tendierten dahin, „über Ereignisse zu berichten, die personalisiert sind, meist mit geringem Zeitaufwand wahrgenommen werden können, unmittelbar den Berichtsraum betreffen und eine feste Struktur haben". (ebd.) Günther Rager belegte in seiner Untersuchung , dass in lokalen Medien beispielsweise nur wenige Stilformen dominierten, wenige Handlungsträger bevorzugt würden, die zudem in der Regel Funktionsträger (Politiker, Vereinsfunktionäre etc.) waren, und dass einem Übermaß an Lob ein deutlicher Mangel an Kritik gegenüber stehe (vgl. Jonscher 1991: 111f.).

Zunächst richtete sich das Lokaljournalistenprogramm nur an Lokaljournalisten von Tageszeitungen. Seit 2004 gehören aber auch Journalisten aus dem lokalen und regionalen Hörfunk zur Zielgruppe.[4] Beim Aufbau des Programms konnte Golombek allerdings nicht aus dem Vollen schöpfen. Ein Netz an Trägern und Referenten für die lokaljournalistische Weiterbildung existierte nicht.

> „Die Aufbauarbeit musste bei Elementarem ansetzen. Deutschsprachige, praxisnahe Fachbücher waren in den Gründertagen so selten wie Fortbildungsangebote." (Maus 2011: 12)

Auf der Suche nach Praktikern mit Perspektive, Lokaljournalisten, die das ihnen anvertraute Themenfeld kreativ weiterentwickelten, wurde die bpb in der deutschen Lokaljournalistenszene fündig. Es entstand ein Fundus an Redakteuren unterschiedlicher Hierarchiestufen, die gemeinsam mit der Bundeszentrale an der Entwicklung des Lokaljournalistenprogramms feilten.

Die systematische Einbeziehung von Journalisten aus der Praxis ist dabei ein wesentlicher Erfolgsfaktor des Lokaljournalistenprogramms. Da Chefredakteure, Lokalchefs, Lokalredakteure und Volontäre gleichermaßen teilhaben, verfügt die bpb über einen steten Informationsfluss aus der Branche. Sie ist daher permanent im Bilde, welche Herausforderungen – unabhängig von der hierarchischen Stufe – von Journalisten gemeistert werden müssen und kann entsprechende Angebote für die Praxis konzipieren und bereithalten. Der partizipative Ansatz verhindert, dass das Programm an den Erfordernissen des Marktes vorbei handelt. Selbstverständlich ist dies in Zeiten digitaler Kommunikation deutlich einfacher als früher. Dabei werden alle Möglichkeiten inklusive der sozialen Netzwerke genutzt.

3. Was das Programm unterscheidet

Was ist nun das Besondere am Lokaljournalistenprogramm? Es gibt sich nicht mit dem Transfer von Expertenwissen zufrieden, sondern spiegelt und reflektiert deren Erkenntnisse und Forderungen systematisch an der aktuellen redaktionellen Praxis. Es sind nicht teuer bezahlte Berater, die ihre vermeintlich erfolgreichen Konzepte einer Redaktion überstülpen, sondern die Journalisten entwickeln gemeinsam neue Wege.[5] Auch deswegen genießt das Programm eine so hohe Glaubwürdigkeit.

> „Die Bundeszentrale verstand sich nie als Bekehrerin, so bewusst sich Dieter Golombek und sein Nachfolger Berthold L. Flöper ihrer Mission waren und sind. (...) Sie beglückten die Redaktionen nicht mit Bonner

---

[4] Jedes Jahr lädt die bpb beispielsweise zu den Tutzinger Radiotagen, einem dreitägigen Workshop, bei dem ausschließlich Themen aus dem Bereich des Hörfunks diskutiert werden.
[5] Dieter Golombek: „Das Wichtigste an dem Programm ist der Austausch – man erfährt, was die anderen machen." Zit. nach: Steeger 2011, S. 8.

Patentrezepten. Vielmehr machten sie aus dem Lokaljournalistenprogramm ein Experimentierlabor, wie es sich gerade kleine und mittlere Verlage nicht leisten können und wollen. (…) Das Lokaljournalistenprogramm (…) maßt sich nicht an, den gesamten Innovationsbedarf des deutschen Lokaljournalismus decken zu wollen. Aber es hat Angebote geschaffen, die Ehrgeiz wecken – und Mut machen." (Maus 2011: 12f.)

Und der erwünschte Erfolg ist längst eingetreten. Denn einerseits ist tatsächlich in den Lokalredaktionen eine Qualitätssteigerung in den vergangenen Jahrzehnten unübersehbar. Darüber hinaus haben die Lokalredaktionen innerhalb der Verlagshäuser auch noch eine erfreuliche Emanzipation erfahren, wie Golombek Ende der 90er Jahre konstatierte.

„Vorbei sind die Zeiten, da das Selbstbewusstsein der Lokalredakteure wenig ausgeprägt war (…). In den vergangenen beiden Jahrzehnten hat sich bei der Mehrzahl der lokalen und regionalen Tageszeitungen die Erkenntnis durchgesetzt, dass nicht Leitartikel und Theaterkritiken den Wert des Produktes für seine Käufer ausmachen. Der Lokalteil ist das Herzstück der Zeitung, in ihm und von ihm lebt sie, auf ihn vor allem muss sich die Leitidee für die publizistische Leistung der Zeitung beziehen. Aus dem Lokalen heraus muss sich das Konzept der Zeitung begreifen." (Gombolek 1998: 9)

4. Journalistische Weiterbildung

Die mehrtägigen Modellseminare sind sicherlich das Herzstück des Lokaljournalistenprogramms. Dies hat einerseits mit der ausschließlichen Fokussierung auf Lokaljournalisten zu tun, die andere Bildungsangebote selten garantieren, andererseits mit dem gewählten Weiterbildungsansatz: „Tragende Säule des Programms waren und sind die Modellseminare. Hier wird nicht frontal beschallt, obwohl fachlicher Input eine wichtige Rolle spielt." (Maus 2011: 13)

Angelegt sind die Seminare als „intensive Redaktionskonferenzen"[6]. Die besondere Herausforderung besteht dabei darin, den sehr unterschiedlichen Bedingungen und Kulturen der Lokalredaktionen gerecht zu werden. Die Teilnehmer der Modellseminare sind alles andere als eine homogene Gruppe, sondern kommen mit höchst unterschiedlichen Erwartungen und Erfahrungen zum Tagungsort.

„So viel Gemeinsames die rund 1500 Lokalredaktionen in der Bundesrepublik auch verbindet, so viele unterschiedliche Rahmenbedingungen bestimmen ihre Arbeit. Dazu zählt die Größe des Verbreitungsgebietes, die Vielzahl der Orte oder Stadtteile, die zu betreuen sind, die redaktionelle Ausstattung, die Konkurrenzsituation und die manchmal unabänderlichen Rahmenbedingungen, die der Verlag setzt. Das heißt, ein für alle verbindliches Konzept gibt es nicht, kann es nicht geben. Konzepte sind individuelle Eigenleistungen von Redaktionen (und Verlagen)." (Gombolek 1998: 10)

Gleichzeitig sind aber alle vom tiefgreifenden Wandel betroffen, wie Berthold L. Flöper, schreibt:

„Vieles ändert sich, manches wird in Frage gestellt: Organisationsformen wie Arbeitsabläufe von Redaktionen wandeln sich, das Crossmediale hat vielerorts Vorrang. Auf Redaktionen, freie Journalisten und Volontäre kommen neue Tätigkeiten und Herausforderungen im Lokalen zu. Es darf experimentiert werden. 'trial and error' wird zum Slogan des global-lokalen Redaktions-Alltags." (Kretzschmar et al. 2009: 9)[7]

---

[6] Bundeszentrale für politische Bildung: Das Lokaljournalistenprogramm. Unter: Website der Bundeszentrale für politische Bildung. http://www.bpb.de/presse/49524/veranstaltungen, Abfrage: 30.4.2012.
[7] Aber auch Flöper stellt fest: „Patentrezepte gibt es nicht." (ebd.)

Die zwei oder drei Modellseminare pro Jahr versammeln jeweils bis zu 40 Lokaljournalisten unterschiedlicher Hierarchiestufen zu einer bis zu fünftägigen Klausur in einer Tagungsstätte. Dabei geht es genauso um konzeptionelle Fragen (z.B. die unterhaltende Tageszeitung, Crossmedialität im Lokalen, „alternative storytelling" – wie Geschichten besser erzählt werden) wie um einzelne Themen (Wahlen, Kommunalpolitik, Schule, Bildung, Wirtschaft).[8] Allen gemeinsam ist ein ganzheitlicher Ansatz: Alle Tätigkeiten innerhalb von Lokalredaktionen können Bestandteil der Auseinandersetzung sein. Die Seminare beschränken sich also nicht nur auf schreibende Journalisten, sondern richten sich genauso an Fotografen, beziehen die Gestaltungsmöglichkeiten von Layout und Infografik mit ein. Selbstverständlich spielt das Internet seit der Jahrtausendwende eine immer größere Rolle – zunächst Mittel für die eigene journalistische Arbeit, heute immer stärker als Verbreitungskanal für die lokaljournalistische Arbeit und die systematische Entwicklung eines Dialogs mit Nutzern.

Der Ablauf eines Modellseminars ist über die Jahre ähnlich geblieben. Liegt der Schwerpunkt zu Seminarbeginn eher darauf, Input zu geben – beispielsweise durch Redakteure, die innovative Lösungen für das jeweilige Problem gefunden haben, oder durch Experten (Wissenschaftler, Berater) – geht es in der zweiten Hälfte vor allem darum, praktisch zu arbeiten und die neuen Erkenntnisse mit der eigenen lokaljournalistischen Arbeit zu verbinden. In Arbeitsgruppen vertiefen die Teilnehmer das Thema, diskutieren Lösungsansätze und stellen diese am letzten Seminartag im Plenum vor. „Lösungen für Themen und Medienkanäle erarbeiten Seminarteilnehmer gemeinsam, werden so zur Ad-hoc-Entwicklungsredaktion." (Maus 2011: 13)

Zu diesem Vorgehen gibt es keine Alternative. Weil die Ausgangssituationen von Redaktion zu Redaktion eben sehr unterschiedlich sind, kann es, weder aus der Wissenschaft noch aus einem Beraterbüro, einen Erlöser geben, der in der Lage wäre, ein fertiges Konzept samt Erfolgsgarantie vorzustellen – so gern das mancher hätte. Die Aufgabe für jeden Seminarteilnehmer besteht also darin, aus Input-Referaten, Best-Practice-Beispielen und dem Dialog mit den aus ganz Deutschland angereisten Journalistenkollegen Erkenntnisse zu gewinnen, mit denen die Qualität in der eigenen Redaktion gesteigert werden kann.[9]

Die Modellseminare bieten überdies einen geschützten Raum, in dem die Teilnehmer sich gefahrlos, weil unbeobachtet von ihren direkten Arbeitskollegen oder Vorgesetzten, mit neuen Formaten, Techniken, journalistischen Stilformen, Konzeptionen und ähnlichem auseinandersetzen können. Das Ausprobieren genießt einen großen Stellenwert. So helfen beispielsweise professionelle Blogger den Teilnehmern, ein Blogportal mit frei verfügbarer Software aufzubauen oder vermitteln systematisch Kenntnisse, wie man das Mikroblogging-Portal Twitter nutzen kann.

Geplant werden die Modellseminare von Lokaljournalisten, die die Bundeszentrale für politische Bildung jeweils auswählt. Sie entwickeln gemeinsam einen Ablauf des Seminars und organisieren Referenten. Von besonderer Bedeutung sind die Arbeitsgruppen, die den Nucleus eines Modellseminars darstellen, weil sich in ihnen journalistische Praxis mit Kreativität und

---

[8] Einige Titel der Modellseminare aus der jüngeren Vergangenheit seien hier als Beispiel aufgeführt. 23. bis 27.5.2010 in Rostock: „Stuttgart 21 ist überall. Das Aufbegehren der Bürger als Chance für den Lokaljournalismus". 15. bis 19.11.2010 in Augsburg: „Das Netz ist lokal. Qualitätsjournalismus schafft neue Angebote." 7. bis 11.112011 in Gummersbach: „Storytelling. Lokale Geschichten spannend, elegant und multimedial erzählen".

[9] Weil die Kollegen dort nicht immer sehnsüchtig auf die Seminaristen warten, um deren Heilslehre entgegenzunehmen, sind in vielen Modellseminaren Expertenbeiträge enthalten, die die Vermittlung vor Ort erleichtern helfen sollen.

den Chancen, die die gestellte journalistische Aufgabe bietet, möglichst optimal mischen muss. Daher kommt den Leitern der Arbeitsgruppen eine besondere Rolle während der Seminare zu: Sie müssen die sehr heterogenen Teilnehmer zusammenbringen, eine systematische Zusammenarbeit organisieren, oft unterschiedliche Motivationen ausgleichen, verhindern, dass einzelne Teilnehmer eine zu dominante Rolle einnehmen und schließlich mit ihrer Gruppe ein gemeinsames Ergebnis hervorbringen, das zudem noch allen Seminarteilnehmern präsentiert werden muss. So steht und fällt der Erfolg der Modellseminare zu einem erheblichen Teil mit dem Geschick derjenigen, die die Arbeitsgruppen leiten.

Neben den fünftägigen Modellseminaren bietet das Lokaljournalistenprogramm auch Redaktionskonferenzen an – ein in der Regel dreitägiger Erfahrungsaustausch, der aber dem gleichen Aufbauprinzip wie die Modellseminare folgt.

5. Publikationen

Wissenstransfer und praktische Tipps für die Redaktionsarbeit – das Lokaljournalistenprogramm hat mittlerweile eine beträchtliche Zahl an Veröffentlichungen hervorgebracht, die die lokaljournalistische Arbeit bereichern. Eines der bekanntesten Produkte ist ein Standardwerk über den Lokaljournalismus, das mittlerweile in sechster Auflage erschienen ist.[10] Für Ideen, Konzeption und Themenauswahl ist das Projektteam Lokaljournalisten verantwortlich. Autoren sind in der Regel praktizierende Lokaljournalisten.

5.1 Seminardokumentationen

Die Ergebnisse der Modellseminare, Workshops und der anderen Veranstaltungen werden in umfangreichen Dokumentationen zusammengefasst. Sie sind im Internet abrufbar.[11] Dabei leisten sie nicht nur den Transfer der Erkenntnisse, die die Teilnehmer gewonnen haben, sondern liefern auch Zusammenfassungen der Referate der eingeladenen Experten. Auf diesem Weg gelangen wissenschaftliche Erkenntnisse, Erfolgsrezepte von Praktikern oder Beiträge aus Podiumsdiskussionen während des Seminars in die deutschen Lokalredaktionen. Die Seminardokumentationen schlossen zudem häufig Lücken, die bei der Recherche zu wissenschaftlichen Arbeiten an den Journalistik-Instituten der deutschen Hochschulen auftraten. Denn die an den aktuellen Problemen der Lokalredaktionen ausgerichteten Seminare oder Konferenzen provozierten geradezu Referenten, sich aus dem Fenster zu lehnen.

---

[10] Projektteam Lokaljournalisten (Hrsg.) (1998): Lokaljournalismus. Themen und Management. München. Ursprünglich unter dem Titel „ABC des Lokaljournalismus" erschienen.
[11] Die Seminarreader sind unter dem Menüpunkt „Service" bei der drehscheibe (www.drehscheibe.org/publikationen) bestellbar.

5.2 drehscheibe

Eine besondere Publikation ist das regelmäßig erscheinende Magazin drehscheibe, das erstmals im Jahr 1981 erschien. Entstanden ist es aus dem Lokaljournalistenprogramm. Damals kam die Idee auf, „dass jeder Redakteur seine Zeitung eine Woche lang zu den Modellseminaren mitbringt. Die Kollegen haben dann jeweils in den Zeitungen der anderen herumgelesen. (…) Daher war die Idee nahe liegend, diesen Austausch zu organisieren, indem wir die interessante Stücke aus den Zeitungen abdrucken und den Redaktionen in einem Dienst zur Verfügung stellen." (Steeger 2011: 9) Das Heft muss gegen einen überschaubaren Unkostenbeitrag abonniert werden und liefert dafür vorbildlichen Lokaljournalismus, der hemmungslos kopiert werden darf und soll:

> „Die 'drehscheibe' bringt Beispiele aus der Praxis der Lokalredaktionen in ganz Deutschland: Gelungene Artikel, ausgefallene Themen, vorbildliche Aktionen. Die 'drehscheibe' erreicht mittlerweile rund die Hälfte aller bundesdeutschen Lokalredaktionen. Neben dem Pressedienst ist für die Abonnenten auch eine umfangreiche Datenbank mit Konzepten für den Qualitätsjournalismus verfügbar."[12]

Die drehscheibe ist somit eine gedruckte Anleitung, wie man guten Lokaljournalismus umsetzen kann, ohne stundenlanges Brainstorming in der Redaktion veranstalten zu müssen. Das Kopieren guter Ideen ist unproblematisch, weil die Lokalredaktionen mit dem jeweiligen Vorbild in keinem Konkurrenzverhältnis stehen. Außerdem leistete die drehscheibe einen unverzichtbaren Beitrag zur Emanzipation von Lokalredakteuren gegenüber der Redaktionsleitung.

> „Die drehscheibe war eine Provokation. Weil der Chefredakteur bei einer Idee, die ihm aus der Redaktion vorgetragen wurde, nicht mehr sagen konnte, das sei kein Lokaljournalismus, (…), wenn diese Idee von einer anderen Lokalredaktion auf eine sehr intelligente Weise umgesetzt wurde. Es war somit ein Angriff auf die Machtfülle der Chefredakteure." (Steeger 2011: 9)

5.3 Themen und Materialien für Journalisten

Die bpb bietet in unregelmäßigen Abständen den Lokalredaktionen Sonderbände an, die sich bestimmten Themen in der Tiefe widmen. Ein wiederkehrendes Ereignis wie die Bundestagswahlen, die die Kreativität von Lokalredakteuren besonders fordert, wird beispielsweise mit dem Materialienband „Wahlen" begleitet. Darin finden sich Best-Practice-Beispiele aus Lokalredaktionen, Tipps von Praktikern und Experten und anderes, was einer Lokalredaktion die journalistische Planung erleichtern kann.

6. Das Projektteam Lokaljournalisten

Über die vergangenen 40 Jahre hat die Bundeszentrale nahezu immer mit ihren Seminarangeboten richtig gelegen und in der Regel wegen Überbuchungen Anfragen abschlägig bescheiden müssen. Das liegt auch daran, dass mit dem Projektteam

---

[12] Bundeszentrale für politische Bildung: Das Lokaljournalistenprogramm. Unter: : http://www.bpb.de/presse/55435/das-programm, Abfrage: 30.4.2012.

Lokaljournalisten (PLJ) ein bis zu zehnköpfiger Beirat einberufen wird, der die bpb inhaltlich berät. Seine Aufgabe besteht unter anderem darin, in die Zukunft zu schauen und Trends und Veränderungsbedarf zu identifizieren, der auf Lokalredaktionen zukommt.

Zusammengesetzt wird das PLJ aus Lokaljournalisten unterschiedlicher Hierarchiestufen und unterschiedlichster Zeitungstypen – von der Großstadtredaktion bis zur kleinen Lokalredaktion auf dem Land. So ist gewährleistet, dass die doch sehr verschiedenen Herausforderungen, die Lokaljournalisten zu bewältigen haben, in das Weiterbildungsangebot einfließen. Die Gruppe amtiert vier bis fünf Jahre. Zurzeit ist das siebte Projektteam im Einsatz.[13] Das PLJ ist Herausgeberin der drehscheibe samt ihrer weiteren Publikationen.

7. Forum Lokaljournalismus

Einmal im Jahr veranstaltet das Lokaljournalistenprogramm der bpb das „Forum Lokaljournalismus". Die Veranstaltung bringt engagierte Lokalredakteure, Chefredakteure, Verlagsmanager, Wissenschaftler und Vertreter der journalistischen Aus- und Weiterbildung aus der ganzen Republik zusammen. Das Forum ist der größte Kongress, der zum Thema Lokaljournalismus deutschlandweit stattfindet. Für die dreitägige Veranstaltung kann man sich nicht bewerben, sondern wird durch die Bundeszentrale eingeladen. Seit Jahren sind auch Medienschaffende aus Österreich und der Schweiz dabei.

Das Forum widmet sich einem Oberthema[14], dem sich die Tagung durch Expertenvorträge und Podiumsdiskussionen nähert. Dabei wird nicht nur der deutschsprachige Lokaljournalismus wahrgenommen, sondern die Referentenriege wird in der Regel durch Fachleute aus Europa und den USA ergänzt. Seit einigen Jahren ist auch der Transfer von Erkenntnissen aus der Wissenschaft in die Praxis institutionalisiert. Zudem ist das Forum ein herausragendes Netzwerk für Lokaljournalisten. In dieser Menge und Konzentration treffen engagierte Lokaljournalisten deutschlandweit sonst nicht aufeinander.

Das Forum Lokaljournalismus wird immer in Partnerschaft mit einem Regionalzeitungsverlag organisiert. Ohne die massive Unterstützung des jeweiligen Verlags sowie lokaler Sponsoren wäre eine Tagung dieser Größenordnung für die Bundeszentrale nicht zu realisieren.

8. Deutscher Lokaljournalistenpreis

Journalistenpreise – zumindest diejenigen, die überparteilich und nicht besonderen Branchen angeschlossen sind – sind ein probates Mittel, um journalistische Exzellenz zu fördern.

---

[13] Das derzeitige Projektteam Lokaljournalisten besteht aus: Jana Klameth (Freie Presse, Chemnitz), Regina Krömer (Main-Post), Gabi Pfeiffer (freie Journalistin), Prof. Sonja Kretzschmar (Bundeswehr-Universität, München), Kirsten Reuschenbach (mssw Print-Medien Service Südwest GmbH), Katrin Teschner (Braunschweiger Zeitung), Armin Maus (Braunschweiger Zeitung), Johann Stoll (Mindelheimer Zeitung), Marc Rath (Altmark Volksstimme), Lutz Feierabend (Kölner Stadt-Anzeiger). Geleitet wird das Gremium von Berthold L. Flöper von der bpb.

[14] Einige Titel der jüngsten Foren seien hier genannt: 20. Lokaljournalistenforum vom 28. bis 30.3.2012 in Bremerhaven: „Faszination Lokaljournalismus. Demokratie braucht Leitmedien". 19. Lokaljournalistenforum vom 26. bis 28.1.2011 in Waiblingen: „Kommunikation der Zukunft: Die neue Architektur des Lokaljournalismus". 18. Lokaljournalistenforum vom 27. bis 29.1.2010 in Dortmund: „Mutig, multimedial, meinungsbildend – Keine Demokratie ohne die lokale Tageszeitung".

Offenbar hat dieses Ziel für den Lokaljournalismus aber lange Zeit niemand verfolgt. Zwar können sich Lokaljournalisten bei den großen deutschen Journalistenpreisen bewerben. Der Theodor-Wolff-Preis zeichnet beispielsweise jährlich auch eine lokaljournalistische Arbeit aus. Aber in der Regel haben hier nur die großen Zeitungstitel aufgrund der besseren redaktionellen Ausstattung eine Chance.

Der Deutsche Lokaljournalistenpreis, ausgelobt von der Konrad-Adenauer-Stiftung, zeichnet dagegen seit 1980 ausschließlich Lokalredaktionen oder -redakteure aus. Konzipiert wurde er von Dieter Golombek, dem Gründer und langjährigen Leiter des Lokaljournalistenprogramms, auf Anregung der Stiftung. Die bpb unterstützt den Lokaljournalistenpreis der Konrad-Adenauer-Stiftung und fördert so lokaljournalistische Exzellenz. Anders als bei anderen bedeutenden Journalistenpreisen haben hier auch kleinere Redaktionen eine Chance, dass ihre Arbeit und Kreativität honoriert wird.

> „Die Konrad-Adenauer-Stiftung rief den Preis zu einer Zeit ins Leben, als es um das Ansehen der Lokaljournalisten nicht zum Besten bestellt war. In der Hierarchie der Ressorts rangierten sie weit hinten, abgeschlagen hinter den Kollegen aus Politik, Wirtschaft und Feuilleton. (…) Preiswürdig sind: Einzelbeiträge zu beliebigen lokalen Themen, kontinuierliche Berichterstattung zu ausgewählten lokalen Themen, bürgernahe Redaktionskonzeptionen zu beliebigen Themen sowie engagierter Leserservice und leserfreundliche Aufmachung."[15]

Durch die Dokumentation der ausgezeichneten Arbeiten und der Wettbewerbsbeiträge, die knapp an einer Auszeichnung vorbeischlidderten, aber eigentlich auch preiswürdig waren, besitzen Lokaljournalisten alljährlich ein ganzes Buch voller exzellenter Ideen, die zur Nachahmung empfohlen sind, und die Mut machen, selbst auf dem Weg zu qualitativ hochwertigem Journalismus voranzuschreiten.

9. Wissenschaft

Die Herausforderungen, denen sich der Lokaljournalismus stellen muss, finden glücklicherweise auch in der Wissenschaft wieder Beachtung. Zwar ist das Themenfeld dort im Vergleich und in jedem Fall hinsichtlich seiner Bedeutung immer noch eher unterrepräsentiert.[16] Daran sind aber auch Lokaljournalisten nicht ganz schuldlos.

> „Gerade im Fall des Lokaljournalismus sind die Vorbehalte gegenüber einer Verwissenschaftlichung der täglichen Arbeit im Berufsfeld Journalismus sicherlich am größten. Doch der Lokaljournalismus befindet sich im Umbruch. Mit dem berüchtigten ‚Bauchgefühl‘ allein lässt sich gegenüber harten Fakten der Verlagsleitung kaum argumentieren, wenn Leserschwund bei jungen Lesern festgestellt wird, oder neue Leser crossmedial auf vielen Ebenen erreicht werden sollen. Hier können Fakten aus der Wissenschaft hilfreich sein, kann Wissenschaft Ideen für Neuorientierung und Weiterentwicklung geben." (Kretzschmar et al. 2009: 14)

Dazu gehört auch, den tiefgreifenden Wandel in der Branche durch Untersuchungen zu begleiten, die empirisch den Stand der Dinge festhalten. So hat die Crossmedia-Studie, die die

---

[15] Website der Konrad-Adenauer-Stiftung. http://www.kas.de/wf/de/71.4171, Abfrage: 19.5.2012
[16] Es ist schlicht nicht einsehbar, dass sich keiner der aus dem Boden schießenden Journalistik-Studiengänge wenigstens mit einer Professur schwerpunktmäßig dem Lokaljournalismus widmet.

Bundeszentrale auf Anregung des Projektteams Lokaljournalisten in Auftrag gab[17], gezeigt, dass deutsche lokale Tageszeitungen sich zwar längst engagiert im Internet bewegen, in den wenigsten Häusern aber tatsächlich eine Strategie existiert, wie diese digitalen Wachstumsfelder systematisch erschlossen werden können. Noch nicht mal kurzfristig existieren Pläne, die den Journalisten zeigen, welche Schritte wann und wie zu gehen sind. So leistet die bpb beispielsweise mit dieser Studie einen erheblichen Beitrag zur Versachlichung der Debatte, inwieweit tatsächlich die Online-Integration in deutschen Zeitungsredaktionen vorangekommen ist.

Die Architektur der Studie hat Journalismus-Wissenschaftler in Europa offenbar überzeugt: Sie soll in mehreren Ländern in naher Zukunft durchgeführt werden. Wenn dies tatsächlich verwirklicht wird, entsteht ein vergleichbarer Datensatz.

10. Ausblick

Wenn das Lokaljournalistenprogramm der bpb schon in den vergangenen 40 Jahren zu einem unverzichtbaren Bestandteil im deutschen Lokaljournalismus geworden ist, so ist es heute aufgrund der zu bewältigenden Herausforderungen wahrscheinlich bedeutender denn je. Journalismus verändert sich, weil sich die Gesellschaft verändert und sich neue Informationsbedürfnisse artikulieren. Dies hat seine Ursache in der fundamentalen Neuordnung auf dem Informationsmarkt, die das Internet mit sich bringt. Durch die neuen Medien hat sich ein völlig neues Nachfrageverhalten ergeben, das der Zeitung als Medium erhebliche Probleme bereitet. Das Internet macht es möglich, Nachrichten 24 Stunden am Tag permanent zu aktualisieren. Die Zeitung mit ihrem festgelegten Redaktionsschluss wirkt dagegen innerhalb weniger Stunden veraltet. Deswegen ist für (Lokal-)Journalisten das Kennenlernen und Befriedigen der durch die Netzwelt hervorgebrachten Informationsbedürfnisse eine existenzielle Anforderung.

> „Intensiver denn je arbeitet die Branche an Strategien, die den Wert von gutem Journalismus auch im Internet in geschäftlichen Erfolg umsetzen. Patentrezepte werden aber noch nicht gehandelt. Und der journalistische Mainstream steht den 80er Jahren immer noch näher als dem digitalen Zeitalter. Nur ein Bruchteil der Redakteurinnen und Redakteure beherrscht crossmedialen Journalismus souverän." (Maus 2011: 11)

Um die ganze Herausforderung zu verstehen, muss man sich vor Augen führen, dass es dabei nicht nur um das souveräne Gestalten und Bestücken des Webportals der Zeitung geht.[18] Auch das Kommunikationsbedürfnis der Leser hat sich verändert: Die Einbahnstraße, die bis zur Jahrtausendwende galt (Journalisten schreiben, Leser lesen und schreiben allenfalls einen Leserbrief), ist einer Kommunikation auf Augenhöhe gewichen. Das Internet macht den permanenten Dialog möglich. Gerade auch im Lokalen ist dies Bereicherung wie Herausforderung, zumal die Arbeit der Journalisten eine deutlich höhere Kontrolle im Vergleich zu früher erfährt. Aus dem missachteten Leser ist der souveräne User geworden. Um

---

[17] Verantwortet wurde die Studie 2011 von Susanne Kinnebrock (Universität Augsburg) sowie den beiden Mitgliedern des Projektteams Lokaljournalisten Sonja Kretzschmar und Lutz Feierabend. An der Studie nahmen Journalisten von 90 regionalen Tageszeitungen teil – also mehr als zwei Drittel aller deutschen Regionalzeitungen.

[18] Es darf nicht unerwähnt bleiben, dass es eine mindestens genauso anspruchsvolle Aufgabe für die Verlage ist, Wege zu identifizieren, wie man mit dem Verbreiten von Informationen im Netz Geld verdienen kann. Antworten auf diese Frage zu finden, ist aber keine ureigene Aufgabe des Lokaljournalistenprogramms.

seine Aufmerksamkeit und Gunst bewerben sich Tag für Tag, Stunde für Stunde mehr Informationsangebote als je zuvor.

In diesem Jahrzehnt entscheidet sich nicht nur die Zukunft der Zeitung, sondern die Zukunft ihrer Macher. Welche Rolle nimmt also der Lokaljournalist künftig ein? Ist er nur mehr Beobachter und Moderator des öffentlichen Dialogs? Und wie sehen die Angebote aus, mit denen er auf dem Lesermarkt wie in der Netzgemeinde Erfolg haben kann? Allesamt Fragen, die in Modellseminaren längst gestellt und zu beantworten versucht wurden, und die in jeder deutschen Lokalredaktion diskutiert werden müssen.

Die lokaljournalistische Arbeit ist zu Anfang des dritten Jahrtausends von mehr Unsicherheit denn je erfasst. Kaum jemand vermag belastbar die Zukunft zu prognostizieren. Umso wichtiger sind daher die Reflexion des journalistischen Alltags, das systematische Wahrnehmen von Trends und Veränderungen und das lebenslange Lernen. Wesentlicher Träger solcher Überlegungen und Anbieter reflektierter Seminare und Tagungen ist das Lokaljournalistenprogramm der Bundeszentrale. Es ist ein Glücksfall für den deutschen Journalismus. Wenn es nicht schon existieren würde, müsste es schleunigst erfunden werden.

Literatur

Bundeszentrale für politische Bildung: Das Lokaljournalistenprogramm. unter: http://www.bpb.de/presse/55435/das-programm, Stand: 8.1.2013.

Golombek, Dieter (1998): Die bessere Lokalzeitung. In: Projektteam Lokaljournalisten (Hrsg.): Lokaljournalismus. Themen und Management. München: S. 9-19.

Jonscher, Norbert (1991): Einführung in die lokale Publizistik. Opladen.

Ketzschmar, Sonja/ Möhring, Wiebke/ Timmermann, Lutz (2009): Lokaljournalismus. Bonn.

Maus, Armin (2011): „Die Ermutiger". In: drehscheibe Nr.12/2011: S. 10-13.

Rager, Günther (1982): Publizistische Vielfalt im Lokalen. Eine empirische Analyse. Tübingen.

Schneider, Wolf/Raue, Paul-Josef (2012): Das neue Handbuch des Journalismus und des Online-Journalismus. Bonn.

Steeger, Jan (2011): „Die drehscheibe war eine Provokation". Gespräch mit Dieter Golombek. In: drehscheibe Nr. 12/2011. S. 8-9.

Der Autor
Lutz Feierabend, Diplom-Journalist, geb. 1961, ist stellvertretender Chefredakteur des Kölner Stadt-Anzeigers und Mitglied im Projektteam des Lokaljournalistenprogramms der bpb. Er hat als freier Mitarbeiter beim Westdeutschen Rundfunk angefangen und beim Bonner General-Anzeiger volontiert. Nach zehnjähriger Redakteurstätigkeit in verschiedenen Redaktionen des Bonner General-Anzeigers wechselte er 2001 als Leiter der Bezirksredaktion zum Kölner Stadt-Anzeiger. Dort ist er seit 2003 stellvertretender Chefredakteur.
Kontakt: lutz.feierabend@mds.de

Chancen und Risiken des Lokaljournalismus heute

Fritz Wolf

„Die Stärke des Lokalen ist das Lokale" – so lautet die auf ein Paradox zusammengezogene Erkenntnis eines jungen Journalisten, die er vom Forum Lokaljournalismus 2012 der Bundeszentrale für politische Bildung mitnahm. Paradox, weil sich diese Einsicht eigentlich von selbst verstehen sollte, aber gleichwohl nicht selbstverständlich ist. Inzwischen ist die Forderung nach lokalem, nach hyperlokalem und sublokalem Stoff zum Mantra im Lokaljournalismus geworden. Dieses journalistische Feld ist in Bewegung geraten, mitsamt seinen Plattformen, den Regional- und Lokalzeitungen sowie ihren jeweiligen digitalen Ablegern. Die Branche ist auf der Suche nach einem Platz für die Zukunft im digitalen Wandel und diese Suche hat den journalistischen Beruf bis an die Wurzel erfasst. Dabei wird deutlicher als zuvor sichtbar, welche Chancen diese Entwicklung eröffnet und welche Risiken. Alles ist in Bewegung, deshalb ist vieles auch noch unklar und ohne Antwort. Dass sich dabei irgendetwas linear und vorhersehbar entwickeln könnte, glaubt in diesem Geschäft niemand mehr, die Verleger vermutlich so wenig wie die Chefredakteure, Redakteure und Volontäre.

Über die Bedeutung des Lokaljournalismus besteht heute kaum ein Zweifel. Thomas Krüger, Chef der Bundeszentrale für politische Bildung, wiederholt jedes Jahr von Neuem, dass Demokratie und eine ausgefächerte und seriöse Printmedienlandschaft zusammengehören und einander bedingen; die Bundeszentrale betreibt seit vielen Jahren ein breit gestreutes und sehr entwickeltes Qualifizierungsprogramm für Lokaljournalisten. Friedrich Roeingh, Chefredakteur der Mainzer Allgemeinen Zeitung hat jüngst formuliert, das Leitmedium Zeitung sei für den gesellschaftlichen Zusammenhang so systemrelevant wie die Banken für die Wirtschaft (vgl. Schröder 2012). Wenn das keine Ansage ist. Dabei treffen die technologischen Umbrüche nicht nur die lokalen Medien und schaffen Verwirrung. Die Medien ihrerseits agieren in einer Gesellschaft im Wandel. Digitalisierung, Beschleunigung, räumliche Entgrenzung, Globalisierung – sie verändern auch das Verständnis von lokaler Öffentlichkeit. Örtliches Dorfleben und internationale Kultur, Dorfplatz und Weltreise, ortsansässige Arbeit und globalisierte Arbeit, Auseinanderdriften von Wohnen und Arbeiten, das sind einige Kennzeichen. Was ist da noch lokal, wenn in der Auflösung der räumlichen Welt mediale Vernetzungen wichtiger werden als geographische? Wenn Lokalzeitungen jetzt nach mehr Heimatgefühl rufen – was kann Heimat unter diesen Bedingungen noch bedeuten? Rückzugsgebiet? Lebenszentrum? Zeitweiliger Aufenthaltsort? Durchgangsraum? Bloß noch Gefühlsort? Virtuelles Lebenszentrum? Und welchem Publikum in welcher dieser Heimaten kann eine Lokalzeitung den Stoff für den Alltag liefern, den es braucht und den es woanders nicht bekommt? Es ist wahrscheinlich nicht damit getan, immer von neuem zu dekretieren, dass es Aufgabe des Lokaljournalismus sei, lokale und regionale Identitäten zu sichern, die auseinanderstrebenden Teile des Alltagslebens zusammenzuhalten. Identitäten sind auch im Wandel. Die Widersprüchlichkeit steckt im gesellschaftlichen Leben, das der Lokaljournalismus reflektieren will und soll.

Zwar ist die Stärke des Lokalen das Lokale, aber worum es sich dabei handelt, dazu fallen die Antworten unterschiedlich aus. Es kann kein einheitliches Rahmenkonzept geben, keinen gemeinsamen Fluchtpunkt. Der Veränderungsdruck auch auf die lokalen Medien ist groß. Fast alle Lokal- und Regionalzeitungen haben in den vergangenen Jahren experimentiert, sind online gegangen, haben nach ersten Erfahrungen die Online-Auftritte weiterentwickelt. Es ist einiges besser geworden, aber auf die schwierige wirtschaftliche Lage hat es keinen Einfluss. Claus Morhart, Chefredakteur des Main-Echo bringt es so auf den Punkt: „Man konnte früher eine schlechtere Zeitung machen und hat trotzdem an Abos zugelegt. Heute machen wir eine bessere Zeitung und verlieren trotzdem. Das ist paradox. Aber die Medienlandschaft hat sich eben verändert." (Wolf 2010: 47). Was hat sich gewandelt und wohin verändert sich der Lokaljournalismus? Welche Chancen eröffnen sich, welche Gefahren drohen?

1. Wirtschaftliche Entwicklung

Eigentlich ist Lokaljournalismus ein Erfolgsmodell. Nach Angaben des Bundesverbandes Deutscher Zeitungsverleger (BDZV) lesen sieben von zehn Deutschen über 14 Jahren regelmäßig Tageszeitung. Dabei können sie zwischen 351 verschiedenen Titeln mit einer verkauften Auflage von 19,5 Millionen Exemplaren auswählen. 334 dieser Zeitungen sind Regional- oder Lokalzeitungen. Sie erreichen mit ihren mehr als 13 Millionen Exemplaren etwa 60 Prozent der Bevölkerung. Die Zahl der Abonnements ist hoch, und damit auch die finanzielle Kalkulierbarkeit für die Verleger.

Aber die Regional- und Lokalblätter haben in den zurückliegenden Jahren viel Auflage verloren und die Tendenz ist nicht gestoppt. Das Dortmunder Formatt-Institut skizziert die langfristige Entwicklung auf dem Markt der Tageszeitungen:

> „Der Auflagenverlust der Tagespresse ist enorm und anhaltend. Seit Anfang der 90er Jahre geht die Verkaufsauflage kontinuierlich zurück. Ein Ende des Niedergangs ist nicht in Sicht. In der Langzeitentwicklung von 1995 bis 2010 haben die Kaufzeitungen gut ein Drittel (-33,6 Prozent) ihrer Auflage eingebüßt und die Abonnementszeitungen ein Fünftel (-20,1 Prozent). Auch der Verlust der Sonntagszeitungen ist mit 30,0 Prozent sehr hoch."

Die Umsätze gingen dieser Untersuchung zufolge von 1999 auf 2008 um 1,7 Milliarden Euro oder 27,9 Prozent zurück. Die Daten für 2009 weisen erneut einen gravierenden Rückgang aus, und zwar um 15,5 Prozent.

Begleitet wird dieser Prozess von Umstrukturierungen und Konzentrationsbewegungen. So hat Thomas Düffert, Vize-Geschäftsführer des Madsack-Konzerns, vor kurzem die Prognose abgegeben: „Die Konsolidierung auf dem Zeitungsmarkt wird weiter voranschreiten und noch viele Jahre andauern. Selbst Verlage, die heute mittelgroß sind, werden ihre Wirtschaftlichkeit von heute nicht halten können und irgendwann zu klein sein, um eigenständig bleiben zu können." (Düffert 2011) Eine der Folgen ist die Arrondierung der Verbreitungsgebiete. Die Zahl der Einzeitungskreise, in denen die Leser keine Wahl mehr haben, ist in den vergangenen Jahren gewachsen, Vielfalt damit geschwunden. Ein Ende des Prozesses ist nicht absehbar.

Viele Verlage reagieren auf die krisenhafte Lage mit Einsparungen. Lokalredaktionen werden geschlossen oder geschrumpft, Personal wird abgebaut. Arbeitsplätze werden outgesourct, Leiharbeit nimmt zu und die Tarifflucht der Verlage hält unvermindert an. Währenddessen wird in Sonntagsreden eindringlich davon gesprochen, wie notwendig Qualität in der Lokal- und Regionalpresse ist. Aber Qualität ist nicht möglich, wenn die Arbeitsbedingungen schlecht, die Redakteure unterbezahlt sind und die Freien Mitarbeiter mit

Niedrighonoraren abgespeist werden. Durch Personalabbau lässt sich nicht größere Qualität erreichen. Horst Röper vom Formatt-Institut befürchtet, „dass es zu Dysfunktionen kommen wird, die das gesellschaftliche Leben in allen Bereichen tangieren" (Röper 2010). Gleichzeitig hat sich aber auch gezeigt, dass viele Lokal- und Regionalzeitungen mit einer neuen Beweglichkeit und mit Innovationen reagieren. Die lokalen Inhalte sind als das identifiziert, was einzig aus der Krise führen kann, egal ob in Print oder im Netz. Lokale Inhalte sind das Unverwechselbare am Lokaljournalismus und sollen es jetzt richten.

Dabei sind Wissenschaftler durchaus der Ansicht, dass die Krise zu einem Teil auch hausgemacht ist. So Michael Haller: „Wenn die Regionalzeitungen seit einem Jahrzehnt Jahr für Jahr drei bis vier Prozent Reichweite und zwei bis drei Prozent Auflage verlieren, dann hängt dies direkt damit zusammen, dass sie ihre Königsdisziplin sträflich vernachlässigen: den Lokaljournalismus." (Haller 2010a) Er meint nicht nur das Lokale, sondern auch den Journalismus und hat Kriterien für Lokalzeitungen entwickelt, in die auch Formenvielfalt als Kriterium eingegangen ist. Eines der Dauerprobleme von Lokalzeitungen ist der Formenmix, die Abwechslung, das Spiel mit den journalistischen Mitteln.

Das Problem ist alt und hängt mit der Position von Lokalzeitungen in der örtlichen Gemeinschaft und der traditionell eher passiven Form des Informierens zusammen. Lokalredakteure sind in ihrem Ort verankert, deshalb aber auch direkt erreichbar und haftbar zu machen. Im überregionalen Blatt die Regierungspolitik scharf zu analysieren ist einfach. Dasselbe mit dem Bürgermeister vor Ort ist komplizierter. Deshalb halten sich Lokalzeitungen gerne an neutrale Berichterstattung. Aber gerade wo Lokalberichterstattung ausgeweitet wird und sich die Schwerpunkte hin aufs Lokale verlagern, stellt sich verstärkt die Frage nach der Formenvielfalt. Man wird Leser nicht halten können, wenn ihnen die Welt immer nur in Form von Berichten vorgehalten wird.

2. Lokal ist nicht gleich lokal

Lokaljournalismus lässt sich nicht über einen Leisten schlagen. Jede Stadt, jede Region hat ihre Eigenheiten, die die Lokalzeitung mit ihren Mitteln aufgreifen muss. Lokal in einer Großstadt bedeutet etwas anderes als auf dem flachen Land. Lokal in großen Regionen heißt etwas anderes als in überschaubar abgezirkelten, auch kulturell homogenen Gemeinden. Deshalb stehen flächendeckende Regionalblätter wie etwa die Rhein-Zeitung vor anderen Schwierigkeiten und benötigen andere Lösungen als Großstadtzeitungen. Während die einen sich Gedanken machen müssen, mit welchen Themen sie schrumpfende und mobilere Leserschaften auf sublokaler Ebene überhaupt noch erreichen, entdecken Großstadtblätter wie der Kölner Stadt-Anzeiger mit ihren Redaktionen ein Betätigungsfeld in den Tiefen der Subkultur. In Hamburg entwickelt das Hamburger Abendblatt das Modell, Stadtreporter auf die Pirsch zu schicken, mit Laptop und Smartphone und angeblich ohne den Zwang, zum Schreiben noch in der Redaktion zu erscheinen. „Warum sollte man in einer Zeit, wo mobil alles möglich ist, man praktisch an jedem Ort arbeiten und von dort Texte und Fotos versenden kann, sich das nicht auch zunutze machen?" fragt Oliver Schirg, Leiter der Online-Redaktion (Wirner 2012a). In Berlin entwickeln sich lokale Blogs deshalb, weil die Stadtzeitungen es offenbar nicht schaffen, ihre Berichterstattung bis in die Kiez-Strukturen hinein auszudehnen.

Es wäre also eine Chance für den Lokaljournalismus, gerade aus der Bodenhaftung einer Redaktion und ihrer Kommunikation mit den Lesern heraus seine Geschichten zu finden und zu entwickeln. Das freilich ist keine Aufgabe, die sich mit links erledigen lässt, schon gar nicht mit schrumpfenden Redaktionen und skandalös niedrig bezahlten Freien.

Wie es mit der Qualität im Lokalen aussehen kann, hat der Journalist Kai Voigtländer auf dem Tutzinger Medien-Dialog „Zukunft der Zeitung. Zeitung der Zukunft" im Herbst 2011 sehr anschaulich beschrieben. Er erzählte aus dem Berichtsgebiet des Nordkuriers in Mecklenburg-Vorpommern. Er schlug vor, die Leitfrage „Was passiert, wenn wir uns Qualität im Lokalen nicht mehr leisten?" umzuformulieren in: „Was passiert, wenn wir uns Journalismus im Lokalen nicht mehr leisten?" Denn von Qualität werde schon lange nicht mehr geredet: „Die Kolleginnen und Kollegen sollen journalistische Qualität abliefern – und werden behandelt wie Content-Sklaven. Wie eine Truppe von Leiharbeitern oder Fensterputzern. Womit ich nicht sagen will, dass man Fensterputzer oder Leiharbeiter so behandeln darf, aber das ist nun mal traurige Wirklichkeit im Billiglohnland Deutschland." (Voigtländer 2011)

3. Lokal im Mantel oder „local first" ?

Die verstärkte Wahrnehmung des Lokalen als „Unique Selling Proposition" hat zu unterschiedlichen Philosophien des Umgangs mit dem lokalen Stoff geführt. Einige Blätter haben entschieden, dem Lokalen absolut den Vorrang zu geben, wie etwa die Hessische/Niedersächsische Allgemeine (HNA), und publizieren nach dem Motto „local first". Andere haben entschieden, das Lokale zu stärken, aber die traditionelle Mantelstruktur mit einem überregionalen Hauptteil und diversen regionalisierten und/oder lokalen Büchern beizubehalten. Zwischen diesen beiden Positionen finden sich in der Realität, wie zu erwarten, zahllose Übergänge. „Letztendlich entscheidet jeder Verleger, was die Zukunft des Produktes ist", sagte Wiebke Möhring im Interview mit der drehscheibe: „Wenn sie die Zukunft in der stärkeren Ausrichtung im Lokalen sehen, investieren sie dort. Andere setzen eher auf den Mantel oder wollen über crossmediale Auslagerungen den lokalen Aspekt betonen. Was zukunftsversprechender ist, lässt sich heute nicht beurteilen" (Matthes 2010).

Die Wissenschaft kann in dieser Frage nicht recht weiterhelfen. Michael Haller zieht aus der Leserforschung folgenden Schluss: „Lokalzeitungsleser wollen eine umfassende Orientierung, sie legen Wert auf eine kompetente Berichterstattung über Kommunalpolitik genauso wie Landespolitik. Wichtig: Reporter müssen in der Berichterstattung den Aspekt herausarbeiten, der für alle Leser interessant sein kann und nicht nur für eine bestimmte Gruppe." (Matthes 2010) Das gelte in gleichem Maß auch für junge Leser: „Der aus meiner Sicht wichtigste Befund heißt, dass die Tageszeitung auch in Zukunft eine fundierte Gesamtsicht bieten muss – als glaubwürdiges Gegengewicht zum ‚news-on-demand'-Verhalten vieler junger Leute, die sich selektiv aus dem Internet nur das holen, was sie sowieso interessiert (‚more of the same')" (Haller 2010b). Das Fazit aus dieser Leserforschung:

> „Das Lokale ist von entscheidender Bedeutung für die Zukunftssicherung – noch wichtiger aber ist, dass auch die kleine Regionalzeitung über eine kompetente Redaktion verfügt, die das überregionale Geschehen gewichten, vertiefen und aufs Regionale oder Lokale herunterbrechen kann. Und hier – so zeigen Inhaltsanalysen wie auch Leserbefragungen – ist noch viel zu tun." (ebd.)

Auch andere Untersuchungen weisen darauf hin, dass mit einer ausschließlichen Konzentration auf das Lokale die Gefahr droht, zu kleinteilig und zu provinziell zu werden.

Zu einem entgegengesetzten Ergebnis kam auf dem Forum Lokaljournalismus 2012 in Bremerhaven der Schweizer Unternehmensberater Carlo Imboden. Er hatte mit dem Readerscan-Verfahren das Verhalten von Lesern überprüft. Noch vor einigen Jahren, so sein Ergebnis, habe man festgestellt, dass die Leute die Mantelteile der Zeitungen mehr lasen als die Lokalteile, obwohl sie bei Befragungen immer angaben, sich vor allem für den Lokalteil zu interessieren. Heute sei festzustellen „dass mit der wachsenden Bedeutung des Internet der Lokalteil intensiver gelesen wird als der Mantel" (Imboden 2012). Als Grund nennt Imboden das grundsätzlich veränderte Informationsverhalten. Überregionale Informationen hätten die Leser bereits über andere Quellen bezogen, etwa über die Online-Portale der großen Tageszeitungen oder von der Tagesschau vom Vorabend. Diese Informationen würden nun in der Regional- oder Lokalpresse nicht mehr gesucht. Diese veränderte Kommunikationshaltung ist nach Erkenntnissen des Medienforschers keineswegs, wie man leicht denken könnte, eine Angelegenheit junger User, die ohnehin grundsätzlich zu Online tendieren. Sondern sie betrifft durchaus den Kernbestand der Lokalzeitungsleser, also auch jene, die sich schon lange an ihr Lokalblatt gewöhnt haben (vgl. ebd.). Wie auch immer: Lokales kann, darin sind sich alle einig, nur funktionieren, wenn im Lokalen auch relevanter Stoff bearbeitet wird. Nicht jeder umgefallene Blumenkübel ist eine Nachricht wert. Doch auch hier gibt es keine absoluten Größen. Was relevant ist, hängt auch von der Position der Zeitung ab, von spürbarer Nähe zu den Lesern und von ausreichender Besetzung der Redaktionen.

Eine wesentliche Leistung des Lokaljournalismus könnte darin bestehen, stärker zwischen den beiden Sphären, zwischen der großen und der kleinen Welt zu vermitteln. Klimawandel, Globalisierung, Finanzkrise, Energiewandel, alle diese Themen lassen sich auch in regionalem und lokalem Maßstab behandeln, „herunterbrechen", wie es im Branchenjargon heißt. Die Bandbreite ist in diesem Fall groß, bis hin zu unmittelbar eingreifendem Engagement. So haben beispielsweise die Vorarlberger Nachrichten aus Österreich kurz nach der Katastrophe in Fukushima selbst Unterschriften gegen Atomkraft gesammelt. 90.000 Menschen unterschrieben: ein Viertel der Wohnbevölkerung von Vorarlberg. So wurde es jedenfalls auf dem Forum Lokaljournalismus 2012 berichtet. Wie sich wiederum solch direktes Engagement mit journalistischen Kriterien der Objektivität und Distanz verträgt, war unter Redakteuren wie Lesern durchaus umstritten.

4. Lokale Politik

Zu den Standard-Erkenntnissen bei Lokaljournalismus-Konferenzen gehört, dass die Qualität einer Lokalzeitung sich auch daran bemisst, wieweit sie sich vom Terminjournalismus, von der Vereinsmeierei und der politischen Hofberichterstattung löst. Es gilt als vorrangige Aufgabe der Zeitungsmacher, selbst die relevanten Themen in der Region oder vor Ort zu setzen. In dieser Frage scheint sich auch in der alltäglichen Arbeit in den letzten Jahren tatsächlich etwas bewegt zu haben. Redaktionen treten selbstbewusster und aktiver auf. Tatsächlich liegt hier auch eine große Chance. Regional- und Lokalzeitungen haben die Aufgabe, nicht nur die Lebenswelt der Leser einzufangen und zu reflektieren, sondern sie müssen öffentliche Vorgänge auch kritisch begleiten: „Hier haben wir eine einzigartige Aufgabe" sagt Claus Morhart vom Main-Echo, „das macht niemand sonst vor Ort" (Wolf 2010: 47).

Die Frage ist freilich grundsätzlicher Art und durchaus auch problematisch. Lokalzeitungen können eine wichtige kommunal- oder regionalpolitische Aufgabe erfüllen. Lokalredaktionen sind aber auch eng in den politischen Alltag und die regionale Machtarchitektur eingebunden und damit häufig in Gefahr, den regionalen und lokalen Autoritäten zu nahe zu stehen. „Eine größere Nähe besteht allerdings auch zu lokalen Eliten und Wirtschaftsunternehmen im Verbreitungsgebiet, auf deren Werbespots bzw. Inserate lokale Medienbetriebe angewiesen sind", schreibt Günther Rager und folgert lapidar: „Die dem Lokaljournalismus normativ zugewiesenen Funktionen der Kritik und Kontrolle können dadurch beeinträchtigt werden." (2005: 204)

Solche Beziehungen können zu einer stärkeren Vernachlässigung der Interessen der Bürger führen. Günther Rager: „Um Informationen sammeln, auswählen, bearbeiten und verbreiten zu können, stellt die Lokalzeitung kommunikative wie soziale Beziehungen zu Vertretern anderer Interessenorganisationen her. Diese organisierte Elite spielt bei der Versorgung der Lokaljournalisten mit Informationen eine entscheidende Rolle. Einfache Bürger sind dagegen unterrepräsentiert und dienen nur in einem Drittel der Fälle als Informationsquelle. Im Vergleich zur tatsächlichen gesellschaftlichen Verteilung entsteht eine Verschiebung vor allem zugunsten von Politik, Verwaltung und wirtschaftlichen bzw. kulturellen Institutionen" (Rager 2005: 205).

Wissenschaftler raten deshalb dringend zu einem Perspektivwechsel: auf Augenhöhe mit den Lesern und nicht auf Augenhöhe mit den lokalen Autoritäten. Klüngel, Filz und Korruption sind Herausforderungen, die Lokalredaktionen zu häufig nicht annehmen. Horst Seidenfaden, Chefredakteur der HNA beschreibt die Haltung so: „Politik ist nur interessant, wenn sie etwas produziert. Für mich ist eine Gemeinderatssitzung mittlerweile nicht mehr heilig. Ich hätte gern all die kritischen Themen, die in der Ausschusssitzung behandelt werden, schon vorher im Blatt." Seidenfaden sieht da durchaus Entwicklungspotenzial: „Man muss seine Kontakte pflegen und über die Jahre hinweg passt sich Politik auch an." Viele Chefredakteure von Lokal- und Regionalzeitungen würden das heute auch unterschreiben (Wolf 2010: 21).

Was geschieht, wenn dieser Perspektivwechsel nicht mit großer Konsequenz vollzogen wird, zeigt sich immer dann, wenn örtliche oder regionale Konflikte entstehen und groß werden. Klassisches Beispiel ist der Streit um „Stuttgart 21". In der Dynamik der sozialen und politischen Auseinandersetzung gerieten die regionalen Blätter ins Hintertreffen und von den Aktivisten der Bewegung wurde ihnen, vermutlich nicht ganz zu Unrecht, unterstellt, mit der Stadt- und Landespolitik zu kungeln und die Interessen der Leser nicht ausreichend zu vertreten. „Stuttgart 21" wäre ein klassischer Fall für Medienforscher, die Dynamik solcher Auseinandersetzungen auf dem Feld der Kommunikation zu studieren. Anderes Beispiel: Im brandenburgischen Zossen kam es im vergangenen Jahr sogar zu Demonstrationen gegen die Märkische Allgemeine Zeitung, berichtete der Medienjournalist Ralf Siepmann. Grund für den Aufruhr: das Blatt hatte beim Verkauf eines Areals zur Errichtung eines Einkaufszentrums verschwiegen, dass gegen den Geschäftsführer des Autohauses und gegen die Bürgermeisterin ermittelt wurde (Siepmann 2011).

Jedenfalls gilt: Eine gute Lokalzeitung darf sich weniger denn je die Themen vor die Nase setzen lassen. Sie muss ihre Geschichten selbständig entwickeln und nach eigener Agenda behandeln. Dazu bedarf es gründlicher Recherche. Lokalzeitungen, die im Wesentlichen mit PR-Mitteilungen arbeiten, werden ins Hintertreffen geraten. Recherche im Lokalen ist grundsätzlich schwierig, aber unabdingbar und vor allem auch möglich. Dass dafür die

Redaktionen hinreichend personell und finanziell ausgestattet sein müssen, gilt für Print wie auch für den Online-Auftritt. „Zeit zur intensiven Recherche bleibt zumindest in den mittleren und kleinen Lokalredaktionen nur, wenn man dafür die Freizeit opfert", sagen Lokalredakteure immer wieder (vgl. z.B. Tuschhoff 2006). Tatsächlich ist die Spannbreite in der realen Welt des Lokaljournalismus groß. Immer wieder wird verwiesen auf die großartige Rechercheleistung, die der Bonner General-Anzeiger in einem großen Immobilien- und Subventionsskandal in der Stadt leistete. Das Blatt brachte den Fall überhaupt erst in die Öffentlichkeit und legte mit immer neuen Recherchen und Enthüllungen Skandalschicht für Skandalschicht frei.

So spektakulär agieren andere Lokalblätter meist nicht. Der Alltag der lokalen Berichterstattung ist häufiger hellgrau bis mittelgrau als schwarz-weiß polarisierend oder gar bunt herausfordernd. Verlautbarungsjournalismus spielt immer noch eine große Rolle. Carlo Imboden sieht gerade darin ein wichtiges Hindernis. Für ihn hat das Lokale nur dann Zukunft, wenn es der Vereinsmeierei entsagt:

> „Wenn das Lokale keine Ansammlung von Special-Interest-Themen wie die bereits genannte Feuerwehrberichterstattung etc. bleibt. Denn wen interessiert das? Höchstens die Feuerwehr. Alle anderen Leser sind davon ausgeschlossen. Genauso sieht es beim Bericht über den Anglerverein aus. Von solchen Berichten gibt es noch viel zu viele in den Lokalteilen. Oft sind sie auch noch von den Pressure Groups vorgegeben. Was diese Gruppen in die Zeitung hineindrücken, korrespondiert einfach nicht mit dem Leserinteresse. Das sind Splitterinformationen, die nur Splittergruppen betreffen. Die Lokalzeitung muss im Lokalen viel relevanter werden. Das heißt, die lokalen Redakteure müssen herausfinden, was die Bevölkerung beschäftigt. Die Sorgen, Nöte, Ängste und Freuden müssen sie im Blatt aufgreifen. Diesen Wandel muss die Zeitung schaffen." (Wirner 2012b)

Selbständig Themen zu setzen, das erfordert Recherche. Wie notwendig Recherche ist, darüber sind sich alle einig. In der Realität kommt sie aber häufig zu kurz. Je nach personeller Ausstattung und journalistischem Potenzial entfällt die Recherche auch schon mal ganz. So schilderte Kai Voigtländer auf dem Tutzinger Medien-Dialog eindrücklich einen Fall von Journalismus-Versagen. In einer Kleinstadt in Mecklenburg-Vorpommern war eine riesige Schweinezuchtanlage von holländischen Investoren geplant. Klassische Konfliktlage: „Umweltschutz gegen industrielle Tierzucht, Großinvestor gegen Umweltschützer, Tourismus gegen industriell betriebene Landwirtschaft, Massentierhaltung gegen Nachhaltigkeit, Arbeitsplätze gegen saubere Luft". Das Vorhaben hat die Anwohner stark emotionalisiert, Gegner und Befürworter mobilisiert. Alles redete in der Gegend darüber. Berichtet hat darüber ausführlich die Süddeutsche Zeitung, überregional und weit weg. Im regionalen Nordkurier dagegen, so Voigtländer, habe nur eine simple Agenturmeldung gestanden, sonst nichts, kein Interview, keine Reportage, keine Stellungnahmen, kein Bericht.

In einigen Städten oder Regionen haben als Reaktion auf zu unkritische oder zu lahme Lokalredaktionen unabhängige lokale Blogs begonnen, sich publizistisch in die lokale Politik einzumischen und sich mit den lokalen und regionalen Meinungsmachern anzulegen. Manche sehen darin eine Chance, dem Lokaljournalismus als publizistisches Gegengewicht auf die Beine zu helfen. Nach bisherigen Erkenntnissen können Blogs die lokale Publizistik ergänzen, aber professionellen Journalismus nicht ersetzen. Bisher sind unabhängige Blogs keine wirkliche publizistische Konkurrenz und können sich auch wirtschaftlich nicht auf professionellem Niveau halten. Auch hier existieren starke regionale Unterschiede. Im dicht besiedelten Ruhrgebiet etwa agieren einige regionale Blogs mit durchaus bemerkenswerten publizistischen Erfolgen. Es fällt übrigens auf, dass die erfolgreichen Blogs fast alle von journalistisch ausgebildeten Bloggern betrieben werden. Ohne journalistische Motivation hält man das sonst nicht durch. Aber es ist ein grundsätzliches Problem, wenn sich auf lange Frist mit solchem Engagement nicht auch ausreichend Geld im Netz verdienen lässt. Davon kann noch keine Rede sein. Deshalb wird sich absehbar an dieser Nebenrolle der lokalen Blogs nicht viel ändern.

Noch nicht überschaubar sind hier und da anzutreffende Versuche, im Medium selbst oder innerhalb eines Verlages Mischformen zwischen Print und Online zu entwickeln. Etwa in Form täglicher Online-Ausgaben, die einmal wöchentlich mit einer Print-Ausgabe gekrönt werden. Immer wieder gern verwiesen wird in diesem Zusammenhang auf ein Modell in der Schweiz, die Jungfrau Zeitung. Sie erscheint wochentags online und zum Wochenende als Printausgabe. Die vom gleichen Verleger herausgegebene und nach gleichem Modell arbeitende Obwalden- und Nidwalden-Zeitung allerdings musste schon knapp zwei Jahre nach dem Start wieder aufgeben. Verleger Urs Gossweiler glaubt jedoch weiterhin an das Modell „Mikro-Zeitung" und wartet mit der Erkenntnis auf, mehr journalistische Professionalität sei notwendig (vgl. Wirner 2012c).

5. Veränderte Leser

Die vielleicht interessanteste Entwicklung, die den Lokalblättern bevorsteht, ist eine veränderte Haltung zu sich verändernden Lesern: Zeitungen werden auf ihre Leser zugehen müssen. Was damit auf die Zeitungen zukommt, überschreitet die bisherigen Formen der Leserbindung, vom Leserbrief über die Leserreise bis zur Diskussionsrunde mit dem Chefredakteur. Online eröffnen sich neue Möglichkeiten des Leserkontakts. Online sinkt die Hemmschwelle. Eine E-Mail schreibt sich schneller als ein Brief. Über Online lassen sich auch neue Formen umsetzen, die Leser aktiv mit der Zeitung zu beschäftigen, Stichwort: Partizipativer Journalismus. Teilhabe kann auch bedeuten, dass Leser insgesamt stärker in die Produktion eingebunden sind, den Lokalredakteuren selbst Themen vorschlagen und damit die Nähe der Zeitung zu ihren Lesern dokumentieren. Der neue Typus ist schon aufgetaucht, Bürgerreporter oder Leserreporter genannt. Bürgerjournalisten beginnen hier und da auch schon schreibend und fotografierend Printseiten und Netz zu füllen. Diese Entwicklung wird durchaus unterschiedlich kritisch bewertet. Wenn Bürgerjournalismus vor allem dazu dient, Redaktionen und Kosten kleinzuhalten, dann ist der Weg in die De-Professionalisierung vorgezeichnet. Wenn Bürgerjournalisten aber dazu beitragen, die Beziehungen zwischen Leser und Zeitung, zwischen User und Zeitung neu zu gestalten, steckt darin durchaus die Chance, der Lokalzeitung neuen Raum zu geben und neue Themen zu schaffen. Man sollte das dann aber vielleicht nicht Journalismus nennen.

Noch sind die Leser, die über Twitter und Facebook den Weg zur lokalen journalistischen Geschichte finden, eine wenn auch aktive Minderheit. Auch in den nächsten Jahren wird sich nicht jedermann in einen rundum aktiven Kommunikator verwandeln. Doch das Bedürfnis, insgesamt aktiver an der Kommunikation beteiligt zu sein, wird in den nächsten Jahren noch wachsen. Damit schlagen Erfahrungen aus dem Umgang mit dem modernen Medium Internet auf den Umgang mit dem alten Medium Lokalzeitung zurück. Derzeit sind viele Spielarten zwischen pseudo-partizipativen Angeboten und seriöser Teilhabe an der öffentlichen Kommunikation zu finden. Die Entwicklung ist zukunftsoffen. Ganz gewiss wird diese Entwicklung auf lange Sicht für Verlage aber nicht billiger. Mit neuen Möglichkeiten entstehen neue Aufgaben. Online versteht sich nicht von selbst, selbst wenn jeder zweite Leser schon auf

Facebook vertreten ist. Christian Neuberger hat die Aufgabe dieser Redakteure neuen Typs beschrieben:

> „Sie müssen Nutzerbeiträge auf Nachrichten-Sites moderieren, Regeln vorgeben und darauf achten, dass diese auch eingehalten werden. Ähnlich wie bei den Leserreporten wird dieser Trend kaum dazu führen, Geld zu sparen, sondern eher noch Zusatzpersonal erforderlich machen. (…) Eigentlich müsste man sagen, die Lokalzeitungen dürften einen Nutzerbeitrag erst dann frei schalten, wenn sie ihn genauso redigiert haben wie den Artikel eines freien Mitarbeiters. Aber wahrscheinlich wird das nicht gehen, weil der Aufwand zu groß wäre" (Neuberger 2010).

6. Online und Social Media

Der größte Veränderungsdruck auf den Lokaljournalismus geht vom technisch-kommunikativen Wandel aus. Internet und Social Media, das sind die Themen, die die Branche seit Jahren umtreiben und die auch die Debatten auf dem Forum Lokaljournalismus 2012 prägten. Ein Hit dabei ist Twitter. Freudig erregt, sehen viele im Kurznachrichtendienst eine Mehrzweckwaffe, Ideenschmiede, Kontaktwerkzeug, Nachrichtenquelle und noch viel mehr. Im gesamten Beziehungsgefüge des Lokaljournalismus dürften die eiligen 140 Buchstaben aber nur einen kleinen Bereich abdecken.

Das Niveau im Umgang mit den neuen Medien ist allerdings bis heute sehr unterschiedlich, auch wenn sich alle Verlage längst in Medienhäuser umbenannt haben. Es hat sich bei den Verlagen aber wenigstens schon herumgesprochen, dass Online-Publizistik sich nicht als einfache elektronische Ausgabe jener Inhalte, die ohnehin sonst auch im Blatt erscheinen, erledigt. Sie gehorcht anderen Gesetzmäßigkeiten. Auch hieran knüpfen sich zwei gegensätzliche Philosophien. Hier die netzaffinen Macher mit der Devise „Online first". Dort die klassischen Zeitungsmacher, die an Print hängen. Aber wie das in Umbrüchen so ist: Zwischen dem klassischen Lokalblatt und der Online-Aktualität haben sich längst eine ganze Reihe unterschiedlicher Praktiken etabliert.

„Online ist nicht die Verlängerung der Zeitung, sondern die Zeitung ist die Verlängerung von Online", definiert etwa Horst Seidenfaden, Chefredakteur der HNA, die lokaljournalistische Zukunft aus seiner Sicht (vgl. Wolf 2010: 50). Andere Blätter schauen in die Konto-Bücher und finden dort, dass sie das Geld immer noch mit dem Printprodukt verdienen, nicht mit Online. Sie versuchen, der klassischen Zeitung einen Vorrat an Exklusivität gegenüber dem Netz zu sichern. Die Entwicklung auch hier: offen. Gleichwohl geht die Tendenz zum integrierten Produktionsprozess und zu einem Vorrang der Online-Publikationen. Claus Strunz, ehemaliger Chefredakteur des Hamburger Abendblatts, hat die Kontrapositionen so formuliert: Online sei zu finden, was grade passiert ist und in der Zeitung, was es bedeutet. Online kommen die schnellen Nachrichten in die Welt und Print liefert dazu den Hintergrund und den ausführlichen Lesestoff (vgl. Wolf 2010: 15). Was die Sache nicht unbedingt einfacher macht.

Man kann nicht ohne Weiteres von hastigem Agentur- und Pressemeldungsjournalismus auf großartigen Hintergrund-Journalismus umschalten. Michael Haller moniert: „Zum Beispiel liest man überall, dass das Internet fix und schnell ist und die Tageszeitung die Hintergrundgeschichten bringen müsse. Also haben Zeitungen die Plätze freigeräumt für große Stücke. Aber viele haben gar nicht das Personal, um eine interessant zu lesende, große und journalistisch relevante Geschichten zu erzählen. Also drucken sie beliebige Texte – und haben damit eigentlich ihre Zeitung verschlimmbessert." (vgl. Wolf 2010: 35). Es gibt auch Zeitungsmacher, die in der „immer stärker ausufernden Ausweitung der Lokalberichterstattung" das Problem der Provinzialisierung fürchten.

Die Möglichkeiten von Online jedenfalls sind vielfach noch nicht ausgeschöpft. Finanziell ist für die meisten Verlage ungeklärt, ob sich damit auch Geld verdienen lässt, ob überhaupt mit Journalismus oder ob nur mit dem Werbe-Drumherum. Vor allem mit dem Tablet-PC ist die Hoffnung gewachsen, das Online-Publikum zu einem zahlenden Publikum umerziehen zu können. Thomas Düffert etwa hat für die Madsack-Gruppe angekündigt, in diesem Jahr eine Preisstrategie zu entwickeln, die auch das Internet umfasst. Ob die Versuche erfolgreich sein werden, das freilich wird sich erst noch zeigen müssen (vgl. Düffert 2011). Dabei kommt auch hier wieder die zentrale Frage ins Spiel. Online versteht sich nicht von selbst. Es braucht dazu auch Weiterbildung der Redakteure, entsprechende Ausbildung und Ausstattung mit Ressourcen. Auch die Redaktionen sind im Umbruch, nicht nur durch veränderte Organisation in der Produktion, auch durch neue Berufsbilder und neue Qualifikationen. Manchmal gilt Multimedia-Kompetenz schon als wichtigere Referenz als die klassischen journalistischen Fähigkeiten. Die Rhein-Zeitung spielt darin Vorreiter. Auf dem Forum Lokaljournalismus in Bremerhaven bekannte Chefredakteur Christian Lindner sich dazu, multimediale Kompetenz höher als journalistische zu bewerten: „Wir nehmen auch Leute, die noch keine Zeile für Print geschrieben haben" (Aleythe 2012).

7. Ohne größere Qualität ist alles nichts

Es ist schon merkwürdig. Lange Zeit galt Lokaljournalismus als journalistisches Stiefkind. Viele haben dort angefangen, um möglichst schnell aufzusteigen in die Sphären, wo Journalismus sich mit hoher Politik oder mit Wirtschaftsschlüsselthemen befasst. Und plötzlich soll der Lokaljournalismus das Printgewerbe insgesamt retten. Berthold L. Flöper, Leiter des Lokaljournalismusprogramms der Bundeszentrale für politische Bildung, formuliert sogar eine richtige Umkehr: „Das Herz des modernen Journalismus schlägt im Lokalen." (Dudeck 2012) Danach sieht es leider nicht überall aus. Wissenschaftliche Untersuchungen zum Lokaljournalismus zeigen auch, dass es in vielen Lokalredaktionen am journalistischen Know-how fehlt – ein Umstand, der oft nicht den Redakteuren, sondern den Arbeitsbedingungen geschuldet ist. Gleichwohl: Lokalzeitungen brauchen größere journalistische Vielfalt, mehr mutige Kommentare, mehr Reportagen und mehr persönlich adressierten Journalismus.

Qualität ist deshalb auch nicht gleich Qualität. Es wird daher vor allem darauf ankommen, Qualität auf den verschiedenen Ebenen gleichzeitig zu steigern. Deutliche Zuwendung zu den Lesern, besserer Einsatz des journalistischen Handwerks, qualifizierte Online-Auftritte deutlich verbesserte Aus- und Weiterbildung und ein besseres Berufsimage des Lokaljournalismus – das alles sollten Lokalzeitungen im Blick haben, wenn sie die Medienkrise und die Konkurrenz des Internets einigermaßen unbeschadet überstehen wollen. Da aber leider die Gefahr besteht, dass lokale Berichterstattung aus ökonomischen Gründen weiter verschwindet, muss sich wahrscheinlich auch die Medienpolitik mit dieser Frage befassen: Mit welchen Mitteln kann künftig sichergestellt werden, dass sich die Bevölkerung ausreichend aus professionell-journalistischer Quelle über das lokale Geschehen informieren kann? Diese Zukunftsaufgabe ist durchaus mit der Frage verbunden, ob und mit welchem Ziel steuernd und unterstützend in den Markt eingegriffen werden soll?

Die Bundeszentrale für politische Bildung fördert seit vielen Jahren mit einem soliden Programm, einer monatlichen Fachzeitschrift und regelmäßigen Workshops den Lokaljournalismus. Etwa mit einem Workshop zum Thema: „Das Netz ist lokal". Dort hat ein Teilnehmer ein wenig seine Phantasie spielen lassen und sich ausgemalt, was denn geschähe, wenn plötzlich Geld keine Rolle mehr spielte und der Verleger massiv in die Redaktionen investierte:

> „Neue technische Ausstattung, neues Personal, das sich innerhalb kürzester Zeit in das moderne Redaktionssystem einarbeitet. Da sind die ungeahnten Möglichkeiten: Mehrere Tage an einem Thema recherchieren, kritische Berichterstattung, keine Rücksicht auf PR-Partner. Endlich ist alles möglich. Die Betreuung der Social-Media-Komponenten und des Webauftritts wird outgesourct, ein ganzes Team an professionellen Kameraleuten und Tontechnikern fängt vor Ort die besten Geschichten ein. Die Qualität schlägt innerhalb kürzester Zeit auf die Abo-Zahlen durch. Zeitintensive Marketingprojekte können zurückgefahren werden, schaffen Ressourcen für Qualität in der Zeitung. Inhalte stehen wieder im Vordergrund, der ein oder andere Redakteur hat vor Freude Tränen in den Augen... Dann bin ich aufgewacht." (drehscheibe-Modellseminar: Das Netz ist lokal, 9/2011)

Der Lokaljournalismus hat dann gute Chancen, wenn aus solchen Träumen auch Lehren gezogen werden.

Literatur

Aleythe, Saskia (2012): Schreiben allein reicht nicht mehr. Bericht vom Forum Lokaljournalismus, März 2012, unter: http://www.drehscheibe.org/weblog/?p=3475, Stand: 2.4.2012.

Dudeck, Patricia (2012): Lokaljournalismus punktet mit Exklusivität und neuem Heimatbegriff. unter: http://www.drehscheibe.org/weblog/?p=3078, Stand: 11.6.2012.

Düffert, Thomas (2011): Es ist an der Zeit, dass die Politik reagiert. In: meedia, 18.12.2011.

Matthes, Katrin (2010): Zehn Thesen zur Zeitung. Aller nur Altpapier? Michael Haller erklärt, wie Leser die Zeitung nutzen. unter: http://www.drehscheibe.org/weblog/?p=345, Stand: 11.6.2012.

Matthes, Katrin (2012): Handwerk der Vielkönner. Sonja Kretzschmar, Wiebke Möhring und Lutz Timmermann sind die Autoren des Buches "Lokaljournalismus". unter: http://www.drehscheibe.org/interview-mit-sonja-kretzschmar.html, Stand: 2.4.2012.

Michael Haller (2010a): Vom Elend des Lokaljournalismus. Referat auf der Jahrestagung des Netzwerks Recherche, 9.7.2010.

Haller, Michael (2010b): Ab ins Lokale. unter: http://www.leipziger-medienstiftung.de/ipj/kolumne/haller100224.htm, Stand: 11.6.2012.

Jarren, Ottfried (2006): Die Tageszeitung muss anders werden – Der Markt wird sich in der Zukunft ausdifferenzieren. In: Bundeszentrale für politische Bildung. Qualität ist das beste Rezept. Journalistenreader des 14. Forums Lokaljournalismus 2006.

Kretzschmar, Sonia/Möhring, Wiebke/Timmermann, Lutz (2009): Lokaljournalismus. Kompaktwissen Journalismus. Wiesbaden.

Neuberger, Christoph/Nuernbergk, Christian/Rischke, Melanie (2009): Journalismus im Internet: Zwischen Profession, Partizipation und Technik. Ergebnisse eines DFG-Forschungsprojekts. In: media-perspektiven 4/2009.

Neuberger, Christoph: Kein Ersatz für professionellen Journalismus. Interview in meedia,

18.6.2010.

Rager, Günther (2005): Stichwort Lokaljournalismus. In: Weischenberg, Siegfried/Kleinsteuber, Hans J./Pörksen, Bernhard (Hrsg.): Handbuch Journalismus und Medien. Konstanz, S. 202-206.

Röper, Horst (2010): Zeitungen 2010: Rangverschiebungen unter den größten Verlagen. Daten zur Konzentration der Tagespresse in der Bundesrepublik Deutschland im I. Quartal 2010. In: media perspektiven, 5/2010.

Tuschhoff, Jürgen (2006): Situation im Lokaljournalismus und die Arbeitsbedingungen der Redakteurinnen und Redakteure/Ausbildungssituation. Bonner Medienforum zum journalistischen Beruf 2006.

Schröder, Andreas (2012): „Lokale Identität schaffen." Chefredakteur Friedrich Roeingh spricht über das Leitmedium AZ. In: Allgemeine Zeitung, 29.2.2012.

Siepmann, Ralf (2011): Zossen ist überall. In: epd medien 51/52/2011, 23.12.2011.

Voigtländer, Kai (2011): Mein Beruf ist nichts mehr wert. Ungemütliche Notizen aus der Provinz. Referat auf dem Tutzinger Medien-Dialog: Zukunft der Zeitung. Zeitung der Zukunft. epd-medien 16, 21.4.2011.

Wirner, Stefan (2012a): Wir wollen Hamburg ein Gesicht geben. Interview mit Oliver Schirg, Leiter des Online-Newsdesks beim Hamburger Abendblatt. unter: http://www.drehscheibe.org/interview-mit-oliver-schirg.html, Stand: 11.6.2012.

Wirner, Stefan (2012b): Schnurstracks ins Lokale. Interview mit Carlo Imboden zum 20. Forum Lokaljournalismus März 2012, unter: http://www.drehscheibe.org/weblog/?p=2915, Stand: 2.4.2012.

Wirner, Stefan (2012c): Der Trend zum Lokalen ist unumkehrbar. Interview mit Urs Gossweiler im Newsletter Drehscheibe. unter: http://www.drehscheibe.org/interview-mit-urs-gossweiler-onz.html, Stand: 2.4.2012.

Wolf, Fritz (2010): Salto Lokale. Das Chancenpotential lokaler Öffentlichkeit. Zur Lage des Lokaljournalismus. 15. Mainzer Mediendisput 2010. Hrsg. Mainzer Mediendisput, Nov. 2010.

Der Autor

Fritz Wolf (*1947) ist freier Journalist in Düsseldorf und Autor der Studie „Salto Lokale. Das Chancenpotenzial lokaler Öffentlichkeit. Zur Lage des Lokaljournalismus", die 2010 im Auftrag des „Mainzer Medien-Disputs" entstanden ist. Er ist ausgebildeter Germanist und Dramaturg. Seit 1995 ist er in der journalistischen Weiterbildung aktiv, vor allem zu den Themen Schreibtraining, Reportage und Dokumentarfilm. Im Jahr 2000 ist er mit dem Bert-Donnepp-Preis für Medienpublizistik ausgezeichnet worden.

Kontakt: wolf@dasmedienbuero.de

Die Crossmedialisierung des Lokaljournalismus und ihre Implikationen für die journalistische Qualität

Holger Handstein

Wer die öffentliche Diskussion über den Zustand des Online-Journalismus verfolgt, kann leicht den Eindruck gewinnen, das Internet sei der Totengräber des Qualitätsjournalismus. Eine klare Definition journalistischer Qualität kommt dabei ebenso häufig zu kurz wie eine Würdigung der Chancen, die sich durch die Crossmedialisierung des Journalismus ergeben. Dieser Beitrag untersucht, wie die neue Medienwelt lokaljournalistische Entscheidungsprogramme verändert – und welche Möglichkeiten sich dadurch ergeben.

1. Einleitung: Qualität als Missverständnis?

Onlinejournalismus und Qualität – geht das zusammen? Wer das im Auftrag der Friedrich-Ebert-Stiftung verfasste Gutachten „Klicks, Quoten, Reizwörter: Nachrichten-Sites im Internet" liest, mag daran zweifeln. Da heißt es etwa: „Kennzeichen des tatsächlich vorherrschenden Nachrichten-Journalismus sind Zweitverwertung, Agenturhörigkeit, Holzschnittartigkeit, Eindimensionalität und Einfallslosigkeit." (Range/Schweins 2007: 79) Oder, mit Blick auf die Online-Wirtschaftsberichterstattung:

> „Auf populären Websites haben viele Wirtschaftsthemen – auch solche von hoher Relevanz – keine Chance, weil es ihnen an Sex-Appeal fehlt. Jede Nachricht über Google, eBay, Apple und Burger King sticht spielend Berichte über Linde, BASF und RAG aus: Selbst wenn BASF die 20-Milliarden-Euro schwere (sic!) Übernahme des US-Katalysatorherstellers Engelhard vollzieht und Burger King lediglich verkündet, dass es seine 500. Filiale in Deutschland eröffnet." (ebd.: 64)

Aber sind Berichte über die Übernahme eines weithin unbekannten, konsumfernen Unternehmens in den USA für breite Leserschichten wirklich relevanter als solche über Filialeröffnungen in Deutschland? Sollte es für Leser hierzulande tatsächlich wichtiger sein, sich mit einem Anlagenbauer wie Linde auseinanderzusetzen als mit einem Unternehmen wie Google, dessen Produkte im Alltag eines großen Teils der Bevölkerung einen festen Platz einnehmen? Oder legen Range und Schweins dem Onlinejournalismus in diesem Beispiel einfach einen unpassenden Qualitätsmaßstab an?

Das Beispiel und die offenen Fragen, die es begleiten, zeigen: Eine rationale Diskussion journalistischer Qualität ist ohne vorherige Festlegung auf einen klar umrissenen Qualitätsbegriff nur schwer möglich. Dies scheint ohnehin ein grundsätzliches Problem der Beschäftigung mit Qualität im Journalismus zu sein, wie Rager und Hassemer feststellen (vgl. Rager/Hassemer 2006: 19).

Daher beginnt dieser Beitrag mit einer theoretischen Herleitung von Qualitätsforderungen an Journalismus und Lokaljournalismus im Speziellen. Als Basis dafür dient Luhmanns Theorie sozialer Systeme, die eine präzise Beschreibung des Journalismus, seiner Funktion für die Gesellschaft und seiner Leistungen für einzelne Teile der Gesellschaft ermöglicht (vgl. Blöbaum 1994; Handstein 2010). An der Erfüllung dieser Funktion und dieser

Leistungen muss sich Journalismus messen lassen. Qualität wird aus diesem Blickwinkel nicht mehr nur im Hinblick auf die Leistungen des Journalismus für das politische System betrachtet, wie es häufig der Fall ist (vgl. etwa Schatz/Schulz 1992). Vielmehr rücken neben der ohnehin auf die gesamte Gesellschaft bezogenen Funktion gleichberechtigt auch Leistungen für andere Teilsysteme wie Wirtschaft, Sport und Bildung in den Blick. Wie gut Lokaljournalismus seine Funktion erfüllen kann, wird wesentlich bestimmt durch den inneren Aufbau des Systems und seiner Organisationen – durch die in den Redaktionen tätigen Journalisten und die von ihnen ausgefüllten Leistungsrollen und durch die redaktionellen Entscheidungsprogramme. Auf diesen Programmen und deren Veränderung durch den lokalen Onlinejournalismus liegt daher der Schwerpunkt dieses Beitrags.

2. Journalismus als Funktionssystem

Journalismus lässt sich beschreiben als System der Gesellschaft, das eine spezifische gesellschaftliche Funktion erfüllt. Lokaljournalismus ist Teil des Funktionssystems Journalismus. Lokalredaktionen stellen eine Form der segmentären, also räumlichen Ausdifferenzierung des Journalismus dar (vgl. Luhmann 1997: 643f.). Als Teil des Funktionssystems Journalismus erfüllt der Lokaljournalismus grundsätzlich dieselbe gesellschaftliche Funktion wie der Journalismus insgesamt. Was aber ist die gesellschaftliche Funktion des Journalismus?

2.1 Die gesellschaftliche Funktion des Lokaljournalismus

Um diese Frage zu beantworten, ist ein Blick auf die Gesellschaft nötig, innerhalb derer Journalismus operiert. Sie zeichnet sich durch funktionale Differenzierung aus. Das heißt: Die Teilsysteme unterscheiden sich – anders als in archaischen Gesellschaften – nicht durch ihren Rang, sondern durch ihre gesellschaftliche Funktion.

> „Die Funktion liegt im Bezug auf ein Problem der Gesellschaft, nicht im Selbstbezug oder in der Selbsterhaltung des Funktionssystems. Sie wird, obwohl sie zur Ausdifferenzierung einer besonderen System/Umwelt-Beziehung in der Gesellschaft führt, nur im Funktionssystem und nicht in dessen Umwelt erfüllt." (ebd.: 746)

Die ausdifferenzierten Funktionssysteme gewinnen damit eine Universalzuständigkeit für die Erfüllung ihrer je eigenen Funktion. Die funktionale Differenzierung ermöglicht modernen Gesellschaften die Bewältigung der komplexen Herausforderungen, vor denen sie stehen. Sie bringt jedoch auch einige spezifische Nachteile mit sich. Hanitzsch identifiziert drei wesentliche mit der funktionalen Differenzierung verbundene Risiken: die Eigenrationalität der Systeme, die Multiperspektivität der Beobachtungen und die Exklusionsprobleme durch partielle Inklusion.

Die Eigenrationalität der Systeme bezeichnet die Tatsache, dass die gesellschaftlichen Funktionssysteme selbstreferenziell operieren und keine Rücksicht auf die Konsequenzen ihrer Operationen für ihre Umwelt nehmen. So müssen sich politische Entscheidungen im System Politik daran messen lassen, ob sie zum Machterhalt beitragen – ob mit ihnen negative Folgen für die Wirtschaft einhergehen, spielt zunächst keine Rolle (vgl. Hanitzsch 2004: 223f.). Auf der Ebene der gesellschaftlichen Teilsysteme entsteht daher das Problem der Pachydermisierung (vgl. Görke 2002): Die Funktionssysteme steigern mit ihrer Autonomie auch ihre Unempfindlichkeit gegen Irritationen aus der Umwelt. Dies führt tendenziell zu einer gewissen Trägheit der Systeme, die in einen Mangel an systemeigener Kreativität münden kann (vgl. ebd.: 71).

Die funktionale Differenzierung hat zudem eine Vervielfachung der gesellschaftlichen Realität zur Folge, und zwar insofern, als jedes Funktionssystem nach eigenen Regeln eine eigene Beschreibung der Welt anfertigt. Da aber keine der verschiedenen Weltbeschreibungen höher gestellt ist als die anderen, fehlt zugleich jedem Teilsystem die Legitimation, seinen Realitätsentwurf als einzig gültigen hinzustellen. Zugleich sind die verschiedenen Weltbeschreibungen inkompatibel – Systemgrenzen sind Sinngrenzen, was bedeutet, dass etwa das Wirtschaftssystem eine Erhöhung der Tabaksteuer gänzlich anders zur Kenntnis nimmt als das Gesundheitssystem – oder eben der Journalismus.

Die Gesellschaft ist also multiperspektivisch aufgebaut. Diese Entwicklung ist zweischneidig, denn „multiperspektivische, heterarchische und hyperkomplexe Beobachterverhältnisse ermöglichen der Gesellschaft somit einerseits ungeahnte Komplexitätsgewinne; andererseits werfen sie die Frage auf: Was hält die Gesellschaft noch zusammen?" (ebd.). Als Folge dieser Multiperspektivität entsteht bei Menschen der Eindruck, die Berührungspunkte ihrer eigenen Beobachtungen mit denen anderer Menschen würden immer knapper.

Schließlich entstehen Exklusionsprobleme durch partielle Inklusion. In funktional differenzierten Gesellschaften gehören Menschen nicht mehr nur einem gesellschaftlichen Teilsystem an. Dies beschert ihnen die Freiheit, gleichzeitig an verschiedenen gesellschaftlichen Teilsystemen teilzunehmen. Diese Teilnahme an möglichst vielen Teilsystemen wird von Menschen allerdings auch gefordert. Dadurch wird die Schattenseite der Inklusion, die Exklusion, zum Problem (vgl. Hanitzsch 2004: 227). Soziale Ungleichheit führt dazu, dass nicht alle Menschen in gleichem Maß in die Gesellschaft inkludiert sind. Arbeitslosigkeit etwa ist ein Ausdruck von Nicht-Inklusion ins Wirtschaftssystem, Bildungsdifferenzen weisen auf eine verschieden starke Inklusion ins Bildungssystem hin. Darüber hinaus bedingt die Inklusion in ein Teilsystem die Inklusion in andere: Ohne Arbeit kein Geld, ohne Geld keine Bildung und schlechtere Gesundheitsversorgung. Die Frage von Dazugehörigkeit oder Nicht-Dazugehörigkeit bestimmt also wesentlich die Lebenschancen von Menschen.

Während die beiden ersten Phänomene als gesamtgesellschaftliche Probleme betrachtet werden können, handelt es sich beim Problem der Exklusion um eines, das primär auf psychische und physische Systeme, also Menschen, und die Umwelt der Gesellschaft bezogen ist. Es zu lösen, übersteigt die Möglichkeiten des Journalismus. Als Lösung für die beiden ersten Probleme aber kann die gesellschaftliche Primärfunktion des Journalismus gelten.

Diese besteht in der kontinuierlichen Erzeugung und Interpretation von Irritationen zur Lenkung der gesellschaftlichen Selbstbeobachtung. Der Journalismus – und nur der Journalismus – erfüllt durch seine Irritationen die Funktion der laufenden Reaktualisierung einer gesellschaftlichen Selbstbeschreibung (vgl. Luhmann 1996: 183). Dies entspricht weitgehend der – allerdings nicht systemtheoretisch geleiteten – Auffassung, die Pöttker von der Aufgabe des Journalismus entwickelt hat (vgl. Pöttker 2000b: 378).

Die Funktionssysteme werden durch Journalismus in einen ständigen Zustand der Irritiertheit versetzt, werden mit Irritationen überflutet und können entscheiden, welche dieser Irritationen sie zu Informationen machen, zu Unterscheidungen also, die in den Systemen einen Unterschied bewirken. Die Gesellschaft stellt sich darauf ein – die Fähigkeit zum Umgang mit Irritationen wird gesteigert, das Irritiertsein zur Normalität. Auf diese Weise sorgt Journalismus dafür, dass sich die Gesellschaft nicht zu stark an bestehende Strukturen bindet und bereit ist zur Veränderung (vgl. Luhmann 1996: 175). Anders ausgedrückt: Die durch den Journalismus ausgelösten Irritationen fungieren als Mittel gegen die Pachydermie der Funktionssysteme.

Zugleich gewährleistet Journalismus für alle Funktionssysteme eine in der gesamten Gesellschaft ebenso wie den einzelnen Individuen bekannte Gegenwart (vgl. Hanitzsch 2004: 218). Das heißt: Journalismus versorgt die gesellschaftlichen Teilsysteme mit verlässlichen Informationen über ihre Umwelt, die sie sich aus eigener Kraft nicht beschaffen können. Damit löst Journalismus das Problem der Multiperspektivität und ermöglicht die Ko-Orientierung der Systeme (vgl. ebd.: 229).

Journalismus strukturiert seine Kommunikationen anhand der Frage, ob ein Ereignis auch außerhalb des gesellschaftlichen Teilsystems, in dem es produziert wurde, von Belang ist (vgl. Kohring 2000: 165). Entsprechend lautet der binäre Code, mit dessen Hilfe Journalismus seine Umwelt beobachtet, mehrsystemzugehörig/nicht mehrsystemzugehörig (vgl. Handstein 2010: 93ff.). Mit dem Begriff Teilsystem ist hier allerdings nicht notwendig ein Funktionssystem der Gesellschaft gemeint. Mehrsystemzugehörigkeit kann auch bedeuten, dass ein Ereignis schlicht über ein Interaktionssystem (ein Zwiegespräch, eine Theateraufführung) oder ein Organisationssystem (ein Wirtschaftsunternehmen, ein Sportverein) hinaus von Bedeutung ist. Denn es ist ja nicht so, dass Journalismus Mitteilungen etwa aus dem Wirtschaftssystem nur dann verarbeitet, wenn diese auch für die Politik oder ein anderes Funktionssystem relevant sind. Wirtschaftsjournalismus befasst sich vielmehr durchaus auch mit Themen aus dem System Wirtschaft für das System Wirtschaft.

Der Journalismus steuert also die Selbstbeobachtung der Gesellschaft und strukturiert die dazu nötigen Kommunikationen mithilfe des zweiwertigen Codes mehrsystemzugehörig/nicht mehrsystemzugehörig. Wie gut es spezifischen lokaljournalistischen Organisationen und Kommunikationen gelingt, zur Erfüllung dieser Funktion beizutragen, ist ein wesentlicher Maßstab für die Qualität der Berichterstattung.

2.2 Leistungen des Lokaljournalismus

Von der Funktion des Journalismus für die Gesamtgesellschaft zu unterscheiden sind die Beziehungen des Journalismus zu anderen gesellschaftlichen Teilsystemen. Zur Analyse dieser Beziehungen nutzt die Systemtheorie den Begriff der Leistung. So ist etwa die Bindung der Politik an eine Verfassung eine Leistung des Rechtssystems für das politische System (vgl. Luhmann 1997: 782f.). Leistungen, die Journalismus für die Systeme in seiner Umwelt erbringt, können je nach Standort und Interesse des Beobachters ebenso als Maßstab journalistischer Qualität dienen wie die gesamtgesellschaftliche Funktion.

Allgemein gilt, dass die Beziehungen des Journalismus zu einigen Funktionssystemen stärker ausgeprägt sind als zu anderen. Deutlich sichtbar sind vor allem die Leistungsbeziehungen zu solchen Systemen, für deren Beobachtung sich im Journalismus eigene Ressorts ausgebildet haben: Wirtschaft, Politik, Sport und Kunst sind an erster Stelle zu nennen (vgl. Blöbaum 1994: 307). Blöbaum sieht den Grund für die stark ausgeprägten Kopplungen mit diesen Systemen in deren Publikumsorientierung: „Politik, Wirtschaft, Kultur und Sport sind auf die Inklusion großer Teile der Bevölkerung in ihre jeweiligen Vollzüge angewiesen, sei es als Wähler, Konsumenten oder Zuschauer." (ebd.)

So ist für die Organisationen des politischen Systems – vor allem: Parteien – die Frage, wie sie ihr Publikum erreichen können, zentral, denn das Publikum gilt es im Wahlkampf zu überzeugen. Aber auch die Exekutive kann sich nicht allein auf ihre formale Macht verlassen, die Möglichkeit also, Entscheidungen notfalls mit Gewalt durchsetzen zu können. Sie benötigt daher auch informelle Macht. Die erhält sie, indem sie versucht, das Publikum davon zu überzeugen, dass ihre Entscheidungen richtig, moralisch gerechtfertigt und verhältnismäßig sind. Die politischen Organisationen machen also Vorschläge, wie Politik beobachtet werden soll. Zu deren Verbreitung benötigen sie – unter anderem – den Journalismus (vgl. Marcinkowski/Bruns 2000: 217f.).

Weiterhin trägt Journalismus auch die Wünsche und Interessen der Bürger an die politischen Organisationen heran. Damit wird Journalismus für die Politik zu einer Art Frühwarnsystem. Aus der Sicht des Journalismus bedeutet dies, dass das System eine Wächterfunktion gegenüber den politischen Organisationen übernimmt (vgl. Blöbaum 1994: 295ff.). Dies stimmt im Übrigen mit einer Aufgabe überein, die der Presse von der Politik selbst zugewiesen und vom Rechtssystem in die Form von Gerichtsurteilen und Gesetzestexten gebracht wurde. So heißt es im § 3 des Pressegesetzes für das Land Nordrhein-Westfalen:

> „Die Presse erfüllt eine öffentliche Aufgabe insbesondere dadurch, daß sie Nachrichten beschafft und verbreitet, Stellung nimmt, Kritik übt oder auf andere Weise an der Meinungsbildung mitwirkt."

Diese durch das Rechtssystem formulierten Aufgaben der Information, Orientierung und Artikulation lassen sich systemtheoretisch als Leistungen des Journalismus für das politische Publikum beschreiben. Durch diese Leistungen schafft Journalismus die Möglichkeit zur Inklusion in das politische System.

Dies gilt auch im Lokalen: Auch nach dem Aufkommen sozialer Medien wie Facebook stellt Journalismus noch einen Meinungsmarkt für das politische System bereit und ermöglicht die Kommunikation zwischen politischen Organisationen und politischem Publikum (vgl. Jonscher 1995: 138). Dies beginnt bei der Berichterstattung über Ratssitzungen, geht über die Ankündigung von Wahlkampfständen der Parteien und endet bei der Einladung von Bürgermeister-Kandidaten zum Streitgespräch in die Redaktion.

Für die Wirtschaft vermittelt der Journalismus zwischen Angebot und Nachfrage (vgl. Blöbaum 1994: 294). Dies geschieht einerseits dadurch, dass die Lektüre journalistischer Mitteilungen auch die in direkter Nachbarschaft platzierten Mitteilungen von Organisationen des Wirtschaftssystems – sprich: Anzeigen – ins Blickfeld der Leser rückt. Zudem können journalistische Mitteilungen direkt zum Konsum motivieren – man denke an die Modestrecken im redaktionellen Teil von Frauenzeitschriften oder auch an Sonderbeilagen in Tageszeitungen (vgl. Handstein 2010: 82f.). Ähnlich wie die Politik ist die Wirtschaft also zur Inklusion des Publikums dringend auf Journalismus angewiesen (vgl. Meier 2002: 89).

Die Leistungen des Journalismus für andere Funktionssysteme sind ebenfalls vielfältig (vgl. Handstein 2010: 136ff.): Journalismus unterstützt das Rechtssystem bei der Beobachtung seiner Umwelt und macht Rechtsnormen in der Gesellschaft bekannt. Er ermöglicht der Kunst, ein breites Publikum anzusprechen und liefert Legitimation für Kunstwerke.

Grundsätzlich gilt: Die Qualität ist umso höher, je besser journalistische Kommunikation geeignet ist, die jeweilige Leistung zu erbringen.

2.3 Der innere Aufbau des Funktionssystems Journalismus

Eine komplexe Binnendifferenzierung versetzt den Journalismus in die Lage, seiner gesellschaftlichen Funktion gerecht zu werden. Die Fähigkeit der Luhmann'schen Theorie autopoietischer Systeme, eben diese Binnendifferenzierung detailliert zu beschreiben, ermöglicht die präzise theoretische Erfassung entscheidender Einflussfaktoren auf die Qualität journalistischer Kommunikation.

Die wichtigsten dieser Faktoren sind der Aufbau journalistischer Organisationen, die Ausgestaltung journalistischer Rollen innerhalb dieser Organisationen und vor allem die journalistischen Programme, die im Alltag als Konkretisierungen des binären Codes mehrsystemzugehörig/nicht mehrsystemzugehörig journalistische Kommunikation strukturieren.

2.3.1 Journalistische Organisationen und Rollen

Blöbaum betrachtet als journalistische Organisationen Massenmedien und Redaktionen (vgl. Blöbaum 2000: 175). Diese Perspektive schließt Verlage und Sender als den Redaktionen übergeordnete Organisationen ein – die Redaktionen sind Teile der Organisation Verlag beziehungsweise der Organisation Sender (vgl. Luhmann 1997: 834f.). Diese Sichtweise scheint jedoch angesichts der vorwiegend wirtschaftlichen Zielsetzung der meisten Verlage und privaten TV-Sender in dieser Allgemeinheit nicht sinnvoll. Plausibler ist es, Verlage und Sender als Organisationen des Wirtschaftssystems zu betrachten und damit der Umwelt des Systems Journalismus zuzuordnen. Als journalistische Organisationen bleiben daher im Wesentlichen Redaktionen und Nachrichtenagenturen übrig. Daneben können allerdings auch kleinere Einheiten wie Journalistenbüros als journalistische Organisationen betrachtet werden (vgl. Altmeppen 2000: 235).

Journalisten nehmen innerhalb journalistischer Organisationen spezifische Rollen ein. Grundlegende Rolle aller Mitglieder in Redaktionen ist die Mitgliedsrolle, denn durch Mitgliedschaft wird die Inklusion in Organisationen geregelt (vgl. Handstein 2010: 83f.). Die Mitgliedsrolle kann als Zusammenfassung von Entscheidungen über Verhaltenserwartungen angesehen werden, in der sämtliche Verhaltenserwartungen an Redaktionsmitglieder angelegt sind (vgl. Rühl 1969: 165). Einerseits enthält die Mitgliedsrolle die Entscheidung über Zugehörigkeit und Nichtzugehörigkeit zu einer Redaktion. Andererseits trennt die Mitgliedsrolle systeminterne von -externen Rollen. Von den Mitgliedern in anderen Lebensbereichen ausgefüllte Rollen bleiben in der Redaktion im Regelfall außen vor (vgl. ebd.: 155f.). Die Verhaltenserwartungen, die die Mitgliedsrolle an die Redaktionsmitglieder stellt, lassen diesen nur sehr beschränkte Wahlmöglichkeiten: Entweder sie erfüllen die Erwartungen – oder sie treten aus der Organisation aus.

Neben den sehr allgemeinen und invarianten Verhaltenserwartungen durch die Mitgliedsrolle ergeben sich weitere Verhaltensprämissen durch die verschiedenen Leistungsrollen, die Redaktionsmitglieder ausfüllen. Zu unterscheiden ist hierbei zwischen vertikaler Rollendifferenzierung in einer Redaktionshierarchie und horizontaler Rollendifferenzierung durch inhaltliche Arbeitsteilung (vgl. Blöbaum 1994: 289ff.).

Durch vertikale Rollendifferenzierung entsteht eine Hierarchie. In Redaktionen steht zuoberst der Chefredakteur. Dann folgen Ressortleiter, Redakteure und Volontäre (vgl. ebd.:

290). Diese Gliederung in vier Hierarchie-Ebenen lässt sich erweitern, wenn auch freie Mitarbeiter und andere Redaktionsmitglieder berücksichtigt werden.

Die horizontale Rollendifferenzierung hat vielfältigere Formen hervorgebracht als die vertikale. So entstanden im Verlauf der Binnendifferenzierung des Journalismus unter anderem die Standardrollen des Politikredakteurs (Innenpolitik einerseits, Außenpolitik andererseits), des Sportredakteurs, des Wirtschaftsredakteurs, des Lokalredakteurs, des Reporters, des Planungsredakteurs, des Chefs vom Dienst und des Fotoredakteurs (vgl. ebd.).

Am wenigsten ausgeprägt scheint die Differenzierung journalistischer Rollen im Lokalen: Hier sind auch im 21. Jahrhundert noch Lehrer nebenberuflich journalistisch tätig. Häufiger allerdings sind es Studenten und Schüler, die in ihrer Freizeit als freie Mitarbeiter arbeiten (vgl. etwa Knoll 1998: 220ff.). Auch die Rollen der hauptberuflichen Journalisten sind im Lokaljournalismus weniger spezialisiert als in anderen Ressorts – im Zweifel muss jeder Redakteur jede Aufgabe übernehmen können (vgl. Jonscher 1991: 167f.). Diese Eigenheiten hängen nicht nur damit zusammen, dass die Auflagen im Lokalen naturgemäß begrenzt und die zur Verfügung stehenden finanziellen Ressourcen limitiert sind (vgl. ebd.: 151f.). Sie sind auch Ausdruck der Tatsache, dass die Umwelt, mit der sich der Lokaljournalismus konfrontiert sieht, weniger komplex ist als die Umwelt des überregionalen Journalismus. Dennoch gibt es auch in Lokalredaktionen Spezialisierung, gibt es Verantwortliche für Kommunalpolitik, für die lokale Wirtschaft, für Bildung und Kultur oder für Lokalsport.

2.3.2 Journalistische Programme

Wie die Redaktionsmitglieder ihre jeweiligen Leistungsrollen ausfüllen, ist ein wesentlicher Einflussfaktor auf die Qualität journalistischer Kommunikation. Noch wichtiger sind aber womöglich die Programme, mit deren Hilfe der Journalismus seine Kommunikationen strukturiert. An die Programme sind Qualitätsforderungen zu stellen, ihre Beschaffenheit ist zu prüfen, wenn es um die Sicherung journalistischer Qualität geht. In der Vergangenheit haben vor allem Blöbaum und Rühl sich um die Beschreibung journalistischer Entscheidungsprogramme verdient gemacht (vgl. Blöbaum 1994; Rühl 1969). Rühl unterscheidet das Zweck- und das Konditionalprogramm. Seiner Auffassung nach dient das Konditionalprogramm zur routinemäßigen Verarbeitung von Irritationen nach einem Wenn-dann-Schema: Tritt ein bestimmtes Ereignis ein, dann reagiert die Redaktion nach bestimmten, vorher festgesetzten Prämissen (vgl. Rühl 1969: 177). Wie diese Prämissen genau aussehen, erfasst der Programmbegriff von Rühl nicht. Genau dies ist aber mit den von Blöbaum entwickelten Programmtypen möglich.

3. Journalistische Programme als Determinanten der Qualität

Diese Programme sind geeignet, den journalistischen Arbeitsprozess im Detail zu beschreiben, weil sie konkret auf verschiedene Arbeitsschritte bezogen sind (vgl. Blöbaum 1994: 220ff.).

3.1 Selektionsprogramme

Selektionsprogramme ermöglichen es dem Journalismus zu entscheiden, welche Informationen weiterverarbeitet werden sollen. Insofern stellen sie Spezifikationen des unveränderlichen journalistischen Codes mehrsystemzugehörig/nicht-mehrsystemzugehörig dar (vgl. Luhmann 1996: 38).

Blöbaum nennt als Selektionsprogramme Aktualität, Neuigkeit, Nähe, Relevanz und Ressort (vgl. Blöbaum 1994: 220ff.). Sinnvoller erscheint jedoch, unterhalb des allgemeinen Begriffs des Selektionsprogrammes zunächst die Programme zur Bestimmung externer Relevanz, zur Bestimmung interner Relevanz, zur Bestimmung von Aktualität und zur Selektion nach Kriterien der Vielfalt zu unterscheiden. Jedes dieser Programme ist durch verschiedene Selektoren gekennzeichnet (vgl. Luhmann 1996: 58ff.). Auf dieser niedrigeren Ebene sind die von Blöbaum genannten Programme Nähe und Relevanz einzuordnen.

Denn: Nicht jeder Selektor bildet ein eigenes Selektionsprogramm. Wäre dem so, könnten Journalisten nur schlecht die einzelnen Selektoren gegeneinander abwiegen. Dazu bedürfte es eines Meta-Selektionsprogrammes, das die Gewichtung der Selektoren regelt. Kepplinger weist zu Recht darauf hin, dass jede Selektionstheorie Informationen über zwei Komponenten enthalten muss. Dies sind zum einen die Kriterien der Selektion und zum anderen die Merkmale der Objekte, die selektiert werden (vgl. Kepplinger 1998: 20). Dies verdeutlicht, dass Selektionsprogramme auch Elemente der Binnendifferenzierung des journalistischen Systems sind, denn die Programme können zwischen verschiedenen Medientypen, von Redaktion zu Redaktion und selbst von Ressort zu Ressort sehr unterschiedlich ausfallen. Ein prägnantes Beispiel für diesen Sachverhalt ist die überragende Bedeutung des Selektors Nähe im Lokaljournalismus – während Nähe in anderen Ressorts nur einer unter mehreren Selektoren ist, kann er im Lokalressort allein entscheidend für die Veröffentlichung oder Nicht-Veröffentlichung einer Nachricht sein. Aus diesem Grund wird ein Selektionsprogramm hier verstanden als Programm, das aus mehreren Selektoren und Richtlinien für deren Abwägung gegeneinander besteht.

Externe Relevanz schreiben Journalisten Ereignissen aufgrund sachlicher Merkmale zu. Diese Merkmale dienen zur Identifikation derjenigen Ereignisse, die als Nachrichten besonders geeignet, also relevant erscheinen. (Externe) Relevanz ist ein klassisches, in der einschlägigen Forschung häufig zu findendes journalistisches Qualitätskriterium (vgl. etwa Schatz/Schulz 1992: 696ff.; Rager 1994: 197ff.; Hagen 1995a: 71).

Für die Beschreibung von Selektoren zur Bestimmung externer Relevanz hat die Kommunikationswissenschaft in den vergangenen Jahrzehnten häufig die von der Nachrichtenwertforschung entwickelten Nachrichtenfaktoren genutzt. Auch Handbücher zur Journalistenausbildung verwenden Nachrichtenfaktoren als Selektionskriterien (vgl. Weischenberg 1990: 18ff.; Mast 2000: 220). In Deutschland hat vor allem Schulz die Entwicklung der Nachrichtenwertforschung geprägt. Sein Nachrichtenfaktoren-Katalog dient mit leichten Modifikationen immer wieder als Grundlage für empirische Arbeiten (vgl. Kepplinger 1998: 19). Wichtige Nachrichtenfaktoren sind etwa die Reichweite von Ereignissen, potenzieller Schaden und Nutzen, Kontroversen, Prominenz und Macht der Handelnden oder Emotion (vgl. Handstein 2010: 191ff.).

Ein anderer Typ von Programmen steuert die Bestimmung der internen Relevanz von Einzelaspekten innerhalb von Sachverhalten. Diese themeninternen Selektionsentscheidungen werden in der Qualitätsforschung seltener thematisiert als Entscheidungen bezüglich externer

Relevanz, werden aber etwa von Pöttker unter dem Begriff Vollständigkeit erfasst (vgl. Pöttker 2000b: 383).

Auch Fahr geht in seiner Untersuchung auf interne Relevanz ein. Er beurteilt sie anhand von Expertenaussagen – und zwar auch anhand solcher, die in der Berichterstattung selbst vorkommen (vgl. Fahr 2001: 15). Dies wirft allerdings Probleme auf: Der Rückgriff auf Relevanzattributoren wie Politiker und Experten erscheint fragwürdig, weil dadurch nur professionelle Selektionskriterien von Journalisten durch Relevanzzuweisungen anderer Akteure ersetzt werden. Dabei muss letztlich das System Journalismus selbst das größte Interesse an gelungener, erfolgreicher und guter journalistischer Kommunikation haben. Andere gesellschaftliche Rollenträger bewerten Journalismus sicher nicht aus einer besseren, sondern schlicht aus einer anderen Beobachterperspektive.

Bessere Ergebnisse verspricht der Rückgriff auf die von van Dijk entwickelten, diskursanalytischen Nachrichtenschemata (vgl. van Dijk 1988: 49ff.). Mit deren Hilfe werden Texte aufgebrochen in Bestandteile wie Zusammenfassungen, Kommentare, Hintergründe und Folgen (vgl. ebd.: 55). Zur Messung von interner Relevanz bieten sich zudem die im Journalismus allgemein akzeptierten W-Fragen an, die in einer Nachricht beantwortet werden sollten (vgl. La Roche 1991: 81f.; Schneider/Raue 1998: 64f.): Wer? Was? Wo? Wann? Wie? Warum (welche Ursachen)? Woher (welche Quelle)? Was folgt daraus? Diese Fragen ähneln prinzipiell den Nachrichtenschemata, bewegen sich aber näher an der journalistischen Praxis und sind außerdem empirisch leichter messbar.

Die Vielfalt der Selektionsprogramme erschöpft sich nicht in Programmen zur Bestimmung externer und interner Relevanz. Darauf weist auch Blöbaum hin. Dieser unterscheidet innerhalb des von ihm konzipierten Selektionsprogrammes zwischen Kriterien, die sich eher auf die Sachdimension von Sinn beziehen (der Unterschied zwischen neu und bekannt), solchen, die sich eher auf die Sozialdimension beziehen (Relevanz und Konflikt), und solchen, die sich auf die Zeitdimension beziehen, also auf die zeitliche Nähe einer Information zum Redaktionsschluss (vgl. Blöbaum 1994: 282f.).

Diese Betrachtungsweise scheint allerdings nicht konsistent zu sein: Einerseits soll Selektion allgemein der Konstruktion von Relevanz dienen – dann kann Relevanz kein Einzelkriterium sein. Andererseits ist nicht einsichtig, warum gerade die Differenz von neu und bekannt die Sachdimension bezeichnen soll, während für die Sozialdimension andere Kriterien gelten (vgl. Handstein 2010: 107). Auf die Selektion in der Zeitdimension lohnt es allerdings näher einzugehen. Um den journalistischen Begriff zu gebrauchen: Es geht um das Selektionsprogramm Aktualität. Blöbaum behandelt sie weitgehend unter dem Gesichtspunkt der Nähe eines Ereignisses zur Veröffentlichung der Nachricht darüber (vgl. Blöbaum 1994: 282). Auch in der Qualitätsforschung wird dieser Aspekt der Aktualität meist in den Mittelpunkt gestellt (vgl. Hagen 1995a: 128, Pöttker 2000b: 386). Der Journalismus kennt und verwendet indes auch andere Aspekte von Aktualität. So hat Walther von La Roche verschiedene Konzepte von Aktualität erarbeitet, die ein breiteres Spektrum abdecken:

Zeitliche Unmittelbarkeit: Unmittelbar nach einem Ereignis wird darüber berichtet. La Roche weist in diesem Zusammenhang darauf hin, dass Aktualität nicht vom Ereigniszeitpunkt allein bestimmt wird, sondern auch vom Zeitpunkt des Offenkundigwerdens eines Geschehens.

Selbst geschaffene Aktualität: Journalisten können Aktualität schaffen, indem sie Verborgenes durch Eigenrecherche ans Licht zerren. Ein Sonderfall der selbst geschaffenen Aktualität ist die geplante Aktualität. Darunter versteht La Roche Hilfsaktionen zu

Weihnachten und andere Aktionen von Journalisten. Aktualität kann verlängert und verstärkt werden, etwa durch zusätzliche Recherchen nach einem Ereignis.

Aktualität bemisst sich schließlich auch danach, ob in der Öffentlichkeit gerade Interesse für ein Thema oder ein Ereignis besteht. Dies bezeichnet La Roche mit dem Begriff gegenwärtige Aufgeschlossenheit (vgl. La Roche 1991: 66ff.).

Zusammenfassen lassen sich diese, sich teilweise überschneidenden Konzepte letztlich wie folgt: Im Entscheidungsprogramm Aktualität geht es um die Frage, weshalb eine Information gerade zum Zeitpunkt x und nicht zu einem beliebigen anderen Zeitpunkt mehrsystemzugehörig wird.

Als weiteres eigenständiges Selektionsprogramm kann die Orientierung am Ziel der Vielfalt von Nachrichten gelten. Wie vielfältig solche Programme zur Selektion anhand von Kriterien der Vielfalt ausgestaltet sein können, zeigen einige der bisher vorliegenden Arbeiten zur journalistischen Qualität, die Vielfalt als Qualitätskriterium berücksichtigen. So misst Schröter Themenkosmos, Partnerkosmos und Meinungsvielfalt (vgl. Schröter 1992); Schatz und Schulz unterscheiden strukturelle Vielfalt und inhaltliche Vielfalt und gliedern diese wiederum in die Vielfalt von Lebensbereichen, geografischen Räumen, kulturellen und ethnischen Gruppen sowie gesellschaftlichen und politischen Interessen (vgl. Schatz/Schulz 1992: 693f.). Programme, die sich an Kriterien der Vielfalt orientieren, stehen gewissermaßen entgegengesetzt zu Selektionsprogrammen, die auf Relevanz abzielen (vgl. Hagen 1995a: 125f.). Das gilt für interne wie externe Relevanz gleichermaßen. So kann es durchaus zu Konflikten zwischen Vielfalts- und Relevanzprogrammen kommen. Eine Möglichkeit dafür ist, dass eine Nachricht allein aus Gründen der Vielfalt selektiert wird und deshalb Nachrichten verdrängt, die durch ein Programm externer Relevanz selektiert worden wären.

3.2 Prüfprogramme

Prüfprogramme dienen der Gewährleistung der Richtigkeit veröffentlichter Informationen (vgl. Blöbaum 1994: 282f.) und stellen damit die Erfüllung einer in der einschlägigen Forschung häufig genannten Qualitätsforderung sicher (vgl. Rager 1994: 200; Hagen 1995a: 105ff.; Pöttker 2000b: 382f.). Dies ist nötig, um den Fortbestand der Autopoiesis des Journalismus zu sichern. Denn dieser kann es sich nicht erlauben, dass regelmäßig unrichtige Nachrichten veröffentlicht werden, will er nicht sein Fortbestehen gefährden (vgl. Luhmann 1996: 55f.).

Das wichtigste Prüfprogramm des Journalismus ist die Recherche. Dieses Programm ermöglicht es dem Journalismus, die Systeme in seiner Umwelt bei der Suche nach Informationen aktiv zu irritieren. Blöbaum schreibt der Recherche denn auch eine wichtige Rolle in der Evolution des Journalismus zu:

> „Die Herausbildung und Anwendung von Recherche befreite den Journalismus aus der passiven Rolle eines Be- und Verarbeiters von angelieferten Informationen und erlaubt die aktive Sammlung von Informationen." (Blöbaum 2000: 178).

Haller definiert Recherche als „Verfahren (…), mit dem Aussagen über Vorgänge beschafft, geprüft und beurteilt werden" (Haller 2000: 39). Das heißt: Er versteht Recherche nicht nur als Prüf- sondern auch als Sammelprogramm – und sogar als Selektionsprogramm. Dieser umfassenden Definition entsprechend sieht er es als Ziel jeder Recherche an, sicherzustellen, dass die in den Medien veröffentlichten Aussagen zutreffend, hinreichend wichtig und nachvollziehbar, also verständlich sind (vgl. ebd.: 51).

Damit steht Hallers praxisnahes Konzept im Gegensatz zur Systematik von Blöbaum, der Recherche vor allem als Sammelprogramm betrachtet und von den Prüf- und Selektionsprogrammen des Journalismus trennt. Diese Trennung lässt sich jedoch auch analytisch kaum durchhalten, denn ein Recherchegespräch dient wohl beinahe immer sowohl der Sammlung als auch der Prüfung von Sachverhalten. Unbestritten bleibt zwar, dass es weitere, separate Prüfprogramme gibt, doch Recherche ist immer beides zugleich: Sammel- und Prüfprogramm. Die Bewertung der Wichtigkeit von Sachverhalten dagegen lässt sich problemlos von der Recherche isolieren und durch ein eigenes Selektionsprogramm beschreiben – das dann allerdings in der Praxis auf die Recherche zurückwirkt.

Blöbaum nennt neben der Recherche zwei weitere Prüfprogramme. Eines ist die Möglichkeit, dass überhaupt eine Prüfung stattfindet. Jedes System, das versucht, den Journalismus zu irritieren – etwa durch eine Pressemitteilung – muss damit rechnen, dass der Journalismus Konsistenzprüfungen vornimmt. Deshalb wird die aussendende PR-Agentur ihre Mitteilung von vorne herein so konzipieren, dass sie diese Konsistenzprüfungen erfolgreich durchläuft (vgl. Blöbaum 2000: 179). Ein weiteres Prüfprogramm führt Blöbaum auf die Tatsache zurück, dass bei weitem nicht alle eingehenden Mitteilungen durch Recherche geprüft werden. Dieses Programm besteht darin, die Verantwortung für Aussagen auf andere zu übertragen, indem sie direkt einer Quelle zugeordnet werden (vgl. ebd.).

Das Redigieren ist nach Blöbaum kein eigenständiges journalistisches Programm, sondern beruht auf Kriterien, die durch Darstellungs-, Selektions- und Prüfprogramme vorgegeben werden (vgl. Blöbaum 1994: 280). Das bedeutet unter anderem: Inhaltliche Richtigkeit kann auch beim Redigieren nur durch Recherche gewährleistet werden; Relevanz einer Nachricht kann auch beim Redigieren nur durch die Anwendung eines Selektionsprogramms garantiert werden. Für die Gewährleistung von richtiger Syntax und Rechtschreibung indes ist ein eigenes Prüfprogramm zuständig, das typisch während des Redigierens (aber nicht nur dann) greift. Das Redigieren lässt sich demnach als Vorgang der Anwendung mehrerer journalistischer Programme durch einen Journalisten auf zuvor bereits ausgewählte und mitgeteilte Informationen beschreiben. Der redigierende Redakteur ermöglicht damit die Vervollständigung einer journalistischen Kommunikation und stimuliert die nächste, indem er ein weiteres Mal Informationen und eine Mitteilungsform auswählt – und sei es auch, dass er weder die Informationen im Artikel verändert noch die Form ihrer Mitteilung. Beim Redigieren handelt es sich also letztlich um eine Wiederholung des journalistischen Arbeitsprozesses im „Kleinen".

3.3 Darstellungsprogramme

Zu den Darstellungsprogrammen in Printmedien zählen die journalistischen Textgattungen und andere Formen der Präsentation von Inhalten, etwa fotografische Techniken (vgl. Blöbaum 2000: 177f.). Dabei gibt es zunächst ein Programm, das regelt, unter welchen Bedingungen welche Textgattung zu wählen ist. Darüber hinaus ist jede einzelne Textgattung, ob Nachricht, Bericht, Reportage oder Interview, als eigenes Darstellungsprogramm zu betrachten, für das spezifische Entscheidungsregeln bestehen. Blöbaum behandelt die Darstellungsprogramme denn auch vor allem mit Blick auf die unterschiedlichen

Textgattungen, indem er Merkmale von Nachricht, Bericht, Reportage und Interview bespricht (vgl. Blöbaum 1994: 279f.). Hinzu kommen noch Kommentar, Glosse, Feature und andere Formen – wobei die genaue Abgrenzung der Formen voneinander oft schwer fällt. Analytisch hilfreich ist die Systematik von Roloff, der die Textgattungen unter den Begriffen referierend, interpretierend und kommentierend subsumiert (vgl. Roloff 1982: 3).

Daneben gibt es gattungsübergreifende Darstellungsprogramme. Die wissenschaftliche Qualitätsforschung hat sich vor allem mit diesen beschäftigt. Ganz sicher zählen dazu Programme, die zur Gewährleistung von Verständlichkeit dienen – dies ist nicht nur ein in der Journalistik viel beachtetes Qualitätskriterium (vgl. Heijnk 1997), sondern auch ein wichtiger Teil der praktischen Ausbildung. Davon zeugt auch die ausgiebige Würdigung der Verständlichkeit in journalistischen Praxis-Lehrbüchern (vgl. etwa Schneider 1984: 125ff.). Als Prototyp eines Verständlichkeitsprogramms kann das von Psychologen entwickelte Hamburger Verständlichkeitskonzept gelten. Dieses will Verständlichkeit anhand der vier Kriterien Einfachheit, Gliederung-Ordnung, Kürze-Prägnanz und Anregende Zusätze optimieren (vgl. Langer u.a. 1993). Diese Modell wurde auch in der Journalismuswissenschaft vielfach rezipiert und nachdrücklich durch Pöttker (vgl. 2000a: 28), aber auch andere (vgl. Ahlke/Hinkel 2000: 24ff.; Weischenberg 2001: 162; Pürer 1991b: 243ff.) als Anleitung für die journalistische Praxis – und damit als Basis für journalistische Entscheidungsprogramme – empfohlen.

Andere textgattungsübergreifende Darstellungsprogramme gelten der Generierung von Unterhaltsamkeit oder ästhetischen Gesichtspunkten. Dabei gilt, dass die verschiedenen Programme durchaus in Konflikt geraten können, so dass eine Abwägung nötig ist, etwa von Verständlichkeit gegenüber Ästhetik.

3.4 Ordnungsprogramme

Ordnungsprogramme strukturieren Informationen und regeln die Art und den Ort ihrer Weiterverarbeitung. Ein grundlegendes Ordnungsprogramm ist die Teilung von Redaktionen in Ressorts (vgl. Blöbaum 2000: 177). Mit der Ressortbildung vollzieht der Journalismus gleichsam die funktionale Differenzierung der Gesellschaft nach – denn die Ressorts sind stark an den wichtigsten gesellschaftlichen Funktionssystemen orientiert (vgl. Blöbaum 1994: 205). So bildeten sich als klassische Tageszeitungs-Ressorts die Politik, die Wirtschaft, die Kultur und der Sport heraus (vgl. Hohnecker 1995: 19). Und auch Lokalteile gibt es bereits seit dem 19. Jahrhundert (vgl. Meier 2002: 124). Sie sind eine Form der segmentären Differenzierung des Journalismus nach geographischen Gesichtspunkten.

Intern sind die klassischen Ressorts weiter differenziert – auch dies ist Teil des Ordnungsprogramms (vgl. Meier 2002: 142ff.). Für den Lokalteil der Tageszeitung oder entsprechende Ressorts von Online-Medien gilt dies ebenfalls. Die Spezialisierung der Redakteure erfolgt Meier zufolge dort in der Regel nach dem Muster der klassischen Zeitungsressorts. Im Lokalteil der Zeitung finden sich dann etwa: Lokalsport, lokale Kultur oder lokale Wirtschaft (vgl. ebd.: 149ff.). Ordnungsprogramme innerhalb einzelner Ressorts sind Rubriken und Serien. Sie dienen der Kennzeichnung und Einordnung spezifischer Mitteilungen.

Allgemein erhöhen Ordnungsprogramme die Chance des Publikums, Journalismus selektiv zu rezipieren: Wer sich nur für den Wirtschaftsteil einer Tageszeitung interessiert, kann diesen leicht vom Restprodukt trennen und lesen (vgl. Blöbaum 1994: 278f.). Weitere

Ordnungsprogramme sind zum Beispiel Überschriften und typografische Hervorhebungen. Tatsächlich zählen alle Mittel der Typografie und des Layouts zu den Ordnungsprogrammen: etwa die Gestaltung der Überschrift, der Umbruch der Artikel, Zwischenüberschriften oder die Hervorhebung von Links in online publizierten Artikeln.

4. Die Crossmedialisierung des Lokaljournalismus und ihre Folgen

Die journalismuswissenschaftliche Qualitätsforschung war – sowohl in theoretischen Entwürfen als auch in empirischen Untersuchungen – häufig auf einzelne Mediengattungen bezogen. Schröter untersuchte Printmedien (vgl. Schröter 1992); Schatz und Schulz entwarfen Normen für das Fernsehen (vgl. Schatz/Schulz 1992); Fahr stützte eine entsprechende empirische Untersuchung darauf (vgl. Fahr 2001); Hagen analysierte die Berichterstattung von Nachrichtenagenturen (vgl. Hagen 1995a); Krieger konzentrierte sich auf das Radio (vgl. Krieger 2007); Handstein untersuchte die Qualität der Lokalberichterstattung dreier Zeitungen in Nordrhein-Westfalen (vgl. Handstein 2010).

Durch die stetig steigende Bedeutung des Onlinejournalismus auch im Lokalen greift die Beschränkung der Qualitätsforschung und Qualitätssicherung auf einzelne Verbreitungswege zu kurz. Heute ist ein umfassenderer Ansatz nötig. Lokaljournalismus spielt sich ebenso in der gedruckten Zeitung ab wie im Lokalfunk oder den Online-Portalen traditioneller Medien. Und auch Lokaljournalismus, der seine Wurzeln im Web hat, gewinnt an Bedeutung – das erfolgreiche Blog „Ruhrbarone" und sein Printableger sind nur ein Beispiel für dieses Phänomen.

Im Folgenden soll diskutiert werden, wie sich journalistische Entscheidungsprogramme durch die Crossmedialisierung des Lokaljournalismus verändern. Dabei wird einerseits deutlich, dass die Programme medienübergreifend zur Beschreibung und Messung von Qualität genutzt werden können. Andererseits zeigt sich, dass die Crossmedialisierung des klassischen (Print-)Lokaljournalismus Auswirkungen auf praktisch alle journalistischen Programme – und damit auch auf mögliche Qualitätsforderungen an journalistische Kommunikation hat.

4.1 Die Qualität der Selektionsprogramme

Am deutlichsten werden diese Auswirkungen sicher anhand des Programmes zur Zuweisung von Aktualität – zumindest, was den auf die zeitliche Nähe eines Ereignisses zur Berichterstattung darüber bezogenen Teil des Programms angeht. Onlinejournalismus ermöglicht, diese Zeitspanne im Vergleich zum Printjournalismus deutlich zu verkürzen – bis hin zur Liveberichterstattung über Video- und Audio-Streams oder zur annähernd gleichzeitigen Berichterstattung mithilfe von Newstickern oder Social-Media-Plattformen wie Twitter (vgl. Matzen 2010: 15f., Grüner u.a. 2010: 56). Diese Möglichkeiten bringen auch einen Zwang zur Aktualität mit sich: Neben dem Veröffentlichungs-Tag ist für Online-Leser auch die Veröffentlichungs-Uhrzeit relevant. In der lokaljournalistischen Praxis wirken allerdings auch andere – gegenläufige – Zwänge auf die Redaktionen ein. Nicht zuletzt sorgt die Abhängigkeit von den durch das Wirtschaftssystem bereitgestellten finanziellen Ressourcen für Einschränkungen der Berichterstattungsgeschwindigkeit.

Zeitliche Nähe ist allerdings gerade im Lokaljournalismus nur einer unter vielen gleichberechtigten Modi der Aktualitätszuweisung. In einer Untersuchung der Lokalteile zweier Regionalzeitungen und eines Anzeigenblattes im Kreis Wesel (Nordrhein-Westfalen) ermittelte Handstein, dass nur ein relativ geringer Anteil der Berichterstattung klar als tagesaktuell zu erkennen war. So machten tagesaktuelle Stücke im Lokalteil der Neuen Rhein Zeitung lediglich 17,7 Prozent der Artikel aus. Im Lokalteil der Rheinischen Post waren es 21,3 Prozent (vgl. Handstein 2010: 287). Zwar steigt der Anteil tagesaktueller Texte unter den hoch gewichteten Artikeln deutlich an (vgl. ebd.: 289). Dennoch gilt: Andere Modi der Aktualitätszuweisung nehmen im Lokaljournalismus eine wichtige Rolle ein. Vor allem Ankündigungsaktualität, also Hinweise auf in der Zukunft stattfindende Ereignisse und Veranstaltungen, kommt häufig vor (vgl. ebd.: 287). An diesem Modus der Aktualitätszuweisung ändert sich auch im Onlinejournalismus wenig. Gleiches gilt für die Berichterstattung über Ereignisse, die vom Journalismus überhaupt erst bekannt gemacht werden, oder die geplante Aktualität.

Bezüglich der Selektion nach Kriterien externer Relevanz ist Lokaljournalismus vor allem durch niedrige Schwellen gekennzeichnet – das Angebot an Ereignissen ist aufgrund des beschränkten Verbreitungsgebietes geringer als in der überregionalen Berichterstattung, so dass das übliche Problem, unter einer Vielzahl von Ereignissen die relevantesten auszuwählen, stark abgemildert wird. Im Ergebnis findet Selektion im Lokalteil daher weniger durch Entscheidungen über die Veröffentlichung oder Nicht-Veröffentlichung von Nachrichten statt als durch Entscheidungen über Gewichtung und Platzierung (vgl. ebd.: 299). An diesem Zusammenhang ändert sich auch im lokalen Onlinejournalismus nichts. Allenfalls wird der Selektionsdruck durch das im Internet praktisch unbeschränkte Platzangebot und die aufgrund des Aktualitätsdrucks höhere Veröffentlichungsfrequenz weiter gemildert.

Möglich sind dagegen Unterschiede in der Gewichtung der verschiedenen Nachrichtenfaktoren. So ist es denkbar, dass eine Lokalredaktion sich entscheidet, ihre Online-Nachrichten auf eine andere Zielgruppe zuzuschneiden als die in der gedruckten Zeitung. Denkbar ist etwa eine stärkere Gewichtung „weicher" Nachrichtenfaktoren wie Emotion, Kriminalität oder Erotik (vgl. ebd.: 316ff.). Dies wird – mit Blick auf die überregionale Berichterstattung – häufig festgestellt und oft beklagt: „Ein anderes Problem ist die Boulevardisierung vieler, auch publizistischer Webseiten: Ohne Stargeplauder und Sexgeflüster scheint es nicht zu gehen." (Lilienthal 2011: 49)

Einen Zuwachs an Qualität ermöglicht Onlinejournalismus bei der Selektion nach Kriterien interner Relevanz. Auch wird der Selektionsdruck durch das Platzangebot gemildert. Zugleich erlauben die Hypertextualität und Crossmedialität eine deutliche Vertiefung der Berichterstattung – etwa durch Verlinkung von Berichten mit Originaldokumenten, durch Audio- und Videodokumente oder einfach durch zusätzliche Hintergrundinformationen (vgl. ebd.: 51). Die konsequente Nutzung dieser Möglichkeiten könnte dem Lokaljournalismus einen Qualitätsschub geben. Potenzial besteht allemal. So stellte Handstein fest, dass nur in gut der Hälfte der untersuchten Tageszeitungsartikel Hintergründe genannt wurden; die Folgen von Ereignissen wurden gar nur in etwas mehr als jedem vierten Artikel aufgezeigt (vgl. Handstein 2010: 331).

Profitieren kann von den Möglichkeiten des Onlinejournalismus auch die Vielfalt der Berichterstattung. Dies ergibt sich einerseits aus dem geringeren Selektionsdruck, der Berichte über mehr Themen und mehr unterschiedliche Akteure ermöglicht. Doch auch die externe Vielfalt, also die Vielfalt unterschiedlicher Medien, kann durch Onlinejournalismus zunehmen, sind doch die Eintrittsschranken für neue Wettbewerber geringer. Immerhin erfordert der

Betrieb einer journalistischen Website deutlich weniger Kapital als der Betrieb eines Verlagshauses inklusive Druckerei.

4.2 Die Qualität der Prüfprogramme

Die Prüfprogramme ändern sich durch den Schritt vom Print- zum crossmedialen Journalismus grundsätzlich nicht. Recherche muss nach wie vor gründlich sein, und gut recherchierte Artikel zeichnen sich nach wie vor durch möglichst viele und vielfältige Quellen aus (vgl. ebd.: 349).

Allerdings besteht durch den hohen Aktualitätsdruck in Onlinemedien die Gefahr, dass Prüfprogramme zugunsten der Aktualität vernachlässigt werden. Dies kann zu weniger gründlicher Recherche und einer höheren Fehlerzahl führen. Range und Schweins sprechen in diesem Zusammenhang sogar von der „Aktualitätsfalle" (vgl. 2007, 72f.).

Die Gewährleistung von Gründlichkeit im Onlinejournalismus stellt daher hohe Anforderungen an die Redaktionen und die von ihnen verwendeten Prüfprogramme.

4.3 Die Qualität der Darstellungsprogramme

Dem Onlinejournalismus steht eine deutlich breitere Palette an Darstellungsmöglichkeiten zur Verfügung als dem Printjournalismus. Während letzterer im Wesentlichen nur auf Texte, Fotos und Infografiken zurückgreifen kann, nutzt der Onlinejournalismus auch bewegte Bilder, Audio, Hyperlinks und interaktive Technologien wie Foren und soziale Netzwerke. Dies ermöglicht eine deutlich größere Vielfalt an Darstellungsformen. Dazu gehören neben multimedialen Formaten auch innovative textbasierte Formen, die durch Plattformen wie Twitter, Blogs und andere dialogische Instrumente ermöglicht werden.

Allerdings gilt auch hier, ähnlich wie beim Selektionsprogramm Aktualität: Mit den Möglichkeiten steigt auch der Druck auf die Redaktionen, diese zu nutzen. Die neuen Darstellungsformen ermöglichen es dem Onlinejournalismus einerseits, ein breiteres Publikum zu erreichen. Andererseits ermöglichen sie es, Themen ausführlicher auszuleuchten und für jeden Aspekt eines Themas diejenige Darstellungsform zu wählen, die am besten passt – von der schnellen Textnachricht über den Video-Livestream bis hin zur ausführlichen Dokumentation wichtiger Verträge. Nutzt eine Redaktion diese Möglichkeiten nicht ausreichend, dann leistet Journalismus nicht das, was er könnte. Unter Umständen erfüllt er seine gesellschaftliche Funktion dadurch nur unzureichend.

Bisherige Forschungsergebnisse zur Qualität des Lokaljournalismus lassen darauf schließen, dass diese Gefahr durchaus real ist. In einer Untersuchung von Handstein zeigte sich, dass selbst die im Print zur Verfügung stehenden journalistischen Genres nicht konsequent genutzt wurden. Der Großteil der Lokalberichterstattung bestand aus referierenden Genres (vgl. Handstein 2010: 116). So machten Nachrichten und Berichte 49,8 Prozent der Artikel in der Neuen Rhein Zeitung aus. Weitere 26,7 Prozent der Artikel waren Servicemeldungen. Alle übrigen journalistischen Genres gemeinsam kamen nicht einmal auf einen Anteil von 25 Prozent. Ein ähnliches Bild ergab die Analyse der Lokalberichterstattung der Rheinischen Post (vgl. ebd.: 358ff.). Ein derartiger Mangel an Vielfalt der Darstellung wäre im Onlinejournalismus noch weniger akzeptabel als im Printjournalismus.

An die Textverständlichkeit können online grundsätzlich die gleichen Qualitätsforderungen gestellt werden wie im Printjournalismus. Das heißt: Sätze sollten kurz sein und aus einfachen Wörtern bestehen; Texte sollten eine gute innere Ordnung und äußere Gliederung haben und hinreichend prägnant sein. Maßvoll eingesetzte anregende Zusätze verbessern die Verständlichkeit zusätzlich (vgl. Langer u.a. 1993).

Im Onlinejournalismus kommt allerdings eine zusätzliche Anforderung hinzu: Suchmaschinen bringen einen Großteil der Leser zu den journalistischen Websites. Texte, aber auch Überschriften und Teaser für multimediale Inhalte sowie Bildunterzeilen müssen deshalb nicht nur für menschliche Nutzer verständlich sein, sondern auch für die Suchmaschinen. Das hat zum Aufkommen eines neuen Wirtschaftszweigs – der Suchmaschinenoptimierung – geführt. Und es hat dazu geführt, dass sich Bücher über suchmaschinenoptimiertes Texten auch an Journalisten richten (vgl. Lenz 2011). Die Optimierung journalistischer Texte hat Auswirkungen auf sämtliche Textelemente. Sie beeinflusst den Informationsgehalt von Überschriften (vgl. Handstein 2010: 369ff.) und Leadsätzen und die Frequenz des Auftretens bestimmter zentraler Begriffe im Fließtext. Interessant ist dabei, dass der klassische Nachrichtenaufbau grundsätzlich auch Suchmaschinen entgegenkommt (vgl. Lenz 2011: 146ff.). Dies zeugt zunächst davon, dass die Nachrichtenform tatsächlich sehr gut zur effizienten Kommunikation geeignet ist. Es birgt jedoch auch eine Gefahr, nämlich die oben bereits angesprochene Beschränkung auf einige wenige journalistische Genres.

4.4 Die Qualität der Ordnungsprogramme

Ordnungsprogramme funktionieren online sehr ähnlich wie offline – zumindest, soweit sie aus Ressorts, Rubriken und anderen inhaltlichen Ordnungskonzepten bestehen (vgl. Handstein 2010: 228ff.). Darüber hinaus stehen dem Onlinejournalismus allerdings deutlich mehr Ordnungsprogramme zur Verfügung als dem Printjournalismus. Diese Programme reichen von Archiven und detaillierten Suchfunktionen über Schlagwortwolken bis hin zu Verlinkungen. Richtig eingesetzt können sie die Zugänglichkeit des Journalismus erhöhen. Allerdings muss sich der Onlinejournalismus auch mit einem spezifischen Problem auseinandersetzen: Der Begrenzung des Bildschirms und einer damit einhergehenden Unübersichtlichkeit; vor allem auf sehr kleinen Displays von Smartphones und mobilen Rechnern.

5. Fazit

Die Crossmedialisierung des Lokaljournalismus verändert die redaktionellen Entscheidungsprogramme und bietet einige Möglichkeiten, die Qualität des Journalismus und insbesondere des Lokaljournalismus zu erhöhen, ihn in die Lage zu versetzen, seine gesellschaftliche Funktion besser zu erfüllen. Dazu zählt vor allem die Möglichkeit, ohne großen technischen Aufwand auch im Lokalen annähernd live zu berichten. Die gesellschaftliche Selbstbeobachtung, um derentwillen der Journalismus ausdifferenziert wurde, wird durch die Crossmedialisierung potenziell deutlich beschleunigt. Vielfältigere Darstellungsprogramme und die Möglichkeit zu mehr Tiefe und größerer Vielfalt in der Berichterstattung können die kommunikative wie inhaltliche Qualität des Journalismus im Vergleich zum lokalen Zeitungsjournalismus weiter erhöhen.

Allerdings ist die Qualität des Onlinejournalismus auch Bedrohungen ausgesetzt. Aktualitätsdruck kann zur Vernachlässigung der Prüfprogramme führen; Suchmaschinen- statt Leserorientierung birgt die Gefahr einer Verarmung der Darstellungsprogramme. Und nicht zuletzt ist der Onlinejournalismus ebenso wie der Printjournalismus strukturell vom Wirtschaftssystem abhängig: Nur wenn ausreichende finanzielle Ressourcen zur Verfügung stehen, kann die theoretisch mögliche Qualität auch umgesetzt werden.

Literatur

Ahlke, Karola/ Hinkel, Jutta (2000): Sprache und Stil. Ein Handbuch für Journalisten. Konstanz.

Altmeppen, Klaus-Dieter (2000): Funktionale Autonomie und organisationale Abhängigkeit. In: Löffelholz, Martin (Hrsg.): Theorien des Journalismus. Ein diskursives Handbuch. Frankfurt.

Bentele, Günter/ Hesse, Kurt R. (Hrsg.) (1994): Publizistik in der Gesellschaft. Festschrift für Manfred Rühl. Konstanz.

Blöbaum, Bernd (1994): Journalismus als soziales System. Geschichte, Ausdifferenzierung und Verselbständigung. Opladen.

Blöbaum, Bernd (2000): Organisationen, Programme und Rollen. Die Struktur des Journalismus. In: Löffelholz, Martin (Hrsg.): Theorien des Journalismus. Ein diskursives Handbuch. Frankfurt.

Fahr, Andreas (2001): Katastrophale Nachrichten? Eine Analyse der Qualität von Fernsehnachrichten. München.

Füth, Beate (Hrsg.) (1995): Lokale Berichterstattung. Herzstück der Tageszeitung. Bonn.

Görke, Alexander (2002): Journalismus und Öffentlichkeit als Funktionssystem. In: Scholl, Armin (Hrsg.): Systemtheorie und Konstruktivismus in der Kommunikationswissenschaft. Konstanz.

Grüner, Ulf/Kretschmer, Birthe/Täubig, Katrin (2010): Praxisbuch Crossmedia. Norderstedt.

Hagen, Lutz M. (1995): Informationsqualität von Nachrichten. Meßmethoden und ihre Anwendung auf die Dienste von Nachrichtenagenturen. Opladen.

Haller, Michael (2000): Recherchieren. Ein Handbuch für Journalisten. Konstanz.

Handstein, Holger (2010): Qualität im lokalen Zeitungsjournalismus. Theoretischer Entwurf und empirische Fallstudie. München.

Hanitzsch, Thomas (2004): Integration oder Koorientierung? Risiken funktionaler Differenzierung und Journalismustheorie. In: Löffelholz, Martin (Hrsg.): Theorien des Journalismus. Ein diskursives Handbuch. Wiesbaden.

Heijnk, Stefan (1997): Textoptimierung für Printmedien. Theorie und Praxis journalistischer Textproduktion. Opladen.

Hohnecker, Martin (1995): Teil 1: Praxis der lokalen Berichterstattung. In: Füth, Beate (Hrsg.): Lokale Berichterstattung. Herzstück der Tageszeitung. Bonn.

Holtz-Bacha, Christina/Scherer, Helmut/ Waldmann, Norbert (Hrsg.): Wie die Medien die Welt erschaffen und wie die Menschen darin leben. Opladen.

Jacobs, Hans-Jürgen (2011): Journalismus im Internet – zehn Thesen zur Qualität. In: Schröder, Michael/ Schwanebeck, Axel (Hrsg.): Qualität unter Druck. Journalismus im Internet-Zeitalter. Baden-Baden.

Jonscher, Norbert (1991): Einführung in die lokale Publizistik. Theorie und Praxis der örtlichen Berichterstattung. Opladen.

Jonscher, Norbert (1995): Lokale Publizistik. Theorie und Praxis der örtlichen Berichterstattung. Ein Lehrbuch. Opladen.

Kepplinger, Hans Mathias (1998), Der Nachrichtenwert der Nachrichtenfaktoren. In: Holtz-Bacha, Christina/Scherer, Helmut/Waldmann, Norbert (Hrsg.): Wie die Medien die Welt erschaffen und wie die Menschen darin leben. Opladen.

Kohring, Matthias (2000): Komplexität ernst nehmen. Grundlagen einer systemtheoretischen Journalismustheorie. In: Löffelholz, Martin (Hrsg.): Theorien des Journalismus. Ein diskursives Handbuch. Frankfurt.

Knoll, Günther (1998): Freie Mitarbeiter. In: Projektteam Lokaljournalisten (Hrsg.): Lokaljournalismus. Themen und Management. München.

Krieger, Birgit (2007): Radio heute – Dudelfunk oder guter Journalismus? Eine Inhaltsanalyse der Morgensendungen von Radio Bremen Vier und Radio ffn. Saarbrücken.

Kurz, Josef/Müller, Daniel/Pötschke, Joachim/Pöttker, Horst (2000): Stilistik für Journalisten. Wiesbaden.

Langer, Inghard/Schulz von Thun, Friedemann/Tausch, Reinhard (1993): Sich verständlich ausdrücken. Fünfte, verbesserte Auflage. München/Basel.

La Roche, Walther von (1991), Einführung in den praktischen Journalismus. München/Leipzig.

Lenz, Heiko (2011): Suchmaschinenoptimiert schreiben. Konstanz.

Lilienthal, Volker (2011): Qualität unter Druck – Journalismus im Internetzeitalter. In: Schröder, Michael; Schwanebeck, Axel (Hrsg.) (2011): Qualität unter Druck. Journalismus im Internet-Zeitalter. Baden-Baden.

Löffelholz, Martin (Hrsg.) (2000): Theorien des Journalismus. Ein diskursives Handbuch. Frankfurt.

Löffelholz, Martin (2004): Theorien des Journalismus. Ein diskursives Handbuch. Wiesbaden.

Luhmann, Niklas (1996): Die Realität der Massenmedien. Opladen.

Luhmann, Niklas (1997): Die Gesellschaft der Gesellschaft. Frankfurt am Main.

Marcinkowski, Frank (1993): Publizistik als autopoietisches System. Politik und Massenmedien. Eine systemtheoretische Analyse. Opladen.

Marcinkowski, Frank/Bruns, Thomas (2000): Autopoiesis und strukturelle Kopplung. Inter-Relationen von Journalismus und Politik. In: Löffelholz, Martin (Hrsg.): Theorien des Journalismus. Ein diskursives Handbuch. Frankfurt.

Mast, Claudia (Hrsg.) (2000): ABC des Journalismus. Konstanz.

Matzen, Nea (2010): Onlinejournalismus. Konstanz.

Meier, Klaus (2002): Ressort, Sparte, Team. Wahrnehmungsstrukturen und Redaktionsorganisation im Zeitungsjournalismus. Konstanz.

Pöttker, Horst (2000a): Zur Bedeutung des Sprachgebrauchs im Journalistenberuf. In: Kurz, Josef; Müller, Daniel; Pötschke, Joachim; Pöttker, Horst: Stilistik für Journalisten. Wiesbaden.

Pöttker, Horst (2000b): Kompensation von Komplexität. Journalismustheorie als Begründung journalistischer Qualitätsmaßstäbe. In: Löffelholz, Martin (Hrsg.): Theorien des Journalismus. Ein diskursives Handbuch. Frankfurt.

Projektteam Lokaljournalisten (Hrsg.) (1998): ABC des Journalismus. München.

Pürer, Heinz (Hrsg.) (1991a): Praktischer Journalismus in Zeitung, Radio und Fernsehen. München.

Pürer, Heinz (1991b): Grundsätze der Mediensprache. In: Pürer, Heinz (Hrsg.): Praktischer Journalismus in Zeitung, Radio und Fernsehen. München.

Rager, Günther (1994): Dimensionen der Qualität. Weg aus den allseitig offenen Richterskalen? In: Bentele, Günter/Hesse, Kurt R. (Hrsg.): Publizistik in der Gesellschaft. Festschrift für Manfred Rühl. Konstanz.

Rager, Günther/Hassemer, Gregor (2006): Das Bessere als Feind des Guten – Qualität in der Tageszeitung. In: Rager, Günther/Graf-Szczuka, Karola/Hassemer, Gregor/Süper, Stefanie (Hrsg.) (2006): Zeitungsjournalismus. Empirische Leserschaftsforschung. Konstanz.

Rager, Günther/Graf-Szczuka, Karola/Hassemer, Gregor/Süper, Stefanie (Hrsg.) (2006): Zeitungsjournalismus. Empirische Leserschaftsforschung. Konstanz.

Rager, Günther/Weber, Bernd (1992): Publizistische Vielfalt zwischen Markt und Politik. In: Media Perspektiven 6/1992: S. 357-366.

Range, Stefan/Schweins, Roland (2007): Klicks, Quoten, Reizwörter: Nachrichten-Sites im Internet. Wie das Web den Journalismus verändert. Berlin.

Roloff, Eckart Klaus (1982): Journalistische Textgattungen. München.

Rühl, Manfred (1969): Die Zeitungsredaktion als organisiertes soziales System. Bielefeld.

Schatz, Heribert/Schulz, Winfried (1992): Qualität von Fernsehprogrammen. Kriterien und Methoden zur Beurteilung von Programmqualität im dualen Fernsehsystem. In: Media Perspektiven 11/1992: S. 690-712.

Schneider, Wolf (1984): Deutsch für Profis. Mit Zeichnungen von Luis Murschetz. Hamburg.

Schneider, Wolf/Raue, Paul-Josef (1998): Handbuch des Journalismus. Reinbek bei Hamburg.

Scholl, Armin (Hrsg.) (2002): Systemtheorie und Konstruktivismus in der Kommunikationswissenschaft. Konstanz.

Schröder, Michael/Schwanebeck, Axel (Hrsg.) (2011): Qualität unter Druck. Journalismus im Internet-Zeitalter. Baden-Baden.

Schröter, Detlef (1992): Qualität im Journalismus. Testfall: Unternehmensberichterstattung in Printmedien. München/Mühlheim.

Van Dijk, Theun A. (1988): News as Discourse. Hillsdale.

Weischenberg, Siegfried (1990): Nachrichtenschreiben. Journalistische Praxis zum Studium und Selbststudium. Opladen.

Weischenberg, Siegfried (2001): Nachrichtenjournalismus. Anleitungen und Qualitäts-Standards für die Medienpraxis. Unter Mitarbeit von Judith Rakers. Wiesbaden.

Der Autor

Dr. Holger Handstein (*1976), Diplom-Journalist, hat Journalistik und Deutsche Sprache und Literatur an der Technischen Universität Dortmund studiert. Er war als freier Journalist für verschiedene Print- und Online-Medien (u.a. DerWesten, Handelsblatt, Neue Ruhr/Rhein Zeitung, Suite101.de, Westdeutsche Allgemeine Zeitung) tätig. Von 2009 bis 2011 war er Online-Redakteur der Verbraucherzentrale NRW und ist seit 2011 Senior-Redakteur bei ergo Kommunikation. Sein Forschungsschwerpunkt ist Qualität im Journalismus.
Kontakt: post@handundstein.de

Kapitel III

Journalistische Praxis und
Ressorts des Lokaljournalismus

Grund der Ortsverbundenheit.
Geschichte – Lebenselixier des Lokaljournalismus

Horst Pöttker

Am Anfang wird die Bedeutung historischer Themen für den Lokaljournalismus zur Debatte gestellt. Ortsgeschichte ist wegen der Identitätsbedürfnisse der Leser für die Blattbindung und den ökonomischen Erfolg von Regionalzeitungen wichtig. Und die professionelle Aufgabe, kritische Öffentlichkeit herzustellen, schließt lokalhistorische Themen keineswegs aus, weil in der Vergangenheit die Wurzeln aktueller Probleme liegen können. Im Folgenden werden Qualitäten bestimmt, an denen sich Journalisten orientieren sollten, die Ortsgeschichte behandeln. Zu den Qualitäten, die historische Informationen für das Publikum attraktiv machen, gehört Sensibilität für die Archetypen des historischen Erzählens, die Vergangenheit in exemplarischer, genetischer oder kritischer Weise auf Gegenwart beziehen. Außerdem sind skeptischer Umgang mit der Gedenktage-Agenda und Sinn für die akustischen und visuellen Möglichkeiten der Digitalkommunikation wichtig. Damit im Lokalteil richtig und angemessen über Ortsgeschichte berichtet wird, bedarf es eines kundigen Umgangs mit den auf lokaler Ebene zur Verfügung stehenden Quellen. Am Beispiel Dortmunds wird deren Vielfalt gezeigt. Zum Schluss werden 15 praktische Empfehlungen für Lokaljournalisten gegeben, die sich dem Themenfeld Geschichte zuwenden.

„Geschichte ist das Salz des Lokaljournalismus." Das sagt der Leiter der Lokalredaktion einer großen deutschen Regionalzeitung (Serger 1998). *Warum* ist das Geschichtsressort ein Lebenselixier des Lokaljournalismus? *Welche Chancen* ergeben sich daraus – und welche *Gefahren*? Denn es gibt auch eine Falle: Als Nachrichtenpool für örtliche Neuigkeiten gibt das Internet (noch) relativ wenig her. Im Vergleich zum Politik- oder Sportressort hat die journalistische Nachricht hier weniger an Nutzen für die Leser eingebüßt. Da das Berichten über Historisches aber seit jeher mehr auf die Orientierungs- als auf die Nachrichtenfunktion setzt, könnte das längere Überdauern der Nachrichtenfunktion im Lokalressort die Entscheider in den Redaktionen dazu verleiten, die Bedeutung des Geschichtsjournalismus gerade für das Lokalressort zu übersehen. Damit die Zeitung nicht noch mehr Leser verliert, ist es wichtig, den lokalen Geschichtsjournalismus mit Ressourcen auszustatten – was nicht viel Geld kosten muss, aber in jedem Fall Problembewusstsein, Risikobereitschaft und Ideen erfordert.

1. Geschichte im Lokalteil findet Leser und bindet sie ans Blatt

Sich mit der Vergangenheit des betreffenden Ortes zu befassen, ist aus zwei Gründen für Lokaljournalisten wichtig. Beim ersten lässt sich leicht der ökonomische Vorteil erkennen, den Zeitungen nutzen können, um die gegenwärtige Krise zu überstehen: Lokalgeschichte hilft, am Ort Leser, Hörer oder Zuschauer zu finden und zu behalten. Denn sie vermag das Grundbedürfnis nach Identität und Geborgenheit zu befriedigen.

Daniel Chmielewski hat in seiner Dissertation einen Zusammenhang zwischen Zeitungsnutzung und Ortsbindung festgestellt (vgl. 2011[1]). Und der Praktiker Serger ist sich sicher, „daß Neubürger häufig viel stärker an der Geschichte ihrer neuen Heimat interessiert sind und mehr darüber wissen als Alteingesessene. (…) Gerade die Beschäftigung mit Geschichte vor Ort hilft ihnen, Wurzeln zu schlagen." (Serger 1998) Daraus folgert der Lokalredakteur, dass sich die Zeitung gar nicht genug um Ortsgeschichte kümmern kann.

Woran mag es liegen, dass Interesse für Ortsgeschichte, Ortsbindung und die Bereitschaft, eine Lokalzeitung zu abonnieren, miteinander verknüpft sind? Wonach suchen Neubürger, die sogar stärkeres Interesse an Ortsgeschichte haben als Alteingesessene, wozu ihnen der Lokalteil verhelfen kann? Sie suchen nach dem, was wir Deutsche „Heimatgefühl" nennen: eine Empfindung der Geborgenheit am Wohnort, die für Alteingesessene selbstverständlich ist, die den Zugezogenen aber noch fehlt und die sich über die Beschäftigung mit der Geschichte des neuen Wohnorts einstellen kann.

Wie kommt es zu der Hoffnung, dass sich mit dem Wissen über die Vergangenheit eines Ortes die Empfindung der Geborgenheit an diesem Ort einstellt? Wie alles in der Menschenwelt sind Orte ein Gemenge von Klima, Bodenbeschaffenheit usw., also Natur, die ihre Bewohner vorfinden, und Verkehrswegen, Gebäuden, Begleitgeräuschen von Arbeitsvorgängen usw., also Kultur, die sie selbst hervorbringen. Für den natürlichen Anteil der lokalen Umwelt sind Gewöhnung und Kenntnis der Naturgesetze Voraussetzungen, um sich heimisch zu fühlen. Der kultürliche Anteil dagegen ist keinen unabänderlichen Gesetzmäßigkeiten unterworfen, als menschengemachte Umwelt ist er nicht nur von Ort zu Ort verschieden, sondern auch einem fortwährenden Wandel unterworfen, hat eine von der Gegenwart verschiedene Vergangenheit. Auch hier kann Geborgenheit aus Gewöhnung entstehen, Alteingesessene fühlen sich quasi von selbst an ihrem Wohnort heimisch. An die Stelle der Kenntnis der Naturgesetze aber tritt bezüglich des Kulturanteils der lokalen Umwelt das Verständnis für dessen Gewordenheit, für seine Geschichte. Etwas über die Baugeschichte und sonstige Vergangenheit von Kirchtürmen zu wissen, die ein Stadtbild prägen, lässt die Bewohner dieser Stadt dort heimisch werden.

Was Geschichtsbewusstsein wenigstens teilweise zu stillen vermag, ist das Grundbedürfnis nach Sinn. Weil der Mensch, bei Geburt ein ausgesprochenes Mangelwesen, darauf angewiesen ist, seine Welt selbst hervorzubringen, und diese Kulturwelt höchst variabel und damit prekär ist – bereits der Wechsel von einem Ort zum anderen innerhalb derselben Kultur kann ja Heimweh auslösen –, konstruieren Menschen Sinnzusammenhänge, die die Furcht vor dem Herausfallen aus der Kulturwelt dämpfen.

Der Geschichts-, aber auch der (Natur-)Wissenschaftsjournalismus[2] kann sich das menschliche Grundbedürfnis nach Sinngebung auf der Basis des Verstehens der Umwelt und der Orientierung in ihr zunutze machen, indem er Verstehen und Orientierung durch das Vermitteln von Informationen fördert, die den vom Publikum erfahrenen Alltag transparent machen.

Naturgesetze, deren Kenntnis der Wissenschaftsjournalismus vermitteln und so am Sinnbedürfnis ansetzen kann, gelten freilich überall auf der Welt. Auch wenn das Interesse für Temperaturauswirkungen auf die Gesundheit sich in Skandinavien auf andere Bereiche der Celsius-Skala konzentrieren mag als am Mittelmeer: Die Folgen der Temperatur für den

---

[1] Vgl. auch den Beitrag von Daniel Süper (d. i. Chmielewski) in diesem Band.
[2] Vgl. den Beitrag von Christina Merkel in diesem Band.

Körper sind gleich. Das Wissenschaftsressort ist deshalb weniger lokal gebunden. Die gleiche Zeitungsseite über den Stand der Krebsforschung oder technische Probleme regenerativer Energien könnte cum grano salis in der Rheinischen Post oder im Hamburger Abendblatt erscheinen, in Übersetzung sogar in Le Monde, The Guardian oder El País.

Weil die anthropogene Kulturwelt national, regional und lokal differenziert ist, verhält es sich mit dem Geschichtsjournalismus anders. Um neu zugezogene Leser zu gewinnen, wäre es wenig angebracht, in der Rheinischen Post die Geschichte der Hamburger Hauptkirchen zu erzählen – es sei denn im Reiseteil. Und warum sollte das Hamburger Abendblatt die lange Baugeschichte des Kölner Doms zum Thema machen – es sei denn im allgemeinen Feuilleton auf einer Seite, die dem Nationalismus des 19. Jahrhunderts gewidmet ist.

Geschichte hat vor allem im Lokalteil ihren Platz, wenn sie dazu dienen soll, über (den Wunsch nach) Ortsbindung Leserinnen und Leser zu gewinnen. Geschichtsjournalismus ist für das Lokalressort prädestiniert – und umgekehrt das Lokalressort für Geschichtsjournalismus.

2. Geschichte im Lokalteil dient der Öffentlichkeitsaufgabe

Neben dem pragmatischen Blick auf die ökonomische Grundlage des Journalismus gibt es die Aufgabe, auf die der Beruf sich konzentriert. Funktionen und Aufgabe eines Berufes sind nicht identisch: Die Aufgabe der Ärzte besteht darin, Krankheiten zu heilen und Leben zu erhalten, aber zu ihren Funktionen, die die Existenzgrundlage von Ärzten sichern hilft, gehört es z.B., der Pharmaindustrie zum Absatz ihrer Produkte zu verhelfen. Das heißt nicht, dass Aufgabe und Funktionen eines Berufs sich widersprechen müssen. Indem Ärzte (möglicherweise zu viele) Medikamente verschreiben, verhelfen sie vielen Menschen zu einem längeren Leben, und indem Journalisten mit ihren Informationen die größtmögliche Zahl von Lesern, Hörern und Zuschauern erreichen, tragen sie zu jenem Optimum an Transparenz bei, das wir Öffentlichkeit nennen.

Trotzdem genügt die optimale Verbreitung von Informationen nicht, damit eine optimale Transparenz der gesellschaftlichen Vorgänge und Verhältnisse entsteht. Dazu gehört auch, dass es sich um wichtige, für die Lebensgestaltung der Rezipienten und ihre Partizipation an gesellschaftlichen Regulierungssystemen bedeutsame Informationen handelt. Gerade im Lokalteil sollen Journalisten Informationen liefern, nach denen Rezipienten nicht nur verlangen, sondern die ihnen auch nützlich sind, um sich z.B. an der Lokalpolitik oder am örtlichen Kulturgeschehen zu beteiligen. Nur wenn der (Lokal-)Journalismus diese Aufgabe (vgl. Pöttker 2010a) erfüllt, hat er eine Zukunft. Funktionen kommen und gehen, eine dauerhafte Existenzgrundlage sind sie nicht. Wenn nicht die Ärzte trotz allen Funktionswandels durch die Jahrhunderte an der Aufgabe des Heilens festgehalten hätten, wäre ihr Beruf längst verschwunden.

Kann lokaler Geschichtsjournalismus, der naturgemäß über vergangene Gegebenheiten informiert, überhaupt zur Transparenz gegenwärtiger Gegebenheiten beitragen? Dazu drei Bemerkungen:

Erstens geht es nicht um Vergangenheit als Selbstzweck. Auch wenn der Journalistenberuf, was Beschleunigung angeht, in der digitalen Medienwelt an die Grenze seiner Möglichkeiten gelangt ist und in puncto Geschwindigkeit kaum noch mit den Urhebern von Ereignissen selbst konkurrieren kann (vgl. Stephens 2010; Pöttker 2011), ist Aktualität im Sinne von Handlungsrelevanz als professionelle Qualität nach wie vor von Bedeutung (vgl.

Rager 1994; Pöttker 1998, 2000). Das heißt für die journalistische Beschäftigung mit Vergangenheit, dass diese auf Gegenwart bezogen werden sollte (vgl. Pöttker 1997, 2010b, 2011).

Aus dem Umstand, dass Geschichtsjournalismus es mit Vergangenheit[3] zu tun hat, kann nicht geschlossen werden, dass er die in der Gegenwart lebenden Rezipienten nicht beträfe. Wenn Geschichtsjournalisten Gegenwart[4] z.B. als Konsequenz oder Kontrast von Vergangenheit betrachten, machen sie aktuelles Geschehen transparent und tragen zu seinem Verstehen bei. Gerade im Lokalen kann Geschichtsjournalismus zu kundiger Lebensgestaltung und Partizipation beitragen – wobei der Akzent auf kundig liegt. Das kann z.B. heißen, am Beispiel der NS-Vergangenheit, die am Ort Spuren hinterlassen hat, etwas über menschenmögliche Handlungsweisen zu erfahren, um sie in Zukunft vermeiden zu können. In diesem Sinne schlagen Dana Giesecke und Harald Welzer vor, die im Respekt vor der Faktizität der Verbrechen von Auschwitz oder Oradour erstarrte Erinnerungskultur zu erneuern durch ein „Haus der menschlichen Möglichkeiten", das den Ursachen dieser Verbrechen nachgeht, um sich dagegen zu wappnen (vgl. Gieseke/Welzer 2012). Was Museen und Ausstellungen lieb ist, kann dem Lokaljournalismus nur recht sein. Hier wie dort geht es um die Handlungsrelevanz („Aktualität") von Öffentlichkeit zu historischen Gegebenheiten.

Die zweite Bemerkung betrifft den Begriff des Optimums an Transparenz, wenn wir von Öffentlichkeit sprechen (vgl. Pöttker 2005a[5]). Optimum bedeutet zwar nicht nur quantitatives Maximum, weil auch die qualitative Dimension der Relevanz von Informationen wegen der Unmöglichkeit, über buchstäblich alles zu informieren, enthalten sein muss. Gleichwohl gehört zum Begriff von Öffentlichkeit als einem Optimum an Transparenz, dass im Prinzip kein soziales Subjekt von der Teilnahme an der gesellschaftlichen Kommunikation und kein Gegenstand von der Informationsvermittlung ausgeschlossen sein dürfen. In einer offenen Gesellschaft (vgl. Popper 1945/1992), die kommunikative Unbeschränktheit als Ressource von Selbstregulierung braucht, haben grundsätzlich alle und alles einen legitimen Zutritt zur gesellschaftlichen Kommunikation. Es widerspräche daher der journalistischen Aufgabe, von vornherein bestimmte Themenkategorien, z.B. in der Vergangenheit Liegendes, von der Grundpflicht aller Journalisten zum Recherchieren und Publizieren auszunehmen. Täte man das, hätten z.B. Hans Globke, Kommentator der Nürnberger Rassegesetze von 1935 und Staatssekretär Adenauers im Bundeskanzleramt, oder Hans Filbinger, baden-württembergischer Ministerpräsident, der noch in den letzten Tagen des NS-Regimes als

---

[3] Vgl. Reimer 2009. Reimer würde mir vor der erkenntnistheoretischen Folie des Konstruktivismus vermutlich Naivität vorwerfen, wenn ich hier schlicht von „Vergangenheit" spreche. Die erkenntnistheoretische Position des Kritischen Rationalismus, die mir zumal in der Aus- und Weiterbildung von Journalisten unvermeidlich erscheint, weil sonst journalistische Qualitätskriterien wie Richtigkeit ins Wanken gerieten, geht von der Prämisse aus, dass es Vergangenheit als Realität gegeben hat, auch wenn wir wissen, dass sogar wissenschaftliche Erkenntnis darüber niemals ohne subjektive Beimengungen und konstruierte Elemente möglich ist, erst recht nicht journalistische Kommunikation. Ich ziehe den Begriff der *Rekonstruktion* z.B. von vergangener Realität dem der Konstruktion vor, weil er das Bemühen zum Ausdruck bringt, mit Erkenntnis und Kommunikation wenigstens so weit wie möglich der gegebenen Realität gerecht zu werden, von der der Kritische Rationalismus annimmt, dass es sie gibt, obwohl er es nicht beweisen kann – ähnlich wie der Konstruktivismus nicht beweisen kann, dass es sie *nicht* gibt.

[4] Hier gilt analog das in Fußnote 4 zum Vergangenheitsbegriff Gesagte.

[5] Vgl. Pöttker 2005a. Mit diesem Begriff setze ich mich von einer Auffassung ab, die unter Öffentlichkeit eine Art von gesellschaftlichem Gebilde (oder Gebilden) versteht. Öffentlichkeit in der ursprünglichen Bedeutung einer abstufbaren Eigenschaft der Unbeschränktheit und Transparenz von Kommunikation – im Englischen am besten gefasst mit dem altmodischen Wort „publicness" – lässt sich nicht in den Plural setzen, wie auch nicht andere graduelle Eigenschaften von sozialen Gebilden, etwa Komplexität, Produktivität oder Flexibilität.

Marinerichter an Todesurteilen und Hinrichtungen von Deserteuren mitwirkte, vom Journalismus nichts zu befürchten gehabt. Das gilt ebenso für lokale Honoratioren, die vor und nach 1945 ähnliche Positionen innehatten, ohne sich zu ihrer Vergangenheit zu bekennen. Dazu mussten sie manchmal erst durch professionell handelnde Lokaljournalisten gebracht werden – dank des nur an der Öffentlichkeitsaufgabe orientierten Modells von Journalismus, das die westlichen Besatzungsmächte in den ersten Nachkriegsjahren in Deutschland implementiert haben (vgl. Eumann 2011).

Das leitet über zur dritten Bemerkung. Moderne, parzellierte, von vielfältigen Kommunikationsbarrieren durchzogene Gesellschaften müssen sich darauf verlassen können, dass Journalismus als der auf die Öffentlichkeitsaufgabe spezialisierte Beruf qualifizierte Informationen möglichst weit verbreitet. Sonst würden sie der Probleme nicht gewahr, die es durch Politik oder Markt zu bearbeiten gilt, um existenzfähig zu bleiben. Die realsozialistischen Gesellschaften sind auch daran gescheitert, dass ihre Journalisten ihnen weisungsgemäß nur eigene Leistungen und Erfolge zum Bewusstsein gebracht haben, während Misserfolge und Schwierigkeiten nicht öffentlich wurden. Das Verschweigen von Problemen kann Folgen haben, die das Ende einer Gesellschaft bedeuten. Dass die deutsche Bevölkerung wegen der Militärzensur im Ersten Weltkrieg nicht über die schon 1916 hoffnungslose militärische Lage informiert war (vgl. Koszyk 2010), hat letztlich zum Scheitern der Weimarer Republik geführt, weil es die Dolchstoßlegende ermöglicht und revanchistische Ideologien überzeugend gemacht hat.

Die Folgen eines Versagens der Öffentlichkeit zu erkennen, ist oft nur in der Rückschau möglich, was zeigt, dass (Lokal-)Journalisten sich mit Vergangenheit befassen müssen, wenn sie etwas zur Orientierung ihres Publikums in komplexen Realitäten beitragen wollen. Auch in der Vergangenheit liegende Mängel an Frieden, an Produktivität, an Bildung, an solidem Haushalten usw. können bedrohliche Probleme nach sich ziehen. Solche aus historischen Versäumnissen herrührende Probleme lassen sich nur lösen, wenn die Wähler, Konsumenten, Rezipienten ihre Entstehung kennen – denn wie sollten sie sonst zu Handlungsweisen kommen, die der Problemlösung dienen? Auch das spricht für eine historische Dimension des Journalismus – in allen Ressorts.

Im Lokalressort kann es sich dabei um zwei Arten von Problemen handeln: Solche, die es nur an dem betreffenden Ort gibt; und solche, die es auch andernorts gibt, die sich aber am lokalen Beispiel zeigen lassen.

Ein Problem der deutschen Gegenwartsgesellschaft ist die niedrige Geburtenrate, die auch aus einer Scheu vor bewusster Bevölkerungspolitik herrührt, wie sie Frankreich betreibt[6]. Die bevölkerungspolitische Abstinenz Deutschlands ist nicht zuletzt damit zu erklären, dass das NS-Regime eine brutale, auf militärische Expansion angelegte Bevölkerungspolitik mit Eugenik und Mutterkreuzen betrieben hat, von der heutige Regierungen sich distanzieren wollen. Bevölkerungspolitische Maßnahmen werden deshalb, wenn sie überhaupt ergriffen werden, als „Familienpolitik" ausgeflaggt. Geschichtsjournalismus, der eine Verbindung zwischen Gegenwart und Vergangenheit herstellt, indem er durch örtliche Fallbeispiele die Unterschiede zwischen nationalsozialistischer und möglicher heutiger Bevölkerungspolitik deutlich macht, kann diese kontraproduktiv gewordene Erbschaft der NS-Vergangenheit bewusst machen und so zur Lösung demografischer Probleme beitragen.

---

[6] Nach Angaben der Weltbank von 2010 wurden in Deutschland nur 1,39 Kinder pro Frau geboren, während in Frankreich durchschnittlich 2,0 Geburten auf eine Frau kamen.

Fazit: (Lokal-)Journalismus *darf* nicht nur Geschichtsthemen aufgreifen – wenn er auf die historische Dimension verzichtete, wäre er der Öffentlichkeitsaufgabe nicht gewachsen. Lokaljournalisten tun im Sinne ihrer beruflichen Aufgabe nicht nur nichts Illegitimes, wenn sie zur Vergangenheit des Ortes recherchieren, an dem sie arbeiten, und die Ergebnisse in publikumsattraktive Beiträge überführen. Sie machen sich damit um ihre berufliche Aufgabe besonders verdient.

3. Publikumsorientierte Qualitäten von Lokalgeschichte(n)

Wie sollten Geschichtsjournalisten in Lokalredaktionen arbeiten? Betrachten wir zunächst journalistische Qualitäten, die sich vornehmlich auf das Publikum beziehen: Aktualität, Verständlichkeit und Unterhaltsamkeit.

Aktualität: Auch wenn das Attribut aktuell auf den ersten Blick an den Gegenständen der Berichterstattung zu haften scheint, bezieht sich diese Qualität vor allem auf das Publikum, weil sie die Rezeptionschancen für Informationen erhöht. In einem weiten, auf die Etymologie (lat. actus = die Handlung) gestützten Wortsinn ist damit die Handlungsrelevanz für das Publikum gemeint, das durch mehr oder weniger Interesse an der Information über deren Aktualität entscheidet. Informationen sind aktuell, wenn sie vielen Menschen aufgrund ihres gegenwärtigen Lebens wichtig erscheinen.

Auch die besondere journalistische Qualität des Berichtens über Vergangenheit liegt ja im Gegenwartsbezug. Dass historische Informationen, die Vergangenes auf Gegenwärtiges beziehen, besser beim Publikum ankommen als die gleichen Informationen ohne Gegenwartsbezug, wird durch Experimente gestützt (vgl. Pöttker 2010b).

Es sind drei Modelle, Vergangenes mit Gegenwärtigem zu verbinden, die spätestens seit Friedrich Nietzsche (vgl. 1986/1874) in der Fachliteratur beschrieben und heute mit den Etiketten exemplarisch, genetisch und kritisch[7] charakterisiert werden (vgl. Rüsen 1990: 153-230). Beim exemplarischen Erzähltyp wird nach Ähnlichkeiten zwischen Gegenwart und Vergangenheit gesucht, beim genetischen wird die Vergangenheit als Ursprung der Gegenwart, die Gegenwart als Folge der Vergangenheit interpretiert, und beim kritischen werden Gegenwart und Vergangenheit in Kontrast zueinander gesetzt, sei es durch Abstoßung der Vergangenheit von der Gegenwart oder der Gegenwart von der Vergangenheit aus.

Jeder historische Gegenstand kann auf jede der drei Weisen aktualisiert werden. Aber nicht jedes Ereignis oder jede Epoche eignet sich für jeden Aktualisierungstyp in gleicher Weise. Nicht sinnvoll wäre es z.B., das NS-Regime permanent durch die Betonung von Ähnlichkeiten mit der deutschen Gegenwartsgesellschaft zu verknüpfen. Beim Nationalsozialismus fallen Geschichtsjournalisten meistens in den kritischen Erzählmodus; daneben kommt aber auch der genetische infrage, bei der die Gegenwart nach Muttermalen der Vergangenheit abgesucht wird[8].

Geschichtsjournalisten sollten sich bei einem Thema bewusst für eine der drei Varianten des Gegenwartsbezugs entscheiden. Die so mögliche Prägnanz von Texten und Bildern erhöht die Chance, beim Publikum Aufmerksamkeit zu finden. Welcher Aktualisierungstyp am besten zu einem Thema passt, ist am konkreten Einzelfall zu entscheiden. Faustregeln sind:

---

[7] So nannte schon Nietzsche diesen dritten Typus.
[8] Das öffentliche Erzählen der NS-Vergangenheit folgt m. E. bisher zu sehr dem kritischen und zu wenig dem genetischen Muster. (vgl. Pöttker 2005b, 2011)

- Beim exemplarischen Erzähltyp ist Vorsicht geboten, weil die Gefahr von Gleichsetzungen besteht. Vergleichen heißt aber, auch nach Unterschieden zu fragen.
- Die genetische Erzählweise ist je weniger geeignet, desto länger die zu aktualisierende Vergangenheit zurückliegt.
- Der kritische Erzähltyp ist besonders angebracht, wenn es um Menschenrechtsverletzungen in Vergangenheit oder Gegenwart geht.

Wer sich in den Medien mit Geschichte befasst, hat oft ein Gespür dafür, dass im Gegenwartsbezug die journalistische Qualität liegt. Das wird u.a. daran deutlich, dass sich Geschichtsjournalisten bei der Themenwahl gern von Jubiläen und Gedenktagen anregen lassen. Die Orientierung an vorhersehbaren Daten erlaubt es, arbeitserleichternde Hilfsmittel zu nutzen. Manche Institutionen, auch Kommunen, geben Gedenktagekalender heraus, in denen Merkdaten aufgeführt werden, zu denen auch Lokaljournalisten sich Material besorgen können[9]. Die WDR-Sendereihe „ZeitZeichen", die 2012 ihr eigenes 40-jähriges Jubiläum feierte, lebt von solcher Themenwahl. Jeder der 15-minütigen Beiträge ist einem Ereignis gewidmet, das eine runde Zahl von Jahren zurückliegt (vgl. Ruppel 1989; Feisel 2012).

Die Gedenktage-Agenda hat allerdings eine problematische Seite. Was macht die Gegenwart aus, zu der sich eine Schlacht, die Geburt einer „historischen" Persönlichkeit, eine bahnbrechende Entdeckung zum 50., 100. oder 250. Male jährt? Je weniger das aktuelle Geschehen beim Jubiläum eines vergangenen Ereignisses mit diesem korrespondiert, desto mehr muss die Gegenwart, mit der Journalisten das Ereignis verknüpfen, nach Maßgabe der Vergangenheit (re-)konstruiert werden. Spiele in historischen Kostümen gehören im zeitlichen Sinn zur Gegenwart, aber ihre Aktualität in der oben skizzierten Bedeutung ist gering.

Die Fragwürdigkeit der Gedenktage-Agenda liegt demnach in der Künstlichkeit, mit der der Journalismus den Gegenwartsbezug konstruiert. Sie kollidiert mit dem professionellen Anspruch, der vorgegebenen Welt gerecht zu werden (Qualitätsdimension Wahrheit). Hinzu kommt, dass eine Gedenktage-Agenda wegen der sich in vielen Medien wiederholenden Informationen im Publikum Aversionen hervorrufen kann. Bernd Serger spricht aus Erfahrung, wenn er sagt:

> „Bei Gedenktagen bin ich eher vorsichtig geworden. Da häufen sich zeitgeschichtliche Berichte, wie sich auch jetzt bei der Revolution 1848 gezeigt hat. Die Gefahr ist aber, daß die geballte Menge an Geschichtsschreibung aus einem bestimmten Anlaß eher zu Überdruß bei den Lesern führen kann. Kontinuität über die Gedenktage hinaus ist wichtiger. Leider ist es aber noch nicht überall in den Redaktionen selbstverständlich, bei bestimmten aktuellen Themen den geschichtlichen Hintergrund mit einzubeziehen." (Serger 1997)

---

[9] Einen kostenlosen Gedenktagekalender zur Erinnerung an lokale und regionale Ereignisse bietet z.B. die Stadt Stuttgart durch ihr Stadtarchiv an. (vgl. http://www.stadtarchiv.stuttgart.findbuch.net/php/rech_mask.php?ar_id= 3665&kind=a&id=1&self=1; Abruf 14.10.2012) Ein überregionales Hilfsmittel für Geschichtsjournalisten gibt u.a. die Deutsche Presse-Agentur (dpa) heraus; der dpa-Gedenktagekalender erscheint jeweils im Oktober und wird zum Jahrespreis von 100 Euro in der E-Mail-Version (150 Euro in der Printversion) angeboten (vgl. http://www.dpa.com/ dpa-Termine.571.0.html, Abruf 14.10.2012). Auch der Deutsche Bundestag bietet durch seine Wissenschaftlichen Dienste einen Kalender „Alljährlich wiederkehrender Aktions-, Themen- und Gedenktage" (vgl. http://www.bundestag.de/dokumente/analysen/2009/gedenktage.pdf, Abruf 14.10.2012) an; nähere Anfragen dazu und Ergänzungsanregungen können gerichtet werden an: vorzimmer.wd1@bundestag.de.

Gerade im Lokalen sind Geschichtsjournalisten aber auch gar nicht auf Gedenktage angewiesen, um schon mit der Themenwahl Gegenwartsbezüge herzustellen. Serger im Anschluss an das eben Zitierte: „Bei mir hat das angefangen vor einigen Jahren mit einem Firmenjubiläum." (ebd.) Firmen, in denen Ortsansässige arbeiten, Behörden, Schulen, Museen, die sie aufsuchen, Straßen, durch die sie gehen und die nach Persönlichkeiten benannt sind, die für den Ort bedeutsam waren, ähnlich bei Gewässern, Brücken, Parks oder Bahnhöfen: Die Gegenwart des Publikums besteht aus Erfahrungen mit ortstypischen Objekten, welche eine Vergangenheit haben, die sich recherchieren und erzählen lässt. Hier bedarf es keiner runden Jahreszahl, es genügt, über die Geschichte der Firmen, Gebäude, Straßen usw. zu berichten, mit denen Ortsansässige alltäglich zu tun haben, und schon ist Vergangenheit mit Gegenwart verknüpft. Im Lokalressort ist Geschichtsjournalismus per se aktuell, was nicht heißt, dass nicht auch Lokaljournalisten sich um diese Qualität bemühen können. Jedenfalls ist die automatische Aktualität der Themenwahl neben dem Bedürfnis nach Ortsbindung ein weiterer Grund, warum der Lokalteil für Geschichtsjournalismus besonders geeignet ist. Lokaljournalisten und Geschichtsjournalisten sind ideale Partner und sollten diese Partnerschaft pflegen.

Auch Geschichtsjournalisten erfüllen die Öffentlichkeitsaufgabe je besser, desto neuer und unbekannter ihre Informationen sind. Bernd Serger nach seiner Bemerkung, bei ihm habe die Entdeckung der Lokalgeschichte mit einem Firmenjubiläum begonnen: „Da gab es in den Unterlagen für die 30er Jahre nichts als Lücken. Es ist die Aufgabe der Medien, diese Lücken aufzuarbeiten und öffentlich zu machen, wenn andere es nicht tun." (ebd.) Aus der Rezeptionsforschung weiß man, dass das Publikum am liebsten noch einmal liest, was es schon weiß. Die menschliche Psyche ist darauf aus, mit sich selbst in Einklang zu bleiben, was durch Neues infrage gestellt wird (vgl. Festinger 1957). Der Journalistenberuf hat also – ähnlich wie der Arztberuf – eine Sisyphusaufgabe (vgl. Pöttker 2008). Umso wichtiger ist, dass Geschichtsjournalisten, wo sie durch Recherchen Lücken im öffentlichen Bewusstsein füllen können, an das anknüpfen, was den Lesern, Hörern oder Zuschauern vertraut ist: die Straßen und Plätze, die Gebäude, die Parks und Gewässer ihrer Stadt.

Verständlichkeit: Hier gilt, was für Journalismus immer gilt. Sprachliche Verständlichkeit lässt sich durch die vier Faktoren Einfachheit, Gliederung/Ordnung, Kürze/Prägnanz und Anregende Zusätze herstellen, wobei die beiden letzten wechselseitig komplementär sind und ein Text je mehr anregende Zusätze verträgt, desto besser er gegliedert ist (vgl. Langer/Schulz v. Thun/Tausch 2011[10]).

Was Unterhaltsamkeit betrifft, sind vor allem lebendige Beispiele und eine Anschaulichkeit empfehlenswert, die durch visuelle Elemente (Fotos, Zeichnungen, Karikaturen, Landkarten, Faksimiles von Zeitungen und Dokumenten, neuerdings – im digitalen und crossmedialen Geschichtsjournalismus – auch bewegte Bilder) entsteht. Erwähnt sei ein Beispiel aus dem Hamburger Abendblatt, das auch in anderen Regionalzeitungen (u.a. Westdeutsche Allgemeine Zeitung, Märkische Oderzeitung, Hamburger Morgenpost, Freies Wort usw.) und im Rundfunk Beachtung fand. Im lokalen Kulturteil des Abendblatts erschien am 19./20. November 2011 ein ganzseitiger Beitrag von Matthias Gretzschel über 32 vergilbte Postkarten, die die später deportierten und ermordeten Hamburger Juden Gustav und Minna Wächter 1940/41 an ihren nach Schweden emigrierten Sohn Walter geschrieben hatten und die

---

[10] Die drei Autoren haben dieses „Hamburger Konzept" ursprünglich für Unterrichtszwecke geschrieben. Das Konzept und die zahlreichen Textbeispiele lassen sich aber auch für journalistisches Schreiben im Lokalressort verwenden.

der Enkel, der schwedische Schriftsteller Torkel S. Wächter, auf dem Dachboden seines Vaterhauses gefunden hatte. Das mit Reportage-Elementen angereicherte Feature zeigt nicht nur ein historisches Foto des Ehepaars Wächter, sondern in Faksimile auch eine der Postkarten und gibt darüber hinaus eine Internetadresse (www.32Postkarten.com; Abruf: 14. 10. 2012) an, über die sich die Leser alle Karten anschauen und weitere Informationen verschaffen können, z.B.:

Postkarte 4
Von Gustav und Minna Wächter, 4. Mai 1940

„Meine Lieben! Eure letzte Karte erhielten wir am 24. April. Ihr seid jetzt schreibfaul geworden oder habt Ihr zuviel zu tun? Von John u. Else haben wir seit längerer Zeit nichts mehr gehört, offenbar schreiben sie nur Schiffspost u. es dauert dann immer sehr lange bis diese überkommt. Sie müßten, wie Max es macht, doch dann u. wann mal Luftpost schicken. Von Max bekamen wir wieder gestern Luftpost. Er schreibt „An Walter muß ich immer denken, ich habe ihn solange nicht gesehen. Ich hoffe immer noch, daß wir alle wieder mal zusammen sein werden, die goldene Hochzeit wenigstens muß zusammen gefeiert werden. Ich bitte Walter herzl. zu grüßen." Hier bei uns geht alles seinen ruhigen Gang. Liesbeth hat von uns zum Geburtstag ein hübsches Buch von Hamsun „Die Liebe ist stark", geschenkt bekommen. Dr. Blumenthal schreibt auch regelmäßig an seine Eltern aus Lugano, es geht ihm gut und er ist ganz zuversichtlich. Nun ist nächste Woche wieder Pfingsten. Wir bleiben hübsch zu Hause, denn überall ist es doch voll und wir haben ja Zeit genug, an Wochentagen ins Freie zu gehen. Ich hoffe nun, in den nächsten Tagen wieder von Euch etwas zu hören, denn wir freuen uns immer sehr, wenn wir Post von unseren Kindern bekommen. Inzwischen seid herzl. u. innigst gegrüßt von Eurem Vater."

„Meine Lieben! Vor allen Dingen wünsche ich Euch recht angenehme Pfingsten. Hoffentlich sind Walters Zähne bald wieder in Ordnung. Wie gefällt Dir lieber Walter denn die Landarbeit? Hast Du liebe Erna schon mal wieder etwas von Deinen Eltern gehört? Hier gibt's nichts Neues. Seid innigst und herzlichst gegrüßt von Eurer Euch liebenden Mutter. Viele herzliche Grüße von Tante Hanna, Dora und Jessie."

Am 4. Mai 1940 gibt Gustav einen Gruß von Walters Bruder Max weiter, der neun Jahre älter ist und sich in Buenos Aires aufhält. Bis 1933 arbeitete Max als Schauspieler, Choreograph und Regisseur am Theater und beim Film. Nach der Machtübernahme durch die Nationalsozialisten war er auf den Jüdischen Kulturbund Hamburg angewiesen. Im Sommer 1938 gelang ihm mit Hilfe eines gefälschten Dokuments, für dessen Erhalt er einen

Gestapobeamten bestechen musste, die Flucht aus Deutschland. Es war geplant, dass seine Frau Dorothea (Dora) und ihre Tochter Jessica (Jessie) nachkommen sollten. Während der ersten Zeit in Argentinien teilte sich Max mit sechs anderen Flüchtlingen ein schmutziges Zimmer in einer kleinen Pension. Er nahm die Gelegenheitsjobs an, die er bekommen konnte, und hatte weder das Geld, Kleidung zu kaufen oder Bus zu fahren noch sich satt zu essen. Schon nach einem Jahr in Buenos Aires gründete er das einzige deutschsprachige Theater der Stadt mit Berufsschauspielern, die Deutschsprachige Bühne in Argentinien.

Ein anderer deutsch-jüdischer Flüchtling und Theatermann, Paul Walter Jacobs, trifft ein Jahr nach Max mit der gleichen Idee in Buenos Aires ein. Er gründet ein konkurrierendes Theater, die Freie Deutsche Bühne. Aber die Stadt ist zu klein für zwei professionelle deutschsprachige Bühnen mit antifaschistischem Repertoire. Jacobs überzieht Max deshalb mit einer Verleumdungskampagne und kann mehrere der Schauspieler, die für Max arbeiten, mit dem Versprechen, sie besser zu bezahlen, für sich gewinnen. Am Ende muss Max sein Theater aufgeben. Im Mai 1940 hat er soeben widerwillig einen Vertrag als Schauspieler und Regisseur mit Jacobs unterzeichnet, der ihm ein festes Gehalt von 120 Pesos im Monat garantiert.

Walter wurden bereits im Sommer 1935 im Hamburger Konzentrationslager Fuhlsbüttel die Zähne eingeschlagen. Dort begannen auch seine Rückenprobleme, die ihn immer noch plagen. Erna Schwarz stammt aus der Freien Stadt Danzig, der ersten Stadt, die Hitlers Wehrmacht am Morgen des 1. September 1939 angegriffen hat. Es ist fraglich ob Ernas Eltern am 4. Mai 1940 noch am Leben sind.

Im Text des Abendblatt-Artikels ist von der Anhänglichkeit der beiden Absender an ihre Heimatstadt Hamburg die Rede und es wird u.a. erwähnt, dass ihr Sohn Walter in den 1920er Jahren in der Juniorenmannschaft des HSV[11] gespielt hat. Das greift die Ortsverbundenheit der Leser auf und kommt den Rezeptionschancen des Artikels wie der ganzen Zeitung entgegen. Gleichzeitig vermittelt der Beitrag aber auch wenig bekannte Details über die Situation von Juden unter dem NS-Regime Anfang der 1940er Jahre, etwa, wie die Wächters Hinweise auf Brutalitäten der Gestapo auf ihren Postkarten ins Ausland verschlüsselten, um die Zensur zu umgehen: ein nachahmenswertes Beispiel für Geschichtsjournalismus im Lokalteil, das die crossmedialen Möglichkeiten nutzt.

4. Gegenstandsorientierte Qualitäten: Richtigkeit, Wahrhaftigkeit, lokalhistorische Quellen

In Hinsicht auf die Gegenstände, über die (Lokal-)Journalismus Informationen vermittelt, geht es vor allem um Richtigkeit und eine weitere, begrifflich schwer zu fassende Qualität (Vollständigkeit, Relevanz, Angemessenheit), die sich zum emphatischen, für journalistisches Arbeiten aber unverzichtbaren Anspruch auf Wahrheit zusammenfügen (vgl. Pöttker 2000). Für beide Wahrheitskomponenten ist entscheidend, wie Geschichtsjournalisten mit Quellen umgehen. Auch im Lokaljournalismus erfordert Wahrheitsstreben die Fähigkeit, den Wert von

---

[11] Hamburger Sportverein

Geschichtsquellen beurteilen zu können. Unter Geschichtsquelle ist dabei alles zu verstehen, was Aufschluss über die Vergangenheit eines Ortes, seiner Gebäude, Straßen und Plätze, seiner Vereine und öffentlichen Einrichtungen, seiner bekannten Persönlichkeiten usw. geben kann. Zur Prüfung von Geschichtsquellen auf ihren Wahrheitswert (Quellenkritik) gehört vor allem Reflexion: Über die Interessen berichtender Akteure, über deren Nähe zum berichteten Geschehen, über Absicht und Tonfall ihrer Aussagen oder über den Grad ihrer Repräsentativität.

Auch für Lokaljournalisten, die sich mit historischen Gegenständen befassen, gilt die professionelle Grundregel, möglichst viele Quellen zu nutzen, die sich ergänzen und korrigieren können, um die Glaubwürdigkeit der Information zu sichern. Um Lokaljournalisten das Gebot zum Quellenpluralismus nahezubringen, bietet es sich an, die Vielfalt möglicher historischer Quellenarten zu betrachten. Raul Hilberg hat eine Typologie all dessen vorgestellt, was Aufschluss über Vergangenheit geben kann (vgl. Hilberg 2002). Er unterscheidet zunächst materielle Gegenstände („dreidimensionale Quellen"), Abbildungen und sprachliche Texte („zweidimensionale Quellen"). An der Kategorie Texte entwickelt er tiefgehende Unterscheidungen, die sich auf Gegenstände und Abbildungen übertragen lassen:

Abbildung 1: Typen von Geschichtsquellen (Übersicht)

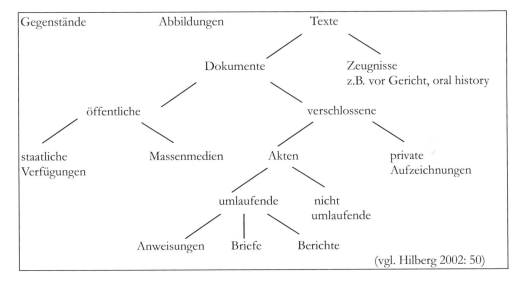

(vgl. Hilberg 2002: 50)

Die Unterscheidung von Dokumenten und Zeugnissen (vgl. Droysen 1977; Pöttker 2010c) ist für die Beurteilung des Wahrheitswerts von Geschichtsquellen besonders wichtig. Aber Zweifel an der Zuverlässigkeit sind nicht nur gegenüber Zeitzeugen angebracht, sondern auch gegenüber überlieferten Dokumenten. Denn die Aussagekraft, die Spuren menschlicher Handlungen für die Zeit haben, in der sie entstanden sind, hängt von den Motiven dieser Handlungen ab. Lokaljournalisten wie Lokalhistoriker müssen den subjektiven Sinn berücksichtigen, den die Urheber von Gebrauchsgegenständen, Bildern oder Texten ihrem

Handeln bereits bei deren Produktion unterlegt haben[12]. Keine Quelle steht mit absoluter Sicherheit für das, für das sie zu stehen scheint. Keine Geschichtsquelle ist aber auch völlig unbrauchbar, einen kritischen Umgang damit vorausgesetzt. Beides gilt auch für die heimathistorische Forschung, die Lokaljournalisten wiederum als Quelle nutzen können.

Wie lassen sich Geschichtsquellen finden? Wegen der Authentizität und Praktikabilität des Zugriffs ist es vorteilhaft, sich – z.B. durch Interviews - selbst Quellen zu erschließen und in einem eigenen (digitalen Bild-)Archiv zu sammeln. Das regt auch zu Themen an und hilft, Gespür für den Umgang mit Quellenmaterial zu entwickeln. Gleichwohl werden Lokaljournalisten, schon um das Potenzial der Recherchemöglichkeiten auszuschöpfen, auch auf Quellen zurückgreifen, die von Archiven und Bibliotheken systematisch zugänglich gehalten werden. Bernd Serger antwortet auf die Frage, ob man Geschichte studiert haben muss, um sich als Lokaljournalist mit historischen Themen zu befassen: „Nein, das nicht. Aber (...) man muss schon in die Archive gehen, und es gibt Journalisten, die Hemmungen haben, das zu tun." (Serger 1998)

Ich greife das Beispiel der Stadt Dortmund mit ihrer in der Neuzeit als Bergbau- und Industriestandort und im Spätmittelalter als Handels- und Hansestadt signifikanten Geschichte heraus, um einen Eindruck von den Quellensammlungen zu geben, die Lokaljournalisten zur Verfügung stehen:

Am wichtigsten ist das Stadtarchiv[13]. Hier werden Unterlagen aufbewahrt, die aus der Arbeit der Stadtverwaltung hervorgegangen sind: Urkunden, Akten, Karten, Pläne. Außerdem werden Bild-, Ton- und Schriftdokumente zur Dortmunder Stadtgeschichte gesammelt, die von Kirchen, Parteien, Vereinen oder Privatpersonen stammen. Die Bestände reichen bis ins 13. Jahrhundert zurück, umfassen neben Zeitungsausschnitten und Fotos auch Nachlässe sowie eine etwa 40.000 Bände umfassende Bibliothek zur Stadt- und Regionalgeschichte, die durch einen Katalog erschlossen ist. Sie können von jedermann auf der Grundlage einer Benutzungs- und Entgeltordnung eingesehen werden. Außerdem beantwortet das Stadtarchiv Anfragen und hilft bei der Suche nach Quellen zur Geschichte Dortmunds, die im Lesesaal vorgelegt oder gegen Gebühren fotokopiert werden können. Zum Stadtarchiv gehört die Mahn- und Gedenkstätte Steinwache, die im früheren Dortmunder Gestapo-Gefängnis untergebracht ist und sich der Zeit von 1933 bis 1945 widmet.

Auf ähnliche Weise wie das Stadtarchiv arbeitet eine Reihe weiterer, spezialisierter Einrichtungen, darunter das Institut für Zeitungsforschung mit einer der größten Pressesammlungen Deutschlands[14], das Fritz-Hüser-Institut zur Literatur und Kultur der Arbeitswelt[15], u.a. mit Nachlässen von Schriftstellern der Region, sowie das Westfälische Wirtschaftsarchiv in der Industrie- und Handelskammer[16]. Über die Archive Dortmunds wie anderer Gemeinden in Nordrhein-Westfalen informiert das zentrale Portal der Archive in NRW[17]. Neben kommunalen Archiven gibt es in Dortmund öffentliche Museen wie das Museum für Kunst und Kulturgeschichte[18] und private Quellensammlungen von Firmen, z.B.

---

[12] Zu den Begriffen des (sozialen) Handelns und seines subjektiven Sinns (vgl. Weber 1972[5]: 5ff).
[13] Märkische Straße 14, 44122 Dortmund, Telefon 0231/50 23 260, E-Mail: stadtarchiv-dortmund@stadtdo.de
[14] Max-von-der-Grün-Platz 18, 44122 Dortmund, Telefon 0231/50 23 221, E-Mail: zeitungsforschung.dortmund@stadtdo.de
[15] Grubenweg 5, 44388 Dortmund, Telefon 0231/50 23 135, E-Mail: fhi@stadtdo.de
[16] Märkische Straße 120, 44141 Dortmund, Telefon 0231/54 17 296, E-mail: wwado@dortmund.ihk.de
[17] http://www.archive.nrw.de, Abruf 14.10.2012.
[18] Hansastraße 3, 44137 Dortmund, Telefon 0231/50 25 522, E-Mail: mkk@stadtdo.de

das Hoesch-Museum[19] mit Exponaten und Dokumenten zu 160 Jahren Stahlgeschichte am Ort.

Bei der Auswahl historischer Quellen müssen Lokaljournalisten darauf achten, ob diese für Gegenwartsbezüge und eine Darstellungsweise förderlich sind, die das Ankommen der Information beim Publikum erleichtert. Geeignet sind hier weniger auf knappe Sachlichkeit oder prägnante Rationalität setzende Genres wie Nachricht und Kommentar als erzählende Darstellungsweisen, die der historischen Information durch den Aufbau von Spannung, anregende Ergänzungen, atmosphärische Verlebendigung oder kommunikative Präsentation den Weg zum Publikum ebnen. Auf historische Themen spezialisierte Lokaljournalisten können am meisten mit Quellen anfangen, die solchen literarisch-künstlerischen Darstellungweisen (vgl. Bespalova/Kornilov/Pöttker 2010: 124-129) entgegenkommen: Heimathistoriker als Experten, Medienberichte aus der Zeit des historischen Geschehens, um das es geht, und Zeitzeugen („oral history").

Heimathistoriker haben den Vorteil, dass sie oft schon eine Interpretation bereithaben, eine „Geschichte" erzählen können, und dass sie sich in der kommunikativ interessanten Form des Interviews präsentieren lassen. Medienberichte als Quellen erleichtern die Rezeption, weil sie schon selbst im Hinblick auf journalistische Qualitäten wie Verständlichkeit und Unterhaltsamkeit gestaltet worden sind. Zeitzeugen werden von Geschichtsjournalisten gern als Quellen herangezogen, weil mehrere rezeptionsanregende Faktoren bei ihnen zusammenwirken: Sie machen die Darstellung durch erinnerte Details lebendig, sie befriedigen das Interesse an Personen und sie legen nahe, Informationen im Gespräch zu präsentieren.

Gerade wegen ihrer besonderen Eignung für die publikumsbezogenen Qualitäten des Lokaljournalismus müssen diese Quellenarten aber auch auf ihre Eignung für die andere, auf die angemessene Wiedergabe der Gegenstände bezogene Seite der journalistischen Tätigkeit geprüft werden.

Heimathistoriker: An Geschichtsthemen arbeitende Lokaljournalisten sollten nicht vergessen, dass auch die Geschichtswissenschaft – einschließlich der Heimatgeschichte – ein soziales System ist, in dem nicht nur Gültigkeit und Verlässlichkeit der Erkenntnis, sondern auch informelle Hierarchien, daran geknüpfte Reputationsstrukturen und daraus erwachsende Konkurrenz das Tun und Lassen der Akteure bestimmen.

Gerade Lokaljournalisten sollten sich deshalb der Autorität von Experten nicht ausliefern, sondern nach deren besonderen Interessen fragen. Habe ich es mit einem kommunalen Beamten zu tun, der auf seine Stadt nichts kommen lassen will (oder darf), und liege es auch lange zurück? Oder mit einem ehrgeizigen Hobby-Historiker, der partout in der Fachwelt auf sich aufmerksam machen will? Der quellenkritischen Haltung steht auch hier ein probates Mittel zur Verfügung: das Gegenchecken bei mindestens zwei unabhängigen Experten. Hat man nur einen zur Verfügung, sollte das Publikum wenigstens darauf hingewiesen werden.

Wissen von Geschichtswissenschaftlern, Heimatkundlern und anderen Experten kann auch im Internet geholt werden, z.B. dem Online-Lexikon Wikipedia. Die Digitalisierung von lokalgeschichtlichen Dokumenten und Zeugnissen schreitet langsam, aber sicher voran, so dass lokalgeschichtliches Material in wachsendem Maße online zur Verfügung steht. Auch wenn die Digitalisierung ziemlich ungeordnet vonstatten geht, sollte das Internet bei lokalhistorischen Recherchen nicht unberücksichtigt bleiben. Allerdings ist gegenüber digitalen Quellen dieselbe

---

[19] Eberhardstraße 12, 44145 Dortmund, Telefon 0231/84 45 856, E-Mail: hoesch-museum@web.de

Skepsis angebracht wie gegenüber allen (lokalhistorischen) Quellen. „Wenn es stimmt, dass heute ganze Zeitungsredaktionen ihr Hintergrundwissen von Wikipedia beziehen" (Landwehr 2007), dann ist wichtig, die Frage nach der Zuverlässigkeit von Online-Quellen an diesem Beispiel zu klären[20].

Die digitale Enzyklopädie scheint auf den ersten Blick weniger für das Aufspüren und Ausrecherchieren von historischen Themen geeignet als für die rasche Ergänzung und Absicherung von Details. Gerade bei dieser Verwendungsweise ist aber Skepsis gegenüber Online-Quellen geboten. Denn auch für inkorrekte Namensschreibungen, nicht zutreffende Zeit- und Ortsangaben usw. findet man im Internet oft Belege, weil irgendjemand falsche Angaben in dieses Sammelsurium von Informationen eingefügt hat, das nicht – wie in der traditionellen Ordnung des Wissenschaftswissens – nach Zuverlässigkeit hierarchisiert wird. Grundsätzlich begründet das aber gegenüber Wikipedia keine größere Skepsis als gegenüber herkömmlichen Enzyklopädien. Das offene Reproduktionsprinzip erlaubt nämlich bei Wikipedia eine zeitnähere Berücksichtigung des Forschungsfortschritts. Die Online-Enzyklopädie macht eine Einsicht zu ihrer Richtschnur, die jedem professionellen Journalismus zugrunde liegt: Öffentlichkeit ist vor allem eine Voraussetzung der Wahrheitssuche, nicht nur die punktuelle Wahrheitsprüfung eine Bedingung für das Veröffentlichen. Fehler können daher in Wikipedia viel schneller korrigiert werden. Jedenfalls kann Jimmy Wales' Erfolgsprojekt bei Qualitätsvergleichen mit gedruckten Lexika durchaus mithalten (vgl. Giles 2005; Schuler 2007).

Fazit: Wikipedia kann wie andere Enzyklopädien als Quellenreservoir für lokalen Geschichtsjournalismus verwendet werden, sofern der Journalist sich der Schwäche des beliebten Hilfsmittels – der breiten Qualitätsstreuung der Einträge – bewusst bleibt.

Medienquellen: Für ein Radiofeature in einem Münchner Lokalsender über das Attentat, das Georg Elser am 8. November 1939 im Bürgerbräukeller auf Hitler verübt hat, bietet es sich z.B. an, auf die Live-Reportage als Quelle zurückzugreifen, die der Großdeutsche Rundfunk am Tag danach gesendet hat und die das Deutsche Rundfunkarchiv (DRA, www.dra.de, Abruf: 16.10.2012) auch Journalisten – allerdings gegen Entgelt – zur Verfügung stellt[21].

Die Verwendung von Medienquellen hat neben den genannten Vorteilen allerdings den Nachteil, dass die Konzentration auf öffentlichkeitsdienliche Aufmerksamkeitsqualitäten schon an der Quelle Einbußen an Richtigkeit und Vollständigkeit mit sich gebracht haben kann. Die professionelle Nähe zu Medienquellen macht es besonders nötig, dass Geschichtsjournalisten sich deren typischer Deformiertheit bewusst sind. Gleichzeitig ermöglicht die berufliche Erfahrung einen besonders versierten Umgang mit dieser Quellenart. Wer selbst schon Vorgänge publikumswirksam dramatisiert hat, wird merken, wenn hinter Medienquellen aus dem Archiv Ähnliches steckt.

„Oral history": Ein grundsätzliches Problem, das auch Medienquellen betrifft, ist bereits die fragwürdige Repräsentativität von Zeitzeugen. Personen, die über ihre vergangenen Erlebnisse berichten wollen und können, bilden eine untypische Auswahl aller Personen, die die betreffenden Ereignisse erfahren haben. Das heißt nicht, dass ihre Erinnerung als Quelle unbrauchbar wäre. Es heißt aber, dass Geschichtsjournalisten mit solchen Quellen skeptisch umgehen sollten.

---

[20] „Viele Dozenten schimpfen über Wikipedia, dabei benutzen sie das Online-Nachschlagewerk selber", merkt dazu der Schweizer Historiker Jan Hodel an (zit. n. Landwehr 2007).
[21] Aufnahmedatum 9.11.1939, Reporter unbekannt, Länge 7'30", DRA Nr. 2783643.

Darüber hinaus sind mit „oral history" weitere Probleme verbunden, vor allem die Artefaktgefahr und die Unzulänglichkeit aller Erinnerung. (Beide Vorbehalte sind im Prinzip auch gegenüber schriftlichen Zeitzeugnissen angebracht.) Da kein Mensch, auch kein Zeitzeuge, frei ist von Interessen und Prädispositionen, gibt es – abgesehen von den biologischen Schranken der Gedächtnisleistung – keine völlig ungetrübte Erinnerung.

In Extremfällen können sogar Zweifel angebracht sein, ob gesprächsweise hervorgelockte Zeitzeugenäußerungen nicht einfach aus der Luft gegriffen sind, weil durch das Fragen nach der Vergangenheit bei den Befragten der Eindruck entsteht, Antworten seien erwünscht. Was man gern erlebt hätte, stellt man sich ersatzweise vor; und besonders wenn ein Gesprächspartner begierig darauf ist, dann erzählt man es auch gern. Brüsten kann man sich sogar mit gar nicht erfahrenem Leid, wie die erfundenen Berichte von angeblichen Holocaust-Opfern zeigen (vgl. Wilkomirski 1995; Defonseca 1997).

Es empfiehlt sich deshalb, Gesprächspartnern, deren Erinnerung man als Quelle erschließen will, behutsam zu begegnen und alles Drängen zu unterlassen. Der Impuls für eine Mitteilung sollte vom Zeitzeugen kommen. Dafür ist die Fähigkeit des oder der Recherchierenden wichtig, sich für Signale von Mitteilungswilligkeit offen zu halten, ohne Druck auszuüben. Das bei Radio-Gewinnspielen übliche Belohnen der Erinnerungsbeiträge von Hörern erhöht die Artefaktgefahr.

Auch bei Geschichtsjournalisten, die für den Lokalteil arbeiten, kann es Aktualitätsdruck geben, weil Jubiläumstermine, aber auch gegenwärtige Geschehnisse, mit denen Vergangenheit sich verbinden lässt, nicht zu verschieben sind. Was tun, wenn der Redaktionsschluss naht, aber ein weiterer Heimathistoriker sich (noch) nicht finden ließ, eine Information aus Wikipedia stammt und bisher kein weiterer Beleg dafür zu finden war, die Aussage eines Zeitzeugen beschönigend oder der Bericht in einer alten Zeitung übertrieben erscheint? Was tun, wenn das Kind sogar schon in den Brunnen gefallen ist und eine veröffentlichte Information sich nachträglich als unzulänglich herausstellt?

In solchen Fällen steht Lokal- wie allen Journalisten ein höchst professionelles, weil auf das berufsspezifische Transparenzprinzip setzende Mittel zur Verfügung: Das Offenlegen von nicht ausgeräumten Zweifeln und ungelösten Fragen. Lokaljournalisten können dem Publikum mitteilen, was abweichenden Quellen zu entnehmen ist, und gegebenenfalls auf deren Unstimmigkeiten hinweisen.

Zur professionellen Wahrheitspflicht gehört ferner, Fehler öffentlich richtigzustellen. Diese Korrekturpflicht ist in Ziffer 3 des deutschen Pressekodex festgehalten. Sie sollte gerade in Deutschland, wo das Verhältnis zur NS- und zur DDR-Vergangenheit von Tabus und Rechtfertigungsklischees geprägt ist, beim Umgang mit lokalen Geschichtsquellen befolgt werden. Auch davon hängt ab, ob lokaler Geschichtsjournalismus glaubwürdig ist und beim Publikum ankommt.

4. Empfehlungen an Lokaljournalisten zum Themenfeld Geschichte

1. Gerade im Lokalteil können Geschichtsjournalisten sich das menschliche Grundbedürfnis nach Sinn zunutze machen, damit ihre Produkte beim Publikum ankommen. Sie kommen diesem Bedürfnis entgegen, wenn sie dem Publikum durch ihre Informationen ermöglichen, die nahe Lebenswelt besser zu verstehen und sich in ihr zu orientieren. Lokalgeschichte und Ortsbindung fördern sich wechselseitig.

2. Anders als der Naturanteil der Lebenswelt, dessen Gesetzmäßigkeiten immer und überall gelten, ist der von Menschen hervorgebrachte Kulturanteil nicht nur dem Wandel unterworfen, hat also Gewordenheit und Geschichtlichkeit. Die Kulturwelt ist auch national, regional und lokal differenziert. Geschichtsjournalismus ist daher für den Lokalteil prädestiniert.

3. Für Lokaljournalisten, die historische Themen aufgreifen, bleibt Aktualität eine zentrale Qualität ihrer Arbeit. Sie bringen diese Qualität zur Geltung, indem sie zwischen Gegenwart und Vergangenheit Bezüge herstellen. Die besondere journalistische Qualität der Berichterstattung über lokale Vergangenheit ist der Gegenwartsbezug der historischen Information.

4. Auch im Lokalressort sind Geschichtsjournalisten sich der drei archetypischen Modelle des Gegenwartsbezugs bewusst: Beim exemplarischen Erzähltyp wird nach Ähnlichkeiten zwischen Gegenwart und Vergangenheit gesucht; beim genetischen wird die Vergangenheit als Ursprung der Gegenwart, die Gegenwart als Folge der Vergangenheit interpretiert; beim kritischen Erzähltyp werden Gegenwart und Vergangenheit in Kontrast gesetzt, sei es durch Abstoßung der Vergangenheit von der Gegenwart oder der Gegenwart von der Vergangenheit aus.

5. Grundsätzlich kann jeder historische Gegenstand auf jede der drei Arten aktualisiert werden. Aber nicht jedes geschichtliche Ereignis oder jede Epoche eignet sich für jeden Aktualisierungstyp in gleicher Weise. Auch im Lokalteil sollten sich Geschichtsjournalisten im Interesse der Prägnanz und Merkbarkeit ihrer Informationen für eine der drei Arten des historischen Erzählens entscheiden.

6. Für die Wahl eines Erzähltyps gibt es Faustregeln: Beim exemplarischen ist grundsätzlich Vorsicht geboten, weil die Gefahr undifferenzierter Gleichsetzungen besteht. Vergleichen heißt, auch nach Unterschieden zu fragen. Die genetische Erzählweise ist je weniger geeignet, desto länger die zu aktualisierende Vergangenheit zurückliegt. Der kritische Erzähltyp ist besonders angebracht, wenn es um Menschenrechtsverletzungen in Gegenwart oder Vergangenheit geht.

7. Auch wenn die Orientierung an vorhersehbaren Daten die Nutzung arbeitserleichternder Hilfsmittel fördert, ist die Gedenktage-Agenda bei der Themenwahl fragwürdig, weil der mit ihrer Hilfe konstruierte Gegenwartsbezug künstlich ist. Im Lokalressort sind Geschichtsjournalisten aber auch nicht auf runde Jahreszahlen angewiesen, um aktuell zu sein. Stattdessen können sie über die Geschichte der Gebäude, Straßen, Firmen usw. berichten, mit denen die Menschen am Ort täglich zu tun haben.

8. Damit ihre Produkte unterhaltsam werden, sollten Lokaljournalisten, die historische Themen bearbeiten, nicht vergessen, lebendige Beispiele zu wählen und ihre Texte durch visuelle Elemente (Fotos, Zeichnungen, Karikaturen, Landkarten, Faksimiles, im elektronischen Geschichtsjournalismus auch bewegte Bilder) anzureichern.

9. Was den Umgang mit Quellen betrifft, gilt für alle Journalisten die professionelle Grundregel: Es sollten möglichst viele Quellen genutzt werden, die sich ergänzen oder korrigieren können, um Zuverlässigkeit und Glaubwürdigkeit der Information zu optimieren (Quellenpluralismus). Für Lokaljournalisten, die sich historischen Themen zuwenden, ist die Nutzung kommunaler Archive unerlässlich, die vielerorts in beachtlicher Zahl existieren. Heimathistoriker, historische Massenmedien und Zeitzeugen eignen sich im Hinblick auf die kommunikative Qualität für Geschichtsjournalismus besonders gut. Mit diesen Quellenarten sind im Hinblick auf die Wahrheitsqualität aber auch besondere Gefahren verbunden.

10. Heimathistoriker haben den Vorteil, dass sie meistens schon eine Interpretation bereit haben, eine „Geschichte" erzählen können, und dass man sie in der kommunikativen Form des Interviews präsentieren kann. Historisch arbeitende Lokaljournalisten sollten aber nicht vergessen, dass auch die Heimatgeschichte als populäres Segment der Geschichtswissenschaft ein soziales System ist, in dem nicht nur die Gültigkeit der Erkenntnis, sondern auch informelle Hierarchien, daran geknüpfte Reputationsstrukturen und daraus erwachsende Konkurrenz das Tun und Lassen der Akteure bestimmen.

11. Online-Quellen wie Wikipedia, deren Einträge in der Regel von Experten stammen, sind per se nicht mehr und nicht weniger brauchbar als gedruckte Quellen, wenn man ihren Wert einzuschätzen weiß. Oft werden sie für die rasche Absicherung von Details verwendet, wofür sie sich wegen der großen Zahl falscher Daten im Netz am wenigsten eignen. Hier ist Vorsicht geboten.

12. Die Verwendung historischer Medienquellen fördert die kommunikative Qualität geschichtsjournalistischer Produkte, weil die Urheber dieser Quellen sich schon selbst an der kommunikativen Qualität orientiert haben. Die Armut an professioneller Distanz zu journalistischen Medienquellen macht es besonders wichtig, dass Geschichtsjournalisten sich deren typischer Deformiertheit bewusst sind.

13. „Oral history": Ein grundsätzliches Problem von Zeitzeugen, aber auch von Medienquellen ist deren fragwürdige Repräsentativität. Ein weiteres Problem stellt die Unzulänglichkeit aller Erinnerung durch Gedächtnisschwund und intervenierende Erfahrungen dar. Die Vorstellung einer befragten Person, bestimmte Antworten seien (nicht) erwünscht, kann zum Glätten und Beschönigen, aber auch zum Dramatisieren des Erinnerten und sogar zur bewussten Falschaussage führen. Es empfiehlt sich deshalb, Zeitzeugen behutsam zu begegnen. Möglichst neutrales Aussehen, Auftreten und Fragen ist eine Methode, mit der Lokaljournalisten bei Interviews den Einfluss des Faktors soziale Erwünschtheit minimieren können.

14. Wenn Zweifel an der Zuverlässigkeit historischer Quellen bestehen, die sich unter Aktualitätsdruck nicht klären lassen, sind solche nicht ausgeräumten Zweifel und ungelösten Fragen dem Publikum gegenüber offenzulegen (Transparenzpflicht).

15. Zum professionellen Wahrheitsgebot für Lokaljournalisten, die sich mit historischen Stoffen befassen, gehört die Pflicht, Fehler, die sich im Nachhinein herausstellen, unverzüglich öffentlich richtigzustellen (Korrekturpflicht).

Literatur

Bespalova, Alla/Kornilov, Evgenij/Pöttker, Horst (Hrsg.) (2010): Journalistische Genres in Deutschland und Russland. Köln.

Brodnik, Ingrid (2008): „Google macht dauernd Fehler". Gespräche mit Wikipedia-Gründer Jimmy Wales. In: Falter (Wien), Nr. 1-2/2008: S. 18f.

Chmielewski, Daniel (2011): Lokale Leser. Lokale Nutzer. Informationsinteressen und Ortsbindung im Vergleich. Eine crossmediale Fallstudie. Köln.

Defonseca, Misha (1997): A Memoire oft he Holocaust Years. Boston.

Droysen, Johann Gustav (1977): Historik. Band 1: Rekonstruktion der ersten vollständigen Fassung der Vorlesungen (1857), Grundriß der Historik in der ersten handschriftlichen (1857/1858) und in der letzten gedruckten Fassung (1882). Historisch-kritische Ausgabe von Peter Leyh. Stuttgart-Bad Cannstatt.

Eumann, Marc Jan (2011): Der Deutsche Presse-Dienst. Nachrichtenagentur in der britischen Zone 1945-1949. Die Geschichte einer Medieninstitution im Nachkriegsdeutschland. Köln.

Feisel, Ronald (Hrsg.) (2012): Wie Dracula den Kopf verlor und Sissi die Lust. 21 unerhörte Geschichten aus der Geschichte. 40 Jahre ZeitZeichen. Köln.

Festinger, Leon (1957): A Theory of Cognitive Dissonance. Stanford, CA.

Frost, Ingo (2006): Zivilgesellschaftliches Engagement in virtuellen Gemeinschaften? Eine systemwissenschaftliche Analyse des deutschsprachigen Wikipedia-Projektes. München.

Giesecke, Dana/Welzer, Harald (2012): Das Menschenmögliche. Zur Renovierung der deutschen Erinnerungskultur. Hamburg.

Giles, Jim (2005): Special report internet. Encyclopaedias go head to head. In: Nature, No 438, 15.12.2005: S. 900f.

Heine, Heinrich (1832): Paris, 7 Jun. 1832. In: Allgemeine Zeitung, 13.6.1832, Beilage.

Hilberg, Raul (2002): Die Quellen des Holocaust. Entschlüsseln und interpretieren. Frankfurt a. M.

Klammer, Bernd (2005): Empirische Sozialforschung. Eine Einführung für Kommunikationswissenschaftler und Journalisten. Konstanz.

Koszyk, Kurt (2010): Journalismus und „Volksstimmung" im ersten Weltkrieg. In: Eberwein, Tobias/Müller, Daniel (2010): Journalismus und Öffentlichkeit. Eine Profession und ihr gesellschaftlicher Auftrag. Festschrift für Horst Pöttker. Wiesbaden.

Landwehr, Dominik (2007): Gegen die „Entwurzelung des Wissens". Wikipedia in der Kritik der Geisteswissenschaft. In: Neue Zürcher Zeitung, Nr. 97, 27. 4. 2007, S. B4.

Langer, Inghard/Schulz von Thun, Friedemann/Tausch, Reinhard (20119): Sich verständlich ausdrücken. München.

Nietzsche, Friedrich (1986): Vom Nutzen und Nachteil der Historie für das Leben. Stuttgart: Reclam. (zuerst 1874 in Leipzig bei F. W. Fritzsch als zweite „Unzeitgemäße Betrachtung")

Popper, Karl R. (1945/1992): Die offene Gesellschaft und ihre Feinde. Bd. 1: Der Zauber

Platons. Bd. 2: Falsche Propheten: Hegel, Marx und die Folgen. Tübingen.

Pöttker, Horst (1997): Aktualität und Vergangenheit. Zur Qualität vom Geschichtsjournalismus. In: Bentele, Günter/Haller, Michael (Hrsg.) (1997): Aktuelle Entstehung von Öffentlichkeit. Akteure, Strukturen, Veränderungen. Konstanz: S. 323-346.

Pöttker, Horst (1998): Öffentlichkeit durch Wissenschaft. Zum Programm der Journalistik. In: Publizistik, 43. Jg., Heft 3: S. 229-249.

Pöttker, Horst (2000): Kompensation von Komplexität. Journalismustheorie als Begründung journalistischer Qualitätsmaßstäbe. In: Löffelholz, Martin (Hrsg.) (2000): Theorien des Journalismus. Ein diskursives Handbuch. 1. Aufl. Wiesbaden: Verlag, S. 375-390.

Pöttker, Horst (2005a): Öffentlichkeit/Öffentliche Meinung. In: Weischenberg, Siegfried/Kleinsteuber, Hans J./Pörksen, Bernhard (Hrsg. (2005): Handbuch Journalismus und Medien. Konstanz: S. 329-33.

Pöttker, Horst (2005b): Abgewehrte Vergangenheit. Beiträge zur deutschen Erinnerung an den Nationalsozialismus. Köln.

Pöttker, Horst (2008): Öffentlichkeit als Sisyphusarbeit. Über unlösbare Widersprüche des Journalismus. In: Pörksen, Bernhard/Loosen, Wiebke/ Scholl, Armin (Hrsg.): Paradoxien des Journalismus. Theorie - Empirie - Praxis. Festschrift für Siegfried Weischenberg. Wiesbaden: S. 63-78.

Pöttker, Horst (2010a): Der Beruf zur Öffentlichkeit. Über Aufgabe, Grundsätze und Perspektiven des Journalismus in der Mediengesellschaft aus der Sicht praktischer Vernunft. In: Publizistik, 55. Jg., Heft 2, S. 107-128.

Pöttker, Horst (2010b): Gegenwartsbezüge. Über die Qualität von Geschichtsjournalismus. In: Arnold, Klaus/ Hömberg, Walter/Kinnebrock, Susanne (Hrsg.) (2010): Geschichtsjournalismus. Zwischen Information und Inszenierung. Berlin, S. 31-44.

Pöttker, Horst (2010c): Johann Gustav Droysen. Ein Historiker als Klassiker der Kommunikations- und Medienwissenschaften. In: r:k:m, unter: www.rkm-journal.de/archives/3233, Stand: 8.1.2013

Pöttker, Horst (2011): A Reservoir of Understanding. Why journalism needs history as a thematic field. In: Journalism Practice, Vol. 5, Nr. 5: S. 520-537.

Rager, Günther (1994): Dimensionen der Qualität. Weg aus den allseitig offenen Richterskalen? In: Bentele, Günter/Hesse, Kurt R. (Hrsg.) (1994): Publizistik in der Gesellschaft. Festschrift für Manfred Rühl. Konstanz: S. 189 – 209.

Ruppel, Wolf Dieter (1989): Nicht Denkmäler, sondern Rück-Fragen. „ZeitZeichen": Wie man im Radio mit Geschichte umgehen kann. In: medium, 19. Jg., Heft 3: S. 46 - 48.

Rüsen, Jörn (1990): Zeit und Sinn. Strategien historischen Denkens. Frankfurt a. M.: S. 153 – 230.

Schoelgens, Gesa (2010): Recherche wikiwiki. Die journalistische Nutzung der Online-Enzyklopädie Wikipedia. Unv. Diplomarbeit, Institut für Journalistik der TU Dortmund.

Schuler, Günter (2007): Wikipedia Inside. Münster.

Serger, Bernd (1998): Mit Geschichte Identität stiften. Mit historischen Themen kann eine Zeitung an Profil gewinnen (Interview). In: Lokalredaktionsdienst (lrd). Wissenschaft für die journalistische Praxis, 5/1998, S. 6.

Stephens, Mitchell (2010): The Case for Wisdom Journalism – and for Journalists Surrendering the Pursuit of News. In: Daedalus, Spring 2010, S. 76-88.

Weber, Max (19725): Wirtschaft und Gesellschaft. Hrsg. v. Johannes Winckelmann. Tübingen.

Wilkomirski, Binjamin (1995): Bruchstücke. Aus einer Kindheit 1939 – 1948. Frankfurt a. M.

Der Autor

Dr. Horst Pöttker (*1944) ist Professor für Theorie und Praxis des Journalismus an der Technischen Universität Dortmund. Er studierte Soziologie, Germanistik und Philosophie an den Universitäten Hamburg, Zürich, Kiel und Basel, und war 1976-1980 sowie 1985-1995 Zeitschriftenredakteur. Von 1982-1985 arbeitete er als wissenschaftlicher Mitarbeiter an der Universität Siegen, und hatte von 1992-1995 eine Gastprofessur für Regeln und Selbstkontrolle des journalistischen Handelns an der Universität Leipzig. 1995 habilitierte er sich an der Universität Siegen, seit 1995 ist er Hochschullehrer am Institut für Journalistik der Technischen Universität Dortmund. Arbeitsschwerpunkte: Theorie und Geschichte des Journalismus, Journalistische Berufsethik, Medien und Migration, Journalistische Darstellungsformen, Lokaljournalismus; Geschäftsführer der „Initiative Nachrichtenaufklärung" (INA) und des „Zentrums für Mediale Integration" (ZfMI), verantwortlicher Leiter des von der nordrhein-westfälischen Landesregierung initiierten und finanzierten Weiterbildungsprojekts „Initiative Lokaljournalismus in Nordrhein-Westfalen" (INLOK).
Kontakt: horst.poettker@tu-dortmund.de

Kommunalrecht und Kommunalpolitik

Udo Branahl

Eine der wichtigsten Aufgaben von Lokaljournalisten ist es, ihre Leser über politische Ereignisse und Zusammenhänge auf kommunaler Ebene umfassend zu informieren. Für eine sachgerechte Beurteilung der Kommunalpolitik und eine angemessene Berichterstattung sind zumindest Grundkenntnisse im Kommunalrecht unerlässlich. Dieser Beitrag liefert einen Überblick über die wichtigsten Strukturmerkmale des Kommunalrechts des Landes Nordrhein-Westfalen.

Zu den zentralen Berichterstattungsfeldern des Lokaljournalismus gehört die Kommunalpolitik. Den rechtlichen Rahmen dieser Politik bildet das Kommunalrecht. Es regelt die Organisationsstruktur der Gemeinden und Gemeindeverbände sowie deren Aufgaben und Kompetenzen. Außerdem legt es ihre Finanzausstattung und deren Bewirtschaftung (Haushaltsrecht) fest.

Gemäß Art. 28 Abs. 2 Grundgesetz (GG) und Art. 78 Abs. 1 der Verfassung des Landes Nordrhein-Westfalen (NRW Verf) haben die Gemeinden das Recht, alle Angelegenheiten der örtlichen Gemeinschaft in eigener Verantwortung zu regeln (Selbstverwaltungsrecht). Dieses Recht besteht allerdings nur „im Rahmen der Gesetze". Von seinem Recht, die gemeindliche Selbstverwaltung durch Gesetz einzugrenzen, hat das Land reichlich Gebrauch gemacht. Das betrifft die Gliederung des Landes in Gemeinden und deren innere Organisation ebenso wie ihre Aufgaben und Finanzausstattung.

Nordrhein-Westfalen gliedert sich in 22 kreisfreie Städte (und die regionsangehörige Stadt Aachen), 31 Kreise (einschließlich der Städteregion Aachen), und 374 kreisangehörige Gemeinden. Unter diesen sind 35 große, 124 mittlere und 87 sonstige kreisangehörige Städte. Hinzu kommen die beiden Landschaftsverbände Rheinland und Westfalen sowie die Kommunalverbände Regionalverband Ruhr und der Landesverband Lippe.

1. Die Gemeindeorganisation

Die innere Organisation der Gemeinden in Nordrhein-Westfalen, ihre „Verfassung", hat das Land in der Gemeindeordnung geregelt.

Die zentrale Rolle bei der Willensbildung der Gemeinde kommt dem Rat der Gemeinde zu. Dieser ist grundsätzlich für alle Angelegenheiten der Gemeindeverwaltung zuständig. Er wird für die Dauer von fünf Jahren gewählt (§ 42 GO NRW). Ein wesentlicher Teil der Ratsarbeit wird in seinen Ausschüssen erledigt. Deren Zusammensetzung richtet sich nach der Stärke der Ratsfraktionen. Zu den Pflichtausschüssen, die in jeder Gemeinde gebildet werden müssen, gehören

- der Hauptausschuss, der die Arbeit der übrigen Ausschüsse koordiniert und Dringlichkeitsentscheidungen trifft (§§ 59, 60 GO NRW)

- der Finanzausschuss, der die Haushaltssatzung vorbereitet und Entscheidungen zur Ausführung des Haushaltsplanes trifft (§ 59 Abs. 2 GO NRW) und
- der Rechnungsprüfungsausschuss.

Als weitere Pflichtausschüsse ergeben sich aus dem Kommunalwahlrecht der Wahlausschuss und der Wahlprüfungsausschuss (§§ 2, 40 Abs. 2 KWG). Außerdem hat der Rat das Recht, weitere (freiwillige) Ausschüsse zu bilden (§ 57 Abs. 1GO NRW). In diese können auch sachkundige Bürger berufen werden, die keine Ratsmitglieder sind.

Der Bürgermeister (in kreisfreien Städten: Oberbürgermeister) wird ebenfalls direkt gewählt, und zwar für die Dauer von sechs Jahren (§ 65 GO NRW.) Er kann vor Ablauf seiner Amtszeit von den Bürgern der Gemeinde abgewählt werden (§ 66 GO NRW). Er bereitet die Ratsbeschlüsse vor und führt sie aus. Ist er der Auffassung, dass ein Ratsbeschluss das Wohl der Gemeinde gefährdet, kann er ihm widersprechen. In diesem Fall hat der Rat sich mit der Angelegenheit noch einmal zu befassen. Bestätigt dieser seinen Beschluss, muss der (Ober-)-Bürgermeister ihn ausführen (§ 54 Abs. 1 GO NRW). Verletzt ein Ratsbeschluss geltendes Recht, hat der (Ober-)Bürgermeister ihn zu beanstanden. Bleibt der Rat bei seinem Beschluss, hat der (Ober-)Bürgermeister die Entscheidung der Aufsichtsbehörde einzuholen (§ 54 Abs. 2 GO NRW).

Der (Ober-)Bürgermeister entscheidet selbst in den Angelegenheiten, die ihm vom Rat oder seinen Ausschüssen übertragen worden sind. Er führt die laufenden Geschäfte, soweit sich der Rat die Entscheidung in solchen Angelegenheiten nicht selbst vorbehalten hat. Er ist der gesetzliche Vertreter der Gemeinde.

Der (Ober-)Bürgermeister leitet und beaufsichtigt die Gemeindeverwaltung. Er ist Dienstvorgesetzter der Beamten, Angestellten und Arbeiter der Gemeinde. Über deren Anzahl und Zusammensetzung entscheidet der Rat durch den Stellenplan. Personelle Entscheidungen trifft der (Ober-)Bürgermeister, soweit die Hauptsatzung nichts anderes vorschreibt. Die Anzahl der Beigeordneten (Dezernenten) wird in der Hauptsatzung festgelegt. Sie werden vom Rat für die Dauer von acht Jahren gewählt und bilden zusammen mit dem (Ober-)-Bürgermeister den Verwaltungsvorstand, der bei grundlegenden Entscheidungen über die Organisation der Verwaltung, Verwaltungsabläufe und die Personalführung mitwirkt.

Kreisfreie Städte sind in Stadtbezirke eingeteilt, die über eigene Bezirksvertretungen und Bezirksverwaltungsstellen verfügen. Die Bezirksvertretungen entscheiden in Angelegenheiten, deren Bedeutung nicht wesentlich über den Stadtbezirk hinausgeht, also z.B. über Unterhaltung und Ausstattung der öffentlichen Einrichtungen des Stadtbezirks, Angelegenheiten der Denkmalpflege, Betreuung und Unterstützung örtlicher Vereine und kulturelle Belange im Stadtbezirk.

Gemeindebezirke können auch in kreisangehörigen Gemeinden gebildet werden (Ortschaften). Die Belange der Ortschaft werden dann durch einen Bezirksausschuss oder durch einen Ortsvorsteher wahrgenommen.

2. Bürgerbeteiligung

Einwohner der Gemeinde können beantragen, dass der Rat über eine bestimmte Angelegenheit, für die er gesetzlich zuständig ist, berät und entscheidet (§ 25 GO NRW). Der Einwohnerantrag muss ein bestimmtes Begehren und eine Begründung enthalten. Er muss in kreisangehörigen Gemeinden von mindestens 5 Prozent der Einwohner, höchstens jedoch von 4000 Einwohnern mit Namen, Vornamen, Geburtsdatum und Anschrift unterzeichnet sein. Bei kreisfreien Städten genügen 4 Prozent der Einwohner, höchstens 8000.

Die Bürger können beantragen (Bürgerbegehren), dass sie an Stelle des Rates über eine Angelegenheit entscheiden (Bürgerentscheid). In Gemeinden bis 10.000 Einwohner muss das Bürgerbegehren von mindestens 10 Prozent der Bürger unterzeichnet sein; der notwendige prozentuale Anteil sinkt stufenweise mit zunehmender Größe der Gemeinde. In Gemeinden mit mehr als 500.000 Einwohnern genügen 3 Prozent. Einzelheiten enthält § 26 Abs. 4 GO NRW. Ein Bürgerentscheid findet auch statt, wenn der Rat dies mit einer Mehrheit von zwei Dritteln seiner Mitglieder beschließt (Ratsbürgerentscheid). Über den Ausgang des Bürgerentscheids entscheidet die Mehrheit der gültigen Stimmen, wenn sie – je nach Größe der Gemeinde – mindestens 20 Prozent, 15 Prozent oder 10 Prozent ausmacht (vgl. § 26 Abs. 7 GO NRW).

In kreisfreien Städten können Bürgerbegehren und Bürgerentscheid in einer Angelegenheit, für die die Bezirksvertretung zuständig ist, auch in einem Stadtbezirk durchgeführt werden (§ 26 Abs. 9 GO NRW).

3. Satzungen

Gemeinden und Gemeindeverbände haben das Recht, ihre Angelegenheiten durch Satzungen zu regeln, soweit gesetzlich nichts anderes bestimmt ist (§ 7 GO NRW). Satzungen sind Rechtsnormen, die in ihrer Wirkung mit Gesetzen vergleichbar sind. Es gibt Satzungen, die ausschließlich Innenwirkung entfalten, also nur die Organe der jeweiligen Gemeinde binden. Beispiele dafür bilden die Hauptsatzung einer Gemeinde und ihre Haushaltssatzung. Andere Satzungen entfalten auch Außenwirkung. Sie regeln Rechte und Pflichten von Bürgern, Einwohnern und Nutzern gemeindlicher Einrichtungen. Beispiele dafür bilden

- die Abfallsatzung, die den Anschluss- und Benutzungszwang für die gemeindliche Abfallentsorgung regelt,
- die Straßenreinigungssatzung, die u.a. regelt, in welchem Umfang die Anlieger zur Reinigung von Straßen und Gehwegen verpflichtet sind, sowie
- Satzungen über Gemeindesteuern und Gebühren.

4. Selbstverwaltungsrecht und Staatsaufsicht

In Nordrhein-Westfalen sind die Gemeinden in ihrem Gebiet die ausschließlichen und eigenverantwortlichen Träger der öffentlichen Verwaltung (Art. 78 Abs. 2 NRW Verf).

Jede Gemeinde kann freiwillig bestimmte Aufgaben übernehmen, z.B. die Errichtung und den Betrieb eines Theaters, eines Hallenbades oder eines Museums. Bei diesen freiwilligen Aufgaben entscheidet die Gemeinde selbst, ob und wie sie die Aufgabe erfüllen will. In die Tätigkeit einer Gemeinde im Bereich der freiwilligen Aufgaben darf das Land nur eingreifen, wenn sie geltendes Recht verletzt (Rechtsaufsicht).

In die Freiheit der Gemeinde bei ihrer Aufgabenbestimmung kann das Land aber dadurch eingreifen, dass es sie gesetzlich verpflichtet, bestimmte Aufgaben zu übernehmen

(Art. 78 Abs. 3 NRW Verf). Gegenwärtig gehören zu den Pflichtaufgaben der Gemeinden beispielsweise die Bauleitplanung, der Betrieb und Unterhalt von Schulen und Kindergärten, die Feuerwehr und die Abfallbeseitigung. Wie die Gemeinde diese Aufgaben erfüllt, entscheidet sie selbst. Die Aufsicht des Landes ist darauf beschränkt, sicherzustellen, dass die Gemeinde diese Aufgaben den gesetzlichen Vorgaben entsprechend wahrnimmt.

Stärkere Eingriffe in die kommunale Selbstverwaltung bilden Regelungen, die den Gemeinden bestimmte Aufgaben zur „Erfüllung nach Weisung" übertragen (Art. 78 Abs. 4 Satz 2 NRW Verf). In diesen Angelegenheiten unterliegen die Gemeinden bei der Ausführung der Aufgabe dem Weisungsrecht des Landes, soweit das einschlägige Gesetz dies bestimmt. Bei der Erfüllung solcher Aufgaben unterliegen die Gemeinden einer Sonderaufsicht des Landes, die auf die Überwachung der Einhaltung dieser Weisungen beschränkt ist. Beispiele für solche Angelegenheiten bilden die Ordnungsverwaltung, die Bauaufsicht, der Katastrophenschutz und das Einwohnermeldewesen.

Schließlich haben die Gemeinden Auftragsangelegenheiten von Bund und Ländern durchzuführen. In diesen Angelegenheiten unterliegen die Gemeinden einer umfassenden Zweckmäßigkeitskontrolle durch das Land (Fachaufsicht). Zur Auftragsverwaltung des Bundes gehören z.B. die Ausbildungsförderung, das Wohngeld und der Zivilschutz. Im Auftrag des Landes führen die Gemeinden z.B. die Landtagswahlen durch.

In all diesen Angelegenheiten erstreckt sich die Aufsicht des Landes allerdings nicht auf Personal- und Organisationsangelegenheiten. Die Dienstaufsicht über das eigene Personal bleibt auf jeden Fall bei der Gemeinde.

Ferner bedient sich das Land bei der Erledigung seiner eigenen Landesaufgaben des Landrats und des Oberbürgermeisters (§ 61 KrO NRW). Dazu hat es diese zur unteren staatlichen Verwaltungsbehörde gemacht. Als solche unterliegen sie der umfassenden Rechts- und Fachaufsicht des Landes.

Für die Tätigkeit des Landrats und des Oberbürgermeisters ergibt sich aus dieser Verwaltungsorganisation:

- Ist er als untere staatliche Verwaltungsbehörde tätig, unterliegt er in vollem Umfang den Weisungen des Landes, d.h. des Regierungspräsidenten und der Landesregierung, (vgl. § 60 KrO NRW).
- Bei der Ausführung von Aufgaben der Kommunalverwaltung ist er dem Kreistag bzw. dem Rat der Stadt verantwortlich. Regierungspräsident und Innenminister sind in diesen Angelegenheiten auf die Rechtsaufsicht beschränkt, also auf die Kontrolle, ob sich die Tätigkeit des Kreises bzw. der kreisfreien Stadt im Rahmen der Gesetze hält. So haben sie z.B. sicherzustellen, dass der Kreis bzw. die Gemeinde ihre Pflichtaufgaben erledigt. Bei der Erledigung von „Pflichtaufgaben nach Weisung" wiederum sind Landrat und Oberbürgermeister den Weisungen des Landes unterworfen, soweit diese durch eine Ermächtigungsgrundlage in dem einschlägigen Landesgesetz gedeckt sind. In Auftragsangelegenheiten schließlich stehen dem Land wiederum eine umfassende Weisungsbefugnis und die volle Fachaufsicht zu.

Diese Kompetenzverteilung ist für Lokaljournalisten von Bedeutung, wenn es darum geht, die Verantwortlichkeit der handelnden Personen für ihr Tun sachgerecht einzuschätzen.

5. Bauleitplanung

Aufgabe der Bauleitplanung ist es, die bauliche und sonstige Nutzung der Grundstücke in der Gemeinde zu leiten. Dazu haben die Gemeinden Bauleitpläne aufzustellen. Bauleitpläne sind der Flächennutzungsplan, der die Bodennutzung für das ganze Gemeindegebiet in Grundzügen regelt, und die Bebauungspläne, die Art und Maß der baulichen oder sonstigen Nutzung jeweils für einen Teil des Gemeindegebietes grundstücksscharf verbindlich regeln.

Die Grundsätze, die die Gemeinde bei der Bauleitplanung zu berücksichtigen hat, ergeben sich aus §§ 1 und 1a BauGB. Der Inhalt des Flächennutzungsplans ist in § 5 BauGB, der der Bebauungspläne in § 9 BauGB geregelt.

Bauleitpläne werden von der Gemeinde als Satzung erlassen (§ 10 BauGB). Über die Planung ist die Öffentlichkeit frühzeitig zu unterrichten; vor der Beschlussfassung ist ihr Gelegenheit zur Stellungnahme zu geben (§ 3 BauGB). Dasselbe gilt für Behörden und sonstige Träger öffentlicher Belange, deren Aufgabenbereich durch die Planung berührt wird (§ 4 BauGB). Werden durch die Änderung oder Ergänzung eines Bauleitplans die Grundzüge der Planung nicht berührt, kann er in einem vereinfachten Verfahren ohne Bürgerbeteiligung erlassen werden (§ 13 BauGB).

Zur Vorbereitung und Durchführung städtebaulicher Vorhaben kann die Gemeinde städtebauliche Verträge mit Privaten schließen, die die Kosten des Vorhabens übernehmen (§ 11 BauGB) und entsprechende Vorhaben- und Erschließungspläne erlassen (§ 12 BauGB). Auf diese Weise kann die Gemeinde die Bebauung größerer Freiflächen in Zusammenarbeit mit einem privaten Bauträger gestalten, ohne die Erschließungskosten aus dem Gemeindeetat vorfinanzieren zu müssen. In dem entsprechenden Vertrag mit dem Bauträger kann die Gemeinde sich auch einen Anteil an dem Wertzuwachs sichern, den die Freifläche dadurch bekommt, dass sie als Bauland ausgewiesen wird. So kann sich beispielsweise der Bauträger verpflichten, der Gemeinde das Eigentum an einem bestimmten Prozentsatz der erschlossenen Fläche unentgeltlich zu übertragen.

6. Verkehr

Zu den wichtigen Aufgaben von Kreisen und Gemeinden gehört die kommunale Verkehrspolitik. Sie betrifft u.a.

- den Bau und die Unterhaltung von Kreis- und Gemeindestraßen, Rad- und Fußwegen, Kfz- und Fahrradabstellplätzen,
- die Verkehrsführung auf diesen Straßen, Wegweiser, Parkleitsysteme, Geschwindigkeitsbegrenzungen, Einrichtung verkehrsberuhigter Zonen, Einrichtung und Schaltung von Fußgängerampeln, Verkehrsbeschränkungen zur Luftreinhaltung (Umweltzone) und zum Lärmschutz sowie
- die Organisation, den Betrieb und die Finanzierung des öffentlichen Personennahverkehrs (in der Regel im Verbund mit Nachbargemeinden).

7. Wohnen

Kommunale Wohnungspolitik ist heute ein zentraler Bestandteil der Stadtentwicklungspolitik. Ein ausreichendes, qualitativ hochwertiges und nachfragegerechtes Angebot an Wohnraum trägt dazu bei, den Einwohnerschwund in den Ballungsgebieten zu begrenzen. Die Entwicklung ihrer Einwohnerzahl ist wiederum für die Finanzausstattung der Gemeinde von Bedeutung, da die Höhe der Finanzzuweisung des Landes stark von der Einwohnerzahl bestimmt wird.

Gesichert werden kann das Wohnraumangebot durch die Pflege und Modernisierung des Wohnungsbestandes und seine Ergänzung durch den Neubau attraktiven Wohnraums. Die Gemeinde kann den Prozess der Wohnraummodernisierung, der den Wohnungseigentümern obliegt, beratend begleiten. Bei der Modernisierung von Mietwohnungen kann sie darüber hinaus als Moderatorin zwischen dem Eigentümer und den Wohnungsmietern tätig werden. Größeren Einfluss hat sie auf den Wohnungsneubau. Diesen kann sie durch eine entsprechende Bauleitplanung maßgeblich mitsteuern.

8. Wirtschaftsförderung

Ansiedlung, Ausbau und Erhaltung erfolgreicher Wirtschaftsunternehmen sind für die Gemeinde aus zwei Gründen wichtig: Zum einen schaffen und erhalten diese Arbeitsplätze für ihre Einwohner, zum anderen leisten sie durch die Zahlung der Gewerbesteuer einen wesentlichen Beitrag zur Finanzierung des Gemeindehaushalts. Die Wirtschaftsförderung berät Existenzgründer und ansiedlungswillige Unternehmen ebenso wie die bereits vorhandenen Unternehmen bei ihrer Bestandssicherung und Weiterentwicklung. Sie unterstützt sie z.B. bei der Suche nach geeigneten Büroflächen, qualifizierten Mitarbeitern und der Beantragung öffentlicher Mittel.

9. Schulen

Abgesehen von den Förderschulen, für die die Landschaftsverbände zuständig sind (§ 78 Abs. 3 SchulG NRW), und den Berufskollegs, die von den Kreisen und kreisfreien Städten getragen werden (§ 78 Abs. 2 SchulG NRW), sind die Gemeinden die Träger der öffentlichen Schulen (§ 78 Abs. 1 SchulG NRW). Sie haben die Schulen (Gebäude, Anlagen, Ausstattung, Verwaltungspersonal und Lehrmittel) bereitzustellen und zu unterhalten (§ 79 SchulG NRW). Für die Bestellung und Bezahlung des pädagogischen Personals hingegen ist das Land zuständig (§ 92 Abs. 2 SchulG NRW). Welche und wie viele Schulen die Gemeinde zu unterhalten hat, hängt von der Bedarfsentwicklung ab. Bei der Schulentwicklungsplanung sind die Entwicklung der Schülerzahlen und der Elternwille, die Erreichbarkeit der Schule und ihre erforderliche Mindestgröße zu beachten (§§ 78 Abs. 4 und 5, 82SchulG NRW). Außerdem ist sie mit den Planungen benachbarter Schulträger abzustimmen (§ 80 SchulG NRW). Die Errichtung, Änderung oder Auflösung einer Schule durch den Schulträger bedarf der Genehmigung der Bezirksregierung als oberer Schulaufsichtsbehörde (§§ 81 Abs. 3, 88 Abs. 2 SchulG NRW). Im Übrigen steht das gesamte Schulwesen unter der Aufsicht des Landes (§ 86 Abs. 1 SchulG NRW).

Im Rahmen der jährlichen Finanzzuweisung beteiligt sich das Land an den Schulkosten der Gemeinden und Gemeindeverbände („Schüleransatz"). Inwieweit die Aufwendungen der Gemeinde für „ihre" Schulen durch diese Finanzzuweisung des Landes gedeckt sind, gehört zu den erörterungswürdigen Fragen im Rahmen der Lokalberichterstattung.

10. Sozialarbeit

In den verschiedenen Bereichen der Sozialarbeit (Angebote für Kinder und Jugendliche, Familien, Frauen in Notlagen, Wohnungslose, Integration von Ausländern und Migranten, Menschen mit Behinderungen, Pflegebedürftige, Senioren u.a.) unterscheiden sich die Leistungen der einzelnen Gemeinden erheblich.

Für die Lokalberichterstattung lohnt sich deshalb ein Blick über die kommunalen Grenzen, ein Vergleich der Leistungen der eigenen Gemeinde mit denen der Nachbargemeinden.

11. Ordnungsverwaltung

Die Aufgabe der Ordnungsverwaltung besteht darin, in der Gemeinde für Sicherheit, Sauberkeit und Ordnung zu sorgen. Dazu gehört u.a. die Überwachung des fließenden und des ruhenden Verkehrs (Geschwindigkeitskotrollen, Parkraumüberwachung), die Gewerbe- und Gaststättenaufsicht, die Lebensmittelkontrolle, das Veterinärwesen (Tierarzneimittel- und Futtermittelüberwachung, Tierschutz, Tierseuchenbekämpfung, Schlachttier- und Fleischuntersuchung) und die Bearbeitung von Ausländerangelegenheiten.

12. Wirtschaftliche Betätigung

Zu den großen wirtschaftspolitischen Streitfragen der Landespolitik gehört die Regulierung der wirtschaftlichen Betätigung der Gemeinden durch das Kommunalrecht. Der wirtschaftsliberale Grundsatz „Privat vor Staat" wird dabei insbesondere für Leistungen in Anspruch genommen, mit denen sich Gewinn erzielen lässt. Lobbyisten in Industrie und Handwerk sind bestrebt, sich Unternehmen, die sich in öffentlicher Trägerschaft befinden, als Konkurrenten vom Halse zu halten. Auf der anderen Seite sind die Gemeinden, die ihre Einwohner mit den notwendigen Leistungen versorgen müssen, daran interessiert, Verluste aus solchen Versorgungsleistungen wenigstens teilweise durch Gewinne auf verwandten Tätigkeitsfeldern auszugleichen. Beispiele für solche Felder bilden etwa

- die Abfallbeseitigung, deren Kosten durch Gewinne aus der Verwertung von Wertstoffen (Papier, Metalle) begrenzt werden können, oder
- gärtnerische Dienstleistungen (z.B. Baumschnitt) für private Interessenten durch städtische Gärtner.

Die nordrhein-westfälische Gemeindeordnung enthält in ihrem 11. Teil für die wirtschaftliche Betätigung von Gemeinden eine umfangreiche und komplizierte Regelung (§§ 107 bis 115 GO

NRW). Sie definiert als wirtschaftliche Betätigung den Betrieb eines Unternehmens, das seine Produkte oder Dienstleistungen am Markt anbietet, sofern die Leistung ihrer Art nach auch von einem Privaten mit der Absicht der Gewinnerzielung erbracht werden könnte (§ 107 Abs. 1 Satz 3 GO NRW).

Im Grundsatz darf sich eine Gemeinde zur Erfüllung ihrer Aufgaben wirtschaftlich betätigen, wenn (1) ein öffentlicher Zweck dies erfordert, (2) die Betätigung in einem angemessenen Verhältnis zu ihrer Leistungsfähigkeit steht und (3) der öffentliche Zweck nicht durch andere Unternehmen besser und wirtschaftlicher erfüllt werden kann (§ 107 Abs. 1 GO NRW). Dieser Grundsatz wird allerdings durch mehrere Ausnahmen eingeschränkt. So gilt gem. § 107 Abs. 2 GO NRW der Betrieb von Einrichtungen auf den folgenden Feldern nicht als wirtschaftliche Betätigung:

a) soziale und kulturelle Betreuung der Einwohner auf den Gebieten

- Erziehung, Bildung oder Kultur (Schulen, Volkshochschulen, Tageseinrichtungen für Kinder und sonstige Einrichtungen der Jugendhilfe, Bibliotheken, Museen, Ausstellungen, Opern, Theater, Kinos, Bühnen, Orchester, Stadthallen, Begegnungsstätten),
- Sport oder Erholung (Sportanlagen, zoologische und botanische Gärten, Wald-, Park- und Gartenanlagen, Herbergen, Erholungsheime, Bäder, Einrichtungen zur Veranstaltung von Volksfesten),
- Gesundheits- oder Sozialwesen (Krankenhäuser, Bestattungseinrichtungen, Sanatorien, Kurparks, Senioren- und Behindertenheime, Frauenhäuser, soziale und medizinische Beratungsstellen),

b) Straßenreinigung, Wirtschaftsförderung, Fremdenverkehrsförderung, Wohnraumversorgung,
c) Umweltschutz, insbesondere Abfallentsorgung oder Abwasserbeseitigung, sowie das Messe- und Ausstellungswesen,
d) Deckung des Eigenbedarfs von Gemeinden und Gemeindeverbänden.

Die Tätigkeit auf diesen Feldern unterliegt folglich nicht den Einschränkungen des § 107 Abs. 1 GO NRW.

Die wirtschaftliche Betätigung der Gemeinde in den Bereichen der Strom-, Gas- und Wärmeversorgung dient qua Gesetz (§ 107a GO NRW) einem öffentlichen Zweck. Sie ist zulässig, wenn sie in einem angemessenen Verhältnis zur Leistungsfähigkeit der Gemeinde steht (§ 107a Abs. 1 GO NRW). Anderen Unternehmen kommt auf diesen Feldern folglich kein Vorrang dazu. Dasselbe gilt für die Wasserversorgung, den öffentlichen Verkehr, den Betrieb von Telekommunikationsleistungsnetzen und die Erbringung von Telekommunikationsdienstleistungen (vgl. § 107 Abs. 1 Nr. 3 GO NRW).

Die wirtschaftliche und nichtwirtschaftliche Betätigung der Gemeinde ist grundsätzlich auf ihr Gemeindegebiet beschränkt. Ausnahmen sind in §§ 107 Abs. 3 und 4, 107a Abs. 3 GO NRW geregelt. Erleichterungen gelten danach insbesondere für Krankenhäuser und die energiewirtschaftliche Betätigung.

Die wirtschaftliche Betätigung einer Gemeinde kann auch dadurch erfolgen, dass sie eine Gesellschaft privaten Rechts, z.B. eine GmbH oder Aktiengesellschaft, gründet oder sich an einer solchen beteiligt. Dazu müssen allerdings bestimmte Bedingungen erfüllt sein, die die

Unternehmensziele, den Haftungsumfang, den Einfluss der Gemeinde auf das Unternehmen, die Publizitätspflichten des Unternehmens und die Arbeitnehmermitbestimmung im Unternehmen betreffen (§§ 108, 108a, 113, 114 GO NRW).

13. Die Finanzquellen der Gemeinden

Die Gemeinden finanzieren sich aus Steuern, Gebühren, Beiträgen sowie aus Finanzzuweisungen des Landes und Vermögenserträgen. Zu den Steuern, deren Ertrag den Gemeinden zugutekommt, gehören die Einkommensteuer, die Mehrwertsteuer, die Gewerbesteuer und die Grundsteuer. Außerdem erhalten die Gemeinden einen Anteil am Aufkommen der Einkommensteuer und der Gewerbesteuer. Das Kommunalabgabengesetz (KAG) des Landes erlaubt den Gemeinden, darüber hinaus weitere Steuern zu erheben. Auf Grund dieser Ermächtigung erheben die Gemeinden beispielsweise eine Hundesteuer, Vergnügungssteuern, eine Zweitwohnungssteuer und eine Beherbergungsabgabe.

Auf Grund des Gemeindefinanzreformgesetzes des Bundes erhält die Gemeinde einen Anteil von 15 Prozent der Einkommensteuer und von 12 Prozent der Kapitalertragssteuer der in ihr mit erstem Wohnsitz gemeldeten Einwohner. Vom Aufkommen der Mehrwertsteuer erhält der Bund vorab 5,5 Prozent. Vom Rest steht den Gemeinden 2,2 Prozent zu; der verbleibende Betrag wird zwischen Bund und Ländern aufgeteilt (§ 1 Finanzausgleichsgesetz des Bundes).

Die Rechtsgrundlage für die Erhebung der Gewerbesteuer durch die Gemeinden bildet das Gewerbesteuergesetz, ebenfalls ein Bundesgesetz. Besteuert wird durch sie der Ertrag von Gewerbebetrieben. Die Höhe der Steuer, die das Unternehmen zu zahlen hat, ergibt sich dadurch, dass 3,5 Prozent des Ertrages (Steuermessbetrag) mit einem „Hebesatz" multipliziert wird, den die Gemeinde festlegt, auf deren Gebiet sich der Gewerbebetrieb befindet. Von den Einnahmen aus der Gewerbesteuer muss die Gemeinde allerdings einen Anteil als Gewerbesteuerumlage an Bund und Land abführen. Die Höhe dieses Anteils wird so berechnet, dass das tatsächliche Gewerbesteueraufkommen einer Gemeinde durch den Hebesatz dividiert und mit einem „Vervielfältiger" multipliziert wird, der jährlich neu festgesetzt wird. Im Jahre 2012 gilt für die alten Bundesländer ein Vervielfältiger von 69; in den neuen Bundesländern beträgt er 35. Dementsprechend muss in den alten Bundesländern eine Gemeinde mit einem Hebesatz von 450 Prozent 15,33 Prozent ihres Gewerbesteueraufkommens abführen. Für eine Gemeinde in den neuen Bundesländern beträgt der Anteil bei demselben Hebesatz nur 7,77 Prozent.

Auch die Grundsteuer beruht auf einem Bundesgesetz, dem Grundsteuergesetz. Dieses erlaubt den Gemeinden die Erhebung von Steuern auf den Grundbesitz. Die Höhe der Grundsteuer hängt von der Art der Nutzung des Grundstücks, von seinem Wert und von dem „Hebesatz" ab, den die Gemeinde festlegt, zu der das Grundstück gehört.

Ob und in welcher Höhe eine Hundesteuer erhoben wird, entscheidet jede Gemeinde selbständig. Steuerpflichtig ist, wer auf dem Gebiet der Gemeinde Hunde hält. Die Höhe der Hundesteuer ist in der Regel nach der Anzahl der Hunde gestaffelt. Erhöhte Beiträge werden von vielen Gemeinden für das Halten von „Kampfhunden" erhoben.

Vergnügungssteuern können z.B. erhoben werden für Tanzveranstaltungen, Sex- und Erotikmessen, das Angebot sexueller Handlungen („Sexsteuer"), das Aufstellen von Spielautomaten und die Veranstaltung von Lotterien.

Durch die Zweitwohnungssteuer und die Beherbergungsabgabe werden die Steuerpflichtigen an den Kosten für die Infrastruktur der Gemeinde beteiligt, die ansonsten allein von den Einwohnern mit Erstwohnsitz in der Gemeinde aufgebracht werden müssten.

Gebühren können die Gemeinden als Gegenleistung für Amtshandlungen (Verwaltungsgebühr) oder die Inanspruchnahme öffentlicher Einrichtungen (Benutzungsgebühr) erheben (§ 5 KAG). Die Erhebung der Gebühr und ihre Höhe werden durch Ortssatzung geregelt. Die wichtigsten Gebühren erheben die Kommunen für die Abfallbeseitigung, die Abwasserbehandlung und die Straßenreinigung. Das Gebührenaufkommen soll die Aufwendungen der Gemeinde für den entsprechenden Verwaltungsbereich nach Möglichkeit decken, aber nicht übersteigen (§§ 5 Abs. 4, 6 Abs. 1 Satz 2 KAG).

Beiträge zu den Kosten für die Herstellung öffentlicher Anlagen werden von den Anliegern als Gegenleistung für die Vorteile erhoben, die ihnen durch die Nutzung der Anlage entstehen (§ 8 Abs. 2 KAG). Die wichtigsten Beiträge betreffen die Erschließungskosten für Grundstücke.

Die Finanzzuweisungen des Landes an die Gemeinden basieren auf der Pflicht des Landes, die Gemeinden am Landesanteil der Gemeinschaftssteuern (d.h. von Einkommensteuer, Körperschaftsteuer und Umsatzsteuer) zu beteiligen (Art. 106 Abs. 7 GG), und im Rahmen seiner finanziellen Leistungsfähigkeit einen übergemeindlichen Finanzausgleich zu gewährleisten (Art. 79 Verf NRW). Dazu erlässt das Land jährlich ein Gemeindefinanzierungsgesetz, das den Betrag festlegt, der auf die Gemeinden zu verteilen ist (Finanzausgleichsmasse) und dessen Verteilung auf die einzelnen Kommunen und Kommunalverbände regelt. Für die Finanzausgleichsmasse stellt das Land 23 Prozent seines Anteils an den Gemeinschaftssteuern zur Verfügung, den es um vier Siebtel seiner Einnahmen aus der Grunderwerbssteuer erhöht. Zusätzlich stellt es den Gemeinden Kompensationsleistungen für Verluste aus der Neuregelung des Familienleistungsausgleichs und der Steuervereinfachung 2011 zur Verfügung.

Die Verteilung dieser Mittel erfolgt über Schlüsselzuweisungen, Pauschalen (Schule, Sport) und Hilfen zur Überwindung besonderer Belastungen. Den weitaus größten Anteil bilden die Schlüsselzuweisungen. Deren Höhe ergibt sich aus dem Vergleich eines standardisierten Bedarfsansatzes (Ausgangsmesszahl) und der Steuerkraft der Gemeinde, des Kreises oder des Landschaftsverbandes. In den Bedarfsansatz geht die Zahl der mit Hauptwohnsitz gemeldeten Einwohner (gewichtet nach Gemeindegröße), die Zahl der Schüler (gewichtet nach Halb- und Ganztagsschulen), der Bedarfsgemeinschaften („Hartz IV"-Empfänger), der sozialversicherungspflichtig Beschäftigten sowie die Flächengröße der Gemeindefläche (bei überdurchschnittlicher Fläche pro Einwohner) ein. Die Steuerkraft ergibt sich aus der Höhe der Anteile an der Einkommen- und Mehrwertsteuer, der Grundsteuer und der Gewerbesteuer (abzüglich der Gewerbesteuerumlage).

Hierzu ein Beispiel: Der Finanzzuweisung des Landes kam im Haushalt der Stadt Dortmund im Jahre 2010 die größte Bedeutung zu. Sie machte 40,25 Prozent der Steuereinnahmen aus, gefolgt von der Gewerbesteuer mit 27,7 Prozent (ohne Gewerbesteuerumlage), dem Anteil an der Einkommensteuer mit 16,2 Prozent und der Grundsteuer B mit 9,1 Prozent. Demgegenüber machten die Hundesteuer, die Vergnügungssteuern und die Zweitwohnungssteuer zusammen gerade 0,5 Prozent aus.

14. Die Ausgaben der Gemeinden

Die Ausgaben der Gemeinde sind so zu planen, dass sie die Einnahmen nicht übersteigen (ausgeglichener Haushalt) (§ 75 GO NRW). Ein Fehlbetrag kann durch die Ausgleichsrücklage gedeckt werden, soweit eine solche (noch) vorhanden ist. Anderenfalls muss die Gemeinde zum Ausgleich ihres Haushalts auf die allgemeine Rücklage zurückgreifen. Dazu benötigt sie die Genehmigung der Aufsichtsbehörde. Nimmt sie die allgemeine Rücklage in einem Haushaltsjahr um mehr als 25 Prozent, in zwei aufeinander folgenden Jahren um mehr als je 5 Prozent in Anspruch oder wird die allgemeine Rücklage im Zeitraum der mittelfristigen Finanzplanung voraussichtlich aufgebraucht, hat die Gemeinde ein Haushaltssicherungskonzept aufzustellen. Dieses bedarf der Genehmigung der Aufsichtsbehörde. Die Genehmigung soll nur erteilt werden, wenn der Haushaltsausgleich innerhalb von zehn Jahren wieder erreicht wird (§ 76 GO NRW). Weist das Ergebnis der Haushaltsrechnung einen höheren Fehlbetrag aus als vorgesehen, kann die Aufsichtsbehörde Anordnungen treffen, um eine geordnete Haushaltsführung sicherzustellen. Sie kann zu diesem Zweck auch einen Beauftragten bestellen (§ 75 Abs. 5 GO NRW).

Wie viel Geld die Gemeindeverwaltung für welche Zwecke ausgeben darf, richtet sich nach dem Haushaltsplan (§ 79 Abs. 3 GO NRW). Dieser wird durch die Haushaltssatzung festgesetzt (§ 78 Abs. 2 GO NRW). Der Entwurf der Haushaltssatzung wird vom Kämmerer aufgestellt und vom Bürgermeister dem Rat zur Beschlussfassung zugeleitet (§ 80 Abs. 1 und 2 GO NRW). Vor der Beschlussfassung ist der Entwurf öffentlich bekannt zu machen. Innerhalb einer Frist von mindestens 14 Tagen können Einwohner oder Abgabepflichtige Einwendungen erheben. Über diese Einwendungen und die Haushaltssatzung berät und beschließt der Rat in öffentlicher Sitzung (§ 80 Abs. 3 und 4 GO NRW). Die Haushaltssatzung ist öffentlich bekannt zu machen und zur Einsichtnahme verfügbar zu halten (§ 80 Abs. 6 GO NRW).

Dieses Verfahren gibt der Lokalzeitung die Möglichkeit, sich die Informationen zu beschaffen, die sie für eine genaue, differenzierte und kritische Erörterung der Haushaltspolitik der Gemeinde benötigt.

Die Haushaltssatzung enthält Angaben über

- die geplanten Erträge und Aufwendungen (Ergebnisplan),
- den Plan zur Finanzierung der laufenden Verwaltungstätigkeit, der Investitionstätigkeit und der Finanzierungstätigkeit (Finanzplan),
- die Ermächtigung zur Aufnahme von Krediten zur Finanzierung von Investitionen und zur Liquiditätssicherung,
- die Ermächtigung, Investitionsvorhaben in künftigen Jahren weiter zu finanzieren (Verpflichtungsermächtigungen),
- die Verringerung bzw. Erhöhung der allgemeinen Rücklage und
- die Entwicklung des Stellenplans der Gemeinde.

Der Haushaltsplan gibt Auskunft über die Entwicklung der Gemeindefinanzen. Er enthält Angaben über

- die tatsächlichen Einnahmen und Ausgaben der Gemeinden im Vorvorjahr (Jahresergebnis),
- den Haushaltsansatz des Vorjahres,
- den Haushaltsansatz des Haushaltsjahres, für das der Haushaltsplan gilt, und
- die Planungen für die drei folgenden Haushaltsjahre.

Dem (Gesamt-)Ergebnisplan lässt sich u.a. die Höhe der Personalaufwendungen der Gemeinde entnehmen; der (Gesamt)-Finanzplan informiert über die Höhe der Investitionen.

Der Haushaltsplan ist gegliedert in Produktbereiche, etwa: Sicherheit und Ordnung, Schulträgeraufgaben, Kultur, Soziale Leistungen, Kinder-, Jugend- und Familienhilfe, Gesundheitsdienste, Sportförderung, Räumliche Planung und Entwicklung, Bauen und Wohnen, Versorgung und Entsorgung, Natur- und Landschaftspflege, Umweltschutz, Wirtschaft und Tourismus. Für jeden dieser Produktbereiche enthält der Haushaltsplan einen (Teil-)Ergebnisplan und einen (Teil-)Finanzplan. Aus dem (Teil-)Ergebnisplan geht die Höhe der erwarteten Erträge und der geplanten Aufwendungen (Ergebnis der laufenden Verwaltungstätigkeit) für den Produktbereich hervor, aus dem (Teil-)Finanzplan die Summe der investiven Ein- und Auszahlungen (Investitionstätigkeit).

Der Produktbereich „Allgemeine Finanzwirtschaft" enthält Angaben über die Höhe der Einnahmen der Gemeinde aus den verschiedenen Steuern und der Finanzzuweisungen des Landes, aber auch über die Höhe der Zinsen, die die Gemeinde an ihre Gläubiger zu zahlen hat.

Anlagen zum Haushaltsplan enthalten

- den Stellenplan, also die Anzahl und Wertigkeit der Personalstellen,
- die Bilanz, also die Aufstellung des Vermögens und der Verbindlichkeiten der Gemeinde,
- die Entwicklung des Eigenkapitals und der Verbindlichkeiten,
- die Übersicht über die Zahlungsbeträge, die sich in den Folgejahren aus den Verpflichtungsermächtigungen ergeben,
- über die Höhe der Zuwendungen an die Ratsfraktionen und
- eine Übersicht über die Beträge, die mit einer bestimmten Zweckbindung versehen sind.

15. Die Kreise

Als Verband der kreisangehörigen Gemeinden ist der Kreis der ausschließliche und eigenverantwortliche Träger der öffentlichen Verwaltung soweit es Angelegenheiten betrifft, die einerseits von überörtlicher Bedeutung, andererseits auf das Kreisgebiet beschränkt sind (§§ 1 und 2 KrO NRW). Für die Einteilung ihrer Aufgaben in freiwillige, pflichtige und Pflichtaufgaben zur Erfüllung nach Weisung des Landes gilt dasselbe wie für die Gemeinden (vgl. § 2 KrO NRW).

Zum Selbstverwaltungsrecht des Kreises gehören die Organisations- und Personalhoheit für das eigene Personal und das Recht, Satzungen zu erlassen (§§ 5 und 7 KrO NRW).

Die Verwaltung des Kreises obliegt dem Kreistag, dem Kreisausschuss und dem Landrat. Kreistag und Landrat werden von den Bürgern des Kreises unmittelbar gewählt (§§ 27, 44 KrO NRW). Der Landrat kann von den Bürgern des Kreises vorzeitig abgewählt werden (§ 45 KrO NRW). Der Landrat sitzt dem Kreistag und dem Kreisausschuss vor. Die übrigen acht bis fünfzehn Mitglieder des Kreisausschusses werden vom Kreistag aus der Mitte seiner Mitglieder gewählt (§ 51 KrO NRW).

Der Kreistag beschließt über alle Angelegenheiten des Kreises, die ihrer Bedeutung nach eines solchen Beschlusses bedürfen oder die er sich vorbehalten hat. § 26 Abs. 1 KrO NRW enthält eine Auflistung der Angelegenheiten, für die der Kreistag ausschließlich zuständig ist. Über alle anderen Angelegenheiten beschließt der Kreisausschuss (§ 50 Abs. 1 KrO NRW); die Geschäfte der laufenden Verwaltung führt der Landrat (§ 42 KrO NRW). Er leitet die Verwaltung, verteilt die Geschäfte, vertritt den Kreis in Rechts- und Verwaltungsgeschäften und erledigt die ihm vom Kreisausschuss übertragenen Aufgaben.

Für Einwohneranträge, Bürgerbegehren und Bürgerentscheid gelten ähnliche Regeln wie in den Gemeinden (vgl. §§ 22 und 23 KrO NRW).

Als untere staatliche Verwaltungsbehörde führt der Landrat die Aufsicht über die kreisangehörigen Gemeinden sowie über Körperschaften, Anstalten und Stiftungen des öffentlichen Rechts, soweit gesetzlich nichts anderes bestimmt ist (§ 59 KrO NRW).

Der Kreis finanziert sich in erster Linie aus Zuweisungen des Landes und der Kreisumlage, die er von den kreisangehörigen Gemeinden erhebt. Für seine Haushaltswirtschaft gelten die Vorschriften der Gemeindeordnung entsprechend. An der Aufstellung des Haushalts und der Festlegung der Kreisumlage sind die kreisangehörigen Gemeinden zu beteiligen (§ 55 KrO NRW). Ihnen ist Gelegenheit zu geben, gegen den Entwurf der Haushaltssatzung vor der Beschlussfassung durch den Kreistag Einwendungen zu erheben (§ 54 KrO NRW).

16. Die Landschaftsverbände

Die Kreise und kreisfreien Städte der ehemaligen Rheinprovinz bilden den Landschaftsverband Rheinland, die der früheren Provinz Westfalen und des Landes Lippe den Landschaftsverband Westfalen-Lippe (§ 1 LVerbO).

Die Aufgaben der Landschaftsverbände umfassen gemäß § 5 LVerbO im Wesentlichen die folgenden Sachgebiete:

- soziale Aufgaben, Jugendhilfe und Gesundheitsangelegenheiten: Sie sind überörtliche Träger der Sozialhilfe, Hauptfürsorgestellen der Kriegsopferfürsorge und nach dem Schwerbehindertengesetz, Landesjugendämter, Träger von psychiatrischen Einrichtungen und von Sonderschulen.

- landschaftliche Kulturpflege: Dazu gehören Aufgaben der Denkmalpflege sowie der Pflege und Förderung von Heimatmuseen, Archiven, Landesmuseen und Landesbildstellen.

- Kommunalwirtschaft: Dazu gehört die Trägerschaft der NRW.Bank, der Landesbausparkassen, die Beteiligung an Versorgungs- und Verkehrsunternehmen mit regionaler Bedeutung und die Geschäftsführung der kommunalen Versorgungskassen.

Die Landschaftsverbände werden durch die Landschaftsversammlung, den Landschaftsausschuss und den Direktor des Landschaftsverbandes verwaltet. Die Mitglieder der Landschaftsversammlung werden von den Räten der Mitgliedsgemeinden und den Kreistagen der Mitgliedskreise jeweils innerhalb von zehn Wochen nach Beginn ihrer Wahlzeit neu gewählt (§ 7 b LVerbO). Die Landschaftsversammlung beschließt über allgemeine Verwaltungsgrundsätze, strategische Ziele des Landschaftsverbandes und seine Satzungen. Sie wählt die Mitglieder des Landschaftsausschusses und der Fachausschüsse, außerdem den Direktor des Landschaftsverbandes und die Landesräte für eine Amtszeit von acht Jahren (§ 20 Abs. 2 LVerbO). Sie kann sich die Entscheidung über weitere Angelegenheiten vorbehalten (§ 7 LVerbO). Über alle anderen Angelegenheiten beschließt der Landschaftsausschuss (§ 11 LVerbO). Er überwacht die Verwaltungsführung des Direktors des Landschaftsverbandes und bereitet die Beschlüsse der Landschaftsversammlung vor. Die Erledigung einzelner Verwaltungsangelegenheiten kann er dem Direktor des Landschaftsverbandes übertragen. Dieser führt die laufenden Geschäfte, vertritt den Verband in Rechts- und Wirtschaftsangelegenheiten, bereitet die Beschlüsse des Landschaftsausschusses und der Fachausschüsse vor und führt sie aus (§ 17 LVerbO).

Die Landschaftsverbände finanzieren sich aus Finanzzuweisungen des Landes und der Landschaftsumlage, die von den Mitgliedsgemeinden und Mitgliedskreisen aufzubringen ist. Eine Erhöhung der Umlage bedarf der Genehmigung der Aufsichtsbehörde (§ 23 LVerbO). Für ihre Haushaltswirtschaft gelten die Vorschriften der Gemeindeordnung entsprechend (vgl. § 23 LVerbO). Die Aufsicht über die Landschaftsverbände führt das Innenministerium des Landes (§ 24 LVerbO).

17. Der Regionalverband Ruhr (RVR)

Dem Regionalverband Ruhr gehören die kreisfreien Städte des Ruhrgebiets sowie die Kreise Ennepe-Ruhr, Recklinghausen, Unna und Wesel an (§ 1 RVRG). Eine Änderung des Gebietsbestandes durch Aufnahme weiterer Mitglieder oder den Austritt von Mitgliedern ist möglich (§§ 2 und 3 RVRG).

Der RVR entwickelt Planungs- und Entwicklungskonzepte für das Verbandsgebiet („Masterpläne", § 6 RVRG), sichert und entwickelt Freiflächen für die Erholung und zur Erhaltung eines ausgewogenen Naturhaushaltes („Verbandsgrünflächen", § 4 Abs. 1 Nr. 3 RVRG), entwickelt und betreibt den „Emscher Landschaftspark", die „Route der Industriekultur", regionale Radwege und Freizeiteinrichtungen mit überörtlicher Bedeutung sowie die Öffentlichkeitsarbeit für das Verbandsgebiet.

Organisation und Finanzierung des RVR ähneln der der Landschaftsverbände.

18. Der Landesverband Lippe

Der Landesverband Lippe verwaltet das Vermögen des früheren Landes Lippe. Er fördert die kulturellen Belange der Bewohner des Verbandsgebiets. Seine Organisation ähnelt der der Landschaftsverbände.

Zur Reformbedürftigkeit des medienrechtlichen Auskunftsanspruchs

Die gegenwärtige Regelung des presserechtlichen Auskunftsanspruchs ist fast ein halbes Jahrhundert alt. Sie beruht auf dem Modellentwurf der Innenministerkonferenz von 1963. Im Laufe dieses Zeitraums hat sich zum einen die Kommunikationstechnik rasant entwickelt. Zum anderen hat sich auch in Deutschland zunehmend die Überzeugung durchgesetzt, dass Verwaltungshandeln in einer Demokratie transparent sein muss, sich der gesellschaftlichen Diskussion und Kontrolle stellen muss. Dieser Wertewandel hat seinen sichtbaren Ausdruck u.a. in den Informationsfreiheitsgesetzen gefunden.

Für den Auskunftsanspruch der Medien ergibt sich aus dieser Entwicklung ein umfassender Reformbedarf. Dieser betrifft alle Elemente der gesetzlichen Regelung: die Träger des Auskunftsanspruchs (1), seine Adressaten (2), seinen Inhalt (3), seine Schranken (4) und seine Durchsetzung (5).

1. Träger des Auskunftsanspruchs

§ 4 Abs. 1 LPG NRW verpflichtet die Behörden, „den Vertretern der Presse" die der Erfüllung ihrer öffentlichen Aufgabe dienenden Auskünfte zu erteilen. § 26 Abs. 1 LPG NRW bestimmt, dass diese Vorschrift auf den Hörfunk entsprechend anzuwenden ist.

Unstreitig ist, dass der Auskunftsanspruch nicht nur den Mitarbeitern des Hörfunks zusteht, sondern auch den Vertretern von Fernsehsendern. Die entsprechende Anwendung des § 26 Abs. 1 lässt sich schon aus der Überschrift dieser Vorschrift ableiten, die die „Geltung für den Rundfunk" anordnet.

Demgegenüber steht denjenigen, die im Internet eigene Beiträge zur öffentlichen Meinungsbildung verbreiten, der journalistische Auskunftsanspruch nicht zu. Angesichts der steigenden Bedeutung, die solchen Beiträgen für die öffentliche Meinungsbildung zukommt, ist die Beschränkung des Auskunftsanspruchs auf Presse und Rundfunk nicht länger gerechtfertigt. Entscheidendes Kriterium für die Zuerkennung eines journalistischen Auskunftsanspruchs sollte sein, ob die Auskunft dazu dient, einen Beitrag zur öffentlichen Meinungsbildung zu erstellen und zu verbreiten, nicht der Weg, auf dem dieser Beitrag verbreitet wird.

Der Ausweitung des Auskunftsanspruchs kann auch nicht entgegengehalten werden, dass schon jetzt jeder Auskunftsansprüche nach dem Informationsfreiheitsgesetz (IFG NRW) geltend machen kann. Denn der Umstand, dass diese Auskünfte gebührenpflichtig sind, bildet eine hohe Hürde gerade für den, der auf eigene Kosten und ohne Aussicht auf finanziellen Gewinn am öffentlichen Kommunikationsprozess teilnehmen will. Die Vorschrift sollte deshalb so geändert werden, dass jedem, der sich mit eigenen Beiträgen in Printmedien, im Rundfunk oder im Internet am Prozess der öffentlichen Meinungsbildung beteiligt, der journalistische Auskunftsanspruch zusteht.

2. Adressaten des Auskunftsanspruchs

Der Auskunftsanspruch richtet sich gem. § 4 Abs. 1 LPG NRW gegen „Behörden". Im Gesetz fehlt bislang eine gesetzliche Definition des Behördenbegriffs. Dieses Defizit hat die Rechtsprechung dadurch ausgeglichen, dass sie für die Auslegung der Landespressegesetze den „funktionalen" Behördenbegriff entwickelt hat. Danach sind auskunftspflichtig

- alle Einrichtungen des Bundes, der Länder und der Gemeinden, unabhängig davon ob sie zur Legislative, Exekutive oder Judikative gehören,
- Einrichtungen der mittelbaren Staatsverwaltung, also Körperschaften, Anstalten und Stiftungen des öffentlichen Rechts, soweit sie nicht selbst Grundrechtsträger sind, und
- privatrechtlich organisierte Einrichtungen, die mit der Wahrnehmung staatlicher Aufgaben betraut sind. Dabei kann der Umstand, dass sich eine privatrechtliche Gesellschaft überwiegend in öffentlicher Hand befindet, als Indiz dafür gewertet werden, dass sie der Erfüllung staatlicher Aufgaben dient. Auch beliehene Unternehmen nehmen staatliche Aufgaben wahr.

Eine Novellierung des § 4 LPG NRW sollte den Adressatenkreis der Vorschrift normieren, um Transparenz und Rechtssicherheit zu verbessern.

3. Inhalt des Auskunftsanspruchs

Bislang beschränkt § 4 LPG NRW das „Informationsrecht der Presse" auf einen Auskunftsanspruch. Das ist nicht mehr zeitgemäß. Der Anspruch sollte auf ein allgemeines Zugangsrecht zu den bei den Behörden vorhandenen Informationen erweitert werden, insbesondere auch ein Recht auf Akteneinsicht umfassen. Eine solche Erweiterung ist geboten, um Wertungswidersprüche innerhalb des Landesrechts zu vermeiden. Denn das Informationsfreiheitsgesetz des Landes gewährt jeder natürlichen Person unabhängig von ihrer Motivation ein umfassendes Zugangsrecht zu den Informationen, die sich bei den Behörden befinden.
Angesichts der Bedeutung, die einer freien öffentlichen Meinungsbildung für den Bestand und die Entwicklung einer freiheitlichen Demokratie zukommt, ist nicht einzusehen, dass den Institutionen, die für diesen Prozess unverzichtbar sind, schwächere Zugangsrechte eingeräumt werden als Personen, die lediglich eigennützige Ziele verfolgen.

4. Schranken des Auskunftsanspruchs

Da die Informationsbeschaffung einer sachgerechten öffentlichen Meinungsbildung dient, bildet das berechtigte Informationsinteresse der Öffentlichkeit das Rechtsgut, das gegen die Beeinträchtigung anderer verfassungsgeschützter Rechtsgüter abzuwägen ist. Bei der Formulierung der Schranken ist zu berücksichtigen, dass sich der Informationsanspruch auch gegen privatrechtlich organisierte Einrichtungen richten kann (vgl. oben unter 2.).
Die Schranken des Informationsanspruchs ließen sich dementsprechend etwa folgendermaßen bestimmen:

4.1. Schutz von rechtsstaatlichen Verfahren

Ein Informationsanspruch besteht nicht, soweit durch die Verbreitung der Information die sachgemäße Durchführung eines straf-, berufs- oder ehrengerichtlichen Verfahrens oder eines Disziplinarverfahrens vereitelt, erschwert, verzögert oder gefährdet werden könnte.

4.2. Schutz der Funktionsfähigkeit der Verwaltung

Ein Informationsanspruch besteht nicht, soweit behördliche Maßnahmen durch ihre vorzeitige öffentliche Erörterung vereitelt, erschwert, verzögert oder gefährdet werden könnten; es sei denn, dass die Erörterung im überwiegenden Interesse der Öffentlichkeit liegt. Eine Information kann verweigert werden, wenn ihre Beschaffung einen unverhältnismäßig hohen Aufwand erfordert.

4.3. Schutz persönlicher Daten

Ein Informationsanspruch besteht nicht, soweit Informationen über persönliche Angelegenheiten einzelner verlangt werden; es sei denn, dass die Erörterung im überwiegenden Interesse der Öffentlichkeit liegt.

4.3. Geheimhaltung und Datenschutz

Ein Informationsanspruch besteht nicht, soweit Vorschriften über die Geheimhaltung und den Datenschutz entgegenstehen; es sei denn, dass die Erörterung im überwiegenden Interesse der Öffentlichkeit liegt.

4.4. Betriebs- und Geschäftsgeheimnisse

Auskunftspflichtige Personen des Privatrechts können die Information verweigern, soweit sie ein Betriebs- oder Geschäftsgeheimnis betrifft und ihre Verbreitung nicht durch ein überwiegendes Informationsinteresse der Öffentlichkeit gerechtfertigt ist.

5. Gleichbehandlung

Die in § 4 Abs. 3 und 4 LPG NRW enthaltenen Vorschriften sind sachgerecht. Sie sollten ergänzt werden um eine Vorschrift, die der Behörde die Benachteiligung kritischer Medienvertreter bei ihrer Öffentlichkeitsarbeit verbietet. Damit könnte dem Missstand begegnet werden, dass Amtsträger die Auswahl von Gesprächspartnern für Interviews, die Einladung zu offiziellen Anlässen u.ä. dazu nutzen, missliebige Journalisten zu sanktionieren und „Wohltaten" von der Botmäßigkeit des Medienvertreters abhängig zu machen.

6. Die Durchsetzung des Informationsanspruchs

6.1. Rechtsweg

Unstreitig handelt es sich bei dem medienrechtlichen Auskunftsanspruch um einen Rechtsanspruch, der gerichtlich durchsetzbar ist. Unstreitig ist ferner, dass in der Regel der Rechtsweg zu den Verwaltungsgerichten eröffnet ist.

Streitig hingegen ist, ob dies auch für Auskunftsansprüche gegen die Staatsanwaltschaft, gegen Gerichte der ordentlichen Gerichtsbarkeit und gegen privatrechtlich organisierte Gesellschaften gilt. Für solche Ansprüche kommt auch die Zuständigkeit der ordentlichen Gerichtsbarkeit in Betracht.

Im Sinne einer einheitlichen Anwendung der Rechtsordnung sollte geregelt werden, dass für Streitigkeiten über den medienrechtlichen Informationsanspruch auch in diesen Fällen der Rechtsweg zu den Verwaltungsgerichten eröffnet ist.

6.2. Eilverfahren

Um die Aktualität ihrer Beiträge zur öffentlichen Meinungsbildung zu sichern, sind die Medien darauf angewiesen, die dazu erforderlichen Informationen schnell beschaffen zu können. Der normale Verwaltungsprozess ist deshalb zu einer sachgerechten Durchsetzung des Informationsanspruchs nicht geeignet.

Zwar ist weitgehend unstreitig, dass der medienrechtliche Auskunftsanspruch schon jetzt im Eilverfahren durchgesetzt werden kann. Diese Durchsetzung ist jedoch an besonders enge Voraussetzungen gebunden, nämlich daran, dass schon die summarische Prüfung der Sach- und Rechtslage eine „besonders hohe Obsiegenswahrscheinlichkeit" ergibt.

Diese Beschränkungen sollten entfallen, um im Streitfall zeitnahe gerichtliche Entscheidungen über den Informationsanspruch zu ermöglichen. Das kann dadurch geschehen, dass der Gesetzgeber anordnet, dass über den medienrechtlichen Informationsanspruch grundsätzlich im Eilverfahren ohne anschließendes Hauptverfahren entschieden wird – so wie über den Gegendarstellungsanspruch bereits jetzt von den Zivilgerichten ebenfalls im Eilverfahren zu entscheiden ist.

Der Autor

Prof. Dr. iur. Udo Branahl (*1946) studierte ab 1965 Rechtswissenschaft in Berlin und Hamburg. Von 1973 bis 1979 arbeitete er als wissenschaftlicher Assistent am Interdisziplinären Zentrum für Hochschuldidaktik der Universität Hamburg. 1978 promovierte er in Hamburg. Von 1979 bis 2011 war er Professor für Medienrecht an der Technischen Universität Dortmund. Zu seinen Arbeitsschwerpunkten gehören das Medienrecht und die Gerichtsberichterstattung. Nebenberuflich ist Prof. Branahl in der Aus- und Weiterbildung von Journalisten und Öffentlichkeitsarbeitern sowie auf dem Gebiet der Rechtsdidaktik tätig.
Kontakt: Udo.Branahl@udo.edu

Presserecht im Lokalen

Kurt Braun

Mit der komplizierten Materie des Presserechts müssen sich auch viele Lokaljournalisten Tag für Tag auseinandersetzen. Und oft wird ein Anwalt als Berater der Redaktion mit ins Boot geholt, um die Klippen des Rechts zu umschiffen. Mit Beispielen aus der Praxis des Lokaljournalismus wird in diesem Beitrag ein Blick auf größere und kleinere Hindernisse auf dem Weg von der Quelle hin zur Veröffentlichung geworfen..

„Presserecht im Lokalen": Das ist die ganze Bandbreite einer komplizierten Materie, Tag für Tag, von A wie Auskunftsanspruch gegenüber Behörden bis Z wie Zeugnisverweigerungsrecht. Lokaljournalisten können so manches Lied davon singen, wenn bei der Recherche im Rathaus an Stelle des üblichen Verlautbarungs-Sprudels plötzlich bei brisanten Fragen dick angerührter Beton serviert wird und die Recherche nicht die erforderlichen Antworten bringt. Oder wenn der Bürgermeister dem Redakteur buchstäblich die Pistole auf die Brust setzt und mit „Liebesentzug" droht, um die undichte Stelle zu erfahren, aus der eine als „vertraulich" eingestufte Beschlussvorlage vor der nicht-öffentlichen Sitzung des Wirtschaftsausschusses an die Presse gelangt ist. Zwei Situationen, zwei unterschiedliche Bereiche aus dem weit verzweigten Spektrum des Presserechts (das man auch „Medienrecht mit printspezifischen Bezügen" nennen könnte). Einmal der Auskunftsanspruch der Presse gegenüber Behörden (vgl. § 4 des Landespressegesetzes für Nordrhein-Westfalen, LPG/NRW), der Journalisten im Zusammenhang mit der Erfüllung ihrer öffentlichen Aufgabe[1] gesetzlich zusteht und der in Nordrhein-Westfalen (wie in den anderen Bundesländern auch) im Landespressegesetz geregelt ist. Zum anderen das Zeugnisverweigerungsrecht, auf das sich Journalisten als Berufsgeheimnisträger berufen können (und von dem sie nach Ziffer 5 des Pressekodex unter presseethischen Aspekten auch Gebrauch machen müssen), das seine rechtliche Grundlage in erster Linie in der Strafprozessordnung (vgl. § 53 Absatz 1, Ziffer 5 der Strafprozessordnung, StPO) findet. Diese beiden Normenbereiche (Landespressegesetz, Strafprozessordnung) sind aber nur zwei von vielen, welche in ihrer Summe das Presserecht ausmachen.

Dieses auch für Journalisten komplizierte Rechtsgebiet ist nicht, wie es der Gesetzgeber bei anderen Rechtsmaterien getan hat (zum Beispiel beim Bürgerlichen Gesetzbuch oder im Strafgesetzbuch), in einem einzigen Gesetzbuch geregelt. Seine wesentlichen Inhalte stammen aus einer Vielzahl einzelner Gesetzeswerke, von der Verfassung auf der ersten Stufe der Normenhierarchie über allgemeine Gesetze auf der zweiten Stufe bis hin zu Verordnungen auf der dritten Ebene. Mit anderen Worten: Der Journalist hat fast täglich mit pressrelevanten Themen zu tun. Es ist ein typisches „Mischrecht", in dessen weitem Feld die Orientierung im

---

[1] vgl. § 3 LPG/NRW (…) insbesondere Nachrichten beschaffen und verbreiten, Stellung nehmen, Kritik über oder auf sonstige Weise an der Meinungsbildung mitwirken."

journalistischen Alltag nicht immer einfach ist. Man muss das richtige Gesetz mit dem passenden Inhalt finden!

Genau so groß wie das Spektrum der Normen des Presserechts ist auch die Breite der Reibungsfläche bei der Lokalberichterstattung. Was natürlich nicht bedeutet, dass alles und jedes mit den Vorgaben des Rechts abgeglichen, stets eine tiefgründige Rechtsgüterabwägung getroffen werden muss. Gleichwohl: Es gibt journalistische Alltagssituationen, in denen das Presserecht einem Journalisten ein Bein stellt, obwohl er es dort nicht vermutet. Zwei Beispiele aus dem Lokalen:

1. Zwei Beispiele

1.1. Wem gehört das Bild?

Die Redaktion einer Tageszeitung erhält von der Stadt eine Pressemeldung mit der Bitte um Veröffentlichung. Thema: Das neue Tourismuskonzept. Angehängt ist ohne jede weitere Information die Datei einer Fotografie, auf der das Titelbild der neuen Touristik-Informationsbroschüre der Stadt zu sehen ist. In der Redaktion wird die Pressemeldung redigiert und dann mit dem Bild in der nächsten Ausgabe als Aufmacher auf der lokalen Eins veröffentlicht und inhaltsgleich im E-Paper öffentlich zugänglich gemacht. Ein paar Tage später erreicht die Redaktion der Brief eines Fotografen mit dem Hinweis, die in der Zeitung veröffentlichte Fotografie sei von ihm für die Stadt angefertigt worden und diese sei aufgrund der vertraglichen Vereinbarung mit ihm nicht berechtigt gewesen, dieses Bild zur Veröffentlichung an Dritte, also in diesem Fall an die Redaktion, weiterzugeben. Beigefügt war eine Rechnung, in der neben dem Posten „fiktives Lizenzhonorar" auch noch ein sogenannter Verletzerzuschlag aufgeführt war, den derjenige berappen muss, der bei einer Fotoveröffentlichung den Namen des Fotografen nicht nennt. Denn wie jeder andere Urheber auch hat ein Fotograf mehrere sogenannte Urheberpersönlichkeitsrechte, von denen eines das Recht auf Anerkennung der Urheberschaft[2] (Namensnennung im räumlichen Zusammenhang mit seiner veröffentlichten Fotografie) ist. Unterbleibt die Benennung und geht ein Fotograf gegen den Nutzer vor, so billigen ihm die Gerichte im Regelfall einen „Verletzerzuschlag" in gleicher Höhe wie das (fiktive) Lizenzhonorar zu.[3]

Berechtigte Honorarforderung des Fotografen gegen den Verlag: um die 400 Euro netto. Dem Verlag blieb nichts anderes übrig, als das Honorar des Fotografen zu bezahlen (er hat sich das Geld später bei der Stadt wiedergeholt). Hier hat das Urheberrecht, das gerade in den vergangenen Jahren wegen der immer stärkeren Verzahnung von „alten" (Print) und „neuen" (Internet) Veröffentlichungsbereichen an Bedeutung im Presserecht gewonnen hat, die Redaktion auf dem falschen Fuß erwischt. Bevor von der Redaktion fremde Fotografien oder Dateien davon verwendet werden, muss beim Anbieter (hier der Stadt) ausdrücklich nachfragt werden, wem diese gehören. Ist der Anbieter nicht Urheber, wovon bei einer Stadt mangels „persönlicher geistiger Schöpfung" bei der Anfertigung der Fotografie auszugehen ist, muss

---

[2] vgl. § 13 des Urheberrechtsgesetzes: „Der Urheber hat das Recht auf Anerkennung seiner Urheberschaft am Werk. Er kann bestimmen, ob das Werk mit einer Urheberbezeichnung zu versehen und welche Bezeichnung zu verwenden ist."

[3] so z.B. Landgericht Düsseldorf (12 O 353/91) vom 14. Juli 1991; zitiert nach juris

sich die Redaktion vor der Nutzung die Gewissheit verschaffen, ob der Anbieter überhaupt berechtigt ist, ihr die Veröffentlichung des der Pressemeldung beigefügten Bildes zu gestatten. Hat der Urheber, also in dem geschilderten Fall der Fotograf, der Stadt diese Erlaubnis nicht erteilt, kann die Stadt der Redaktion auch keine Nutzungsrechte (weder ausdrücklich noch stillschweigend) einräumen. Folge: Die Nutzung der von der Stadt überlassenen Fotografie verletzt das Urheberrecht des Fotografen, der gegen den Verlag als „Störer" Schadenersatzansprüche (fiktives Lizenzhonorar und „Schmerzensgeld" in Form des Verletzerzuschlages) geltend machen kann.

Urheberrechtliche Probleme beim Umgang mit Fotografien, die Journalisten bei der Recherche in die Hand gedrückt oder der Redaktion sonst wie überlassen werden, sind kein Einzelfall. Wobei es nicht darauf ankommt, ob ein solches Foto künstlerisch wertvoll ist oder ob es sich eher um ein Gelegenheitsfoto handelt.

Nach dem im Urheberrecht geltenden Prinzip der „kleinen Münze" sind auch „Knipsbilder", wie sie bei alltäglichen Gelegenheiten gemacht werden, urheberrechtlich geschützt (vgl. Schulze/Dreier, Urheberrechtsgesetz, § 79 Randziffer 2 m.w.N.). Viele einer Lokalredaktion überlassene Fotografien gehören dazu und in den seltensten Fällen, bei denen Kulturveranstalter, Kommunen, Vereine, Schulen oder Privatpersonen die Anbieter sind, gibt es einen Hinweis auf den Urheber. Also bemüht man sich, durch Nachfragen die Namen der Fotografen herauszufinden. Das gelingt nicht immer. Und so sind dann neben der Bildunterzeile häufig „Urheberbenennungen" wie „Foto: Veranstalter", „Foto: Gemeinde" oder „Foto: Verein" und ähnliche zu lesen. Das mag zwar verdeutlichen, aus welcher Quelle die Redaktion die Fotografien bezogen hat, für die erforderliche Anerkennung der Urheberschaft haben solche Hinweise keinerlei Wert. Denn auch wenn die Quelle stimmt, besagt das nichts dazu, ob der Anbieter berechtigt ist, der Redaktion urheberrechtliche Nutzungsrechte, wie das der Verbreitung oder des öffentlich Zugänglichmachens im Internet, einzuräumen. Hier ist es stets Aufgabe der Redaktion, sich vor der Nutzung Gewissheit darüber zu verschaffen, ob und gegebenenfalls zu welchen Konditionen ein angebotenes Bild genutzt werden darf. Fazit: Ist der Redaktion/dem Verlag nicht bekannt, wer die Urheberin/ der Urheber einer von einem Anbieter überlassenen Fotografie ist und lässt sich dies vor der Veröffentlichung nicht in Erfahrung bringen, sollte die Fotografie nicht ohne Weiteres verwendet werden. Die Vorgaben des Urheberrechtsgesetzes und die Rechtsprechung der Gerichte sind eindeutig: Das Risiko einer Rechtsverletzung trägt der Verwender von geschützten Werken, also in unserem Fall die Redaktion/der Verlag. Der Verwender muss sich vor Nutzung einer überlassenen Fotografie Gewissheit verschaffen, ob und in welchem Umfang fremdes Fotomaterial genutzt werden darf.

1.2. Ärger mit dem „Leserärger"

Nicht nur bei Bildern, auch bei Nachrichten steckt der Teufel bisweilen im Detail. Dazu ein Beispiel aus einem völlig anderen rechtlichen Bereich: Eine Redaktion bittet Leserinnen und Leser um Themenvorschläge für und Informationen zu Veröffentlichungen, die unter dem Kolumnentitel „Was Leser ärgert" veröffentlicht werden sollen. Eine Leserin berichtet der Redaktion über vermeintlich skandalöse Zustände in einem Pflegeheim, in dem ihre Mutter untergebracht ist. Diese habe in ein Krankenhaus eingeliefert werden müssen, angeblich, so die Feststellungen im Pflegeheim, wegen Arthrose. Im Krankenhaus seien jedoch ein Bein- und wenig später noch ein Fußbruch festgestellt worden. Wörtlich sagte die Leserin zum Verfasser: „Das Schlimme ist, dass von der Pflegeleitung dem Arzt mitgeteilt worden ist, dass meine Mutter gefallen ist". Ein solcher Sturz sei aber gar nicht möglich gewesen, da ihre Mutter bettlägerig sei und nur mit Hilfe von zwei Pflegern von einer Seite auf die andere gelagert werden könne. An der Glaubwürdigkeit und Seriosität der Informantin bestanden keine Zweifel, ihre Darstellung klang schlüssig. Die Redaktion versuchte einmal (spät nachmittags), die Heimleitung für eine Stellungnahme zu den Vorwürfen der Leserin zu erreichen, ohne Erfolg.

Dann wurde allein auf der Grundlage der Leserinneninformation ein Beitrag mit der Überschrift „Heim stellt falsche Diagnose: Arthrose war Bein- und Fußbruch" in der Tageszeitung veröffentlicht, der zeitgleich im E-Paper und auf der Internetseite des Verlages öffentlich zugänglich gemacht wurde. Postwendend kam die Reaktion der Heimleitung. Zunächst forderte sie die Veröffentlichung einer Gegendarstellung in der Tageszeitung und im Internet. Die Durchsetzung dieses Anspruchs scheiterte jedoch an einer Formalie des Gegendarstellungsrechts: Die Heimleitung wandte sich in ihrer Gegendarstellung gegen die in der Veröffentlichung per Zitat wiedergegebene Information der Leserin, das Schlimme sei es gewesen, dem Arzt sei von der Pflegeleitung des Heims mitgeteilt worden, ihre Mutter sei gefallen, ohne im von ihr verfassten Text der Gegendarstellung deutlich erkennen zu lassen, dass es sich dabei um ein Zitat und nicht um eine eigene Aussage der Redaktion gehandelt hat („Sie schreiben, dass von der Pflegeleitung dem Arzt mitgeteilt worden ist…", statt wie es richtig hätte heißen müssen: „Sie zitieren eine Leser-Reporterin mit der Behauptung, die Pflegeleitung habe dem Arzt mitgeteilt…"). Eine Gegendarstellung, die sich gegen eine in der Erstmitteilung nur zitierte Behauptung eines Dritten wendet, muss dieses in ihrem Wortlaut für den Leser deutlich erkennen lassen dass sie damit beim Leser nicht der Eindruck erweckt wird, sie richte sich gegen eine eigene Behauptung der Redaktion (Oberlandesgericht Hamburg, Archiv für Presserecht 1983, 345).

Weiter machte die Leitung des Pflegeheims einen Unterlassungsanspruch gegen den Verlag geltend. Die Begründung: Der Artikel habe zwei falsche Tatsachenbehauptungen enthalten: Einmal in der Überschrift, denn „das Heim" stelle keine Diagnosen und habe dies im konkreten Fall auch nicht getan (selbiges täte nur der Haus- oder Facharzt der Bewohnerin und teile diese dann der Heimleitung mit). Zum anderen habe die Pflegeleitung zu keiner Zeit einem Arzt im Krankenhaus gegenüber geäußert, die Mutter der Leserin sei gefallen, und machte das durch eine eidesstattliche Versicherung der Leiterin des Pflegedienstes glaubhaft. In beiden Punkten konnte die Redaktion die Darstellung der Heimleitung nicht widerlegen, zumal die Informantin später (das leider erst in einem Termin vor dem Landgericht) „einknickte" und einen Irrtum einräumen musste: ihre dem Journalisten gegenüber gemachte Aussage über die (angebliche) Mitteilung der Pflegeleitung an den Krankenhausarzt sei falsch; sie habe etwas verwechselt. Die Folge: Der Verlag verpflichtete sich in einem vor Gericht ausgehandelten Vergleich, die beiden von der Heimleitung gerügten Tatsachen nicht weiter zu verbreiten und die gesamte Veröffentlichung aus dem E-Paper zu entfernen sowie auf der Homepage des Verlages zu löschen.

Was war schief gelaufen? In diesem Fall hatten die Mitarbeiter in der Redaktion die Vorgaben zur journalistischen Sorgfalt nicht hinreichend beachtet, nämlich auch diese Nachricht vor der Verbreitung (bzw. vor dem Öffentlich-Zugänglichmachen per E-Paper bzw. Internet) mit der nach den Umständen gebotenen Sorgfalt auf Inhalt, Herkunft und Wahrheit zu überprüfen[4]. Abgesehen von der missglückten und inhaltlich falschen Überschrift, die unreflektiert aus der Darstellung der Leserin übernommen worden war, hätte die Redaktion die Informationen nicht ohne Gegenrecherche veröffentlichen dürfen.

Auch wenn ein Versuch der Anhörung der Gegenseite erfolglos war, hätte sie wegen der Brisanz der erhobenen Vorwürfe und der möglichen negativen Auswirkungen auf das Pflegeheim vor der Veröffentlichung nochmals versuchen müssen, die Heimleitung für eine Stellungnahme zu erreichen. Das auch – so stellte es sich in der Gerichtsverhandlung heraus – weil bei dem einen Telefonat nur die Telefonzentrale im Pflegeheim erreicht wurde und dort keinerlei Information hinterlassen wurde, dass Fragen an die Heimleitung in einer redaktionellen Angelegenheit bestanden haben und ein Rückruf der zum Zeitpunkt des Anrufs abwesenden Heimleitung erforderlich sei. Bei hinreichender Beachtung der journalistischen Sorgfalt hätten durch die in diesem Fall zwingend erforderliche Anhörung der Heimleitung der Irrtum der Informantin vor der Veröffentlichung und der „verbale Irrweg" bei der Überschrift erkannt werden können (müssen). Das Haftungsrisiko des Verlages wäre bei dieser vom eigentlichen publizistischen Anlass her spannenden und gebotenen Veröffentlichung auf null reduziert worden. Wäre, hätte… Leider ist man manchmal erst klüger, wenn man vom Gericht kommt!

2. Ein weites Feld

Allein diese beiden Fälle lassen das breite Spektrum des Presserechts im Lokalen erkennen. Lokaljournalisten, die ihre Arbeit Tag für Tag auch an den Rahmenbedingungen des Presserechts orientieren müssen, haben es dabei mit einer sehr komplexen Materie zu tun. Zwar kann und soll der Umgang mit dem Presserecht nicht stets im Zentrum der journalistischen Arbeit stehen, aber ganz ohne geht es eben auch nicht. Das bedeutet nicht, dass man als Lokaljournalist(in) ein Jurastudium oder Teile davon hinter sich gebracht haben muss, um sorgenfrei durchs Berufsleben zu kommen. Auch der sattsam bekannte Spruch, wonach man als Journalist „immer mit einem Bein im Knast" steht, ist ebenso griffig wie dämlich. Gleichwohl: Das „Presserecht im Lokalen" muss vor der Veröffentlichung sorgsam im Blick bleiben. Das ist nicht immer einfach. Die Hektik des Arbeitsalltags und der enorme zeitliche Druck können dabei bisweilen die Sicht auf das juristisch Wesentliche versperren. Hinzu kommt, dass unter dem Einfluss der „neuen Medien" gerade für Lokaljournalisten immer mehr Arbeitsfelder hinzukommen, bei denen es neue, wenngleich nicht völlig andere, rechtliche Rahmenbedingungen zu berücksichtigen gilt als beim „reinen Printjournalismus": Das Anfertigen und Bearbeiten von Videos, das Schneiden von O-Tönen, Recherchemöglichkeiten und -fallen im Internet oder das Nutzen von Twitter-Informationen beispielsweise.

Aber: Es soll auch nichts dramatisiert und der Stellenwert des Presserechts für den journalistischen Alltag überbewertet werden. Zum einen: Gemessen daran, was jeden Tag in der Lokalzeitung steht oder von Journalisten rund um die Uhr via Internet öffentlich zugänglich gemacht wird, ist die Anzahl der rechtlichen Pleiten überschaubar. Zum anderen:

---

[4] vgl. § 6 LPG/NRW: „Die Presse ist verpflichtet, alle Nachrichten vor der Verbreitung mit der nach den Umständen gebotenen Sorgfalt auf Inhalt, Herkunft und Wahrheit zu prüfen; die Verpflichtung, das Druckwerk von strafbaren Inhalten freizuhalten (…) bleibt unberührt."

Das Presserecht erlegt den Journalisten ja nicht nur Pflichten auf, sondern es gibt ihnen im Zusammenhang mit der Erfüllung der öffentlichen Aufgabe der Presse (der Medien / § 3 LPG/NRW)[5] auch etliche Sonderrechte, wie zum Beispiel den Anspruch auf Auskunft gegenüber Behörden (vgl. § 4 LPG NRW), bei Vorliegen eines berechtigten Interesses Einsicht in das Grundbuch nehmen zu können[6], unter der gleichen Voraussetzung beim Einwohnermeldeamt eine erweiterte Melderegisterauskunft zu erhalten[7] oder sich unter bestimmten Voraussetzungen auf den Rechtfertigungsgrund der „Wahrnehmung berechtigter Interessen"[8] berufen zu können. Damit gibt die auf den ersten Blick allein als Pflicht erscheinende „Öffentliche Aufgabe der Presse" den Journalisten im Kontext mit den Kommunikationsgrundrechten aus Artikel 5 Absatz des Grundgesetzes[9] auch eine sehr tragfähige Basis für (konstruktiv) kritischen und leserorientierten Lokaljournalismus.

Bei der Erfüllung der öffentlichen Aufgabe durch die Lokalpresse und speziell bei der Umsetzung von deren Teilaspekten „Kritik üben" und (pointiert) „Stellung nehmen" liegt es in der Natur der Sache, dass diejenigen, über die berichtet wird, auch schon mal einen kräftigeren Tritt der Medien auf ihre Füße aushalten müssen (was in vielen Fällen, insbesondere solchen mit „Sachnähe", auch der Fall sein darf, ohne dass der Journalist sich eine „juristische Kopfnuss" einhandelt). Ähnliches gilt, wenn durch eine Nachricht ein „heißes Eisen" im Blickfeld der Öffentlichkeit geschmiedet werden soll, dessen Existenz auf der einen Seite bei der Mitwirkung an der Meinungsbildung einen hohen Stellenwert hat, das auf der anderen Seite jedoch die durch die Berichterstattung Betroffenen als unangemessen und Eingriff in geschützte Rechte empfinden.

Wie auch immer: Die Rechte derer, über die geschrieben wird, sind stets in gleichem Maße zu respektieren, wie Journalisten sich auf das Privileg der Pressefreiheit berufen können. Damit ist der Blick auch auf das rechtliche Gerüst für die journalistische Alltagsarbeit unverzichtbar. Und da die wesentlichen Inhalte des Presserechts von der Verfassung über die allgemeinen Gesetze bis in den Bereich der Verordnungen recht breit „gestreut" sind, kommt

---

[5] vgl. § 3 des Landespressegesetzes für Nordrhein-Westfalen: Nachrichten beschaffen und verbreiten, Stellung nehmen, Kritik üben oder auf andere Weise an der Meinungsbildung mitwirken.

[6] vgl. z.B. Löffler § 3 Rdz. 23, 25. Zum Recht der Medien darauf, dass bei einer Grundbuchrecherche die im Grundbuch Eingetragenen nicht über diese journalistischen Recherchetätigkeiten zu unterrichten sind, vgl. Bundesverfassungsgericht (abrufbar auch unter http://www.bundesverfassungsgericht.de (Button: Entscheidungen, danach Angabe des Geschäftszeichens 1 BvR 1307/91).

[7] vgl. § 34 des Meldegesetzes NRW: Das sind neben der Auskunft über Vor- und Familiennamen, Doktorgrad und Anschriften (einfache Melderegisterauskunft) zusätzlich Informationen über frühere Vor- und Familiennamen, Tag und Ort der Geburt, gesetzliche Vertreter, Staatsangehörigkeiten, frühere Anschriften, Tag des Ein- und Auszugs, Familienstand, beschränkt auf die Angabe, ob verheiratet oder eine Lebenspartnerschaft führend oder nicht, Vor- und Familiennamen sowie Anschrift des Ehegatten oder Lebenspartners und Sterbetag und -ort (erweiterte Melderegisterauskunft).

[8] vgl. dazu Söhring § 15 Rdz. 1 ff., 3: „Der Rechtfertigungsgrund der Wahrnehmung berechtigter Interessen erfasst in erster Linie Äußerungen im Anwendungsbereich des § 186 StGB (üble Nachrede), mithin ehrenrührige Tatsachenbehauptungen, deren Wahrheit oder Unwahrheit im Zeitpunkt der Verbreitung nicht feststeht." Handeln die Medien in Erfüllung eines öffentlichen Informationsinteresses (*nehmen sie also berechtigte Informationsinteressen ihrer Rezipienten wahr*), ist nach der gebotenen Rechtsgüterabwägung das öffentliche Informationsinteresse höherwertig als ein entgegenstehendes (ggf. verletztes) Interesse des durch die Berichterstattung Betroffenen und – worauf es entscheidend ankommt – haben die Medien die Vorgaben der journalistischen Sorgfaltspflicht (vgl. § 6 LPG/NRW) in vollem Umfang beachtet, so kann ihnen allein aus der Fehlerhaftigkeit einer behaupteten Tatsache keine rechtswidrige Verbreitungshandlung vorgeworfen werden.

[9] Meinungsäußerungsfreiheit, Informationsfreiheit, Pressefreiheit, Freiheit der Berichterstattung durch Rundfunk und Film (und das Zensurverbot).

schon einiges zusammen, was ein Journalist vor der Verbreitung von Texten und Bildern beachten muss.

In erster Linie geht es dabei um die Beachtung der Vorgaben zur journalistischen Sorgfalt. Die rechtlichen Grundlagen dafür finden sich für die Lokalpresse[10] in § 6 des Landespressegesetzes für Nordrhein-Westfalen (LPG/NRW). Danach sind alle Nachrichten vor der Verbreitung mit der nach den Umständen gebotenen Sorgfalt auf Inhalt, Herkunft und Wahrheit hin zu überprüfen. Die Rechtsfolgen bei Verstößen gegen die journalistische Sorgfalt sind nicht im Landespressegesetz geregelt. Sie sind vielmehr einer ganzen Reihe von allgemeinen Gesetzen verborgenen, die dem Journalisten in der Hektik und Vielfalt des Redaktionsalltags das Leben so richtig schwer machen können. Um nur die wichtigsten zu nennen: Bürgerliches Gesetzbuch, Strafgesetzbuch, Urheberrechtsgesetz, Kunsturhebergesetz, Gesetz gegen den unlauteren Wettbewerb: Damit tun sich zwar keine Abgründe auf, aber beim alltäglichen Gang durch dieses schwierige Terrain muss der Journalist nicht selten juristischen Fußangeln ausweichen, und das manchmal dort, wo derartige Tücken nicht zu vermuten sind.

3. Die „Prüfung der Wahrheit"

Von zentraler Bedeutung bei der journalistischen Sorgfalt ist die Prüfung der Wahrheit einer Nachricht, die mit der „nach den Umständen gebotenen Sorgfalt" vorgenommen werden muss. Dabei geht es freilich nicht darum, nur die „absolute Wahrheit" (wenn es sie denn geben mag), die „reine Wahrheit" (wie sie in der Eidesformel enthalten ist) oder die „objektiv erwiesene Wahrheit" zu Tage zu fördern, denn eine Verpflichtung zur Vermittlung nur einer „reinen, feststehendenden Wahrheit" wäre mit den Grundrechten der Meinungsäußerungsfreiheit und der Pressefreiheit nicht vereinbar.[11] Das auch schon deshalb, weil die Presse mangels Beweismitteln, wie sie beispielsweise ein Richter zur Grundlage seiner Entscheidungsfindung machen kann, und wegen ihrer Verpflichtung zur zeitnahen Information gar nicht in der Lage wäre, eine so definierte Wahrheit vor der Veröffentlichung zu ermitteln. Vielmehr geht es um den „Wahrheitsgehalt": Journalisten müssen sich mit der gebotenen Sorgfalt und Gründlichkeit um die Ermittlung des zutreffenden Sachverhalts und um dessen richtige Wiedergabe bemühen.[12] Sie haben danach alles ihnen zu Gebote stehende zu tun, damit sie vom Wahrheitsgehalt einer Nachricht und dessen richtiger Wiedergabe im Zeitpunkt der Verbreitung in legitimer Weise überzeugt sein dürfen (und gegebenenfalls später in einem Gerichtsverfahren belegen können, aufgrund welcher Recherchehandlungen sie zu dieser Überzeugung gekommen waren).

Dabei ist das Maß dessen, was im einzelnen Fall an Prüfungsaufwand betrieben werden muss, nicht starr. Es gilt ein „gleitender Prüfungsmaßstab" nach folgender Regel: Je größer das Risiko, dass mit dem Inhalt einer verbreiteten Nachricht in geschützte Rechte einer anderen Person widerrechtlich eingegriffen werden könnte, desto höher ist die anzuwendende Sorgfalt bei der Wahrheitsprüfung vor der Verbreitung. Welchen Grad an Sorgfalt ein Journalist

---

[10] Für den Rundfunk enthält § 31 des Landesmediengesetzes in den Absätzen 2 und 5 ähnliche Vorgaben; für das Internet gelten beim öffentlich Zugänglichmachen von redaktionellen, der Meinungsbildung dienenden Inhalten die Sorgfaltsregeln aus § 10 Absatz 1 des Staatsvertrages über Rundfunk und Telemedien („anerkannte Programmgrundsätze") .

[11] vgl. Löffler § 6 LPG, Rdz. 160 m.w.N.

[12] vgl. Söhring W 2 Rdz. 10 m.w.N.

ansetzen muss, ergibt sich stets aus den Umständen des einzelnen Falles. Insbesondere der Umgang mit „heißen Eisen" verlangt höchste Wachsamkeit, Journalisten bewegen sich beim Umgang mit solch „publizistischem Sprengstoff" im Bereich der „gefahrgeneigten Tätigkeiten". Ein hoher Grad an Verifizierung ist unabdingbar, wenn ohne vorherige Einwilligung über Vorgänge aus der Privat-, Geheim- oder Intimsphäre Dritter berichtet werden und das Ergebnis einer Rechtsgüterabwägung zugunsten der Presse ausfallen soll. Gleiches gilt, wenn es um Vorgänge von hoher wirtschaftlicher, sozialer oder politischer Bedeutung geht und eine Berichterstattung (auch) nachteilige Folgen für das Ansehen oder das Fortkommen einer Person oder eines Unternehmens haben kann. Hier sind die Ermittlung des Wahrheitsgehalts und seine zutreffende Wiedergabe oberstes Gebot. Allenfalls dann, wenn an der Verbreitung einer Nachricht ein hohes Informationsinteresse der Öffentlichkeit besteht, die Verbreitung der Nachricht wegen ihres Bezugs zur Aktualität keinen Aufschub duldet, gleichwohl aber der Wahrheitsgehalt im Zeitpunkt der Verbreitung noch nicht völlig als gesichert gilt, kann im Einzelfall ein geringerer Grad an Verifizierung genügen.

4. Privilegierte Quellen

Ruhig kann es der Journalist bei der Prüfung des Wahrheitsgehalts normalerweise angehen, wenn die zur Veröffentlichung vorgesehenen Informationen aus einer „privilegierten Quelle" stammen. Bei diesen kann man sich auf die Richtigkeit der erteilten Information verlassen und eine Pflicht zur Nachrecherche besteht nicht, solange die Redaktion nicht berechtigte Zweifel am Inhalt der Information haben muss (z.B. weil der Text in sich widersprüchlich, unschlüssig oder als absurd oder grotesk zu erkennen ist). „Privilegierte Quellen" sind „als seriös bekannte und bewährte Presseagenturen" (vgl. Löffler § 6 Rdz. 169 m.w.N.) und, für die Lokalredaktionen ganz wichtig, Behörden. Das „Privileg" beim Schöpfen aus diesen Quellen erstreckt sich für Journalisten allein auf die Wahrheit. Die Prüfung des Inhalts und damit die Antwort auf die Frage, ob das, was aus „privilegierter Quelle" stammt und stimmt, auch veröffentlicht werden darf: alles Sache des Journalisten.

Bei Informationen von Behörden erstreckt sich das Privileg der Presse, auf eine eigene Prüfung des Wahrheitsgehalts verzichten zu können, nur auf „amtliche Auskünfte und behördliche Presseerklärungen". Nicht „privilegiert" ist das, was Journalisten von einem Informanten in der Behörde inoffiziell gesagt oder „gesteckt" wird. Erhält beispielsweise ein Journalist von einem Gewährsmann im Rathaus auf „informellem Weg" ein Aktenstück, ist er nicht deswegen von der weiteren Nachprüfung des Wahrheitsgehalts befreit, weil das Papier aus einer Behörde stammt. Das musste kürzlich ein Journalist erfahren, dem ein Behördenmitarbeiter „inoffiziell" eine interne Drucksache für den Personalrat der Stadt mit brisantem Inhalt zugeleitet hatte, deren Inhalt dann Grundlage für eine Veröffentlichung wurde. Worum ging es?

Inhalt der Drucksache war ein interner Prüfbericht zu einigen Jahren zurückliegenden Machenschaften eines Mitarbeiters im Straßenverkehrsamt der Stadt A. Dieser hatte dem Bericht zufolge für seine Ehefrau einen „alten" Führerschein in einen „neuen" EU-Führerschein im Scheckkartenformat umgetauscht, obwohl er nicht dafür zuständig war und Zweifel bestanden, ob es überhaupt eine gültige „alte" Fahrerlaubnis gab, die in einen „neuen" EU-Führerschein hätte umgetauscht werden können. Nach einer Rückfrage bei der Stadt B., wo angeblich der „alte" Führerschein ausgestellt worden war, gab es – so der interne

Prüfbericht – dort „keine Daten über eine angebliche Fahrerlaubnis" für die Ehefrau des Sachbearbeiters. „Offenbar war dort keine Ersterteilung erfolgt", hieß es in der dem Journalisten vorliegenden Ablichtung des internen Prüfberichts weiter. In einer auf dieser Grundlage in der Tageszeitung und im Onlineauftritt des Verlages öffentlich zugänglich gemachten Meldung war unter anderem zu lesen, dass der Sachbearbeiter für seine Ehefrau einen Führerschein umgetauscht hatte, wobei Zweifel bestanden hätten, dass diese überhaupt eine Fahrprüfung abgelegt habe „und es wohl diesen alten Führerschein gar nicht gab. Der ursprüngliche Führerschein sei in B. ausgestellt worden, hat er angegeben. Nur: in B. sind keine Daten über eine angebliche Fahrerlaubnis bekannt, heißt es", wurde unter Bezug auf das interne Papier berichtet.

Die Ehefrau des Sachbearbeiters hat sich nach der Veröffentlichung per Gericht gegen die Berichterstattung unter anderem mit der Begründung gewandt, beim Umtausch ihres „alten" Führerscheins gegen einen „neuen" EU-Führerschein sei alles mit rechten Dingen zugegangen. Sie habe vor Jahren in B. einen „alten" Führerschein erworben und diesen aus Versehen mit einer Hose in die Waschmaschine gesteckt. Ihr nach Vor-, Hauptwäsche und Schleudern unleserlicher Führerschein sei dann an ihrem neuen Wohnort A. in einen neuen EU-Führerschein umgetauscht worden. Das war, wie sie vor dem Landgericht glaubhaft machen konnte, auch zutreffend. Das Gericht hat den Verlag wegen eines rechtswidrigen Eingriffs in das allgemeine Persönlichkeitsrecht der Frau dazu verurteilt, die weitere Verbreitung der entgegen dem Wortlaut des internen Prüfberichts unwahren Äußerungen zu unterlassen, es habe keinen alten Führerschein gegeben, es bestünden Zweifel, ob sie die Fahrprüfung abgelegt habe und in B. seien keine Daten über eine angebliche Fahrerlaubnis für sie bekannt.

Begründung (verkürzt): Die für amtliche Pressemitteilungen geltenden Grundsätze (Anmerkung: privilegierte Quelle, keine weitere Prüfung des Wahrheitsgehalts) können auf interne Vorgänge in Behörden nicht übertragen werden. Entscheidend war für das Gericht „der funktionale Unterschied zwischen amtlicher Pressemitteilung einerseits und internem Vorgang oder interner Erklärung andererseits: Die Pressemitteilung ist für jeden erkennbar zur Weitergabe und Veröffentlichung bestimmt, die dafür entwickelten Grundsätze vermitteln dem Journalisten Rechtssicherheit und Verlässlichkeit. Sie dienen letztlich auch der Arbeitserleichterung für die Presse. Die Pressemitteilung enthält für jeden Dritten zumindest eine Richtigkeitsgewähr in der Gestalt, dass sich die Behörde entschlossen hat, mit ihren Informationen „in die Öffentlichkeit" zu gehen. Eine solche Funktion kommt internen, nicht zur Veröffentlichung bestimmten Vermerken oder Vorlagen (Drucksachen) gerade nicht zu." (Landgericht Saarbrücken (9 O 209/10) vom 29. November 2011) Bei dieser Sachlage, so das Gericht, hätte die Redaktion ihrer journalistischen Sorgfaltspflicht nachkommen und die Frau vor der Veröffentlichung anhören müssen, wobei sich dann ergeben hätte, dass die von der Redaktion aufgestellten Behauptungen objektiv nicht zu halten waren. Vorsicht ist also geboten: Für interne Behördenpapiere, die auf dem Schreibtisch der Redaktion landen, gelten die Regeln zur Überprüfung des Wahrheitsgehalts uneingeschränkt. Das Privileg der Quelle „Behörde" bezieht sich allein auf „amtliche Pressemitteilungen".

5. Verdachtsberichterstattung

Vorsicht ist auch geboten, wenn es um die so genannte Verdachtsberichterstattung geht, also ein noch nicht erhärteter Verdacht Gegenstand einer Veröffentlichung sein soll, bevor die Dinge umfassend aufgeklärt sind. Auch der Lokalpresse ist es nicht verboten, sich mit Vorgängen in der örtlichen Politik oder Gesellschaft zu befassen, bei denen die Beteiligten eher ein Interesse daran haben, die Dinge im Verborgenen zu halten. Geht es dabei um Sachverhalte, denen ein besonderes und legitimes Informationsinteresse der Öffentlichkeit gegenübersteht, kann die Publikation nur eines Verdachts gerechtfertigt sein. Dafür ist es dann aber erforderlich, dass die Presse die von der Rechtsprechung aufgestellten Vorgaben für die Verdachtsberichterstattung in vollem Umfang berücksichtigt. Dazu gehört an erster Stelle, dass Journalisten alle ihre Möglichkeiten zur Recherche ausschöpfen und einen Mindestbestand an Tatsachen ermitteln, die für den Wahrheitsgehalt des Verdachts sprechen. Das gelingt nur auf der Basis von „belastbaren Fakten" und erfordert in vielen Fällen auch die Angabe der Quelle. Der Bundesgerichtshof hat in einer Grundsatzentscheidung aus dem Jahre 2000 (BGH NJW 2000, 1036; vgl. auch Netzwerk Recherche, 27ff.) Regeln zur Verdachtsberichterstattung vorgegeben. Hier die wichtigsten:

- Es muss ein Mindestbestand an Beweistatsachen gegeben sein, die für den Wahrheitsgehalt der (Verdachts-)Information sprechen: Erst dann hat eine solche Information den erforderlichen „Öffentlichkeitswert".
- Dabei sind die Anforderungen an die journalistische Sorgfalt umso höher anzusetzen, je schwerer und nachhaltiger das Ansehen des Betroffenen durch die Veröffentlichung beeinträchtigt wird.
- Die Veröffentlichung darf keine Vorverurteilung des Betroffenen enthalten und sie darf daher nicht
- durch eine präjudizierende Darstellung den unzutreffenden Eindruck erwecken, der Betroffene sei der ihm vorgeworfenen Handlung bereits „überführt" (insbesondere in Zusammenhang mit dem Vorwurf strafbarer Handlungen).
- Unzulässig ist daher auch eine auf Sensationen ausgehende, bewusst einseitige (z.B. weil die Gegenseite nicht angehört wurde) oder verfälschende Darstellung.
- Prinzip: Es müssen auch die zur Verteidigung des Betroffenen (Beschuldigten) vorgetragenen Argumente und Tatsachen berücksichtigt werden (und zwar in der Veröffentlichung, und nicht nur „im Geiste" vorher).
- Vor der Veröffentlichung ist regelmäßig eine Stellungnahme des Betroffenen einzuholen.
- Und: Es muss sich um einen Vorgang von gravierendem Gewicht handeln, dessen Mitteilung durch ein Informationsbedürfnis der Öffentlichkeit gerechtfertigt ist.
- Die Anforderungen an die pressemäßige Sorgfalt und Wahrheitspflicht dürfen nicht überspannt und so bemessen werden, dass darunter die Funktion der Meinungsfreiheit leidet.

Der in der Praxis häufigste Verstoß gegen die journalistische Sorgfalt liegt insoweit darin, dass der Beschuldigte vor der Veröffentlichung nicht angehört und seine Sicht der Dinge daher auch in einer Veröffentlichung nicht berücksichtigt wird.

6. Gerüchte im Lokalen

Nicht selten kommt es vor, dass einem Lokaljournalisten ein Gerücht „gesteckt" wird. Anders als bei der Verdachtsberichterstattung, wo ein Mindestbestandteil an Beweistatsachen vorliegen muss, fehlen tatsächliche Anhaltspunkte bei einem Gerücht völlig. „Das Gerücht ist Hörensagen und Nacherzählen, ein Wechselspiel von Weglassen und Hinzuerfinden. Gerüchte genießen einen zweifelhaften Ruf."[13] Entsprechend sind die in der Rechtsprechung entwickelten Regeln zur Zulässigkeit der Verbreitung von Gerüchten durch die Presse sehr streng. Zunächst muss ein Gerücht wirklich „im Umlauf" sein und es darf nicht nur im Geist eines Informanten herumspuken. Daher ist schon bei der Quellenprüfung Vorsicht geboten; das gilt auch für die erforderliche Feststellung, dass die Quelle sauber ist. Selbst wenn die Quelle sauber ist, darf ein Gerücht nur dann in der Presse „transportiert" werden, wenn sein Inhalt von außergewöhnlichem Informationsinteresse für die Öffentlichkeit ist. Das wird umso eher der Fall sein, wenn gerüchteweise zugetragene Vorgänge aus der lokalen Politik oder Wirtschaft in der Öffentlichkeits- oder Sozialsphäre der mutmaßlich Handelnden angesiedelt sind. Bei ungesicherten Gerüchten aus der durch das allgemeine Persönlichkeitsrecht geschützten Privatsphäre, geschweige denn bei solchen aus der Geheim- oder Intimsphäre fehlt hingegen ein legitimes Informationsinteresse der Öffentlichkeit, so dass ihre Verbreitung im Regelfall nicht zulässig ist.

Ein Beispiel für eine völlig missratene „Gerüchtsberichterstattung" im Lokalen sei an dieser Stelle eingefügt: In einer Meldung im Lokalteil war zu lesen, dass gegen den vom Dienst suspendierten Leiter einer Rettungswache des Deutschen Roten Kreuzes (DRK) arbeitsrechtliche Ermittlungen geführt werden. Im Raum, so hieß es, stünden Anschuldigungen, die sich auf sein Verhalten gegenüber Frauen beziehen. Der örtliche Vorsitzende des DRK wurde mit der Aussage: „Es gab keinen strafrechtlich relevanten Vorfall" wiedergegeben. Auskunft, worum es bei den arbeitsrechtlichen Ermittlungen konkret ging, gab er dem Verfasser des Beitrages nicht. Allein ein erstes Ergebnis der DRK-internen Ermittlungen teilte er mit, was die Redaktion mit dem Zitat: „Es gab keine Übergriffe" veröffentlichte. Den beschuldigten Leiter der Rettungswache hatte der Verfasser vor der Publikation nicht angehört. Zur Begründung hieß es in der Meldung lapidar, dieser habe sich krank gemeldet und „stehe für Gespräche nicht zur Verfügung." Weiter war in dem Beitrag zu lesen: „Die Staatsanwaltschaft teilte auf Anfrage mit, dass keine Anzeige gegen den Mann vorliegt."

Auf diesem dünnen Gerüst, das tatsächliche Anhaltspunkte dafür, was dem suspendierten Leiter der Rettungswache eigentlich vorgeworfen wurde und was Grund für seine Suspendierung gewesen sein könnte, nicht im Ansatz erkennen ließ, wurde die Veröffentlichung mit einem Hinweis auf „kursierende Gerüchte" angereichert, „die von versuchter Vergewaltigung einer Beschäftigten im freiwilligen sozialen Jahr bis hin zum einvernehmlichen Geschlechtsverkehr in der Rettungswache reichen."

Kaum war der Beitrag in der Tageszeitung und deren E-Paper erschienen sowie auch auf der Internetseite des Verlages öffentlich zugänglich gemacht worden, kamen die Abmahnung des vom Leiter der DRK-Rettungswache beauftragten Rechtsanwalts und die Forderung auf Abgabe einer strafbewehrten Unterlassungs- und Verpflichtungserklärung wegen eines Eingriffs in das allgemeine Persönlichkeitsrecht des Mannes. Völlig zu Recht! Erstens war ein

---

[13] Aus einer Ankündigung des Museums für Kommunikation, Berlin, zur Ausstellung „Gerüchte".

entsprechendes Gerücht nicht im Umlauf. Befragt nach der Quelle sagte der Verfasser, „zwei Personen aus dem Umfeld des Mannes" hätten ihn von dem Vorwurf einer versuchten Vergewaltigung und dem „einvernehmlichen Geschlechtsverkehr in der Rettungswache" informiert. Diese beiden Informanten reichen für den Beleg eines kursierenden Gerüchts nicht. Zweitens: Es ging bei dem Vorwurf der „versuchten Vergewaltigung" um Vorgänge aus der Intimsphäre des Mannes. Der Vorsitzende des DRK hatte auf Fragen des Verfassers gesagt: „Es gab keine Übergriffe" und „Es gab keinen strafrechtlich relevanten Vorfall." Bei der zuständigen Staatsanwaltschaft lag keine Strafanzeige vor. Damit handelte es sich um ein „ungesichertes Gerücht" aus einer durch das allgemeine Persönlichkeitsrecht des Mannes besonders geschützten Sphäre, dessen Verbreitung nur dann ausnahmsweise zulässig gewesen wäre, wenn ein das Persönlichkeitsrecht des Mannes überwiegendes Informationsinteresse der Öffentlichkeit bestanden hätte. Solches war aber – wie geschildert - in Anbetracht der „Faktenlage" nicht erkennbar. Drittens: Dass „einvernehmlicher Geschlechtsverkehr in der Rettungswache" keine Meldung wert sein darf und zudem mit einem „Gerücht" nichts zu tun hat, sollte eigentlich von Anfang an klar gewesen sein. Viertens: Niemand in der Redaktion hatte nach der Panne eine Erklärung dafür, wie das passieren konnte. Fünftens: Der Verlag hat die geforderte Unterlassungs- und Verpflichtungserklärung abgegeben und die Anwaltskosten der Gegenseite erstattet.

Zurück zu Gerüchten: Ist die Tatsache, dass ein Gerücht existiert, wegen dessen herausragender Bedeutung für die Information der Leserinnen und Leser ausnahmsweise für die Berichterstattung im Lokalteil von Bedeutung, tut man gut daran, sich vom Inhalt des Gerüchts ausdrücklich distanzieren, soll eine Haftung für die Verbreitung ausgeschlossen werden. Klar und eindeutig muss aus der Veröffentlichung über die Existenz eines Gerüchts hervorgehen, dass dessen Inhalt zweifelhaft ist. Weiter darf mit keinem Wort, keinem Halbsatz oder Satz für die Leserschaft der Eindruck erweckt werden, an dem berichteten Vorgang „sei schon was dran".

7. Die Prüfung des Inhalts einer Nachricht

Neben dem Bemühen um die Ermittlung des Wahrheitsgehalts bereitet die Prüfung des Inhalts einer vorgesehenen Nachricht dem Lokaljournalisten oft Kopfzerbrechen. Denn dabei muss im Zweifelsfall viel aus den unterschiedlichen Ecken des Presserechts in die Überlegungen einbezogen werden. Selbst dann, wenn „alles stimmt", müssen auch möglicherweise entgegenstehende Rechte derer, über die geschrieben werden soll (zum Beispiel mit Blick auf das allgemeine Persönlichkeitsrecht) , in die erforderliche Abwägung und mit zur Grundlage für die Antwort auf die sich nahezu jeden Tag neu stellende Frage gemacht werden: „Schreibe ich das oder lasse ich es bleiben? Nehme ich das Bild wie es ist oder muss ich verpixeln? Wie anonymisiere ich den Inhalt so, dass schützenswerte Personen nicht erkennbar sind?" Das sind häufige Fragen in der Konstellation „Pressefreiheit und Informationsinteresse der Öffentlichkeit versus allgemeines Persönlichkeitsrecht". Man erfährt bei der Recherche höchst brisante Details aus dem Privatleben einer Person, die im Widerspruch zu dem „öffentlichen Bild" stehen, es werden Fotos zugesteckt, bei denen nicht klar ist, ob eine Einwilligung der abgebildete(n) Person(en) zur Anfertigung und Verbreitung vorliegt, ein Informant berichtet über sittliche Verfehlungen einer „lokalen Größe" und weist auf kursierende Gerüchte hin, in einem anonymen Brief an die Redaktion wird der Verdacht erhoben, der Geschäftsführer der städtischen Wohnungsbaugesellschaft habe seinem Sohn eine Immobilie „zum absoluten Verwandtschaftspreis" verkauft, und, und, und.

Alles interessant. Aber alles auch riskant. Wie damit umgehen? Das größte Konfliktpotenzial bei der Prüfung des Inhalts im Vorfeld einer Veröffentlichung steckt im allgemeinen Persönlichkeitsrecht. Dieses von der Rechtsprechung auf der Grundlage von Artikel 1 (Würde) und 2 (Freie Entfaltung der Persönlichkeit) des Grundgesetzes in Verbindung mit der zentralen Schadensersatznorm in § 823[14] des Bürgerlichen Gesetzbuches (BGB) entwickelte Recht kann gerade im Lokalen als Stolperstein auf dem Wege liegen. Die Schwierigkeit im journalistischen Umgang mit diesem Recht liegt darin, dass seine wesentlichen Inhalte aus völlig unterschiedlichen Rechtsbereichen stammen und von der Verfassung über das Bürgerliche Gesetzbuch, das Strafgesetzbuch, das Urheberrechtsgesetz bis hin zum Kunsturhebergesetz reichen, um nur die für die Presse wichtigsten Felder zu nennen. Die meisten Probleme bei der Inhaltsprüfung ergeben sich in der Praxis zur Frage der identifizierenden Berichterstattung, nicht nur was die in den meisten Fällen erforderliche Anonymisierung bei Gerichtsberichten angeht, und im Umgang mit dem Recht am eigenen Bild. Und auf die oben gestellte Frage „Wie damit umgehen?" gibt es (leider) keine für alle Fälle gültige Antwort. Vielmehr muss für jede einzelne Veröffentlichung mit Konfliktpotenzial die exakt darauf zutreffende Antwort gefunden werden.

Klarheit kann nur eine sogenannte Rechtsgüterabwägung bringen. Aber eine solche Abwägung ist oft schwierig, man muss sie Tag für Tag anstellen und darf sich als Journalist nicht einmal darauf verlassen, dass zuvor schon von „berufener Stelle" eine zutreffende Rechtsgüterabwägung vorgenommen worden ist, auf deren Grundlage ohne weitere, eigenständige Inhaltsprüfung das Mitgeteilte verbreitet werden dürfte. Wie man als Journalist „im Regen stehengelassen" werden kann, macht das folgende Beispiel deutlich:

Ein nicht nur am Ort bekannter Schauspieler, nennen wir ihn H., besucht beim Schützenfest mit einigen Freunden das Festzelt. „Die Bude" ist „gerappelt voll", die Stimmung prima. Anwesend sind auch Sicherheitskräfte und der Journalist einer örtlichen Tageszeitung. Gemeinsam mit seinen Kumpels trinkt H. ein paar Bierchen, irgendwann ist der Gang zur Herrentoilette fällig. Als er zurückkommt, bemerken Sicherheitskräfte auf seiner Oberlippe ein weißes Pulver. H. hatte auf der Herrentoilette „eine Nase Kokain gezogen" und vergessen, die sichtbaren Spuren seines heimlichen Betäubungsmittelkonsums zu beseitigen. Unumwunden gab er gegenüber den Sicherheitskräften den Konsum von Kokain auf der Herrentoilette zu und wurde vorläufig festgenommen. In einer Hosentasche wurde bei einer Leibesvisitation ein Päckchen mit 0,23 Gramm Kokain gefunden. All das bekam der im Festzelt anwesende Journalist mit. Die zuständige Staatsanwaltschaft leitete ein Ermittlungsverfahren wegen eines Verstoßes gegen das Betäubungsmittelgesetz ein[15] (H. wurde übrigens Monate später zu einer Geldstrafe von 18.000 Euro verurteilt). Ein paar Tage später bittet der Journalist den Pressesprecher der Staatsanwaltschaft um Auskunft zum Ermittlungsverfahren gegen H. und

---

[14] Danach ist das allgemeine Persönlichkeitsrecht ein „sonstiges Recht", dessen widerrechtliche Verletzung (sei es vorsätzlich, sei es fahrlässig geschehen) dem Betroffenen einen Anspruch auf Ersatz des dadurch entstandenen Schadens zubilligt.

[15] Das Beispiel beruht auf einem authentischen Fall. Der Europäische Gerichtshof für Menschenrechte hat die diesem Beispiel zugrunde liegende Entscheidung des Hanseatischen Oberlandesgerichts am 07.02.2012 (Az.: 39954/08) aufgehoben und die Berichterstattung über die strafrechtlichen Verfehlungen des betreffenden Schauspielers für zulässig erachtet. Unbeschadet dessen ist die Auffassung des Gerichts zum Erfordernis der Inhaltsprüfung bei Informationen aus privilegierter Quelle im Rahmen der eigenständigen Rechtsgüterabwägung (Sorgfaltspflicht) weiter von Belang.

bekommt Informationen über die Person des Beschuldigten, den Tatvorwurf, Details der Festnahme im Festzelt und dazu, dass H. einschlägig vorbestraft ist. Die Redaktion veröffentlichte daraufhin eine die Informationen der Staatsanwaltschaft zutreffend wiedergebende Nachricht zu den mitgeteilten Vorgängen ohne weitere, eigene Recherchen zum Wahrheitsgehalt und ohne Prüfung des Inhalts. Sie war der Auffassung, dass sie diese aus privilegierter Quelle (Staatsanwaltschaft als Behörde) stammende, offizielle Verlautbarung auch nicht weiter auf mögliche Eingriffe in geschützte Rechte des Schauspielers (allgemeines Persönlichkeitsrecht, Schutz der Privatsphäre) prüfen musste. Schon die Staatsanwaltschaft habe vor der Herausgabe ihrer Informationen an die Redaktion eine umfassende Rechtsgüterabwägung mit dem Ergebnis vorgenommen, das öffentliche Informationsinteresse am Kokaingenuss von H. auf der Schützenfesttoilette sei höher zu bewerten sei als das Interesse des H. am Unterbleiben der Berichterstattung. Die Redaktion glaubte, es sei „alles im Lot".

Dabei lag sie leider falsch. Nachdem H. mit gerichtlicher Hilfe gegen die Berichterstattung vorgegangen war, haben Landgericht und Oberlandesgericht übereinstimmend festgestellt, dass die Presse sich bei der Prüfung des Inhalts einer Nachricht (und damit für die Antwort auf die Frage, ob eine Veröffentlichung „äußerungsrechtlich" zulässig ist) nicht auf die vorausgegangene Rechtsgüterabwägung bei einer privilegierten Quelle berufen kann. Darüber ob die (wahre) Berichterstattung unter Berücksichtigung der Belange des H. zulässig war, hatte die Redaktion selbst zu entscheiden, da die Privilegierung ihrer Quellen diesen Aspekt nicht mit umfasste. Dazu einige bemerkenswerte Sätze aus der Entscheidung des Oberlandesgerichts:

> „Der Gedanke, dass sich der Berichtende auf die Zuverlässigkeit derartiger Quellen (Anmerkung: gemeint sind privilegierte Quellen) verlassen kann, beruht darauf, dass davon auszugehen ist, dass diese in besonderer Weise zur Überprüfung des Wahrheitsgehaltes in der Lage sind. Insbesondere von der Staatsanwaltschaft als Ermittlungsbehörde kann dies regelmäßig angenommen werden. Dass die Staatsanwaltschaft auch einen vergleichbaren Wissensvorsprung bezüglich der vorzunehmenden Abwägung der Interessen des Betroffenen und des Informationsinteresses der Öffentlichkeit hat, ist hingegen nicht ohne Weiteres anzunehmen. Zwar ist auch die Staatsanwaltschaft gehalten, ihrerseits vor Herausgabe einer Persönlichkeitsrechte der Betroffen berührenden Presseerklärung eine solche Abwägung vorzunehmen. Diese bezieht sich aber lediglich auf ihre eigene Veröffentlichung."

Wie das Landgericht zutreffend ausgeführt hat, hat der Sprecher der Staatsanwaltschaft zudem auch keine höhere Kompetenz als die von ihm informierten Medien. Demgemäß führt eine etwaige unzutreffende Abwägung durch eine „privilegierte" staatliche Quelle oder durch eine anerkannte Pressagentur nicht dazu, dass die darauf gestützte Verbreitung durch ein Presseorgan gerechtfertigt wäre. Vielmehr ist die Prüfung der äußerungsrechtlichen Zulässigkeit einer Nachricht dem veröffentlichenden Presseorgan in gleicher Weise wie der amtlichen Quelle möglich und zumutbar". Schwere Zeiten für Journalisten! Wenn schon der Pressesprecher der Staatsanwaltschaft mit zwei juristischen Staatsexamina bei einer Rechtsgüterabwägung „daneben liegt", wie soll dann ein Journalist „auf den Punkt" kommen? Abgesehen von dieser Facette zur Inhaltsprüfung hat es bisweilen den Anschein, dass die für die Umsetzung der journalistischen Sorgfalt gebotenen Recherchetätigkeiten zur Ermittlung des Wahrheitsgehalts und die erforderliche Rechtsgüterabwägung zum Inhalt von Nachrichten nicht den erforderlichen Tiefgang haben. Und speziell Rechtsgüterabwägung: Sie kann selbst Juristen erhebliches Kopfzerbrechen bereiten – wie soll dann ein Journalist diesen „juristischen Drahtseilakt" meistern? Kommen dann noch der Aktualitätsdruck in der Redaktion, eine nicht hinreichende Zahl an Journalisten und immer mehr zu erledigende Aufgaben, diese auch noch in neu strukturierten Arbeitsfeldern (crossmedial) hinzu, kann es – wie gezeigt – schon einmal eng werden. Diese Defizite, und vielleicht manchmal auch das Fehlen des erforderlichen Problembewusstseins und der Mangel an Sensibilität bei der journalistischen und damit oft auch juristischen Umsetzung von publizistischen Anlässen, sind aus der Sicht des juristischen Praktikers die häufigsten Ursachen für Kollisionen zwischen journalistischem Tun und journalistischer Sorgfalt.

8. Der Umgang mit Bildern

Am Ende dieser Darstellung zu alltäglichen Stolpersteinen auf dem Weg durch das „Presserecht im Lokalen" möchte ich noch einige, wahrlich nicht abschließende, Anmerkungen zum „Recht am eigenen Bild" machen. Gesetzlich geregelt ist dieser bedeutsame, besondere Teil des allgemeinen Persönlichkeitsrechts in den §§ 22 ff. des Kunsturhebergesetzes (KUG).

Bildnisse (so die Bezeichnung für Fotografien von Menschen) dürfen nach den Vorgaben von § 22 des KUG nur mit Einwilligung der dargestellten Person(en) angefertigt[16] und verwendet werden. Diese Einwilligung, deren Erteilung im Streitfall stets vom Fotografen bewiesen werden muss, kann mündlich, schriftlich oder durch schlüssiges Verhalten erteilt werden, wobei Letzteres ein aktives Verhalten der zu abzubildenden Person(en) erfordert. Die Einwilligung zur Verwendung einer Fotografie gilt immer nur für den abgefragten Veröffentlichungszweck. Soll also ein Bild zu einem anderen als bei der Erteilung der Einwilligung abgefragten oder erkennbar gemachten Zweck veröffentlicht werden, ist eine erneute Einwilligung erforderlich. Dieses rechtliche Erfordernis birgt große Probleme bei der Verwendung von eigenen Archivfotos, weil erfahrungsgemäß in kaum einer Redaktion den Bildlegenden oder sonstigen Unterlagen zu entnehmen ist, für welchen Publikationszweck eine Einwilligung abgefragt oder erteilt worden ist. Passt ein Archivbild irgendwie zum Thema, wird es genommen – und schon sind Probleme programmiert. Wie in folgendem Fall:

Die Redaktion lädt eine Expertenrunde zum Thema „Scheidung/Unterhalt" ein, welcher die Leserschaft per Telefon oder E-Mail Fragen stellen können. Angekündigt wird die Aktion mit einem Vierspalter auf der lokalen Eins und einem großformatigen Archivfoto, das ein Paar kurz nach der Hochzeit vor dem Standesamt und von einer jubelnden Menschenmenge umgeben zeigt. In die Fotografie war zwischen den Eheleuten ein „Blitz" einmontiert und die Bildüberschrift hieß: „Bis dass der Tod uns scheidet". Der wahre Blitz traf die Redaktion ein paar Tage später in Form eines Anwaltsbriefs. Der abgebildete Bräutigam sei ein professioneller Eishockeyspieler und schon mehrfach von seinen Fans gefragt worden, warum er sich denn habe scheiden lassen. Die Redaktion musste sich fragen lassen, aufgrund welcher mutmaßlichen Einwilligung oder aus welchem Grund sonst sie die Fotografie im Zusammenhang mit der Ankündigung der Leseraktion veröffentlicht hatte, und: sie hatte keine passende Antwort darauf. Die Sache ging glimpflich aus. Das Hochzeitspaar wurde zu einem Wochenende nach Hamburg eingeladen und der Verlag zahlte ohne Murren die Anwaltskosten. Aber es hätte auch teurer werden können, denn die Verwendung des Archivbildes im beschriebenen Kontext war ein rechtswidriger Eingriff in das allgemeine Persönlichkeitsrecht.

---

[16] Bundesverfassungsgericht 2 BvR 260506/04 vom 21. August 2006, das den Zeitpunkt für die Einwilligung entgegen dem Wortlaut von § 22 KUG auf die Anfertigung einer Fotografie vorverlegt hat.

Zurück zu § 22 KUG: Das „Recht am eigenen Bild" erlischt nicht mit dem Tod der abgebildeten Person(en). Nach deren Ableben ist für die Dauer von zehn Jahren eine Einwilligung des überlebenden Ehegatten oder Partners und der Kinder, und wenn diese nicht existieren, der Eltern erforderlich. Für die Presse ganz wesentliche Ausnahmen für die zulässige Bildnisveröffentlichung ohne Einwilligung enthält § 23 KUG: danach dürfen ohne Einwilligung angefertigt oder verwendet werden a) Bildnisse aus dem Bereich der Zeitgeschichte, b) Bildnisse, auf denen die abgebildeten Personen lediglich Beiwerk neben einer Landschaft oder sonstigen Örtlichkeit sind und c) Bilder von Versammlungen, Aufzügen und ähnlichen Anlässen, an denen die dargestellten Personen teilgenommen haben. Allerdings gilt diese Ausnahme insbesondere unter dem seit der neuen Rechtsprechung des Bundesgerichtshofes zum „abgestuften Schutzkonzept" wichtigen Bedingung, dass der Veröffentlichung einer Fotografie ohne Einwilligung keine berechtigten Interessen der dargestellten Person(en) oder, wenn diese verstorben sind, von deren Angehörigen entgegenstehen. Diese Voraussetzungen der §§ 22 und 23 KUG gelten für Fotografien wie für Videos und/oder TV-Aufnahmen gleichermaßen.

Probleme mit dem „Recht am eigenen Bild" und einer fehlenden Einwilligung gibt es bei einigen Lokalredaktionen in der letzten Zeit bei Bildern, die man sich „mal eben so" aus dem Internet zieht. Das Netz bietet einen reichen Fundus an Texten und Bildern und nichts scheint einfacher, als sich dort den passenden Text oder das passende Bild für die eigene Veröffentlichung zu besorgen. Eine beliebte Methode ist dabei, Bilder für die eigene Veröffentlichung aus sozialen Netzwerken, wie zum Beispiel Facebook, herunterzuladen. Doch Vorsicht: Viele Inhalte im Internet sind, obwohl öffentlich, urheberrechtlich geschützt. Die Nutzung für eigene Publikationszwecke ohne vorherige Einwilligung oder Lizenzierung kann teuer werden, sowohl bei Texten[17] als auch bei Bildern. Dazu der folgende Fall einer illegalen Nutzung eines in Facebook öffentlich zugänglich gemachten Privatfotos:

Auf einer Autobahn ereignete sich ein tragischer Unfall. Ein Paketdienstfahrer steuerte seinen Kleinlaster morgens gegen fünf Uhr gegen einen Brückenpfeiler und kam ums Leben. Nach Bekanntwerden des Unfalls gab es Diskussionen, ob „menschenunwürdige Arbeitsbedingungen" wie zu lange Arbeitszeiten, fehlende Erholungsmöglichkeiten oder der Druck, alles auf dem Wagen auch noch am Tag der Beladung und damit bis in den späten Abend zuzustellen, mit die Ursache für den Unfall waren. Eine Lokalredaktion schaltete sich in die Debatte ein. Zu einem kritischen Beitrag über die mutmaßlichen Arbeitsbedingungen des Verstorbenen veröffentlichte sie außer einer Fotografie von der Unfallstelle auch ein Bild des Fahrers, das ein Mitarbeiter auf einer Facebook-Seite entdeckt und in die eigene Bilddatei übernommen hatte.

Das war ein Fehler! Die Tatsache, dass eine Fotografie des Unfallfahrers mit seiner Einwilligung auf einer Facebook-Seite öffentlich zugänglich gemacht worden war, rechtfertigte nicht die Übernahme eines solchen Bildnisses für eigene Veröffentlichungszwecke. Zwar ist eine solche Fotografie im Internet „öffentlich", aber für die Verwendung in der Tageszeitung war eine darauf bezogene, neue Einwilligung der dargestellten Person, oder wenn diese verstorben ist, der in § 22 KUG genannten Angehörigen erforderlich. Diese Einwilligung hatte die Redaktion nicht eingeholt. Folge: Die Mutter des Unfallfahrers nahm den Verlag mit

---

[17] Einige Agenturen scannen in letzter Zeit Internetveröffentlichungen in E-Papers von Tageszeitungen oder auf deren Internetseiten auf rechtswidrig genutzte Agenturtexte. Von AFP oder dapd beauftragte Anwaltskanzleien versenden aktuell reihenweise Abmahnungen und machen für die Agenturen Honoraransprüche für in der Vergangenheit genutzte Texte geltend.

anwaltlicher Hilfe auf Unterlassung in Anspruch und die Fotografie musste in der E-Paper-Ausgabe und auf der Internetseite des Verlages gelöscht werden. Die Anwaltskosten der Mutter mussten vom Verlag erstattet werden. Damit nicht genug: Die Fotografin, deren Name bei der Bildveröffentlichung der Zeitung und im Internet nicht genannt worden war, forderte ein fiktives Lizenzhonorar auf der Basis der aktuellen MFM-Richtlinien[18] und wegen der unterlassenen Urheberbenennung die Zahlung eines Verletzerzuschlags in Höhe von 100 Prozent des fiktiven Lizenzhonorars. Mit Erfolg.

Übrigens: Die „Übernahme" einer Fotografie aus einem sozialen Netzwerk für eigene Veröffentlichungen war kein Einzelfall und nichts Neues. Nach dem Geiseldrama von Winnenden hatten Focus, Stern und die Bild-Zeitung Fotos von Opfern aus dem Internet „geklaut". Das Magazin Panorama berichtete am 26. März 2009 über diesen unglaublichen Vorgang. Anmoderation: „Der Raubzug der Medien im Internet".[19]

Literatur

Löffler, Martin et.al. (2006): Presserecht. 5. Auflage. München.

Söhring, Jörg (2010): Presserecht. 4. Auflage. Köln

Netzwerk Recherche (2005) : Presserecht in der Praxis. nr-werkstatt 1. Unter: http://www.netzwerkrecherche.de/files/nr-werkstatt-01-presserecht-in-der-praxis.pdf Stand: 2. Januar 2013

Der Autor

Kurt Braun (*1947) studierte Rechtswissenschaften an der Ruhr-Universität Bochum und der Rheinischen Friedrich-Wilhelms-Universität zu Bonn. Er ist als Rechtsanwalt mit den Schwerpunkten Presserecht, Medienrecht und Wettbewerbsrecht, juristischer Berater diverser Tageszeitungsverlage, Referent bei verschiedenen Einrichtungen wie ABZV Bonn, JBB Stuttgart, ZV-GmbH Berlin oder LFK Baden-Württemberg tätig. Aktueller Forschungsschwerpunkt: Journalismus im Dritten Reich mit Schwerpunkt Gerichtsberichterstattung.
Kontakt: rakob@t-online.de

---

[18] Auszug im Internet unter:
http://www.mediafon.net/meldung_volltext.php3?id=43146fe782e92&akt=empfehlungen_empfehlungen.
[19] Panorama (ARD) vom 26. März 2009: http://daserste.ndr.de/panorama/media/panorama226.html.

Von der Eminenz zur Evidenz –
Recherche im Lokalen

David Schraven

Im folgenden Artikel wird begründet, warum Recherche im Lokalen eine wichtige Rolle spielt. Außerdem gibt der Text einen Überblick über die bei der Lokalrecherche möglichen Schritte – von der Beschaffung bis zur Auswertung. Dazu werden Beispiele aus der Praxis aufgezeigt.

Die Zukunft der Zeitungen liegt in der Nähe zum Leser. Das ist unbestritten. Es gilt ihre Lebenswelt abzubilden, sie zu unterhalten, ihre Diskussionen aufzunehmen. Vor allem im Lokalen. Doch das ist nicht alles. Es geht auch darum, die Wächterfunktion der freien Presse wahrzunehmen. Die Leser erwarten von ihrer Zeitung, dass sie in die Rolle eines Anwaltes des Gemeinwesens (res publica) schlüpft. Sie muss Informationen liefern, die eine öffentliche Meinungsbildung zu komplizierten Themen gerade vor Ort ermöglichen. Sie muss Missstände aufdecken und unabhängig von Macht und Ansehen der Handelnden berichten. Die Erfüllung der Wächterfunktion prägt das Bild einer Zeitung vor Ort. Sie gibt ihr das Profil.

Um diese vielfältigen Aufgaben wahrnehmen zu können, müssen die Vorrausetzungen für eine ordentliche Berichterstattung geschaffen werden. Dazu gehören die richtigen Rahmenbedingungen. Personell und technisch müssen die Redaktionen so ausgestattet sein, dass sie alle oben genannten Aufgaben erfüllen können. Auch wenn gute Zeitungsarbeit überdurchschnittlichen Einsatz erfordert, etwa weil Gesprächspartner häufig nur abends oder an Wochenenden gesprochen werden können, müssen Reporter die zeitlichen Freiräume von ihren Verlagen bekommen, ihre Arbeit ordentlich betreiben zu können.

Zudem müssen die Redakteure in modernen Kommunikations- und Darstellungsformen geschult werden. Sie müssen mit Datenverarbeitungssoftware umgehen können und mit Online-Kommunikationsformen in sozialen Netzen. Sie müssen Unterschiede und Möglichkeiten von Blogbeiträgen verstanden haben und wissen, wie man Kontakt findet und aufbaut.

Doch das ist nicht alles. Gerade um die Wächterfunktion zu erfüllen, muss die Recherche im Lokalen gepflegt werden. Natürlich sollte besonders für diese Arbeit die nötige Zeit gegeben werden. Allerdings darf dieser Ruf nach Freiräumen nicht missverstanden werden. Es geht nicht nur darum mehr Brutto-Arbeitszeit für Recherchen vom Verleger zugestanden zu bekommen, sondern auch darum, die bereits jetzt vorhandene Zeit besser zu organisieren. Die Verleger sollten also ihre Mitarbeiter im Zeitmanagement schulen, damit diese potenzielle Freiräume in ihren bisherigen Arbeitsabläufen identifizieren und nutzen können.

Darüber hinaus muss aber zunächst der Begriff „Recherche" geklärt werden, um zu klären, was denn überhaupt mit dem mehr an Zeit verbessert werden kann: Jeder Journalist spricht bei seiner Vorarbeit zu einem Artikel von Recherche. Jeder Textmacher hat also ein Bild von der Arbeit, die getan werden sollte, wenn recherchiert werden muss. Leider weichen die Bilder je nach Person stark voneinander ab. Der eine denkt, Recherche sei das Einsammeln einer Pressemitteilung. Der nächste denkt an einen Anruf bei einem Pressesprecher. Der dritte glaubt, es reicht aus, einen Betroffenen aufzutreiben oder irgendeinen Experten zu befragen, Der vierte meint, Dokumente von Behörden zu beschaffen sei der Job in der Recherche.

Um die Recherche zu verbessern, müssen diese stark differenzierenden Bilder übereinander gebracht und ergänzt werden.

Es geht um Grundsätzliches: Recherche ist alles von dem oben genannten, und noch mehr. Sie bezeichnet eine Haltung, die eingenommen werden muss und ein besonderes Verständnis von Arbeit. Zunächst gilt es, eminenzbasierte Recherche von evidenzbasierter zu trennen. Bei eminenzbasierten Recherchen wird irgendeine Autorität gesucht und zu einem Thema befragt. Das war es. Die Haltung dahinter ist einfach: dem Fachmann oder verantwortlichem Politiker muss geglaubt werden, was er gesagt hat. Der Reporter wähnt sich nach dem Zitat als nicht angreifbar, weil er ja nur geschrieben hat, was ein anderer gesagt hat. Teilweise geht die eminenzbasierte Recherche so weit, dass Themen nicht veröffentlicht werden, weil keine Eminenz gefunden wurde, die dem Reporter den Inhalt erhaltener Akten erklärt. Der Reporter traut sich nicht aus den Dokumenten zu zitieren, weil ja keine Eminenz dazu etwas gesagt hat.

Beispiel: Ein Reporter hat einen Aktensatz zum Vorwurf des Kindesmissbrauchs beschafft. Er berichtet aber nicht über den Fall, weil kein Fachmann für ihn die Akten liest und ihm erklärt, wie er die Vorwürfe verstehen muss, die in den Akten beschrieben werden.

In der evidenzbasierten Recherche soll dies anders aussehen: Zunächst müssen die Journalisten verstehen, dass sie ihre Geschichten ständig hinterfragen müssen. Stimmt das, was ich recherchiert habe? Dann müssen sie lernen, dass sie für jede behauptete Tatsache Belege brauchen, Beweise. Dann müssen sie lernen, diesen Belegen zu misstrauen. Und schließlich müssen sie die Belege selbst ständig auf Vollständigkeit und Wahrhaftigkeit hin überprüfen. Das hört sich schlicht an, stellt aber erhebliche Anforderungen an die Weiterbildung in den Lokalredaktionen.

1. Beschaffung

Nach der Formulierung einer tragfähigen Arbeitshypothese fängt eine ordentliche Recherche mit der Beschaffung von Belegen an: Lokalredaktionen müssen in Aktengesetzen firm gemacht werden. Sie müssen wissen, wo und wie sie nach den Informationsfreiheitsgesetzen Unterlagen in den kommunalen Behörden beschaffen können, gerade bei öffentlichen Planungs- und Verwaltungsthemen vor Ort ist das entscheidend. Sie müssen zudem Strategien lernen, um zur Not unter Ausnutzung anderer gesetzlicher Regeln, wie den Akteneinsichtsregelungen der zivilen Prozessordnung, an Dokumente zu kommen, etwa in kommunalen Rechtsstreitigkeiten.

> Beispiel: Bei der Recherche zum Bau eines Autobahntunnels unter der Gemeinde X hindurch können über das Informationsfreiheitsgesetz die Planungsunterlagen in der kommunalen Baubehörde beschafft werden. Gleichzeitig können entsprechende Unterlagen aus dem Landes- und Bundesverkehrsministerium auf Basis der gleichlautenden Gesetze beschafft werden. Ein Vergleich der verschiedenen Planungsunterlagen kann zeigen, dass der Bund, das Land und die Gemeinde verschiedene und abweichende Aussagen zu Kosten, Dauer und Beeinträchtigungen durch die Baustelle machen. Über einen Streit vor dem Verwaltungsgericht Y zwischen einem Anwohner und der Gemeinde kann zudem der Schriftverkehr zwischen den Behörden beschafft werden. Dies erlaubt weitere Aussagen über Schwachpunkte der Planungen.

Sind diese Dokumente gewonnen, müssen sie genutzt werden, um die Arbeitshypothese zu überprüfen. Stimmt noch, was der Reporter am Ausgang seiner Recherche angenommen hat, oder gibt es nun Schwachstellen in der Hypothese, die zu einer Veränderung der Ausgangsfragen zwingen? Dabei muss der Reporter die Rolle des Advocatus Diaboli in Bezug auf seine eigene Arbeit einnehmen – er darf nicht zu milde mit sich selbst sein.

2. Dokumentation und Auswertung

Gleichzeitig müssen in den Lokalredaktionen Systeme etabliert werden, in denen die gewonnenen Dokumente verarbeitet und archiviert werden. Es reicht nicht aus, wenn ein Kollege etwas weiß. Die Informationen müssen möglichst allen Mitgliedern einer Lokalredaktion zugänglich gemacht werden.

> Beispiel: Die Planungsunterlagen zum Bau des Autobahntunnels unter der Gemeinde X hindurch können digitalisiert, volltextindiziert und so online durchsuchbar archiviert werden. In den Planungsunterlagen sind auch die jeweiligen Gutachten zu dem benannten Projekt. Sollte ein Kollege das nächste Mal zu einem Planungsvorhaben in der Gemeinde X recherchieren, kann er gegebenenfalls durch eine kurze Abfrage in dem lokalen Archiv feststellen, dass immer die gleiche Firma die Aufträge zu Gutachten erhält. Durch eine Anfrage in der Gemeinde auf Basis des Landespressegesetzes kann er zudem sehen, wie teuer die Gutachten jeweils waren und ob dies ungewöhnlich ist.

Weiter müssen die Lokalredaktionen in der Auswertung von Dokumenten fit gemacht werden. Sie müssen verstehen, wie man Dokumente liest, wie man Fälschungen erkennt, und Unstimmigkeiten deutet. Ihr Vertrauen in das geschriebene Wort muss erschüttert werden, bevor sie lernen, wie man Dokumente richtig einsetzt.

> Beispiel: Die lokalen Gutachten zum Bau des Autobahntunnels unter der Gemeinde X hindurch lesen sich gut. Allerdings kann der Reporter durch einen Abgleich der Gutachten mit Unterlagen aus dem Bundesverkehrsministerium erkennen, dass die Gutachten mit geschönten Zahlen arbeiten, um so positive Aussagen zur Lärmentwicklung zu erzielen.

Als Nächstes ist es wichtig, den Lokalredaktionen Strategien aufzuzeigen, wie sie langfristige Recherchen entwickeln. Wie sie die Dokumente überprüfen, wie sie sich in Rechtslagen kundig machen, wie sie vertrauliche Informationen und Informanten in neuen Sachgebieten gezielt gewinnen und an welche Leute sie sich wenden können, um Schwierigkeiten und Probleme in ihren Recherchen zu entdecken.

> Beispiel: Durch einen Abgleich der Gutachter in mehreren Bundesländern kann der Reporter unabhängige Fachleute finden, die die Feststellungen des Reporters zu den Lärmdaten bestätigen. Zudem kann er über gezielte Ansprachen von Gutachterbüros in seiner Gemeinde und den Nachbargemeinden Informanten gewinnen, die von einer Käuflichkeit der lokalen Gutachter berichten.

3. Rückendeckung

In diesem Stadium muss auch die Haltung der Lokalredaktionen Thema werden. Sie müssen sich als Vertreter der öffentlichen Sache unabhängig halten. Sie dürfen sich nicht gemein machen oder vereinnahmen lassen. Gerade diese Unabhängigkeit zu trainieren stellt viele

Lokalredaktionen vor eine große Herausforderung. Oft erscheint es verlockend, sich bei jemandem lieb Kind zu machen.

> Beispiel: Bei Angriffen der lokalen Machthaber auf den Reporter nach der Veröffentlichung der eigenständig recherchierten Lärmgutachten muss seine Unabhängigkeit auch von den Chefredaktionen auf verschiedenen Ebenen gegen Einfluss von außen geschützt werden.

Als Letztes geht es um Veröffentlichungsstrategien. Große, umfangreiche Recherchen liefern mehr als eine Geschichte. Die Lokalredaktionen müssen hier dafür sensibilisiert werden, dass sich großer Einsatz in einem Thema lohnen kann, wenn dabei dutzende Geschichten entwickelt werden können. Etwa beim Bau von Umgehungsstraßen oder der Aufarbeitung lokaler Immobiliengeschäfte.

> Beispiel: Nach einer ersten enthüllenden Geschichte über gefälschte Lärmgutachten beim Bau eines Autobahntunnels unter der Gemeinde X hindurch können Leserrunden geplant werden, in denen die Stadtverwaltung vor Publikum mit den Rechercheergebnissen konfrontiert wird. Zudem können in der Recherche schon weitere enthüllende Berichte über die Kostenentwicklung und die Auswirkungen des Baus auf das Leben in der Gemeinde geplant und anschließend veröffentlicht werden. Es entsteht also ein Kaleidoskop von Geschichten.

4. Ausbildung

Etliche Kollegen in den Lokalredaktionen wissen und setzen das oben Gesagte bereits täglich um. Dennoch ist es sinnvoll, die einzelnen Bestandteile der Herausforderung in den Lokalredaktionen zu verstehen, um hier gezielt Schulungsangebote zu machen. Gerade heute ist das sehr wichtig, da immer noch viele Lehrangebote die Recherche zu eng fassen und so ein eingeschränktes Bild der Recherche weitergeben.

Um den Ansatz der evidenzbasierten Recherche zu fördern, ist es zudem sinnvoll, möglichst viele Querverbindungen in Redaktionen und in Weiterbildungseinrichtungen zu schaffen, um von Vorbildern zu lernen. Diese können innerhalb und außerhalb der Medienhäuser liegen. Es kommt allein auf eine starke inhaltliche Gestaltung der Weiterbildung an. Weiter ist es sinnvoll, die Weiterbildung in der Recherche möglichst früh anzusetzen und über die Berufsjahre weiterzuführen. Es wäre durchaus ratsam, wenn die Medienhäuser ihren Mitarbeitern einmal im Jahr Recherchetage anbieten, an denen sie sich weiterbilden lassen können. Die stetige Weiterentwicklung der Recherche im Lokalen ist einer der wichtigsten Bausteine, um die Medienvielfalt in Deutschland zu erhalten. Gute Recherche rechtfertigt die Existenz der Lokalmedien.

Der Autor

David Schraven (*1970), studierte Slavistik an der Rheinischen Friedrich-Wilhelms-Universität Bonn. Er absolvierte sein Volontariat bei der taz, war Ruhrgebiets-Korrespondent für die Süddeutsche Zeitung NRW und freiberuflich für Die Zeit, Reuters und Chrismon tätig sowie Energiekorrespondent der Welt-Gruppe. Derzeit ist er Ressortleiter Recherche bei der WAZ-Mediengruppe.
Kontakt: d.schraven@waz.de

Qualität im NRW-Lokalfunk

Michael Klingemann

Trotz wachsender Konkurrenz durch elektronische Medien ist der Erfolg des Hörfunks in Deutschland ungebrochen. Das gilt insbesondere für den Lokalfunk in Nordrhein-Westfalen. Zusammen ist der Verbund aus 44 Lokalradios im bevölkerungsreichsten Bundesland der meistgehörte Hörfunkanbieter Deutschlands. Aber was macht den Erfolg von Lokalradios aus? Dieser Beitrag fasst die Ergebnisse einer Inhaltsanalyse von vier NRW-Lokalradios zusammen. Das Programm von Reichweitengewinnern und -verlierern wurde auf seine journalistische Qualität untersucht. Das Ergebnis weist zum Beispiel für den Reichweitengewinner Radio Siegen ein journalistisch hochwertiges Programm aus. Hingegen ließen sich bei den Verlierern teils deutliche Qualitätsdefizite feststellen, insbesondere bei der lokalen Berichterstattung.

Dass in keinem anderen Bundesland so viele Menschen Radio hören wie in Nordrhein-Westfalen, ist zunächst angesichts der Tatsache, dass Nordrhein-Westfalen das bevölkerungsreichste Bundesland ist, nicht überraschend. Trotzdem hat der NRW-Lokalfunk allen Grund sich zu feiern. Seit Jahren belegt er, an absoluten Hörerzahlen gemessen, mit mehr als fünf Millionen Hörern täglich, die Spitzenposition im deutschen Radiomarkt. Gemeinsam betrachtet sind die 44 Lokalradios in NRW das erfolgreichste Radioprogramm in Deutschland. Aber auch unter den Lokalradios gibt es Verlierer: Radio Köln sieht sich mit einer historisch schlechten Quote konfrontiert und erreicht, ebenso wie Welle Niederrhein, nicht einmal jeden fünften Einwohner ab 14 Jahren im Verbreitungsgebiet.

Auf der anderen Seite gewinnt Radio Siegen kontinuierlich an Reichweite und wird von fast jedem zweiten Einwohner ab 14 Jahren gehört. Auch Radio Bonn/Rhein-Sieg ist es gelungen, seine ehemals schlechte Einschaltquote deutlich zu steigern. Betrachtet man die Ergebnisse der Elektronischen Mediaanalyse (E.M.A.) 2011 I und 2012 I im Vergleich, so können Radio Siegen und Radio Bonn/Rhein-Sieg als E.M.A.-Gewinner und Welle Niederrhein und Radio Köln als E.M.A.-Verlierer bezeichnet werden.

Tabelle 1: Reichweitengewinne und -verluste der untersuchten Lokalradios

E.M.A.	Radio Siegen	Radio Bonn/ Rhein-Sieg	Welle Niederrhein	Radio Köln
E.M.A. 2011 I Hörer gestern	39,5 %	22 %	19 %	28 %
E.M.A. 2012 I Hörer gestern	45 %	28 %	12 %	18 %
Gewinn/Verlust	+5,5 Prozentpunkte	+6 Prozentpunkte	-7 Prozentpunkte	-10 Prozentpunkte

Warum haben sich so viele Hörer zum Einschalten, Dranbleiben oder Abschalten entschieden? Eine einzige Antwort auf diese Frage wird sich kaum finden lassen. Die Ursachen für Reichenweitengewinne und -verluste sind vielfältig. Faktoren könnten zum Beispiel Veränderungen bei der Empfangbarkeit, das spezifische lokale Medienumfeld sowie die Lebensgewohnheiten und die damit im Zusammenhang stehenden Mediengewohnheiten sein. (vgl. Pätzold 1997: 3)

Bei der Suche nach Gründen für Reichweitenveränderungen ist die publizistische Qualität eines Programms einzubeziehen. Schließlich nutzten 80 Prozent der Hörer Radio, um sich zu informieren (vgl. Hasebrink/Müller 2012: 221). Lokalradios sollten unter anderem zur Orientierung über das lokale und regionale Geschehen in Politik, Wirtschaft, Gesellschaft, Kultur und Sport beitragen, sowie die Meinungsbildung über das lokale Geschehen fördern (vgl. Jonscher 1995: 180). In einem Medienzeitalter, in dem weltweite Berichte zu jeder Zeit verfügbar sind, nimmt die Bedeutung der lokalen Informationen nicht ab, sondern, ganz im Gegenteil, zu. Die informationelle Überbelastung und Desorientierung vieler Menschen führt dazu, dass sie sich nach „sozialer Orientierung, nach persönlicher Identitätsfindung, gesellschaftlicher Integration und Geborgenheit innerhalb des unmittelbaren überschaubaren Lebensbereichs Stadt, Stadtteil, Dorf bzw. Landkreis" (Jonscher 1995: 19) sehnen.

1. Programmvergleich

Mit einer Inhaltsanalyse sind die Programme von Radio Siegen, Radio Bonn/Rhein-Sieg, Welle Niederrhein und Radio Köln auf ihre journalistische Qualität untersucht worden. Ein kausaler Zusammenhang zwischen journalistischer Qualität und Reichweitenentwicklung konnte wegen der möglichen anderen Einflussfaktoren nicht verifiziert werden. Die Ergebnisse der Analyse lassen jedoch den Rückschluss zu, dass Radio Siegen auch aufgrund seiner hohen journalistischen Qualität bei den Einschaltquoten den Spitzenplatz unter allen NRW-Lokalradios belegt. Ebenso wird der Quotenverlust von Welle Niederrhein, nicht ausschließlich aber auch, mit dem Programmprofil und der mangelnden journalistischen Qualität zu begründen sein.

Die Analyse stützte sich auf einen Qualitätsbegriff, der aus den in der Wissenschaft gängigen Qualitätsmodellen abgeleitet wurde. Insbesondere wurden die Modelle von Horst Pöttker (vgl. 2000a u. 2000b) und Günther Rager (vgl. 1994) zugrunde gelegt, da sie an vielen Stellen mit den gesetzlichen Vorgaben des Landesmediengesetz Nordrhein-Westfalens (LMG NRW) übereinstimmen.

Journalistische Qualität der Berichterstattung im NRW-Lokalfunk wurde am Maß der Aktualität, Relevanz, Verschiedenartigkeit und Richtigkeit sowie am Gelingen der Vermittlung gemessen.

2. Stichprobe

2.1. Radio Siegen

Radio Siegen ist seit dem 2. Juni 1990 als lokaler Radiosender für den Kreis Siegen-Wittgenstein auf Sendung. Das Sendegebiet umfasst die Städte Siegen, Netphen, Kreuztal, Hilchenbach, Freudenberg, Bad Laasphe und Bad Berleburg sowie die Gemeinden Burbach, Erndtebrück, Neunkirchen und Wilnsdorf mit insgesamt mehr als 280.000 Einwohnern. Radio Siegen gestaltet wochentags fünf Stunden selbst produziertes Programm in der Zeit von 6 bis 9 und 16 bis 18 Uhr. Der Sender weist unter allen 44 Lokalradios in Nordrhein-Westfalen die höchste Reichweite auf. In der E.M.A. 2012 I erreicht Radio Siegen 45 Prozent beim Wert „Hörer gestern". Im Vergleich zur E.M.A. 2011 I ist das ein Plus von 5,5 Prozentpunkten.

2.2. Radio Bonn/Rhein-Sieg

Radio Bonn/Rhein-Sieg ging am 11. Mai 1991 auf Sendung. Es sendet für die Stadt Bonn und den Rhein-Sieg-Kreis (Bad Honnef, Bornheim, Hennef (Sieg), Königswinter, Lohmar, Meckenheim, Niederkassel, Rheinbach, Sankt Augustin, Siegburg, Troisdorf, Alfter, Eitorf, Much, Neunkirchen-Seelscheid, Ruppichteroth, Swisttal, Wachtberg und Windeck). Radio Bonn/Rhein-Sieg gestaltet wochentags neun Stunden selbst produziertes Programm in der Zeit von 6 bis 10 und 14 bis 19 Uhr. In der E.M.A. 2012 I erreicht Radio Bonn/Rhein-Sieg 28 Prozent beim Wert „Hörer gestern". Im Vergleich zur E.M.A. 2011 I ist das ein Plus von sechs Prozentpunkten.

2.3. Welle Niederrhein

Welle Niederrhein ist seit dem 31. August 1991 auf Sendung. Das Sendegebiet umfasst die Stadt Krefeld und den Kreis Viersen (Kempen, Nettetal, Tönisvorst, Viersen, Willich, Brüggen, Grefrath, Niederkrüchten und Schwalmtal). Welle Niederrhein gestaltet wochentags fünf Stunden selbst produziertes Programm in der Zeit von 6 bis 9 und 16 bis 18 Uhr. In der E.M.A. 2012 I erreicht Welle Niederrhein zwölf Prozent beim Wert „Hörer gestern". Das ist der geringste Wert in ganz Nordrhein-Westfalen. Im Vergleich zur E.M.A. 2011 I ist das ein Verlust von gut sieben Prozentpunkten.

2.4. Radio Köln

Radio Köln sendet seit dem 4. Mai 1991 für die einwohnerreichste Stadt Nordrhein-Westfalens. Es gestaltet wochentags acht Stunden selbst produziertes Programm in der Zeit von 6 bis 10 und 14 bis 18 Uhr. In der E.M.A. 2012 I erreicht Radio Köln 18 Prozent beim Wert Hörer gestern. Im Vergleich zur E.M.A. 2011 I ist das ein Verlust von fast zehn Prozentpunkten.

Das Lokalprogramm der oben aufgeführten Lokalradios wurde an fünf aufeinanderfolgenden Wochentagen im November 2011 aufgezeichnet und analysiert. Pro Lokalradio wurden je 22 Stunden Programm berücksichtigt. Es wurden die Stunden 6 bis 9 Uhr und 16 bis 18 Uhr gewählt, weil in diesem Zeitraum alle ausgewählten Sender ihr eigenes Programm gestalten und nicht auf das Rahmenprogramm von Radio NRW zurückgreifen. Zudem gelten der Morgen und der Nachmittag als Zeit mit besonders hoher Radionutzung (vgl. Hasebrink/Müller 2012: 220). Daraus ergaben sich 5280 Minuten Gesamtprogramm. Abzüglich Musik und Werbung bleibt eine Gesamtlänge von fast 1500 Minuten Wortprogramm, die in 2017 Untersuchungseinheiten untergliedert und mithilfe des Statistikprogramms SPSS ausgewertet wurden.

3. Ergebnisse der Untersuchung

3.1. Programmstruktur

Hinsichtlich der Programmstruktur konnte die Inhaltsanalyse nur geringfügige Unterschiede zwischen den untersuchten Lokalradios feststellen. So betrug der Musikanteil bei allen vier Stationen zwischen 61 und 63 Prozent. Die E.M.A.-Verlierer Radio Köln und Welle Niederrhein wiesen einen geringeren Wortanteil auf als die E.M.A.-Gewinner Radio Bonn/Rhein-Sieg und Radio Siegen. Der Unterschied bewegte sich im einstelligen Prozentbereich, fiel aber zum Beispiel beim Direktvergleich von Radio Köln (25,3 Prozent Wort) und Radio Siegen (30,9 Prozent Wort) mit 5,6 Prozentpunkten deutlicher aus.
Diese Feststellung setzte sich bei der Betrachtung der Zusammensetzung des Wortprogramms fort. Radio Köln und Welle Niederrhein sendeten weniger Meldungen in den Lokalnachrichten. Auch die Länge der Lokalnachrichten war bei ihnen kürzer als bei den E.M.A.-Gewinnern.

Tabelle 2: Durchschnittliche Länge der Lokalnachrichten

Lokalradio	Dauer
Radio Bonn/ Rhein-Sieg	2:55 min
Radio Köln	2:44 min
Welle Niederrhein	2:32 min
Radio Siegen	4:01 min

Alle untersuchten Lokalradios legten großen Wert auf Service-Informationen. Reine Musikmoderationen ohne weitergehende Information fanden kaum statt.

3.2. Journalistische Qualität

Die Analyse der Programmstruktur ließ noch keine Rückschlüsse auf die journalistische Qualität des Programms zu. Eine Beurteilung erfolgte anhand von Kategorien, die aus dem oben aufgeführten Qualitätsbegriff abgeleitet wurden.

3.3. Aktualität

Qualität im Journalismus ist unter anderem daran zu messen, wie schnell ein Medium auf ein Thema oder Ereignis reagiert. Ausschlaggebend für den Qualitätsmaßstab Aktualität ist der Gegenwartsbezug.

Bei allen vier Lokalradios ließ sich die Aktualität häufig nicht feststellen. Bei Welle Niederrhein galt das für 44 Prozent der Berichte. Zusammen mit den Berichten, die nicht aktuell waren, hatte jeder zweite Bericht von Welle Niederrhein keinen Gegenwartsbezug. Auch Radio Köln und Radio Bonn/Rhein-Sieg wiesen ähnliche Werte auf. Lediglich Radio Siegen gelang eine aktuelle Berichterstattung. Fasst man die sehr aktuellen, aktuellen und tagesaktuellen Berichte von Radio Siegen zusammen, wiesen zwei von drei Berichten einen Gegenwartsbezug auf.

Tabelle 3: Art und Häufigkeit der Aktualität der untersuchten Programmelemente im Wortprogramm.

Art der Aktualität	Radio Bonn/ Rhein-Sieg		Radio Köln		Welle Niederrhein		Radio Siegen	
	absolut	%	absolut	%	absolut	%	absolut	%
nicht aktuell	20	4,6	16	4,3	24	6,0	10	2,3
aktuell	80	18,3	77	20,7	60	15	86	19,7
tagesaktuell	135	30,9	115	30,9	128	31,9	174	39,9
sehr aktuell	7	1,6	8	2,2	3	0,7	15	3,4
zeitgleich	24	5,5	2	0,5	2	0,5	5	1,1
saisonal	0	0	2	0,5	7	1,7	3	0,7
latent	0	0	2	0,5	0	0	4	0,9
nicht feststellbar	171	39,1	150	40,3	177	44,1	139	31,9
gesamt	437	100	372	100	401	100	436	100

3.4. Relevanz

Eine Berichterstattung ist relevant, wenn sie sich auf Ereignisse, Sachverhalte und Argumente bezieht, die eine tatsächliche oder mögliche Bedeutung (vgl. Rager 1994: 198) für die

Gesellschaft und damit auch für den Einzelnen haben (vgl. Arnold 2009: 170ff.). Relevanz wurde mit folgenden Faktoren der Nachrichtenwertforschung gemessen: Reichweite, Folgen, Dauer, Überraschung, Personalisierung, Prominenz, Kontroverse, Emotionen und Ortsstatus/Lokalbezug.

Bei den E.M.A.-Gewinnern Radio Bonn/Rhein-Sieg (685) und Radio Siegen (725) wurden häufiger relevante Themen festgestellt als bei den E.M.A.-Verlierern Radio Köln (576) und Welle Niederrhein (613).[1] Im direkten Vergleich behandelte Radio Siegen im Untersuchungszeitraum ein Viertel mehr relevante Themen als Welle Niederrhein (plus 25,9 Prozent). Zudem wurden bei den E.M.A.-Gewinnern häufiger Themen angesprochen, die überraschen, mehr Menschen betreffen, von Dauer sind und Emotionen enthalten. Außerdem griffen Radio Bonn/Rhein-Sieg und Radio Siegen häufiger kontroverse Themen auf.

Die E.M.A.-Gewinner Radio Bonn/Rhein-Sieg (254) und Radio Siegen (301) behandelten mehr (im Fall von Radio Siegen deutlich mehr) Themen mit Lokalbezug als die E.M.A.-Verlierer Radio Köln (211) und Welle Niederrhein (231).[2] Radio Siegen, Radio Bonn/Rhein-Sieg und auch Radio Köln gelang es, bei jedem zweiten lokalen Bericht den vollen Lokalbezug durch Einwohner des Verbreitungsgebietes, die im Gebiet handeln, herzustellen. Welle Niederrhein schaffte das nur bei 32 Prozent der lokalen Berichte und thematisiert häufiger Ereignisse, die auch allgemeine Auswirkungen auf das Verbreitungsgebiet haben (siehe Tabelle 4).

3.5. Verschiedenartigkeit

Der Bereich der journalistischen Arbeit sollte nicht zu klein und speziell sein, damit das Publikum einerseits Vertrautes darin findet, andererseits aber auch etwas, das über das Vertraute hinausgeht (vgl. Pöttker 2000b: 23). Große Unterschiede zwischen den Lokalradios im Grad der Verschiedenartigkeit konnte die Inhaltsanalyse nicht feststellen. Alle vier Lokalradios berichteten zum größten Teil aus dem Bereich Allgemeine Politik und Kriminalität. Auch bei der Betrachtung der verschiedenen Bereiche, aus denen Personen, Gruppen, Organe oder Institutionen zu Wort kamen, ließen sich keine großen Unterschiede zwischen E.M.A.-Gewinner und E.M.A.-Verlierern feststellen. Auffällig war jedoch, dass die E.M.A.-Verlierer Radio Köln (32,8 Prozent) und Welle Niederrhein (29,8 Prozent) mehr Entscheidungsträger zu Wort kommen ließen als die E.M.A.-Gewinner Radio Siegen (22,4 Prozent) und Radio Bonn/Rhein-Sieg (21,5 Prozent).

Die E.M.A.-Gewinner wiesen dagegen höhere Werte bei unorganisierten Bürgern als Zu-Wort-Kommende auf. Besonders Radio Bonn/Rhein-Sieg erreicht mit 36,5 Prozent einen fast doppelt so hohen Wert wie Welle Niederrhein. Dies lässt sich mit dem hohen Anteil von Hörern erklären, die bei Radio Bonn/Rhein-Sieg zu Wort kommen (siehe Tabelle 5).

---

[1] Die Zahlen in Klammern drücken aus, wie häufig einer der oben aufgeführten Nachrichtenwertfaktoren den Berichten im Wortprogramm zugeordnet werden konnte.
[2] Die Zahlen in Klammern drücken aus, wie häufig im Wortprogramm der untersuchten Lokalradios ein Lokalbezug festgestellt werden konnte.

Tabelle 4: Lokalbezug im Wortprogramm

Lokalbezug durch...	Radio Bonn/ Rhein-Sieg		Radio Köln		Welle Niederrhein		Radio Siegen	
	absolut	%	absolut	%	absolut	%	absolut	%
Verbreitungsgebiet als Schauplatz	106	41,7	91	43,1	92	39,8	109	36,2
Einwohner des Verbreitungsgebietes als Handelnde	5	2,0	1	0,5	12	5,2	19	6,1
Einwohner des Verbreitungsgebietes, die im Verbreitungsgebiet aktiv sind[3]	128	50,4	106	50,2	74	32,0	151	50,3
Auswirkungen speziell auf das Verbreitungsgebiet	0	0	5	2,4	11	4,8	3	1,1
Auswirkungen allgemein auf das Verbreitungsgebiet	6	2,4	7	3,3	37	16,0	18	6,1
Örtliche Nähe zum Verbreitungsgebiet	9	3,5	1	0,5	5	2,2	1	0,3
gesamt	254	100	211	100	231	100	301	100

Tabelle 5: Anteil der Hörer an allen Zu-Wort-Kommenden im Wortprogramm

	Radio Bonn/ Rhein–Sieg	Radio Köln	Welle Niederrhein	Radio Siegen
Hörer on Air	27 Prozent	14 Prozent	8 Prozent	15 Prozent

---

[3] Außerdem handelt es sich um Themen, bei denen keine Handelnden aber das Verbreitungsgebiet als Ort des Geschehens festgestellt wurde.

3.6. Richtigkeit

Richtigkeit ist für den Journalismus ein wichtiges Kriterium, um das Vertrauen des Publikums zu erlangen und zu erhalten. Mittel, um Richtigkeit zu erreichen, sind Recherche und Gegenrecherche aus mehreren Quellen sowie eine große Quellentransparenz. (vgl. Rager 1994: 200)

Bei den E.M.A.-Verlierern Radio Köln (53 Prozent) und Welle Niederrhein (49 Prozent) sowie beim E.M.A.-Gewinner Radio Bonn/Rhein-Sieg (53 Prozent) war bei der Mehrzahl der analysierten Sendeelemente keine Quelle feststellbar. Lediglich der E.M.A.-Gewinner Radio Siegen wies mit 40 Prozent einen deutlich geringeren Wert von Berichten ohne Quellennennung auf. Daraus resultierte ein ebenfalls deutlich höherer Wert an Berichten mit Quellennennung. Bei den Berichten mit zwei Quellennennungen war der Unterschied nicht mehr so groß. Allerdings kamen insgesamt nur wenige Berichte vor, bei denen zwei Quellen genannt wurden bzw. feststellbar waren. Berichte mit drei Quellen gab es nur bei den E.M.A.-Gewinnern Radio Siegen (5) und bei Radio Bonn/Rhein-Sieg (1).

Tabelle 6: Anzahl der Quellen und deren Anteil am gesamten Wortprogramm

Anzahl der Quellen	Radio Bonn/Rhein-Sieg		Radio Köln		Welle Niederrhein		Radio Siegen	
	absolut	%	absolut	%	absolut	%	absolut	%
Eine	210	40,2	181	39,1	208	43,3	291	52,7
Zwei	36	6,8	37	7,9	37	7,7	34	6,2
Drei	1	0,1	0	0	0	0	5	1,0
Quelle ist nicht erkennbar	274	52,9	245	53,0	235	49,0	221	40,1
Gesamt	521	100	463	100	480	100	551	100

Eine kritische Auseinandersetzung bzw. eine Einordung dazu, wie der Hörer die Quellen zu bewerten hat, fand in keinem der vier Programme statt. Nur bei Radio Köln war in drei Berichten eine Quellenkritik feststellbar. Eine Information, die richtig sein soll, sollte auch möglichst vollständig sein. Die Vollständigkeit der Information kann durch die Beantwortung der W-Fragen erreicht werden.

Durchgängig wurden die meisten W-Fragen vom E.M.A.-Gewinner Radio Siegen und vom E.M.A.-Verlierer Welle Niederrhein beantwortet, wobei Radio Siegen gegenüber Welle Niederrhein noch einmal deutlich höhere Werte aufwies. Für alle vier Lokalradios konnte festgestellt werden, dass die Fragen Wer, Was, Wo und Wann häufiger beantwortet als unbeantwortet waren. Bei den Fragen nach dem Wie und Warum war es jedoch umgekehrt. Die explizierte Einordung eines Sachverhaltes im Programm war bei allen vier Lokalradios in den meisten Fällen nicht erkennbar, am häufigsten jedoch noch bei Radio Siegen (41 Prozent). Radio Köln (34 Prozent), Radio Bonn/Rhein-Sieg (34 Prozent) und Welle Niederrhein (36 Prozent) wiesen ähnliche Werte auf.

3.7. Vermittlung

„Die Qualität eines Vermittlungsprozesses bemißt sich (…) daran, wie gut es gelingt, kommunikative Beziehungen zwischen Journalismus und Publikum aufzubauen." (Rager 1994: 202) Von großer Bedeutung sind dabei eine verständliche, auf das Zielpublikum ausgerichtete Sprache sowie ein angemessener Stil (vgl. ebd.). Aufmerksamkeit für ein Thema kann besonders durch die Genres Glosse, Satire und Reportage erreicht werden (vgl. Pöttker 2000a: 387). Bei allen vier Lokalradios dominierte ein sachlich informierender Moderations- und Beitragsstil, gefolgt von moderat unterhaltsam informierend. Auffällig war der relativ hohe Anteil an reißerisch-informierenden Moderationen und Beiträgen bei Welle Niederrhein.

3.8. Darstellungsformen

Die dominierende Darstellungsform bei allen vier untersuchten Lokalradios war die Kurzinformation, Nachricht oder Meldung, häufig mit kurzen O-Tönen. Diese Darstellungsform nahm zum Beispiel bei Welle Niederrhein (77,3 Prozent) mehr als drei Viertel aller Programmbeiträge ein. Aber auch bei Radio Siegen (74,2 Prozent) Radio Bonn/Rhein-Sieg (71,4 Prozent) und Radio Köln (66,3 Prozent) war die kurze Moderations- oder Nachrichtenmeldung die programmbestimmende Darstellungsform. An zweiter Stelle folgte ebenfalls bei allen untersuchten Lokalradios die gleiche Darstellungsform mit einer Länge von mehr als 60 Sekunden. Auch bei der dritthäufigsten Darstellungsform, dem Themengespräch zwischen Journalisten, unterschieden sich die untersuchten Lokalradios kaum. Von einer Vielfalt bei den Darstellungsformen kann sowohl bei E.M.A.-Gewinnern als auch bei E.M.A.-Verlierern keine Rede sein. Darstellungsformen, die besonders dazu geeignet sind, Aufmerksamkeit beim Hörer zu erzeugen, kommen kaum vor. So gab es im Untersuchungszeitraum bei Radio Bonn/Rhein-Sieg drei Reportagen, ein Feature und eine Glosse. Welle Niederrhein sendete drei Reportagen (davon zwei Wiederholungen) und einen Kommentar. Bei Radio Köln kam keine dieser Darstellungsformen vor, Radio Siegen hat zwei Features und drei Glossen/Satiren gesendet.

3.9. Einsatz von Stilmitteln

Im Hörfunk kann mit dem Einsatz von O-Tönen, Geräuschen und Musikunterlegern die Informationsleistung erhöht werden (vgl. Barth/Bucher 2003: 238). Das Programm der E.M.A.-Gewinner und E.M.A.-Verlierer wurde auch diesbezüglich untersucht. Die E.M.A.-Gewinner Radio Bonn/Rhein-Sieg (15) und Radio Siegen (48) setzten solche Stilmittel häufiger ein als die E.M.A.-Verlierer Radio Köln (12) und Welle Niederrhein (9).

4. Schlussbemerkung

Die festgestellten Qualitätsmerkmale und Qualitätsdefizite stellen eine Momentaufnahme aus November 2011 dar. Doch selbst dieser kurze Betrachtungszeitraum liefert deutliche Ergebnisse zur Qualität der untersuchten Lokalradios.

Das Programm von Radio Siegen kann ohne Einschränkungen als qualitätsvoll bezeichnet werden. Es ist aktuell, behandelt relevante und viele verschiedene Themen, berichtet lokal, lässt unterschiedlichste Personen, Institutionen und Gruppen zu Wort kommen und versteht es, die Aufmerksamkeit des Hörers durch den Einsatz von überraschenden Stilmitteln zu wecken. Darüber hinaus beherrschen die Macher das journalistische Handwerk. Sie besuchen Ereignisse, recherchieren selbst und halten das Maß der reinen Weitergabe von Informationen (zum Beispiel aus Pressemitteilungen) gering.

Auch Radio Bonn/Rhein-Sieg erfüllt viele Qualitätsansprüche. Es berichtet sehr lokal, verdeutlicht die Relevanz der Themen für den Hörer und ist transparent (sowohl was Quellen als auch Informationen über den Moderator angeht). Die Mitarbeiter von Radio Bonn/Rhein-Sieg besuchen Ereignisse und Termine, laden Interviewgäste ins Studio ein, geben aber trotzdem auch in hohem Maße Informationen von Agenturen und anderen Medien weiter. Besonders positiv hervorzuheben ist das Bestreben von Radio Bonn/Rhein-Sieg, Hörer an seinem Programm teilhaben zu lassen. Kein anderer Sender erreicht einen so hohen Wert von Hörern on Air. Das scheint allerdings zu Lasten der aktuellen Berichterstattung zu gehen.

Radio Köln hat einen auffallend geringen Wortanteil.[4] Bei keinem anderen der untersuchten Lokalradios meldet sich der Moderator so selten zu Wort. Auch der Anteil lokaler Berichterstattung ist gering. So hat es Radio Köln zum Beispiel häufig versäumt, die Berichterstattung über die NSU-Terrorzelle lokal einzuordnen, indem auf den Anschlag in Köln Bezug genommen wurde. Dies war insbesondere bei Beiträgen der Fall, die nicht von Radio Köln selbst produziert, sondern von Radio NRW zur Verfügung gestellt und im Lokalprogramm von Radio Köln ausgestrahlt wurden.

Auch im Programm von Welle Niederrhein fällt der geringe Wortanteil auf. Keines der anderen Lokalradios sendet so kurze Lokalnachrichten.[5] Außerdem sendet Welle Niederrhein viele Wiederholungen. Die Berichterstattung von Welle Niederrhein weist in den meisten Fällen keinen Gegenwartsbezug auf und ist im Vergleich zu den anderen Lokalradios seltener lokal. Häufig wird ein Lokalbezug nur über allgemeine Auswirkungen auf die Einwohner des Verbreitungsgebietes hergestellt. Zudem greift Welle Niederrhein in hohem Maße auf Agenturmeldungen und andere Medien als Quellen zurück.

Unabhängig von der Frage, was unter journalistischer Qualität zu verstehen ist und wessen Auffassung (die der Wissenschaft, die des Rezipienten oder die der Akteure) zu berücksichtigen ist, zeigt diese Arbeit, dass eine Auseinandersetzung mit der Frage nach Qualität im NRW-Lokalfunk brauchbare Ergebnisse liefert.

Qualität muss kein undefinierter Begriff bleiben. Redaktionen können für sich Standards und Arbeitsweisen festlegen und deren Einhaltung überprüfen. Wünschenswert wäre auch eine größere Berücksichtigung der Qualitätsfrage im NRW-Lokalfunk seitens der Landesanstalt für Medien und der Wissenschaft. Die wenigen bisherigen Forschungen liegen schon Jahre zurück.

---

[4] Radio Köln 25,3 %, Radio Bonn/Rhein-Sieg 27,8 %, Welle Niederrhein 26,7 %, Radio Siegen 30,9 %.
[5] Radio Bonn/Rhein-Sieg 2:55 min, Radio Köln 2:44 min, Welle Niederrhein 2:32 min, Radio Siegen 4:01 min.

Literatur

Barth, Christof/Bucher, Hans-Jürgen (2003): Qualität im Hörfunk. Grundlagen einer funktionalen und rezipientenorientierten Evaluierung. In: Altmeppen, Klaus-Dieter/Bucher, Hans-Jürgen (Hrsg.) (2003): Qualität im Journalismus. Grundlagen – Dimensionen – Praxismodelle. Wiesbaden: S. 223-245

Hasebrink, Uwe/Müller, Norman (2012): Nutzung. In: Kleinsteuber, Hans J. (Hrsg.) (2012): Radio. Eine Einführung. Wiesbaden: S. 221-235

Jonscher, Norbert (1995): Lokale Publizistik. Theorie und Praxis der örtlichen Berichterstattung. Ein Lehrbuch. Opladen.

Pöttker, Horst (2000a): Kompensation von Komplexität. Journalismustheorie als Begründung journalistischer Qualitätsmaßstäbe. In: Löffelholz, Martin (Hrsg.) (2000): Theorien des Journalismus. Wiesbaden: S. 375-390

Pöttker, Horst (2000b): Zur Bedeutung des Sprachgebrauchs im Journalistenberuf. In: Kurz, Josef et. al. (Hrsg.) (2000): Stilistik für Journalisten. Wiesbaden: S. 11-30

Rager, Günter (1994): Dimensionen der Qualität. Weg aus den allseitig offenen Richter-Skalen? In: Bentele, Günther/Hesse, Kurt R. (Hrsg.) (1994): Publizistik in der Gesellschaft. Konstanz: S. 189–206

Der Autor

Michael Klingemann wurde 1977 in Moers geboren und arbeitet seit 1995 im NRW-Lokalfunk. Er absolvierte von 1998 bis 2000 sein Volontariat bei Radio K.W. im Kreis Wesel und arbeitete anschließend als Redakteur bei Radio 90,1 in Mönchengladbach. Von 2008 bis 2012 studierte er Journalistik am Institut für Journalistik an der TU Dortmund. Dort schrieb er seine Abschlussarbeit über „Qualität im NRW-Lokalfunk". Zurzeit ist Michael Klingemann als freier Journalist unter anderem für Radio Bochum und Radio Wuppertal tätig. Zu den in seiner Arbeit untersuchten Lokalradios steht er in keinem beruflichen Verhältnis.
Kontakt: michaelklingemann@t-online.de

Lokaljournalismus im Fernsehen

Heike Boldt-Schüler

Lokalberichterstattung im Fernsehen ist nicht nur möglich, sie ist zur Normalität geworden. Sowohl im öffentlich-rechtlichen als auch im privaten Fernsehbereich wird Lokales gewünscht und gefördert. Die Menschen wollen lokale Nachrichten nicht nur lesen oder hören, sondern auch sehen. Sie wollen sich selbst sehen und ihr nahes Umfeld. Seit die Technik immer erschwinglicher wird, verliert das Fernsehen seine Exklusivität. Vielfalt regiert. Der Beitrag erlaubt einen Blick nach innen: Fernsehmacher öffentlich-rechtlicher und privater Anbieter schildern, welchen Herausforderungen sie sich stellen und was das Spezifische an lokaler Fernsehberichterstattung ist.

Lokales Fernsehen ist Normalität geworden, seit Mitte der 1980er Jahre im Westen, seit Anfang der 1990er auch im Osten Deutschlands. In jedem Bundesland bieten die ARD-Anstalten lokale Fernsehberichterstattung an. Darüber hinaus produzieren in großen Städten und auch in Flächenländern kleine private Fernsehsender noch lokalere Sendungen. Alle erreichen damit Zuschauer. Die globale Welt ist für viele Menschen oft zu weit weg. Sie wollen lieber sehen, was sie persönlich betrifft. Lokales lohnt sich also. Im Folgenden schildern Fernsehmacher verschieden strukturierter Sender ihre Erfahrungen in der lokalen Fernsehberichterstattung. Die Autorin zitiert aus Interviews, die sie im Mai und Juni 2012 mit den Machern geführt hat, und reflektiert eigene Erfahrungen aus mehr als 25 Jahren im Lokaljournalismus, davon mehr als 15 Jahren beim lokalen Fernsehen, vorrangig in Berlin. Die Aspekte des Lokaljournalismus werden beispielhaft am Fernsehen in Berlin und Brandenburg erörtert.

1. Erfahrungsbericht

1.1. Muss-Themen – die Pflicht

Klar, wenn der Flughafen Berlin-Brandenburg unerwartet nicht zum Termin eröffnet wird, dann kennen alle Lokalmedien in Berlin und viele in Brandenburg kaum noch ein anderes Thema. Am 8.5.2012, dreieinhalb Wochen vor dem ursprünglich geplanten Eröffnungstermin am 3.6.2012, laden der Aufsichtsratchef der Flughafengesellschaft und der Regierende Bürgermeister von Berlin, Klaus Wowereit, und das Aufsichtsratmitglied und Brandenburgs Ministerpräsident Matthias Platzek zur Pressekonferenz. Zerknirscht verkündet Wowereit: „Kein guter Tag für den Flughafen Berlin-Brandenburg ‚Willy Brandt'." Der Redeausschnitt aus der Pressekonferenz ist der Ausgangspunkt von mehreren fast monothematischen Lokalsendungen an jenem 8. Mai – im öffentlich-rechtlichen wie im privaten Fernsehen. Über Monate begleiten nun die lokalen Medien dieses eine Thema. Die Eröffnung des Hauptstadtflughafens hat die Flughafengesellschaft auf 2013 verschoben! Anfang 2013 wurde bekannt, dass der Flughafen sogar frühestens 2014 in Betrieb gehen soll.

1.2. Kann-Themen – die Kür

Lokalfernsehen muss sich nicht nur von den aktuellen Ereignissen eine Berichterstattung aufdrängen lassen. Es setzt auch Themen. Voraussetzung dafür sind Beobachtung, Ideen und Recherche. Ein Beispiel aus der Abendschau vom Rundfunk Berlin-Brandenburg: Im Winter 2010 kannte fast jeder in Berlin die Schlagzeile: „Berlin ist nicht Haiti." Und das kam so:

In der 10-Uhr-Sitzung der Abendschau-Redaktion des 10. Februar 2010 hatten Redakteure und Reporter die Nase voll von den vereisten Gehwegen und Nebenstraßen in Berlin. Beinahe jeder brachte ein persönliches Erlebnis ein. Denn seit Tagen rutschte man, sobald man aus dem Haus trat. Fußgänger stürzten, brachen sich die Knochen. Notaufnahmen in den Krankenhäusern meldeten Ausnahmezustand. Alte und gehbehinderte Menschen trauten sich nicht mehr vor die Tür. Die Müllabfuhr kam nicht durch die verharschten Nebenstraßen. Ein Notstand! Obendrein eindrucksvolle Bilder! Die Abendschau will berichten. O-Ton von der Opposition stand. Der Regierende Bürgermeister sollte sich äußern. Keine Zeit, so die Reaktion. Aufgeben gilt nicht. Aber auf die Lauer legen geht nicht, die Kamerateams sind knapp. Die Reporterin schickt ihrer Reporter-Kollegin, die in einem Pressetermin mit Wowereit saß, ihre Fragen per SMS und hatte Glück. Der SPD-Politiker ließ sich nach der Pressekonferenz auf dem Gang befragen, ob denn seine Regierung, der Senat, angesichts der vereisten Straßen das Technische Hilfswerk anfordern könne, wie es soeben die CDU-Opposition verlangt habe? Anspielend auf die Hilfe beim Erdbeben in Haiti antwortet der: „Wir sind hier in Berlin, nicht in Haiti." Er lehnt den Vorschlag ab, weil die Hausbesitzer eine Räumpflicht hätten. Soweit, so gut. Um 19.30 Uhr läuft dieser O-Ton in der Abendschau.

Schon am nächsten Tag ist er geflügeltes Wort. Fast alle Berliner Medien und mehrere überregionale kritisieren den Regierenden Bürgermeister wegen Bürgerferne und Tatenlosigkeit. Er ärgert sich, verweigert jede weitere Äußerung zu dem Themen. Es folgt eine wochenlange Berichterstattung über das Glatteis und wie man es wieder loswerde. Die Abendschau dreht die Debatte fast täglich weiter. Die Quote stimmt. Die Redaktion schaltet einen Blog, in dem Zuschauer Empörung und Vorschläge loswerden. Darüber hinaus organisiert sie die „Eisbrecher"-Aktion, bei der Bürger gemeinsam mit der Stadtreinigung das Eis an markanten Plätzen weghacken. Auf der politischen Ebene gibt es Krisensitzungen – und schließlich ein neues Gesetz, mit dem sich ein solcher Glatteisnotstand nicht wiederholen soll. Irgendwann schmilzt auch das Eis. Am Ende wird alles gut für die Bürger – und damit die Zuschauer. Auslöser war ein Bericht von 2:30 in einer lokalen Fernsehsendung mit einem unbedachten Satz eines Politikers.

Der Regierende Bürgermeister und sein Pressesprecher waren allerdings eine Weile nicht gut auf die Abendschau zu sprechen. Man bat, das Zitat doch endlich ins Archiv verschwinden zu lassen. Denn bei einem „ordentlich angemeldeten Interview" wäre Klaus Wowereit ein solch „flapsiger Ausspruch nicht herausgerutscht", so zitiert der damalige Abendschau-Redaktionsleiter, Peter Laubenthal, den an ihn herangetragenen Vorwurf. Die Berichterstattung verteidigt er: „Wowereit ist Profi. Als Politiker muss er sich auch in so einer Situation in der Gewalt haben und kann hier nicht so flapsige Sprüche machen. Dass er diesen Ausspruch getätigt hat, ist doch nicht uns vorzuwerfen." Für eine Fernsehredaktion war der eine (willkommene) Steilvorlage für eine kontroverse Lokalberichterstattung. Inzwischen sind viele weitere Kämpfe mit dem Regierenden Bürgermeister gekämpft. Man hat sich wieder vertragen, bis zum nächsten Konflikt. So ist eben Lokaljournalismus.

2. Lokalfernsehen – was ist das?

Das Wort „lokal" kommt aus dem Lateinischen und heißt „örtlich (beschränkt)" (Meyers Großes Handlexikon 1985: 502). Aber welcher Ort ist gemeint? Da sind sich die Macher nicht einig.

2.1 Wie lokal muss Lokalfernsehen sein?

Meinungen von Fernsehverantwortlichen und Fernsehmachern in Berlin und Brandenburg:

„Lokal ist für mich der unmittelbare Nahraum, den ich zu Fuß oder per Fahrrad erschließen kann. Das wäre, als wenn man in Berlin ein Bezirksfernsehen machen würde. Oder im Land Brandenburg beispielsweise eines in Neuruppin. (...) Identität spielt immer eine Rolle. In der Identitätsfrage sind die Berliner und Brandenburger noch auf der Suche." (Stephan Abarbanell, rbb-Programmdirektion, Interview 11.5.2012)

„Lokaljournalismus ist, den Leuten Themen zu liefern, die sie unmittelbar berühren, die sie mit Händen greifen können und denen sie in ihrem Alltag ausgesetzt sind. Nicht die große Theorie – Krieg und Frieden, China und Südamerika. Sondern die Frage: Wieso klappt das bei mir um die Ecke nicht? (...) Einen überregionalen Lokaljournalismus gibt es nicht. Lokal funktioniert immer nur in einem Radius von 25 Kilometern. Dann ist Schluss." (Peter Laubenthal, Rundfunk Berlin-Brandenburg, Redaktionsleiter Abendschau 2001-2012, Interview 9.5.2012)

„Lokales Fernsehen ist, was aus einem lokal begrenzten Raum ausgestrahlt wird und auch nur aus diesem Raum berichtet. Das heißt, bundesweite Themen spielen höchstens eine Rolle, wenn man sie auf den Raum herunterbricht. Ansonsten sind es Themen aus dem Nahbereich. Das kann sich wie in Berlin auf eine Stadt beziehen, in Brandenburg auf einen ganzen Landkreis. (Jan Czemper, Medienanstalt Berlin-Brandenburg (mabb), Referent Lokalfernsehen, Interview 15.5.2012)

„Lokaljournalismus ist für mich ganz dicht dran an der Region. Für tv.berlin steht das Lokale immer am Anfang der Sendung. Bundesereignisse tauchen eher am Rande auf. Denn wir wollen, dass die Berliner bei uns Berliner Nachrichten und nicht Bundesnachrichten kriegen. Nicht immer die große Politik erklären, sondern den Leuten zeigen, wie die Stimmung bei ihnen ist." (Agnes Fischer, tv.berlin, Chefreporterin und Chefin vom Dienst, Interview 15.5.2012)

„Es gibt auch in einem Flächenland Lokaljournalismus, das Nord-Magazin und das Schleswig-Holstein-Magazin sind sehr erfolgreich. Die Zuschauer dort haben eine gemeinsame Identität. Hier in Brandenburg ist das schwieriger. Es gibt zum einen große Städte und ländlichen Raum mit unterschiedlichen Interessen. Außerdem verändert sich bei uns von Nord nach Süd die Mentalität. Die Prignitzer sind eher Norddeutsche, die zum Teil Platt sprechen, und die Lausitzer sind sächsisch geprägt, das hört man teils an der Sprachfärbung. Auch die Ortsbilder unterscheiden sich. Für Brandenburg aktuell ist es schwierig, eine Geschichte zu finden, die in der Prignitz spielt und auch den Lausitzer interessiert." (Bärbel Wichmann, rbb, Redaktionsleiterin Brandenburg aktuell, Interview 9.5.2012)

„Lokaljournalismus ist die direkte Nachbarschaft. Nichts ist aktueller und interessanter als das, was den Menschen direkt umgibt. Sei es in der Kommunalpolitik, im Sport, in der Kultur. Das interessiert die Leute am meisten. Sie wollen sich selbst sehen, ihre Kinder beim Vorspiel in der Musikschule, ihre Sorge um Nachzahlungen beim Abwasser usw. Das ist spürbar, sonst wären wir als Privatsender schon lange tot." (Eberhard Derlig, Geschäftsführer TeltowKanal, Interview 11.6.2012)

Nach diesen Erfahrungen und Definitionen funktioniert lokales Fernsehen in Ballungsräumen und Städten und in Gebieten, die relativ homogen sind. Alles andere ist schwierig. Einer rein lokalen Ausrichtung können zudem nur einzelne Sendungen genügen. Denn bei einem Fernsehprogramm über den ganzen Tag erwarten Zuschauer nicht nur Informationen und

Geschichten von nebenan, sondern auch Unterhaltungs-, Quiz-, Sport-, Boulevard- und Kultursendungen etc. und natürlich Spielfilme. All das ist nun einmal nicht ausschließlich lokal. Wenn im Folgenden von Lokalfernsehen gesprochen wird, bezieht sich das demnach auf einzelne Lokalsendungen.

2.2 Der Auftrag zum Lokalen. Aufgabe des öffentlich-rechtlichen Fernsehens

In Deutschland hat das öffentlich-rechtliche Fernsehen einen Auftrag zur Grundversorgung. (vgl. Niedersachsenurteil des Bundesverfassungsgerichts, 1986). Der Rundfunk soll zur Demokratie beitragen und das kulturelle Leben in der Bundesrepublik abbilden (vgl. ARD.de/intern oder ABC der ARD). Die Dritten Programme der ARD sollen sich dabei um das Lokale bzw. Regionale kümmern. „Sie vermitteln den Menschen in den Regionen, dass ihr Sender ihre Sorgen, Nöte und Freuden, die Lebensbedingungen, Eigenarten, Traditionen und historisch gewachsenen Besonderheiten ernst nimmt", beschließt die Konferenz der Gremienvorsitzenden der ARD 2001 in einer medienpolitischen Standortbestimmung. „Die Dritten tragen in besonderem Maße zur Identifikation mit der Heimat und zur Integration in das Umfeld bei." Besonders im Vorabendprogramm widmen sich die öffentlich-rechtlichen Anbieter diesem Programmauftrag und berichten in unterschiedlichen Formaten aus ihrer engeren Region. Die Mehrheit der ARD-Anstalten leistet sich, ihre Programme zeitweise in sogenannten „Fenstern" auseinanderzuschalten. Der Westdeutsche Rundfunk beispielsweise öffnet seine Lokalzeit in elf Fenstern. Er sendet elf verschiedene Sendungen parallel (Aachen, Bergisches Land, Bonn, Dortmund, Duisburg, Düsseldorf, Köln, Münsterland, Ostwestfalen-Lippe, Ruhr und Südwestfalen). Das ist aufwändig und teuer, aber das kommt dem selbstgesteckten Ziel näher: Das in dieser Zeit gesendete Fernsehprogramm rückt räumlich und thematisch dichter an die Zuschauer heran. Damit werden diese Sendungen zum Lokalfernsehen.

Selbst kleine, finanzschwache ARD-Anstalten leisten sich, mehrere Sendungen parallel zu produzieren. Beim Rundfunk Berlin-Brandenburg sendet von 19.30 bis 20 Uhr die Abendschau für Berlin (3,5 Millionen Einwohner) und Brandenburg aktuell für Brandenburg (2.4 Millionen). Die Abendschau ist am 1.9.1958 als „Berliner Abendschau" auf Sendung gegangen, produziert vom Sender Freies Berlin. Sie ist eine der ältesten regionalen Informationssendungen des ARD-Fernsehens Brandenburg aktuell wurde am 2.5.1992 beim Ostdeutschen Rundfunk Brandenburg aus der Taufe gehoben. Seit der Fusion beider Sendeanstalten zum Rundfunk Berlin-Brandenburg 2003 sind trotz umfassender Programmreformen beide Regionalsendungen geblieben. Der Grund dafür ist simpel: „Wir haben zwei sehr unterschiedliche Bundesländer, die zwar im rbb fusioniert sind, die aber eine eigene Nachrichten- und Gesprächskultur besitzen und unterschiedliche Mentalitäten und Empfindungslagen haben", begründet Stephan Abarbanell aus der rbb-Programmdirektion den teuren Mehraufwand (11.5.2012). „Als Sender tragen wir dem Rechnung und sind damit auch sehr akzeptiert und erfolgreich." Ein messbarer Erfolg ist die Zuschauergunst. Die Abendschau, die für eine Stadt sendet, die gleichzeitig Bundesland ist, erreichte 2011 einen Marktanteil von 23,5 Prozent. (Platz drei unter den regionalen Nachrichtensendungen der ARD). 2012 erreichte sie im Schnitt 310.000 Menschen, und damit 27 Prozent der Zuschauer in Berlin (vgl. rbb-Pressemitteilung, 27.03.2012). Im Mai wurden sogar Spitzenwerte von 40

Prozent gemessen. Die Sendung Brandenburg aktuell, die für ein heterogenes Flächenland sendet, erreichte 2011 im Jahresschnitt 19 Prozent der Zuschauer. (vgl. rbb-Pressemitteilung, 30.12.2011)

2.3 Der Vielfaltsbeitrag. Leistung des privaten Lokalfernsehens

Lokales Privatfernsehen hat keinen Programmauftrag, wie er etwa für die Dritten Programme der ARD definiert ist. Die Sender erhalten keine Rundfunkgebühren. Sie finanzieren sich durch Werbung. Privates Fernsehen ist in Deutschland seit den 80er Jahren möglich. Das privatfinanzierte „lokale Fernsehen zeigt sich (…) erstaunlicherweise als ein Phänomen der neuen Bundesländer. In der Tat befinden sich achtzig Prozent der Lokal-TV-Anbieter in den ostdeutschen Bundesländern und dies, obwohl es sich um Gebiete handelt, die nicht unbedingt zu den ökonomisch stärksten zählen." (Höflich 2010: 184) Nach 1990 gab es nicht nur den Aufbruch, mitreden zu wollen. Es boten sich auch die technischen Voraussetzungen für Lokal-TV. Die Kabelnetze aus der ehemaligen DDR wurden ausgebaut. Regionale Kabelnetzbetreiber haben großes Interesse daran, Lokal-TV zu übertragen, teils unterstützen sie lokale TV-Sender finanziell. Denn Lokalfernsehen ist für Kabelnetzbetreiber „ein Verkaufsargument gegenüber den Satellitenhaushalten, die keine lokalen Angebote haben", so Jan Czemper von der Medienanstalt Berlin-Brandenburg (Interview 15.5.2012).

Lokales Privatfernsehen soll einerseits die Berichterstattung in den Gebieten abdecken, in die ein öffentlich-rechtliches Landesprogramm zu selten kommt. Andererseits sollen die Sender für eine Medienvielfalt sorgen; besonders wichtig in den Gebieten, in denen nur eine Tageszeitung mit einem redaktionellen Lokalteil erscheint. Diese sogenannten Ein-Zeitungskreise sind aus historischen Gründen vor allem in den östlichen Bundesländern verbreitet, mit Ausnahme von Berlin, analysiert eine Studie von 2008: „Im Vergleich zu Westdeutschland (55 Prozent Ein-Zeitungskreise) liegt der Anteil in Brandenburg (72 Prozent), Sachsen (76 Prozent), Sachsen-Anhalt (79 Prozent) und Mecklenburg-Vorpommern (94 Prozent) jeweils deutlich höher. Der Anteil in Thüringen (52 Prozent) ist niedriger, allerdings ist zu berücksichtigen, dass dort in den meisten Kreisen, in denen noch zwei Regionalzeitungen mit eigener Lokalredaktion existieren, diese vom gleichen Zeitungskonzern herausgegeben werden." (Seufert/Schulz/Brunn 2008: 13)

Im Land Brandenburg machen derzeit 22 Veranstalter 29 lokale Fernsehprogramme in unterschiedlichen Regionen. Offenbar bereichern sie die Medienlandschaft. Der Gründer vom TeltowKanal, Eberhard Derlig, betreibt inzwischen sechs lokale Fernsehsender und erzählt eine Anekdote. „Wir sendeten in Luckenwalde etwa ein Viertel Jahr. Da fragte ich den Bürgermeister: ‚Na, wie geht's?' – Der antwortete: ‚Jetzt geht es mir wieder gut. Seit ihr sendet, kann die Zeitung nicht mehr lügen.'"

Die Sendelizenzen vergibt die Medienanstalt Berlin-Brandenburg (mabb). Zum Zuge kommen nur Bewerber mit Lokal-Programm. „Die Sender sind auf das verpflichtet, für das sie sich beworben haben", erklärt Jan Czemper, Referent für Lokal-TV. „Der Lizenzantrag wird Bestandteil der Lizenz. In gewisser Weise ist das eine Selbstverpflichtung."

In Berlin gibt es derzeit zwei Sender, die unter die Kategorie privates Lokalfernsehen fallen: tv.berlin berichtet täglich über ganz Berlin. Die aktuelle Nachrichtensendung wird um 17 Uhr terrestrisch und im Kabelnetz ausgestrahlt und mehrfach wiederholt. SpandauTV berichtet ausschließlich über einen einzigen Berliner Bezirk, aber einen, der mit 250 000

Einwohnern die Größe einer mittelgroßen Stadt hat. Produziert wird einmal pro Woche eine halbstündige Sendung, ausgestrahlt auf einem festen Sendeplatz im Kabelkanal. In Brandenburg produziert jeder Sender mindestens einmal pro Woche eine Lokalsendung. Mehrere Anbieter, wie das Ostbrandenburgisches Digitalfernsehen (ODF) in Eberswalde, Lausitz-TV oder RuppinTV, aktualisieren werktäglich ihr Programm. Aus eigener Sicht sorgen sie in ihrer Region für eine journalistische Grundversorgung. (vgl. Derlig 2012)

3. Herausforderungen des Lokalfernsehens

3.1 Lokalfernsehen kann etwas, was die Lokalzeitung nicht kann

„Bereits in seinen frühen Jahren galt das Fernsehen als ein Fenster zur Welt." Damit erweitert sich „das Ensemble der Medien lokaler Kommunikation", schreibt der Erfurter Kommunikationsprofessor Joachim R. Höflich (2010: 184). Es ist aber mehr als eine Ergänzung der Presseberichterstattung. Fernsehen hat die Macht der bewegten Bilder und der Originaltöne. „Politiker, die im Amt sind oder gewählt werden wollen, wissen das", so Peter Laubenthal, langjähriger Abendschau-Redaktionsleiter. „Da kann einer zehn Jahre Radio- und Zeitungsinterviews geben, kein Mensch wird ihn im Supermarkt erkennen. Nur wir, im Fernsehen, machen Gesichter bekannt." Im Lokalfernsehen – im Unterschied zu den bundesweiten Fernsehprogrammen – haben auch Lokalgrößen eine Chance, gezeigt und interviewt zu werden. In den kleinen privaten Lokalsendern erhalten sie sogar verhältnismäßig viel Sendezeit. Hier dürfen sie ausreden. Das ist einerseits das Sendekonzept. Andererseits füllen längere Beiträge von durchaus einmal zehn Minuten Sendezeit.

Auch Bürger werden im Lokalfernsehen zu kleinen Berühmtheiten. „Spannend ist für Zuschauer, dass nicht nur ihre ganz speziellen Probleme auftauchen können in der Berichterstattung, wie meine Firma, meine Schule, meine U-Bahnlinie, sondern sie selbst. Es kann immer sein, dass man Bekannte, Verwandte, die Kinder, die Oma usw. in der lokalen Fernsehsendung sieht. Das erhöht den Reiz." (Laubenthal, vgl. auch Höflich 2010: 275) Lokalsender arbeiten oft mit Straßenumfragen. Der Bürger kommt zu Wort. So unmittelbar visuell können das Zeitungen nicht.

Außerdem hat Fernsehen bei emotionalen Geschichten enormes Potenzial. Die Glatteisberichterstattung lebte zum Beispiel von den Bildern. Beklagen sich Bewohner über einen untätigen Vermieter, lösen ein sichtbarer Wasserschaden, marode Fenster und verzweifelte Mieter im Fernsehen direktere Betroffenheit aus. Kulturelle Veranstaltungen lassen sich in Bild und Ton anschaulicher festhalten. Beim Karneval sind nicht nur einige Fotos in der Zeitung. Die drei Karnevalsvereine im Sendegebiet des TeltowKanals können ihre Programme direkt im Fernsehen präsentieren. „Zu einem Vorspiel in der Musikschule geht nicht die gesamte Verwandtschaft", erzählt Eberhard Derlig. „Die schaut sich das danach im TeltowKanal an."

3.2 Ins Fernsehen wollen sie alle – oder?

Die Erfahrungen sind sehr unterschiedlich. Da, wo den Menschen häufiger Fernsehteams begegnen wie in der Bundeshauptstadt, beobachtet man weniger Berührungsängste. Berliner geben oft bereitwillig Auskunft in die Kamera und genieren sich nicht, gedreht zu werden. Wer Fernsehen kennt, kennt auch sein „Recht am eigenen Bild", das ein Teil der Berliner vehement verteidigt und sich demonstrativ nicht drehen lassen will. In der Regel wird das respektiert. Dennoch lässt das Kunsturhebergesetz einige Ausnahmen zu. Denn ein Kamerateam kann nicht immer jeden um Einverständnis bitten. Nach § 23 Abs. 1 KunstUrhG dürfen auch ungefragt Bilder im Fernsehen gezeigt werden bei: Personen der Zeitgeschichte, wie Politiker, Wirtschaftsleute und Künstler, oder Personen, die nur „Beiwerk" einer Örtlichkeit sind oder jene, die an öffentlichen Versammlungen oder Demonstrationen teilnehmen. (Urheberrechtsgesetz 2008)

   In ländlichen Gebieten, wo Kamerateams selten sind, ist die Skepsis größer. Behörden und Politiker müssen Auskunft geben, Leute auf der Straße nicht. „Wenn ein Kamera-Team spontan in einem Dorf auftaucht, fordern die Bewohner manchmal zuerst eine Drehgenehmigung", schildert Bärbel Wichmann ihre Erfahrungen als Fernsehreporterin im Land Brandenburg. Auf öffentlichem Straßenland darf man für eine journalistische Berichterstattung ohne Drehgenehmigung filmen. Für private oder betriebliche Grundstücke und Gebäude muss man vorher fragen. „Wir müssen immer erst Vertrauen gewinnen", so Wichmann. „Aber sobald die Leute feststellen, dass wir ganz harmlos sind, geben sie einem gleich noch das Sparbuch in die Hand." Trotzdem gilt einem rbb-Teamwagen immer eine herausgehobene Aufmerksamkeit. Einerseits freue es die Leute, dass ihre Geschichte fürs Fernsehen interessant ist. „Andererseits wollen manche nicht, dass andere in der Gemeinde sehen, dass der rbb bei ihnen ist." Vieles hänge vom Thema ab. „Wenn es kritisch ist, blocken viele eher ab." Private Lokalsender sind in den Regionen öfter präsent. Berührungsängste hat TeltowKanal-Geschäftsführer Derlig nicht erlebt. „Die Leute kennen mich."

3.3 „Wir müssen es als erstes haben!" – Aktualität im Lokalfernsehen

In Berlin erscheinen mehrere Tageszeitungen mit einem Lokalteil. Sie sind echte Konkurrenz für das Lokalfernsehen. Die beiden täglichen Berliner Lokalfernsehsendungen – öffentlich-rechtlich und privat – wollen vor allem schneller sein als die Presse. „Die Ware, mit der wir alle handeln, sind Neuigkeiten", sagt Peter Laubenthal über die Abendschau. „Wir müssen es als erstes haben." In der aktuellen Berichterstattung funktioniert das in der Regel. Denn die Fernsehsendung läuft am selben Abend, also bevor die Zeitung am nächsten Morgen erscheint. Fernsehreporter müssen zum Teil unter hohem Zeitdruck arbeiten. Bei sehr kurzfristigen Ereignissen wird ein Live-Reporter eingesetzt. Hat eine Zeitung ein wichtiges Thema als erstes, bedarf es zumindest eines neuen Aspektes, um vom Lokalfernsehen aufgegriffen zu werden. Tagesaktuelles, das am Abend aus Platz- oder Zeitgründen nicht ausgestrahlt werden kann, wird (meistens) nicht mehr gesendet. Neuer Tag, neue Berichterstattung. Der Anspruch ist tagesaktuell!

   Anders ist es im Flächenland Brandenburg. Natürlich berichtet Brandenburg Aktuell über Landespolitik tagesaktuell. Auch schwere Unfälle, Unglücke, Verbrechen o.ä. sind aktuell. Die regionalen Studios sind unabdingbar, um die Berichterstattung allein technisch und zeitlich ins

Programm zu bekommen. Bei reinen Lokalgeschichten aus Zeitungen ist die Brandenburger Redaktion allerdings großzügiger. Die Zuschauer, die Zeitung lesen, haben unterschiedliche Lokalteile. Eine Geschichte aus Cottbus kann für den Zuschauer aus Frankfurt/Oder komplett neu sein. Die Frage bleibt jedoch: Interessiert die Geschichte ihn auch?

Bei den kleinen privaten Lokalsendern spielt Tagesaktualität eine untergeordnete Rolle. Die Sendungen laufen ein- bis zweimal in der Woche und dann als Schleife zum Nochmal-Sehen im Internet. Allerdings bemühen sich die Macher auch hier um Schnelligkeit. SpandauTV beispielsweise stellt seine Berichte spätestens nach 48 Stunden auf der eigenen Website sowie auf youtube.com ins Internet. Immer mehr Brandenburger Sender wollen künftig eine tägliche 5-Minuten-Nachrichtensendung anbieten.

3.4 Themenfindung im Lokalfernsehen

In Berlin liegen die Themen manchmal auf der Straße. Journalisten bringen ihre Beobachtungen auf dem Weg von Zuhause mit in die Redaktion. Daraus entwickelt sich im Idealfall eine Berichterstattung. Einen Großteil der Themen liefern trotzdem Nachrichtenagenturen und Pressemitteilungen. Redaktionen in Ballungsräumen wie Berlin haben es da gut: Sie werden mit Terminen überhäuft und können auswählen. Das ist in ländlichen Regionen seltener der Fall. Eine andere Quelle sind Zuschauer, die anrufen oder schreiben, was sie ärgert. Reporter recherchieren dann nach und berichten gegebenenfalls.

Bei der Abendschau haben sich zusätzlich Wochenserien bewährt, die ein bestimmtes Thema von verschiedenen Seiten beleuchten. Die Palette ist breit: Dauerbaustellen in Berlin, Porträts von Frauen in Chefsesseln, die schönsten Ausblicke von den Balkons der Zuschauer, die Bundestagskandidaten im Kiez oder die besten Fahrradtouren. Eine Spielwiese für Reporter und ein Cliffhanger von Sendung zu Sendung. Seit 1992 sendet Brandenburg aktuell jeden Sonntag seinen „Landschleicher". Orte, die kurz nach der Wende weniger als 2000 Einwohner hatten, werden nach und nach besucht. Der jeweilige Ort wird wöchentlich per Los ermittelt. „Einfach, um da mal hinzukommen," so Redaktionsleiterin Wichmann. „Das sind keine Ortsporträts, sondern ist ein Genre des Schlenderns." Zu den beliebtesten Rubriken der beiden Regionalsendungen des rbb zählt für die Zuschauer das Wetter.

Für die exklusiven Lokalgeschichten sind jedoch – wie überall – Kontakte wichtig:. Regelmäßige Anrufe bei Lokalpolitikern, Teilnahme an Hintergrundgesprächen und Besuche öffentlicher Veranstaltungen usw. Das kostet Zeit und wird in der Regel nicht extra bezahlt, ist aber notwendig, um eine gute lokale Geschichte zu finden.

Den Anspruch, exklusive Geschichten zu senden, haben einige Sender aus Kapazitätsgründen aufgegeben. „Dafür haben wir kein Geld und kein Personal", sagt Agnes Fischer von tv.berlin klipp und klar. „Schon, dass wir jeden Tag eine halbe Stunde Nachrichtensendung hinkriegen, ist ein Wunder. Das geht nur mit Terminberichterstattung. Und mit Leuten, die hochgradig leidenschaftlich sind und für den Sender sterben." Aber Zeit für ausgiebige Recherche bleibt nicht.

Als Sendung für ein Flächenland ist es für Brandenburg aktuell schwerer, an lokale Themen heranzukommen. Da hilft die Vernetzung mit den rbb-Hörfunk-Kollegen, den zwei Außenstudios (Frankurt/Oder, Cottbus) und den zwei Büros (Perleberg, Prenzlau). Außerdem hat die Redaktion Crews geschaffen, die Hintergrundgespräche führen. „Manchmal greifen wir auch Themen aus den Lokalzeitungen auf", so Redaktionsleiterin Bärbel Wichmann. Private Lokal-TV-Sender im Land Brandenburg haben kleinere Sendegebiete und sind dort gut vernetzt. Sie decken Termine ab, verfolgen aber auch das Lokalgeschehen, über das anderswo nicht berichtet würde: „Ich begleite die Geschichten lange", versichert Eberhard Derlig vom TeltowKanal, der für insgesamt sechs Regionen acht Stunden Lokalfernsehen aufbereitet.

> „Auf der Teltower Kirchenglocke hat ein Kirchendiener 2009 die Inschrift Neudamm entdeckt. Der deutsche Name für das polnische Debno. Die Glocke sollte vermutlich im Zweiten Weltkrieg eingeschmolzen werden. Die hiesige Kirchengemeinde wollte sie nun zurückgeben und kämpfte drei Jahre mit der Bürokratie. Im Juni 2012 ist die Glocke an Debno zurückgegeben worden. Zur Übergabe kam sogar Kulturstaatsminister Michael Naumann nach Polen. Ich war mit der Kamera immer dabei. Verdient habe ich daran keinen Cent. Aber ich mache solche Beiträge, denn es gehört zu unserem Profil."

Die vielfach beschriebene Selbstausbeutung in Lokalredaktionen ist auch beim Lokalfernsehen üblich.

3.5 „Wenn einer Mist macht, dann berichten wir das! – Kritik im Lokalfernsehen

Keine Gemeinde möchte mit Rechtsradikalismus in Zusammenhang gebracht werden. Keine Stadtbehörde freut sich über einen Korruptionsbericht. Kein regionales Unternehmen will, dass von einer bevorstehenden Insolvenz oder einer illegalen Müllkippe berichtet wird. Berichterstattung ist in diesen Fällen schwieriger als sonst. Fernsehen braucht bewegte Bilder und Interviews und dafür Drehgenehmigungen. Ohne Bild kein Fernsehen. Hilfreich ist ein gut sortiertes Fernseharchiv. Unerwünschte Fakten lassen sich notfalls auf älteren Bildern erzählen. Nichtsdestotrotz ist im Lokalen große Sorgfalt notwendig, wie auch bei der Lokalpresse. Reporter dürfen keine „verbrannte Erde" hinterlassen. Denn sie begegnen den Kritisierten immer wieder, bei überregionalen Medien ist das seltener (vgl. Kretschmar/Möhring/Timmermann 2009: 19). Dennoch schließen die Redaktionsleiter von Abendschau und Brandenburg aktuell kategorisch aus, dass über etwas nicht berichtet wird, weil das Fernsehen damit anecken könnte. „Es gibt Phasen, in denen Politiker gemauert haben, jedes Interview verweigert haben, nicht ins Studio kommen wollten. Wir sind trotzdem immer dran geblieben. Irgendwann legt sich das dann auch wieder. Immer, wenn die Politiker unter Druck geraten, werden sie kiebig und wenn sie uns brauchen, sind sie wieder da." (Peter Laubenthal). Brandenburg aktuell-Chefin, Bärbel Wichmann, erlebt, dass Stadtväter eine negative Berichterstattung mitunter als Nestbeschmutzung werten und das gerade „ihrem" Lokalsender übel nehmen. Von Vorteil für die gebührenfinanzierten Dritten Programme der ARD ist, dass sie keine Rücksicht auf potenzielle Werbekunden nehmen müssen.

Die privaten Lokalsender in Berlin und Brandenburg gehen mit kritischer Berichterstattung unterschiedlich um. Wie überall im Lokalen brauchen auch TV-Redaktionen einen guten Draht zu den lokalen Entscheidungsträgern für Informationen und zu lokalen Unternehmen, unter anderem für Werbeeinnahmen. Jan Czemper von der mabb erwartet insofern von den von ihm betreuten Sendern keine besonders kritische Berichterstattung: „Man kennt sich gut, man ist aufeinander angewiesen. Das führt zu entsprechenden Netzwerken und vielleicht sogar Rücksichtnahmen."

Bei tv.berlin gilt: „Es wird nicht kommentiert", erklärt Agnes Fischer. „Das ist eine alte Regel im Privatfernsehen." Auch das Bezirksfernsehen SpandauTV, das im Wesentlichen von einer einzigen Person gemacht wird, enthält sich jeder Kritik. Reiner Sauff will seit 1998 vor allem Positives über sein Sendegebiet berichten, „weil die Leute das sehen wollen." Sein Ziel ist, die Zuschauer über Aktivitäten der Bezirksregierung und die Ereignisse im Kiez zu informieren. „Was ich mache, ist vielleicht kein reiner Journalismus", schränkt Sauff ein. „Es ist Öffentlichkeitsarbeit für den eigenen Bezirk und das Bezirksamt." Der Gründer des TeltowKanals, Eberhard Derlig, hingegen folgt einem journalistischen Anspruch. „Wenn einer Mist macht, dann berichten wir das. (...) Als Journalist sollte man trotzdem darüber nachdenken, ob man die Sensation nutzt, um jemanden zu kritisieren. (...) Wir sind mehr dafür da zu motivieren und zu zeigen, dass das Leben hier eigentlich auch schön sein kann."

3.6 Kuschelkurs im Lokalen? Gehört zur „schmackhaften Mischung"!

„Dass man ein gutes Verhältnis zu den Leuten aufbaut, ist ganz klar. Aber trotzdem stehen wir immer auf zwei verschiedenen Seiten", verteidigt Bärbel Wichmann den unabhängigen Journalismus. Distanz sei wichtig, aber manchmal schwierig. „Kamera- und Tonkollegen können aber bereits am Drehort eine zweite Meinung liefern", sagt Wichmann. „Mit einem Team zu arbeiten, ist ein gutes Regulativ." Außerdem schneiden beim öffentlich-rechtlichen Lokalfernsehen in der Regel noch Cutter den Beitrag, nicht der Reporter selbst. Schließlich gibt es durch Redakteure eine Abnahme. Auf einen Fernsehbeitrag schauen also schon vor seiner Sendung viele Augen. Es sind Gelegenheiten, „kuscheln" zu unterbinden. Videojournalisten, kurz VJs, die Reporter/in, Kameramann/frau und Cutter/in in einem sind, tragen eine besondere Verantwortung.

Durchschaubare Werbebeiträge, sei es für Politik oder für Firmen, bezeichnen die meisten Redaktionen als gefährlich für die eigene Glaubwürdigkeit. Dennoch räumen private Lokalsender wie SpandauTV ein, auch Beiträge über Restaurants zu senden, an denen diese einen Teil der Produktionskosten übernommen haben. Treue Werbepartner könnten zudem sicher sein, dass beispielsweise deren Richtfest einer neuen Produktionsstätte einen Bericht wert sei. Hier sind die Grenzen zwischen lokaler Berichterstattung und Werbung fließend. Auch TeltowKanal-Geschäftsführer Eberhard Derlig sagt: „Jeder, der mit uns Geld verdient, wie ein Autohaus, muss auch was bezahlen. Aber wir müssen immer überlegen, was wir machen. Wenn ich nur Werbung mache, würde keiner mehr gucken." Journalistische Beiträge sind das Salz in der Suppe.

Mit der verkappten Werbung bessern die privaten TV-Redaktionen ihr Budget auf. Das ist verständlich, denn kleine kommerzielle Sender halten sich nur schwer über Wasser. Lokalsender leben von Werbespots der lokalen Wirtschaft „Wer glaubt mit dem Lokalfernsehen reich zu werden, der sitzt einem Irrglauben auf." (Derlig 2012) Der Kostendeckungsgrad der lokalen und regionalen Fernsehanbieter in Deutschland liegt 2006 bei 98 Prozent (Seufert/Schulz/Brunn 2008, 41). „Die meisten machen Miese oder werden irgendwie quersubventioniert", sagt Jan Czemper von der Medienanstalt Berlin-Brandenburg. „Es ist kein einträgliches Geschäft." Die Macher verdienen Geld mit Auftragsproduktionen, verkaufen selbstproduzierte DVDs und beziehen teilweise Altersrente. Ihren TV-Sender betreiben viele aus Leidenschaft.

Auch in öffentlich-rechtlichen Lokalsendern laufen Beiträge, die durch und durch positiv sind. Das hat aber keinen finanziellen Hintergrund, sondern soll das Wir-Gefühl stärken. Zum Beispiel stellt die Abendschau seit 2006 jeden Sonnabend einen Laden vor, der in seinem Kiez eine besondere Pilgerstätte ist. Die Serie „Gleich Nebenan" läuft ausgesprochen erfolgreich. Viele Zuschauer lieben sie und empfehlen ihre Lieblingsläden. Die Ladeninhaber fragen hin und wieder, was sie eine Berichterstattung denn koste. Natürlich nichts! Doch oft gewinnen sie dadurch neue Kunden. Parallel zur TV-Serie erscheinen die Ladenporträts als Buch. Reine Werbung? Der Initiator dieser Rubrik, Peter Laubenthal, bezeichnet die Beiträge „als lokale Wirtschaftsförderung für kleine Selbstständige, die ihr Brot hart erarbeiten." Jede Branche war schon dran. Der journalistische Anspruch ist, die Persönlichkeit der Ladeninhaber mit ihren besonderen Geschichten vorzustellen.

Das „Kuscheln", also, das Positive aus der Region zu zeigen, gehört dazu. „Nach der Lehre sind Politik, Wirtschaft und Kultur wichtig. Das müssen Sie natürlich haben, aber als Fernsehmagazin brauchen Sie eine schmackhafte Mischung", erklärte Laubenthal in einem Zeitungsinterview: „Wenn Sie am Donnerstag Abgeordnetenhaus haben, brauchen Sie danach etwas in der Sendung, was Sie wieder mit der Stadt versöhnen lässt." (Tagesspiegel 27.6.2012: 29)

3.7 Bloß keine Namen verwechseln!

Ein Kardinalfehler im Lokaljournalismus ist, einen gezeigten Ort oder eine Straße fehlerhaft zu benennen. Das untergräbt die Lokalkompetenz der Redaktion und löst unweigerlich Beschwerdebriefe aus. Auch inhaltlich ist besondere Sorgfalt geboten, wie bei allen Lokalmedien. Zumal die Reporter über kurz oder lang an denselben Ort zurückkommen und dieselben Personen treffen. Eine Bürde und Herausforderung zugleich. Auch bei den befragten lokalen Privafernsehsendern hält man Vetternwirtschaft für einen großen Fehler. „Es geht nicht, dass ich ein Restaurant lobe, und dann schmeckt es nicht", wettert Eberhard Derlig. „Wie stehe ich dann da? Das ist sofort ein Beweis der Unglaubwürdigkeit. (…) Ein privates Lokal-TV kann sich als PR-Fernsehen nicht lange halten." Was berichtet wird, ist eben nachprüfbar.

3.8 „Dann wird der Richtkranz eben ein zweites Mal hochgezogen." – Fernsehprivilegien

Wer auf lokaler Ebene einlädt, wünscht sich, dass auch das Fernsehen vorbeikommt. Zum Ärger mancher Pressekollegen genießt das Fernsehen oft eine besondere Stellung. Für gute Bilder ändern PR-Leute mitunter den organisatorischen Ablauf einer Veranstaltung: Muss das Kamerateam schnell weg, wird der Baum eben vor den offiziellen Reden gepflanzt. Verspätet sich das Team, wird der Richtkranz eben ein zweites Mal hochgezogen oder das Flatterband für die Straßeneröffnung noch einmal durchgeschnitten. Auf lokaler Ebene passiert zuweilen, dass eine Pressekonferenz verzögert beginnt, um auf ein sich verspätendes Kamerateam zu warten. Die einladenden Institutionen wissen um die Wirkung des Fernsehens. Im Gegenzug sind manche Einladenden gekränkt und beschweren sich, wenn die Lokalsendung ihre Pressekonferenz ignoriert. Spaßeshalber hat Peter Laubenthal vorgeschlagen, bei den regelmäßigen Beschwerdeführern mit einer Kamera-Attrappe aufzutauchen, nur damit diese sich wahrgenommen fühlen. Erfahrungsgemäß ist es so, dass die Anwesenheit des Lokalfernsehens als besondere Wertschätzung wahrgenommen wird.

Ein Beispiel: Das Abendschau-Team dreht am 10.5.2012 bei der Eröffnung des neuen Eltern-Kind-Zentrums in einem Klinikum in Berlin-Lichtenberg. Eine Mitarbeiterin der Presseabteilung verabschiedet sich von der Reporterin mit den Worten: „Es wäre großartig, wenn die Abendschau heute auch den Tag der offenen Tür am 12.5. erwähnen würde. Aber noch besser wäre, wenn die Abendschau dann noch mal kommen würde. Denn die Organisatorinnen investieren so viel Zeit und Kraft. Und wenn es heißt, es war sogar die Abendschau da, ist es ein großer Lohn für die Mühe."

Freudig begrüßt werden auch die privaten Lokalmedien, weil sie den Lokalereignissen Sendezeit geben. „Wenn in Jüterbog eine große Veranstaltung stattfindet, sendet der rbb 30 Sekunden, jüterbog-tv fünf Minuten. Die Leute wollen sich ja auch sehen. Die wollen was von ihrer Rede hören. Wir spielen das Potenzial des Films aus, wir senden den Originalton und ausführliche Bilder." (Derlig: 2012) Manche Gemeinde- oder Stadtverwaltungen integrieren die Lokalsendungen in ihr Archiv. Lokal-TV ist neben den Zeitungen gleichzeitig Ortschronist.

3.9 „Wenn du Sitze verkaufen willst..." – Lokalfernsehen als Werber

Natürlich ist Werbung nicht das Anliegen des Lokaljournalismus. Doch journalistische Berichte wirken oft besser als groß angelegte Werbekampagnen. Ins Lokalfernsehen will jeder, der etwas verkaufen will, weiß Peter Laubenthal: „Der Kulturmanager Peter Schwenkow hat mich dem Künstler André Heller vorgestellt und sagte: ,André, es ist ja schön fürs Renommee, wenn Deine Revue im ZDF in der Sendung Aspekte besprochen wird. Aber wenn Du Sitze zu verkaufen hast, musst Du in die Abendschau."" Bei den Ausflugstipps am Freitag warnen die Reporter die Veranstalter oft vor, dass es nach dem Bericht bei ihnen großen Andrang geben wird. Nach einem Bericht über eine Ziegenkäserei in einem kleinen Ort in Brandenburg musste die Polizei bereits am Vormittag eine Autobahnabfahrt sperren, weil zu viele Abendschau-Zuschauer dorthin unterwegs waren. Die Käserei hatte am Mittag kein Stück Käse mehr. Gerade Lokalmedien und besonders das Lokalfernsehen sind an der Produktion der Realität beteiligt, über die sie berichten.

4. Produktionsbedingungen im Lokalfernsehen

4.1 Kamerateam oder VJ?

Der rbb dreht in der Regel mit Drei-Mann-Teams: Kameramann/-frau, Kameraassistent/in, der/die den Ton macht, Reporter/in. Zur Ausrüstung gehören hochwertige, rund zehn Kilo schwere Kameras, Stativ und Tontechnik, Lampen. Alle haben ihren Job von der Pieke auf gelernt. Die Voraussetzungen für eine anspruchsvolle Umsetzung sind trotz des hohen Zeitdrucks im Lokalen vergleichsweise gut. Seit einigen Jahren werden auch Video-Journalisten, VJs, eingesetzt. Sie drehen ihre eigenrecherchierten Geschichten selbst, machen allein den Ton, schneiden, schreiben und sprechen den Text. Bei Brandenburg aktuell arbeiten

VJs zudem als „Bildbesorger für NiFs", die Nachrichten im Film. „Denn es ist viel einfacher, einen einzelnen Menschen durch die Gegend zu schicken, als ein ganzes Kamerateam." (Wichmann, 2012) Im Aktuellen schneidet ein Cutter die Bilder. „Gesendet wird nur das, was gut aussieht", sagt Bärbel Wichmann. „Es sei denn, Inhalt schlägt Schönheit." Bei Unfällen oder Hausbränden werden ab und an auch „Wackelbilder" gezeigt. Andere Einsatzvarianten sind, „dass ein VJ mit einem extra Journalisten dreht oder mit einem extra Assistenten, der dann den Ton macht." Für Reportagen werden Videojournalisten vor allem eingesetzt, „um näher an Leute heranzukommen und für liebevoll gedrechselte Geschichten." (Laubenthal).

Der Berliner Privatsender tv.berlin dreht mit Zwei-Mann-Teams. Der Ballungsraumsender mit Sitz in Berlin-Kreuzberg hat heute rund 20 Mitarbeiter und ständig neue Praktikanten. Viel Programm wird mit Studiogästen und Interviews aufbereitet. Aber die technische Ausstattung ist nicht vergleichbar mit öffentlich-rechtlichen Anbietern. „Für Beiträge besitzen wir keinen einzigen Kameramann mehr", beklagt Chefreporterin Agnes Fischer. Praktikanten erhalten eine Einführung in die Kamera und beginnen dann zu drehen. Reporter machen den Ton für ihre Interviews mit und schneiden dann selbst. Die Kameras sind leicht, aber „sobald es dunkel wird, können die keine richtigen Bilder mehr machen. (...) Billiges Fernsehen, im Gegensatz zum Radio, sieht man leider." Auf ihre Zwei-Mann-Teams besteht Fischer aber: „Ich halte Deutschland noch nicht dafür reif, dass uns der Regierende Bürgermeister ordentliche Interviews gibt, wenn da nur ein Mensch mit der Kamera steht. Der würde nicht ernst genommen." Bei den Brandenburger Lokalsendern scheint dies indes kein Problem zu sein. Dort ist es die Regel, dass Reporter allein drehen und Interviews führen.

4.2 Viele „Freunde" über das Internet – Nutzung neuer Medien

Die Lokalsendungen, ob privat oder öffentlich-rechtlich, haben eine Internetseite. Oft verbreiten die Sender auch darüber ihre Beiträge. Diese Plattform wird von den Fernsehmachern als immer wichtiger eingeschätzt. Zum Beispiel schauen Stammzuschauer der rbb-Abendschau „ihre" Sendung auch in ihren ausländischen Aufenthaltsorten. Ein weiterer Vorteil ist, dass die Sendungen länger im Netz stehen und darum zeitversetzt oder noch einmal geschaut werden können. Auch das selektive Sehen ist so möglich, denn die Beiträge können einzeln angeklickt werden. Ähnlich wie beim Zeitungslesen entscheidet der Rezipient, über welchen Themen er sich informieren möchte. Viele der privaten Lokal-TV-Sender, die keine tägliche Sendung haben, nutzen das Internet außerdem, um ihre Beiträge schneller zu verbreiten. „Spätestens 48 Stunden nach dem Dreh stelle ich den Film auf youtube.com ein", versichert Reiner Sauff von SpandauTV, dessen Sender nur einmal in der Woche, am Sonntag, eine neue Sendung im Berliner Kabelnetz ausstrahlt. Bis auf tv.berlin sind alle privaten Lokal-TV ausschließlich über das Kabelnetz zu empfangen.

Auch Social Media wird zunehmend genutzt: Die beiden Regionalsendungen des rbb sind bei Facebook. Mitte 2012 hatten sich bei der Abendschau-Seite mehr als 6700, bei Brandenburg aktuell 2200 „Freunde" angemeldet. Die Redaktionen stellen über den Tag ausgewählte aktuelle Nachrichten ein und teasen damit die 19.30 Uhr-Sendungen. Die Zuschauer drücken nicht nur rege den „gefällt mir"-Button, sondern liefern sich teils heftige inhaltliche Diskussionen. Sie geben auch Anregungen fürs Programm. Gelegentlich nutzen die Redaktionen das Netzwerk, um schnell an Zuschauer heranzukommen. Sie rufen über die redaktionelle Facebook-Seite dazu auf, an tagesaktuellen Abstimmungen über kontrovers diskutierte Themen teilzunehmen oder selbstgeschossene Fotos vom schönen Sonnenuntergang o.ä. zu schicken. Außerdem werden auf diesem Weg Protagonisten oder Betroffene für Beiträge gesucht. Das spart Zeit und funktioniert gut. Die Ergebnisse spiegeln sich in den Sendungen wider und bereichern sie.

Darüber hinaus produziert die Abendschau-Redaktion seit dem Frühjahr 2012 täglich den Kurznachrichtenblock „60 Sekunden Abendschau" mit je drei Nachrichtenfilmen. Er wird bei youtube.com eingestellt und kann auch von Smartphones abgerufen werden.

5. Fazit

Lokales Fernsehen in Berlin und Brandenburg hat sich in unterschiedlichen Formen entwickelt und etabliert. Teils stehen Lokalfernsehen und Lokalzeitungen miteinander im Wettbewerb. Die Lokalsender in Berlin sehen sich nicht als Konkurrenz. Im Land Brandenburg versucht der rbb den Spagat, das ganze Land ins Fernsehen zu holen. Die Sendung Brandenburg aktuell ist eher regional als lokal geprägt. Eine Ergänzung sind die vielen kleinen Privatsender, die jeweils in unterschiedlichen Gebieten senden. Die technischen und journalistischen Voraussetzungen sind verschieden. Doch alle Formen tragen zur Medienvielfalt und damit zu mehr demokratischer Partizipation bei. In der Gesamtheit nimmt Fernsehen in der Region einen festen Platz in der Lokalberichterstattung ein.

Literatur

Abarbanell, Stephan (Interview 11.5.2012): Rundfunk Berlin-Brandenburg: Programmdirektion.

Czemper, Jan (Interview 15.5.2012): Medienanstalt Berlin-Brandenburg (mabb): Referent Lokalfernsehen.

Derlig, Eberhard (Interview 11.6.2012): Geschäftsführer vom TeltowKanal (Teltow, Kleinmachnow, Stahnsdorf), tv-lu (Ludwigsfelde), luck-tv (Luckenwalde), sabinchen-tv (Treuenbrietzen), jüterbog-tv, rangsdorf-tv.

Fischer, Agnes (Interview 15.5.2012): tv.berlin, Reporterin, Moderatorin, Chefin vom Dienst.

Kretzschmar, Sonja/Möhring, Wiebke/Timmermann/Lutz (2009): Lokaljournalismus. Wiesbaden.

Laubenthal, Peter (Interview 9.5.2012): Rundfunk Berlin-Brandenburg: Redaktionsleiter „Abendschau" (2000-2012).

Meyers Handlexikon (1985): Mannheim.

Sauff, Reiner (Interview 29.5.2012): SpandauTV, Gründer, Geschäftsführer, Reporter seit 1998.

Seufert, Wolfgang/Schulz Wolfgang/Brunn, Inka (2008): Gegenwart und Zukunft des lokalen und regionalen Fernsehens in Ostdeutschland. Berlin.

Urheberrechtsgesetz (UrhG) (2008): Mit Urheberrechtswahrnehmungsgesetz, Kunsturhebergesetz, Urheberrecht im Einigungsvertrag. München.

Wichmann, Bärbel (Interview 9.5.2012): Rundfunk Berlin-Brandenburg, Redaktionsleiterin „Brandenburg aktuell".

Die Autorin

Heike Boldt-Schüler (*1970), Dipl.-Journalistin, studierte Journalistik an der Universität Leipzig. Sie absolvierte Volontariate bei der Märkischen Volksstimme in Potsdam und dem NDR. 1991-1992 arbeitete sie beim BBC Worldservice in London und war 1990-1994 freie Radio-Reporterin beim MDR in Leipzig. Danach war sie als freie Mitarbeiterin in der Potsdamer Lokalredaktion der Märkischen Allgemeinen und bei Antenne Brandenburg, ORB, tätig. Seit 1999 ist sie Fernsehreporterin bei Hallo Niedersachsen, NDR (bis 2000) und bei der Abendschau, SFB/rbb. Sie promoviert zurzeit an der Universität Dortmund zum Thema „Lokaljournalismus im Fernsehen".
Kontakt: boldtschueler.lokaljournal@gmail.com

Kernressort der Zeitung
Wissenschaftsjournalismus vor Ort

Christina Merkel

Auch Wissenschaftsthemen drängen immer mehr in den Lokalteil. Im Fernsehen oder in der überregionalen Tageszeitung erfährt der Rezipient zwar von einer atomaren Katastrophe oder der Ausbreitung des Ehec-Erregers, aber die Einordnung, die Relevanz für den Lebensraum ihrer Leser kann nur die Lokalzeitung leisten. Das ist ihr Alleinstellungsmerkmal und ihre Chance. In Zeiten des ständigen Fortschritts ist es für den Leser immer wichtiger, Themen aus Naturwissenschaft und Technik verfolgen zu können und ihre Auswirkungen zu diskutieren – das ermöglicht ihm seine Lokalzeitung, der wichtigste Meinungsgeber vor Ort.

Es wird oft gesagt, auch in diesem Band: Die Lokalzeitung informiert über aktuelle Ereignisse, die die Menschen vor Ort beschäftigen. Sie bietet dem Leser Orientierung in seiner alltäglichen Lebenswelt. Damit erfüllt sie eine wichtige Aufgabe für unsere demokratische Gesellschaft. Die Lokalzeitung ermöglicht den gesellschaftlichen Diskurs und trägt zur politischen Meinungsbildung bei. Dafür nutzt sie ihre klassischen Ressorts wie Politik, Wirtschaft und das Feuilleton. Die Kommunalwahl, eine Firmenpleite und die Rezension des städtischen Bühnenprogramms lassen sich darin zweifelsfrei einordnen. Doch in welchem Ressort steht der Artikel über den Gemüsebauern im Nachbardorf, auf dessen Hof der EHEC-Erreger identifiziert wurde? Auf welcher Seite wird erklärt, wie die neue Biogasanlage des Landkreises funktioniert und was sie kann? Wo wird Sinn und Unsinn der Grippeimpfung diskutiert?

Wissenschaftsthemen drängen in den Lokalteil. Immer häufiger verlangen aktuelle Themen Hintergrundinformationen aus Medizin, Biologie und Technik. Der Leser möchte verstehen, welche Auswirkungen die Atomkatastrophe von Fukushima für die Menschen im Ruhrgebiet haben könnte. Mit der im Bundestag beschlossenen Energiewende hat das weit entfernte Ereignis auch Folgen für das direkte Umfeld des Lesers. Windkraftanlagen werden gebaut, der Strompreis der Stadtwerke schwankt und die benötigte Überlandleitung könnte an seinem Haus vorbeiführen. Die Lokalzeitung kann hier ihre Chance nutzen. Im Fernsehen oder in einer überregionalen Tageszeitung erfährt der Rezipient zwar von der atomaren Katastrophe, aber die Einordnung, den Bezug zum Lebensraum ihrer Leser kann nur die Lokalzeitung leisten. Dieses Können ist ihr Alleinstellungsmerkmal. In einer Zeit des ständigen Fortschritts ist es zunehmend wichtiger, Wissenschaft und Technik gedanklich folgen zu können und ihre Auswirkungen zu diskutieren – gerade in der Lokalzeitung, einem der wichtigsten Meinungsgeber unserer Gesellschaft.

1. Medizin, Naturwissenschaften und Technik

> „Vogelgrippe, Klimawandel, Erd- und Seebeben, Raumfahrt, genveränderte Lebensmittel, Forschung mit
> embryonalen Stammzellen, Kernkraft und erneuerbare Energien, neue Heilmethoden gegen Krebs, Alzheimer
> und Parkinson, missglückte Arzneimitteltests an Menschen – das sind nur einige willkürlich aufgezählte
> Wissenschaftsthemen in den Medien. Das Interesse der Menschen an diesen Themen nimmt zu und das
> Wissen, wie komplexe naturwissenschaftliche Zusammenhänge unseren Alltag beeinflussen, gewinnt an
> Bedeutung." (Meier 2006: 37)

Im deutschsprachigen Raum gilt die Berichterstattung über Naturwissenschaften, Technik und
Medizin als „Wissenschaftsjournalismus" (Göpfert et al. 2006: 11). Wissenschaftsjournalismus
im Lokalen ist auch der Bericht über den Jugend-forscht-Wettbewerb des örtlichen
Gymnasiums, die Solarpark-Eröffnung am Stadtrand und die Demenz-WG im Altenheim. In
ihrer Studie zum „Informationsverhalten der Bundesdeutschen" stellen Blödorn et al. fest, dass
58 Prozent der ab 14-Jährigen sich generell für „Wissenschaft und Technik" interessieren.
Sogar 76 Prozent der Befragten geben dies für die Themen „Umwelt und Natur" an (Blödorn
et al. 2006: 637). Auf Platz eins der favorisierten Einzelthemen stehen mit 79 Prozent
„Gesundheit und Medizin" noch vor politischem Geschehen (71 Prozent). Sogar bei der
jüngeren Zielgruppe der 14- bis 29-Jährigen liegt die Medizin mit 69 Prozent noch auf Platz
zwei hinter „Musik" (84 Prozent) als beliebtestem Einzelthema (ebd.). Themen aus
Naturwissenschaft, Technik und Medizin gewinnen an Bedeutung „von den allgemeinen
Nachrichten (…) bis zum Lokalen" (Meier 2006: 37). Sie sind konkurrenzfähig geworden zu
Themen aus den klassischen Ressorts Politik, Sport, Feuilleton und Wirtschaft.

Wissenschaftsthemen drängen in die Zeitungen und Magazine, ins Fernsehen und in den
Hörfunk. Die Anzahl der Beiträge steigt seit Jahren kontinuierlich an (vgl. Meier 2006: 37). Im
Fernsehen findet der Zuschauer Wissenschaftsendungen von Abenteuer Wissen im ZDF bis
W wie Wissen in der ARD. Im Radio hören sie Leonardo – Wissenschaft und mehr auf WDR
5 oder Deutschlandradio Wissen. Interessierte Leser aller Altersgruppen finden „Wissen"
gleich in mehreren Magazinen von Geolino über ZEIT Wissen bis hin zu Spektrum der
Wissenschaft in den Kioskregalen. Wissenschaft ist beliebt – und verkauft sich gut. Trotz des
Auflagenrückgangs vieler Printprodukte werden immer noch neue Wissenschaftsmagazine
gegründet. Die Menschen wollen mehr wissen und verstehen.

Bereits seit 43 Jahren hat die Süddeutsche Zeitung eine eigene Wissenschaftsredaktion,
seit 2003 erscheint an fünf von sechs Tagen eine Wissensseite im Blatt (vgl. Wormer 2006:
19f.). Auch Die Welt und der Tagesspiegel haben tägliche Wissenschaftsseiten, die FAZ
veröffentlicht mehrmals pro Woche Themenseiten zu Technik, Natur- und
Geisteswissenschaft. Zuletzt zogen die überregionalen Wirtschaftsblätter nach: Die Financial
Times Deutschland enthielt seit Oktober 2004 die tägliche Seite „Forschen und Entwickeln"
und zusätzlich donnerstags eine Seite zur „Gesundheitswirtschaft". Das Handelsblatt bringt
seit November 2005 in jeder Ausgabe die Seite „Wissenschaft und Debatten" (vgl. Hassemer
2006: 214). Wissenschaft ist überall – und auch in immer mehr Regionalzeitungen.

Zwei Zeitungen, die ihre Wissenschaftsberichterstattung in den letzten Jahren gezielt
ausgebaut haben, sind das Hamburger Abendblatt und die Westdeutsche Allgemeine Zeitung
(WAZ). Noch bis vor einigen Jahren beschränkte sich die Wissenschaftsberichterstattung der
WAZ auf eine Wissensseite in der Wochenendbeilage (Reitz 2008: 339). „Es wurde jedoch
immer deutlicher, dass sich die Berichte über Wissenschaft nicht in das Ghetto einer
samstäglichen Seite zwängen ließen." (ebd.) Der Wunsch und der Bedarf, Wissenschaft auch im

aktuellen Teil der Zeitung zu präsentieren, wurde über die Jahre hinweg größer. Dementsprechend finden sich heute Artikel über Naturwissenschaften, Technik und Medizin auch auf den Politikseiten, im Feuilleton, im Regionalen und sogar im Sportteil. Diese Entwicklung treiben die Verantwortlichen mit besonderem Blick auf ihren Status als regionale Zeitung voran:

> „Die WAZ ist eine Bürgerzeitung, die sich als Dienstleister mit einer starken Bindung an das Lokale versteht. (…) Wissenschaftlicher Sachverstand oder wissenschaftliche Erkenntnisse sind für uns immer dann besonders relevant, wenn sie die Erfahrungswelt unserer Leser direkt berühren, wenn sie eine aktuelle politische Diskussion treffen (…) oder eine gesellschaftspolitische Debatte vertiefen." (Reitz 2008: 340)

Reitz geht sogar so weit zu sagen, Berichte aus der Wissenschaft und den Hochschulen seien beinahe ebenso unverzichtbar für die Profilierung einer regionalen Tageszeitung wie ein Schalke-Heimspiel.

Banspach analysierte Wissenschaftsartikel in zwölf deutschen Regionalzeitungen (Banspach 2004). Neun davon haben eine als solche betitelte Wissenschaftsseite im Blatt. Mit insgesamt drei solcher Seiten führt die WAZ die Regionalzeitungen auf diesem Gebiet an. Sie bringt zwei Medizinseiten unter den Titeln „Die Service Seite Gesundheit" und „Ratgeber Gesundheit" heraus sowie immer samstags eine Seite namens „Wissen" (ebd. 2004: 94). Als am häufigsten thematisierte Wissenschaftsdisziplin bei allen Zeitungen identifizierte Banspach die Medizin – die Hälfte aller Texte handelte davon. Anschließend folgen biologische und technische Themen (vgl. Banspach 2004: 59). Laut Banspach gilt die Wissenschaftsberichterstattung in den untersuchten Regionalzeitungen als Qualitätsmerkmal.

Eine regionale Tageszeitung mit täglicher Wissenschaftsberichterstattung und seit jeher Vorreiter auf diesem Gebiet ist das Hamburger Abendblatt:

> „Die Wissenschaft gehört zum Hamburger Abendblatt. Wissen ist eines der aktuellen Kernressorts der Zeitung. Wenn es um Anrisse auf der Titelseite geht, um Aufmacher, um die Geschichte auf Seite drei oder um Kommentare, dann ist das Ressort ebenso gefragt wie Politik, Wirtschaft oder die Hamburg Redaktion." (Röttger 2008: 261)

Es verging einige Zeit bis eine solche Aussage möglich war. Bis 1995 hatte auch das Abendblatt kein eigenes Wissensressort. Statt einer täglichen Seite, wie es sie heute gibt, gab es eine Wissenschaft im Wochenendjournal und eine wöchentlich erscheinende Medizinseite (vgl. Röttger 2008: 261). Mit der Erscheinungsweise hat sich auch die Art des Wissenschaftsjournalismus im Hamburger Abendblatt verändert:

> „Der Wissenschaftsjournalismus ist journalistischer geworden. Das bedeutet vor allem: Er ist kritischer und nachrichtenorientierter geworden. Die Orientierung zum Journalismus ist vor allem eine Orientierung zum Leser." (Röttger 2008: 262)

Wer sich eine Meinung zu Deutschlands Energiewende bilden möchte, sollte sich informieren, wie ein Atomkraftwerk arbeitet. Wer die Bundestagsdebatte zur pränatalen Diagnostik verfolgt, will die Vor- und Nachteile dieses Verfahrens und deren moralische Konsequenzen verstehen. Wissen ist wichtig, um den eigenen Handlungsspielraum einzuschätzen. Nach Graf-Szcuzka (vgl. 2006: 109f.) hilft Wissen, das aus der Tageszeitung bezogen wird, die eigene Situation abzuwägen: „So kann beispielsweise ein Artikel über die Ansteckungswege beim

Vogelgrippevirus Wissen über die eigene Gefährdung und die eigenen Einflussmöglichkeiten vermitteln" (Graf-Szcuzka 2006: 109f.). Ein Zeitungsbericht beeinflusst die Einstellung einer Person zur Grippeimpfung nach Graf-Szcuzka aber nur dann, „wenn sich die in der Tageszeitung angebotenen Informationen auf für die Rezipienten relevante Lebensbereiche beziehen" (ebd.).

> „Eine zentrale Funktion des Wissenschaftsjournalismus besteht also in der Auswahl derjenigen wissenschaftlichen Forschung und sonstiger Ereignisse, für die sich auch Nichtwissenschaftler interessieren könnten. D.h. der Journalismus interessiert sich (…) für die Vorgänge in der Wissenschaft, die außerwissenschaftliche Relevanz etwa für Politik, Wirtschaft, Moral oder Alltagswelt besitzen." (Peters et al. 2006: 27)

In den meisten Gegenden erscheinen überregionale, regionale und lokale Tageszeitungen nebeneinander. Die Berichterstattung über die Nahwelt der Bürger findet dabei beinahe ausschließlich in den regionalen und lokalen Medien statt. Das Lokale in der Zeitung ist nicht nur das, was innerhalb des Verbreitungsgebietes geschieht, sondern „lokal" sind auch auswärtige Ereignisse, die das Leben der Leser betreffen. Sie sollen thematisiert und auf eine lebensnahe Ebene bezogen werden (vgl. Kretzschmar et al. 2009: 31).

„Das Abendblatt ist Hamburg durchtränkt. Natürlich versuchen wir noch mit einem Hamburger Experten zu sprechen, es wäre ja eine Schande, wenn wir das Potenzial vor Ort nicht nutzen", sagte Berndt Röttger, Leitender Redakteur des Hamburger Abendblatts bei einer Podiumsdiskussion zum Wissenschaftsjournalismus im Regionalen auf der Fachtagung „Wissenswerte" im Jahr 2011. „Der EHEC-Erreger war ein ganz großes Thema in Hamburg", so Röttger weiter. „Zwei Expertinnen des Wissenschaftsressorts waren dafür schwerpunktmäßig zuständig – im ganzen Blatt."

Röttger sieht sie in einer „integrativen Rolle" innerhalb der Zeitung: „Unser Wissenschaftsressort versteht sich als Kompetenz-Center für Wissenschaft und bearbeitet grundsätzlich alle Wissenschaftsthemen quer durchs Blatt." (Meier 2006: 47) Ebenso verhält es sich bei der Stuttgarter Zeitung: „Die Wissens-Redaktion der Stuttgarter Zeitung verantwortet schon seit Jahren nicht nur ihre wöchentliche Seite, sie muss sich mit ‚ihren' Themen darüber hinaus auch tagesaktuell durchsetzen – an der jeweils passenden Stelle im Blatt." (Hassemer 2006: 220) Eigentlich gibt es in der aktuellen Berichterstattung kaum ein Nachrichtenthema, das nicht auch für ein wissenschaftsjournalistisches Hintergrundstück geeignet wäre (vgl. Wormer 2006: 14). Wissenschaftsthemen sind prädestiniert für „Geschichten hinter der Geschichte" (ebd.), die für Tageszeitungen in ihrer Konkurrenz zur nicht einholbaren Aktualität des Internets immer wichtiger werden.

„Insgesamt gibt es eine Hinwendung zum Lokalen, seit der Mantel im Internet frei verfügbar ist", sagte Lutz Feierabend, stellvertretender Chefredakteur des Kölner Stadt-Anzeigers, im Jahr 2011 bei der „Wissenswerte". „Die Renaissance des Lokalen führt dazu, dass Themen – auch Wissenschaftsthemen – sehr lokalisiert werden. Wissenschaft ist ein echtes Wachstumsfeld. Wir werden das ausbauen und unseren Lesern die Welt weiter erklären – von Lichtverschmutzung bis EHEC."

2. Auflage durch Wissenschaft

Auch in Tageszeitungen mit eigenem Wissenschaftsressort stehen Themen aus Naturwissenschaft, Technik und Medizin ebenso im Politik-, Wirtschafts- und Sportteil der Zeitung. Eine sportmedizinische Diskussion fand statt, als Fußballer Michael Ballack wegen eines Innenbandrisses bei der Weltmeisterschaft 2010 in Südafrika ausfiel. 2011 dominierten naturwissenschaftliche Themen rund um EHEC, Dioxin-Eier und Fukushima wochenlang die Titelseiten der überregionalen, Regional- und Lokalzeitungen. Dadurch, dass Wissenschaft heute den Alltag der Leser und Leserinnen durchdringt, durchdringt sie inzwischen auch alle Ressorts (vgl. Hassemer 2006: 220).

> „Spektakuläre Wissenschaftsthemen oder wissenschaftliche Hintergründe für aktuelle politische Themen werden (…) auf der Titelseite, bei den Kommentaren und Leitartikeln oder auf den Hintergrundseiten 2 oder 3 veröffentlicht." (Meier 2006: 47)

Nach Göpfert et al. nimmt die Wissenschaftsberichterstattung außerhalb eines festen Ressorts zunehmend Raum ein (vgl. ebd. 2006: 12). Bedeutsam seien dabei vor allem Berichte, die wissenschaftliche Fragestellungen berühren, in deren Mittelpunkt aber politische, wirtschaftliche oder umweltpolitische Aspekte stehen. Eine Wissenschaftsgeschichte auf dem Titel kann so zum überzeugenden Argument für einen gesteigerten Einzelverkauf werden. Eine neue Chance in Zeiten der Zeitungskrise. Wie Tanja Kotlorz, Redakteurin für Medizin, Gesundheit und Verbraucherschutz in den Berliner Lokalteilen der Berliner Morgenpost und Die Welt (vgl. Göpfert 2006: 302), feststellt, können mit Wissenschaftsjournalismus in der Regionalzeitung „Auflagen und Reichweiten produziert werden" (ebd. 289). Wissenschaftsjournalismus wertet den Lokalteil auf und dient als Verkaufsargument.

> „Je komplizierter die Welt wird, desto mehr werden Wissenschaftsthemen boomen", sagte Silvia Kusidlo, Redaktionsleiterin Wissen der Deutschen Presse-Agentur (dpa) bei der ‚Wissenswerte' 2011. „Archäologie werden wir im deutschlandweiten Basisdienst schwer los, aber im Landesdienst auf jeden Fall. Medizin läuft gut, sobald es die Menschen betrifft. Der dpa-Dienst ‚Wissen' ist ein Ergänzungsdienst. Unsere Hauptkunden sind die Regionalzeitungen."

Die Ratgeber- und Verbraucherseiten der Lokal- und Regionalzeitungen sind besonders beliebt. Zeitungsleser lesen ihre Zeitung, weil sie sich informieren möchten und um mitreden zu können. Sie erhoffen sich Denkanstöße und Hilfe, sich im Alltag zurechtzufinden (Blödorn et al. 2004: 2). Damit steht der Lokaljournalismus vor besonderen Herausforderungen. Nach Kotlorz (2006: 221) sollten Redakteure auf Fachbegriffe „möglichst ganz verzichten oder sie übersetzen und erklären". Denn der Lokalteil einer Zeitung richte sich an alle Leser. Die Geschichten sollten von allen Lesern verstanden werden. Als eine grundlegende Funktion des Journalismus beschreibt Ruß-Mohl (vgl. 1987: 9f.) das Erschließen der vielfältiger werdenden Wirklichkeit – stellvertretend für den Rezipienten, um damit einen Beitrag zur gesellschaftlichen Integration zu leisten. Der Wissenschaftsjournalismus im Lokalen hat eine solche Vermittlungsfunktion zwischen den Wissenschaftswelten und Lebenswelten der Leser.

> „Durch eine verständlichere Berichterstattung über wissenschaftliche Forschung und mit einer zutreffenderen Bewertung von Forschungsergebnissen in den Medien sollte das Klima zwischen Wissenschaft und Öffentlichkeit verbessert werden. Unbegründete Furcht vor der wissenschaftlich-technischen Entwicklung

sollte ebenso gedämpft werden wie die übertriebene Erwartung gegenüber dem wissenschaftlich-technischen Fortschritt." (Schanne 1999: 1)

Zu beachten sind dabei nach Wormer (2010: 365) unter anderem:

> „Der größere Erklärungsbedarf: Im Falle eines Wissenschaftsthemas kann beim Rezipienten in der Regel weniger Grundwissen vorausgesetzt werden als bei vielen anderen journalistischen Themen."

> „Der größere Kontextualisierungsbedarf: Die Bedeutung eines Wissenschaftsthemas muss in der Regel stärker erläutert und eingeordnet werden, als dies bei vielen anderen journalistischen Themen der Fall ist."

Noch vor ein paar Jahren wurde dem Wissenschaftsjournalismus häufig die Rolle des „Übersetzers" zuteil. Journalisten waren „[d]iejenigen, die die Sprache der Wissenschaft sprechen, die Daten lesen und Studien deuten können und das Ganze leicht verdaulich und verständlich dem Laien erklären." (Campenhausen 2011: 14) Doch sie sollen nicht nur eins zu eins „übersetzen", was die Forschung ihnen liefert, sondern sie auch kritisch hinterfragen und Ergebnisse einordnen. Nach Campenhausen gehört es daher zu den Herausforderungen, „[g]eschickte Manipulationen, leicht tendenziöse Fragestellungen oder schlichte Unterschlagung heikler Informationen aufzudecken" (ebd. 2011: 18). Denn nicht immer ist klar, woher die Forschungsgelder an der örtlichen Universität kommen oder wohin kommunale Mittel fließen. Forschungsergebnisse tragen zu politischen Entscheidungen bei und dürfen nicht durch Interessensvertreter beeinflusst werden. Daher müssen Lokalredakteure auch im Wissenschaftsjournalismus unabhängige Beobachter und Kontrolleure sein, so dass anhand ihrer Texte eine Diskussion innerhalb der Gesellschaft entstehen kann und der Leser in der Lage ist, sich eine Meinung zu bilden (vgl. Merkel 2012: 37).

> „In keinem anderen Ressort ist das so wichtig wie in der Wissenschaft. Bei Nanotechnologie, Sterbehilfe, Pädagogik, Stammzellen, Zwangsmedikation und Energiegewinnung spielen nicht nur die harten und oft widersprüchlichen Fakten eine Rolle, sondern auch Werte und Bewertungen, die oft erst im Rahmen einer öffentlich geführten Debatte entstehen." (Campenhausen 2011: 16)

Lokalzeitungsleser sind nach Blödorn et al. „eher älter und den älteren Gesellschaftlichen Leitmilieus oder den Traditionellen Milieus zuzurechnen" (2004: 2). Sie erhoffen sich von der Lektüre auch Aufklärung und Orientierung in einer schnelllebigen Welt. Journalisten müssten „im Ozean wissenschaftlicher Informationen nach Orientierung suchen" und frühzeitig verdeckte Auswirkungen neuen Wissens auf die Gesellschaft aufspüren (Kienzlen 2007: 13).

> „Gute Arbeit leistet Journalismus, wenn er den Laien diskurskompetent macht. Dazu muss er die Grundlagen verstehen (Sachkompetenz), die Argumente nachvollziehen können und sich schließlich selbst ein Urteil bilden (Urteilskompetenz)." (Campenhausen 2011: 160)

Laut Lutz Feierabend vom Kölner Stadtanzeiger erwarten die Leser qualitativ hochwertige Berichterstattung. Gerade bei medizinischen Themen würden kontroverse Diskussionen geführt werden. Impfen oder nicht impfen? Gurken essen in Zeiten von EHEC oder besser nicht? „Was stimmt denn jetzt?' werden wir dann gefragt. Und die Leser erwarten, dass wir das wissen", sagte Feierabend bei einer Podiumsdiskussion auf der Fachkonferenz „Wissenswerte" 2011 in Bremen.

Themen wie Atomkraft oder flächendeckende Infektionen berühren nicht nur die Politik, sondern jeden Einzelnen. „Klimawandel und Energiethemen – früher Steckenpferde von

Ökologen und Ingenieuren – beschäftigen heute den Bundestag" (Campenhausen 2011: 10f.) –
und jeden Bürger.

> „Wissenschaftsjournalismus soll den Menschen helfen, einen Teil der Welt besser zu verstehen. Wo liegen die
> Ursachen und Gefahren des Klimawandels? Welche Vor- und Nachteile hat ein neues Medikament? Natürlich
> kann er auch eine interessante Lesegeschichte bieten wie z.B. einen Beitrag über die Zukunftsplanung von
> Vögeln." (Simone Humml, Leiterin der Wissenschaftsredaktion der Deutschen Presse-Agentur (dpa) zitiert
> nach Lehmkuhl, et al., 2008: 15)

3. Nachrichtenfaktor Neugier

Jeder zweite Befragte gab in einer Studie der Fachhochschule Johanneum in Graz „Neugierde"
als Hauptmotiv für seinen Konsum wissenschaftlicher Beiträge an (FH Johanneum 2004). Die
Leser sind neugierig und Wissenschaftsjournalismus kann diese Neugier befriedigen. Denn wie
der Journalismus insgesamt folgt auch der Wissenschaftsjournalismus bestimmten
Selektionskriterien zur Auswahl berichtenswerter Themen. Badenschier (vgl. 2011)
identifizierte unter anderem „Überraschung" und „(Er-)Staunen" als spezielle
Nachrichtenfaktoren im Wissenschaftsjournalismus. Der von sich aus neugierige Mensch will
also überrascht und erstaunt werden. Auch Müller (vgl. 2010: 85) stellte in ihrer Befragung eine
besondere Bedeutung für „Überraschung" fest. Dazu war die „Einfachheit" der dargestellten
Inhalte entscheidend. Als wichtigstes Selektionskriterium nannten die interviewten Redakteure
aber „gesellschaftliche Relevanz".

Gesellschaftliche Relevanz ist dabei wichtiger als wissenschaftliche Relevanz. Wenn etwas
innerhalb des Forschungsbetriebs von besonderer Bedeutung ist, ist es keineswegs auch
automatisch für den Wissenschaftsjournalismus oder gar Lokaljournalismus relevant (Merkel
2012: 38). Viel mehr zählt für den Redakteur die Relevanz der wissenschaftlichen Erkenntnis
für seine Leser. „Der praktische Nutzen ist gewissermaßen der Anker, an dem ein vermutetes
Publikumsinteresse festgemacht wird." (Lehmkuhl 2008: 183) Wissenschaftler selbst sind
journalistisch erst dann relevant, „wenn sie dazu beitragen, eine gute Story zu realisieren."
(Peters 2008: 115).

Zusammenfassend konnte Müller in ihrer Studie feststellen, dass sich die theoretischen
Konzepte der Nachrichtenselektion auf den Wissenschaftsjournalismus übertragen lassen und
sich dort wieder finden (vgl. Müller 2010: 83). Daher sind auch allgemeingültige
Nachrichtenfaktoren wie Aktualität, Betroffenheit und Prominenz der Akteure im
Wissenschaftsjournalismus von Bedeutung. Lehmkuhl nennt außerdem „Nähe" als wichtiges
Selektionskriterium:

> „Regionale Nähe ist ein Nachrichtenwert, der häufiger, als man vielleicht gemeinhin annehmen darf, die
> Auswahl beeinflusst. So zeigt sich, dass die Redaktionen wissenschaftliche Nachrichten aus dem Land
> bevorzugen, in dem sie erscheinen. Insbesondere für Regionalzeitungen hat eine wissenschaftliche Nachricht
> dann größere Auswahlchancen, wenn sie sich in irgendeiner Weise regionalisieren lässt. Dazu genügt, dass in
> der Region Experten verfügbar sind, die Stellungnahmen liefern zu einem Forschungsresultat, das anderswo
> hervorgebracht worden ist." (Lehmkuhl 2006: 103)

Fraglich ist freilich, ob die Regionalität der Themen nicht doch wichtiger ist als die Regionalität
der Experten (vgl. Merkel 2012). Lokaler Bezug von Wissenschaftsthemen kann auf vielfältige

Art und Weise hergestellt werden: „Der Wissenschaftler ist hier geboren, bzw. arbeitet in der Stadt, die Krankheit wird auch in hiesigen Kliniken behandelt, an dem Leiden sind auch Menschen in der Region erkrankt/könnten erkranken." (Kotlorz 2006: 220) „Lokales par excellence" sei auch lokale Wissenschaftspolitik und „Service und Wissenschaft zum Anfassen" (ebd. 218ff.). Dazu gehören wissenschaftliche Tagungen im örtlichen Messezentrum, aber auch Publikumsveranstaltungen wie Wissenschaftstage und -nächte sowie die Kinder-Unis an vielen Hochschulen in Nordrhein-Westfalen. Die Zeitungen drucken dazu Sonderbeilagen mit dem Programmablauf und den Busrouten, sie berichten vorab und anschließend über die verschiedenen Aktionen. „Wissenschaft ist in", sagt Kotlorz (2006: 221). Auch die Führungsposition medizinischer Themen in Regionalzeitungen lässt sich mit den klassischen Nachrichtenfaktoren erklären (Merkel 2012: 39):

> „So leuchtet es unmittelbar ein, dass Faktoren wie ‚Nähe', ‚Relevanz', ‚persönliche Betroffenheit' oder ‚Emotion' bei Medizinthemen leichter erfüllt sind als bei abstrakten Ergebnissen aus der Materialforschung. Allein der Kreis derer, die von einer bestimmten Erkrankung – direkt oder im Freundes- und Bekanntenkreis – betroffen sind, ist gerade bei den großen Volkskrankheiten immens." (Wormer 2010: 360)

Die geforderte Nähe zum Leser wird hergestellt, indem die Alltagsrelevanz eines zunächst abstrakten Forschungsergebnisses deutlich gemacht wird, durch die Personalisierung und Regionalisierung eines Themas (vgl. Wormer 2010: 364).

4. Regionalität als Chance

> „Nahezu jede Wissenschaftsthematik ist spannend für den Lokalteil. Die Zeiten, da sich Forschung im Elfenbeinturm abspielte und wissenschaftliche Ergebnisse ausschließlich in Fachzeitschriften und auf den Wissenschaftsseiten der Tageszeitungen stattgefunden haben, sind lange vorbei. Artikel zu wissenschaftlichen Sachverhalten ziehen sich heute durch die komplette Tageszeitung: Der Klimaschock wird zum Seite-Eins-Aufmacher; die Ausbreitung der Vogelgrippe in Asien ist ein großes Thema auf einer der Auslandsseiten; die Ölkatastrophe findet auf der vermischten Seite statt – und was steht im Lokalteil? Theoretisch jedes der genannten Themen: Ist zum Beispiel ein lokaler Forscher an der neuen Studie zum Klimawandel beteiligt, wird der Wissenschaftler dazu interviewt und das Gespräch im Lokalteil abgedruckt." (Kotlorz 2006: 214)

Der Wissenschaftsjournalismus im Lokalen muss sich von seinem Pendant in den überregionalen Tageszeitungen unterscheiden. „Was der FAZ recht war, wird den Regionalzeitungen gerade deshalb billig sein? Irrtum!", schreibt Lehmkuhl (2009: 15). „Zu verschieden sind die Ansprüche, die regionale Zeitungen an Wissenschaftsgeschichten stellen." In Regionalzeitungen mit wöchentlich erscheinenden Wissenschaftsseiten müssten die Themen bunt und spektakulär sein sowie vornehmlich der Unterhaltung dienen (ebd.: 16). Da die Regionalzeitung der in Deutschland vorherrschende Tageszeitungstyp ist, zeichnet die Analyse in dieser Zeitungsform ein Bild davon, wer den größten Teil der Bevölkerung wie mit Berichten über Wissenschaft versorgt (vgl. Hettwer et al. 2003: 2). Dass in Regionalzeitungen das Interesse an Wissenschaftsthemen wächst, stellen auch Blöbaum et al. in einer Umfrage unter Regionalzeitungsredakteuren fest (vgl. 2003: 7). Rund ein Drittel der Befragten gab an, dass ihre Zeitung eine eigene Wissens-, Wissenschafts- oder Hochschulseite hat. Nach Ansicht der befragten Journalisten ist das Leserinteresse an Life-Science-Themen[1] derzeit hoch und wird noch weiter ansteigen. (ebd. 30f.) Vor allem die Themen Medizin, Gesundheit/Ernährung und Biotechnologie bezeichnen sie als „zukunftsträchtig". Häufig beschäftigten sich Texte bislang jedoch mit dem weniger beliebten Thema der Wissenschaft als Arbeitsform (ebd. 47).

In der Hälfte der untersuchten Texte sind Wissenschaftler die handelnden Hauptakteure, die in staatlichen Instituten und Hochschulen arbeiten, seltener in der privatfinanzierten Forschung (ebd. 52). In Lokalzeitungen wird vor allem über Wissenschaft berichtet, wenn ein Forschungszentrum innerhalb des Verbreitungsgebietes liegt. „Regionale Qualitätszeitungen berichten häufig über Life-Science-Anwendungen, die einen internationalen Bezug aufweisen, gefolgt von nationalen, regionalen und lokalen Bezügen" (ebd. 57). Durch Experten an Hochschulen oder Forschungsinstituten vor Ort wird dann ein lokaler Bezug hergestellt. Der Dortmunder Forscher kann seine Einschätzung dazu abgeben, welche Folgen ein Ereignis im Ausland für die Menschen im Ruhrgebiet hat – oder welche Auswirkungen der EHEC-Erreger aus Norddeutschland für die Leser in NRW haben kann. Noch vor 20 Jahren wurde diese Form der Regionalisierung nur selten genutzt. Nach Kruse (1990: 177) zitierten Journalisten häufiger Forscher, Institute und Hochschulen als Quellen, die außerhalb des jeweiligen Bundeslandes oder außerhalb Deutschlands lagen, als solche, die innerhalb des eigenen Bundeslandes oder in unmittelbarer Nähe des Redaktionssitzes zu erreichen waren. Dabei sind wissenschaftliche Institute oder einzelne Forscher die Hauptinformationsquelle innerhalb der Wissenschaftsberichterstattung (ebd. 1990: 189).

Bei regionalen Tageszeitungen kann die Autorität eines Experten von Bedeutung (Lehmkuhl 2008: 192) sein, wenn der Forscher als lokale Größe vor Ort gilt. Oft kommt Wissenschaftlern im Lokalen auch die Rolle eines „sprechenden Lexikons" (Wormer 2008: 353) zu, das die Welt auf Schulwissenniveau erklären soll. Dafür sei auch der solide und redegewandte Professor der Universität um die Ecke geeignet (ebd.). Überhaupt mit Experten zu sprechen ist für den Journalismus heute wichtiger denn je, denn „das Interview ist der Mehrwert des Journalismus gegenüber dem Internet" (Wormer 2008: 363). Nicht jeder Hobby-Blogger will oder kann für seinen Beitrag mit einem Wissenschaftler sprechen. Lokaljournalisten sollten es aber wann immer möglich tun.

Studenten der Fachhochschule Johanneum in Graz verglichen in einer Studie die Ansprüche der Journalisten mit den Wünschen der Leser (FH Johanneum 2004). Dabei stellten sie fest, dass gerade jüngere Leser weniger von Medizinthemen begeistert seien als Redakteure denken. Auch Astronomie gelte als beliebter als sie tatsächlich ist. Eine Allgemeingültigkeit dieser Aussagen ist jedoch durch die starke Konzentration der Studie auf junge Leser zu bezweifeln. Als Nutzungsmotive für Wissenschaftsartikel gaben die Befragten neben „Neugierde" auch ein Bedürfnis nach „Weiterbildung", „berufliche Notwendigkeit" und „Hobby" an (ebd. 2004: 21). Für einen Teil der Personen bilden Artikel über Naturwissenschaft, Technik und Medizin sogar einen „Teil der Lebenskultur". Als Qualitätskriterium für gute Wissenschaftsberichterstattung werten die Leser die „Verständlichkeit" der Texte. Beliebte Themen waren Biologie, Technik und Geschichte.

---

[1] Als „Life-Science" verstehen Blöbaum et al. die Themenfelder Genforschung, Gesundheit/Medizin und Biotechnologie (Blöbaum et al. 2003: 28). Schätzungen der befragten Journalisten zufolge macht der Anteil der Life-Science-Berichterstattung ungefähr die Hälfte des Gesamtumfangs der Wissenschaftsberichterstattung aus.

Dass Wissenschaftsthemen bei Lesern und Leserinnen generell sehr beliebt sind, stellte auch Carlo Imboden mit der von ihm entwickelten Reader-Scan-Methode[2] fest: „Bei allen von uns gemessenen Zeitungen fungiert die Wissenschaftsseite unter den am meisten gelesenen Seiten der Zeitung überhaupt." (Imboden 2008: 3, vgl. den Beitrag von Pöttker in diesem Band)

5. Wissenschaft im Lokalen

> „Wissenschaftsjournalismus reicht also vom klassischen Wissenschaftsreport über Eiskernbohrungen in der Arktis und den daraus ableitbaren Erkenntnissen zur Entwicklung des Weltklimas bis hin zum Bericht auf der Lokalseite über die Auseinandersetzungen um die neue Müllverbrennungsanlage, deren Abgasgrenzwerte unterschiedlich interpretiert werden." (Göpfert et al. 2006: 13)

Wissenschaftsjournalismus ist überall und findet sich auch immer mehr in den Regionalzeitungen. Deren Redakteure gehen davon aus, dass vor allem Themen zu Medizin, Ernährung und Gesundheit bei ihrem Publikum beliebt sind (Blöbaum et al. 2003) und ihre Berichterstattung in den kommenden Jahren noch zunehmen wird. Auch Lehmkuhl (vgl. 2008) und Banspach (vgl. 2004) zeigten in ihren Inhaltsanalysen auf, dass medizinische Themen bevorzugt auf den Wissenschaftsseiten der Regionalzeitungen vorkommen. Immerhin ein Drittel der Zeitungen hat eine regelmäßige Wissen(schaft)s- oder Hochschulseite.

Gerade in Bezug auf Verständlichkeit und Relevanz in der regionalen Tageszeitung spielen Personalisierung und lokaler Bezug eine große Rolle. Dabei lässt sich im Wissenschaftsjournalismus Regionalität auf vielfältige Art herstellen. Die meisten beobachteten Zeitungen haben eine Hochschule oder ein Forschungsinstitut innerhalb ihres Verbreitungsgebietes. Auch können ortsansässige Experten dazu beitragen, die Folgen überregionaler Themen für die Leser innerhalb ihrer Region einzuordnen. Für Lokal- und Regionalzeitungen bietet der Wissenschaftsjournalismus eines der verbliebenen potenziellen Wachstumsfelder in einer vom Auflagenrückgang geprägten Zeit. Das Interesse der Leser an Themen aus Medizin, Naturwissenschaften und Technik wächst mit der zunehmenden Komplexität der Welt, in der sie leben. Der Wunsch nach Information und Orientierung ist groß. Bezogen auf die Nahwelt des Bürgers kann ihn nur die Lokalzeitung erfüllen.

Literatur

Monografien

Banspach, Nina (2004): „Wie eine Studie ergab". Wissenschaftsberichterstattung in deutschen Regionalzeitungen. Dortmund: Unveröffentlichte Diplomarbeit, Universität Dortmund: Institut für Journalistik.

Blöbaum, Bernd; Görke, Alexander (2003): Wissenschaftsjournalismus bei Regional- und Boulevardzeitungen. Ergebnisse einer Befragung und Inhaltsanalyse. Unveröffentlichter Endbericht, Universität Münster: Institut für Kommunikationswissenschaft.

---

[2] Beim Reader-Scan wird mit Hilfe eines elektronischen Stiftes aufgezeichnet, welche Texte ein Leser wie weit gelesen hat.

Campenhausen, Jutta von (2011): Wissenschaftsjournalismus. Konstanz.

Graf-Szcuzka, Karola (2006): „Der kleine Unterschied". Eine Typologie jugendlicher ZeitungsleserInnen und -nichtleserInnen Dortmund: Unveröffentlichte Dissertation, Universität Dortmund: Institut für Journalistik.

Hettwer, Holger/Machill, Marcel/Zotta, Franco (2003): Wissenschaftsjournalismus bei Regional- und Boulevardzeitungen – Kurzfassung. Gütersloh.

Kretzschmar, Sonja/Möhring, Wiebke/Timmermann, Lutz (2009): Lokaljournalismus. Wiesbaden.

Kruse, Uta (1990): Regen, Rheuma, Recycling. Verwissenschaftlichung der Tagespresse und Leser Alltag. Eine empirische Analyse ausgesuchter Zeitungen. Dortmund: Diplomarbeit, Institut für Journalistik, Technische Universität Dortmund.

Merkel, Christina (2012): Mein Nachbar, der Experte. Wie regional muss Wissenschaftsjournalismus in der Regionalzeitung sein? Eine empirische Analyse am Beispiel der Nürnberger Zeitung. Dortmund: Unveröffentlichte Masterarbeit, Technische Universität Dortmund, Institut für Journalistik.

Müller, Simone (2010): Nachrichtenselektion im Wissenschaftsjournalismus. Eine Analyse der Themenauswahl bei „Die Zeit", Logo und Abenteuer Wissen. Hamburg: Unveröffentlichte Masterarbeit, Universität Hamburg: Institut für Journalistik.

Schanne, Michael (1999): Förderprogramm Wissenschaftsjournalismus. Stuttgart.

Wormer, Holger (2006): Die Wissensmacher. Profile und Arbeitsfelder von Wissenschaftsredaktionen in Deutschland. Wiesbaden.

Von Aretin, Kerstin/Wess, Günther (Hrsg.) (2006): Wissenschaft erfolgreich kommunizieren. Weinheim.

Sammelbände und Sammelband-Beiträge

Badenschier, Franziska/Wormer, Holger (2011): Issue selection in science journalism: Towards a special theory of news values for science news? In: Rödder, Simone/Franzen Martina/Weingart Peter (Hrsg.): The Sciences' Media Connection – Communication to the Public and its Repercussions. Sociology of the Sciences Yearbook. Dordrecht.

Blöbaum, Bernd (2008): Wissenschaftsjournalisten in Deutschland: Profil, Tätigkeiten und Rollenverständnis. In: Hettwer, Holger/Lehmkuhl, Markus/Wormer, Holger/Zotta, Frank (Hrsg.): WissensWelten. Gütersloh.

FH Johanneum (2004): Wissenschaftsjournalismus und seine Rezeption. Eine Studie der Fachhochschule Johanneum, Graz. In: Müller, Christian (Hrsg.): SciencePop. Wissenschaftsjournalismus zwischen PR und Forschungskritik. Graz.

Göpfert, Winfried/Ruß-Mohl, Stephan (2006): Was ist überhaupt Wissenschaftsjournalismus? In: Göpfert, Winfried (Hrsg.): Wissenschafts-Journalismus. Ein Handbuch für Ausbildung und Praxis. Berlin.

Hassemer, Gregor (2006): Zwischen Baum und Borke. Vom Berichten aus der und über die Wissenschaft. In: Rager, Günther/Graf-Szczuka, Karola/Hassemer, Gregor/Süper, Stephanie (Hrsg.): Zeitungsjournalismus. Empirische Leserschaftsforschung. Konstanz.

Kienzlen, Grit/Lublinski, Jan/Stollorz, Volker (Hrsg.) (2007): Fakt, Fiktion, Fälschung. Trends im Wissenschaftsjournalismus. Konstanz.

Kotlorz, Tanja (2006): Wissenschaft im Lokalen. In: Göpfert (2006).

Lehmkuhl, Markus (2006): Auswahlkriterien für Wissenschaftsnachrichten. In: Göpfert (2006).

Lehmkuhl, Markus (2008): Typologie des Wissenschaftsjournalismus. In: Hettwer et al. (2008)

Lehmkuhl, Markus; Hettwer, Holger; Wormer, Holger; Zotta, Frank (2008): Was ist Wissenschaftsjournalismus? Eine Einleitung. In: Hettwer, Holger/Lehmkuhl, Markus/Wormer, Holger/Zotta, Frank (Hrsg.): WissensWelten. Gütersloh.

Meier, Klaus (2006): Medien und Märkte des Wissenschaftsjournalismus. In: Göpfert et al. (2006).

Meier, Klaus (2008): Für und Wider des Lebens im Getto: Wissenschaftsjournalisten in den Strukturen einer Redaktion. In: Hettwer, Holger/Lehmkuhl, Markus/Wormer, Holger/Zotta, Frank (Hrsg.): WissensWelten. Gütersloh.

Peters, Hans Peter; Jung, Arlena (2008): Wissenschaftler und Journalisten – ein Beispiel unwahrscheinlicher Co-Orientierung. In: Göpfert (2006).

Reitz, Ulrich (2008): Chancen der Wissenschaft im Regionalen. In: Hettwer, Holger/Lehmkuhl, Markus/Wormer, Holger/Zotta, Frank (Hrsg.): WissensWelten. Gütersloh.

Röttger, Berndt (2008): Nur bunt und schön war gestern! Veränderungen des Wissenschaftsjournalismus beim Hamburger Abendblatt. In: Hettwer, Holger/Lehmkuhl, Markus/Wormer, Holger/Zotta, Frank (Hrsg.): WissensWelten. Gütersloh.

Ruß-Mohl, Stephan (1987): Wissenschaftsvermittlung – Eine Notwendigkeit. In: Flöhl, Rainer/Fricke Jürgern (Hrsg.) (1987): Moral und Verantwortung in der Wissenschaftsvermittlung. Mainz.

Wormer, Holger (2006): Fragen zur Vergiftung von Ehegatten und andere Dienstleistungen [Buchabschnitt]/Die Wissensmacher. Profile und Arbeitsfelder von Wissenschaftsredaktionen in Deutschland/Buchverf. Wormer, Holger (Hrsg.), Wiesbaden.

Wormer, Holger (2008): „Wie seriös ist Dr. Boisselier?" – Quellen und Recherchestrategien für Themen aus Wissenschaft und Medizin. In: Hettwer, Holger/Lehmkuhl, Markus/Wormer, Holger/Zotta, Frank (Hrsg.): WissensWelten. Gütersloh.

Wormer, Holger (2008): Google ist Silber, Zuhören ist Gold! Wer seinen Gesprächsstil an verschiedene Typen von Wissenschaftlern anpassen kann, erfährt (und versteht) mehr als andere. In: Hettwer, Holger/Lehmkuhl, Markus/Wormer, Holger/Zotta, Frank (Hrsg.): WissensWelten. Gütersloh.

Wormer, Holger (2006): Wege zum „Wollmilchwissenschaftsjournalisten?" In: Aretin, Kerstin von/Günther, Wess (Hrsg.): Wissenschaft erfolgreich kommunizieren. Weinheim.

Wormer, Holger (2010): „Warum ist der Himmel blau?" Wie die Massenmedien Wissenschaftsthemen aufbereiten und verbreiten. In: Dausendschön-Gay, Ulrich/Domke, Christine/Ohlhus, Sören (Hrsg.): Wissen in (Inter-)Aktion. Verfahren der Wissensgenerierung in unterschiedlichen Praxisfeldern. Berlin; New York.

Zeitschriftenartikel

Blödorn, Sascha; Gerhards, Maria (2004): Informationsverhalten der Deutschen. Ergebnisse einer Repräsentativbefragung. In: Media Perspektiven 1/2004.

Blödorn, Sascha/Gerhards, Maria; Klingler, Walter (2004): Informationsnutzung und Medienauswahl 2006. In: Media Perspektiven 12/2006.

Lehmkuhl, Markus (2009): Große Geschichten für kleine Blätter. In: Wpk-Quarterly 1/2009.

Die Autorin

Christina Merkel (*1986), M.A., hat Wissenschaftsjournalismus an der Hochschule Darmstadt und an der Technischen Universität Dortmund studiert. Sie machte Praktika und Hospitanzen u.a. beim Hamburger Abendblatt, P.M. Magazin, Bayerischer Rundfunk und Süddeutsche Zeitung. Ihr Volontariat absolvierte sie bei der Nürnberger Zeitung. Dort ist sie derzeit verantwortlich für die Seite „Hochschule & Wissen".
Kontakt: christina.merkel@tu-dortmund.de

„Wir haben oft so eine Wagenburgmentalität"
Leitende Redakteure zur Bedeutung von Migranten für den Lokaljournalismus

Janis Brinkmann

Der deutsche Lokaljournalismus steht vor gewaltigen Herausforderungen: In Zeiten vielerorts sinkender Auflagen und Einschaltquoten sowie einbrechender Werbeerlöse suchen lokale Zeitungsverlage und Rundfunksender nach neuen Rezipienten- und Kundengruppen, um einen schleichenden Bedeutungsverlust im Zeitalter des Internets aufzuhalten. Gleichzeitig wachsen in einer sich stetig wandelnden und ausdifferenzierenden Gesellschaft die medialen Anforderungen an eine realitätsnahe und kenntnisreiche Darstellung der verschiedenen Gruppen, insbesondere der von ethnischen Minderheiten. Für die Zukunft der Lokalmedien wird es daher entscheidend sein, die ökonomischen und journalistischen Potenziale von Migranten zu erkennen und für den Lokaljournalismus zu heben. Im Mittelpunkt des Beitrags steht die Frage, welche wirtschaftliche und inhaltliche Bedeutung Menschen mit Migrationshintergrund – sei es als Publikum, Werbekunden oder als Journalisten – für den Lokaljournalismus haben und inwieweit Geschäftsführer, Chefredakteure und Redaktionsleiter lokaler Medien diese erkennen und nutzen.

Wenn es der Journalismus ist, der eine Gesellschaft zusammenhält, dann sind es insbesondere Lokalmedien, die diesen Mörtel anrühren. Dort, wo unterschiedliche Menschen aufeinandertreffen – im Sportverein, bei Straßenfesten, in der Gemeinde und am Stammtisch – setzt Lokaljournalismus an und schafft Öffentlichkeit. Er dreht nicht am großen Rad der Weltpolitik, sondern zeigt Zusammenhänge im Kleinen, liefert Orientierung vor Ort und Meinungen von jenseits der eigenen Straßenseite. Ein Lokaljournalismus, der seine Aufgabe ernst nimmt, hilft dem Publikum, die nahe Umgebung und die Menschen darin besser zu verstehen. Damit leistet er im besten Fall einen wichtigen Beitrag zur Integration – im schlechtesten Fall bewirkt er das Gegenteil.

Die Bedeutung des Journalismus und der von ihm geschaffenen medialen Öffentlichkeit für die Integration ethnischer Minderheiten wurde bereits in zahlreichen wissenschaftlichen Publikationen diskutiert (vgl. u.a. Micus/Walter 2006 und Geißler/Pöttker 2009). Dabei ist unstrittig, dass Medien je nach Darstellung der Minderheit in ihrer Berichterstattung integrationsfördernd oder integrationshemmend wirken können. Insbesondere Lokalmedien, die in der Regel am umfang- und kenntnisreichsten über Geschehnisse vor Ort berichten, nehmen wichtige Rollen als Multiplikatoren im medialen Integrationsprozess ein.

Ein prominentes Beispiel gescheiterter medialer Integration liefern Pöttker und Bader anhand der polnischen Einwanderer im Ruhrgebiet vor dem Ersten Weltkrieg. Auch wenn die Ruhrpolen insbesondere von der Politik oft als Beleg für eine angeblich gelungene Integration angeführt werden, zeigte die Inhaltsanalyse einer Lokalzeitung in „Deutschlands polenreichster Stadt", der Recklinghäuser Zeitung, dass die große polnische Minderheit im umfangreichen Lokalteil nicht vorkam (vgl. 2009: 42ff.). Die deutsche Mehrheitspresse ignorierte die ethnische Minderheit nahezu vollständig, was den Verdacht einer „Tabuisierung" der Ruhrpolen durch die Lokalzeitung nahelegt (vgl. Pöttker/Bader 2009: 30). Die einzigen Ausnahmen der Nichtthematisierung stellten Berichte über Straftaten und Unruhen dar, die in einem „die polnische Minderheit diffamierenden und gegen sie aufhetzenden Ton" (ebd.: 30) geschrieben waren. Die Autoren kommen zu dem Fazit:

> „Es ist wohl erst das Zusammenwirken von abstrakter Stereotypisierung der polnischen Minderheit durch
> eine an den Herrschaftsdiskurs gebundene politische Presse einerseits und Ignoranz gegenüber dem Alltag
> dieser Minderheit und damit deren Ausschluss von den konkreten Erfahrungsmöglichkeiten der Deutschen
> auf Seiten der Lokalpresse andererseits, die den Anteil der Mehrheitsmedien an einem kulturellen Klima der
> gegenseitigen Verdächtigung und Ablehnung ausgemacht hat, an dem die Integration gescheitert ist." (ebd.:
> 33)

Der Fall der gescheiterten medialen Integration der polnischen Einwanderer im Ruhrgebiet
unterstreicht die Bedeutung der Lokalmedien für integrative Prozesse. Auch die Politik hat den
Zusammenhang zwischen medialer Öffentlichkeit und Integration mittlerweile erkannt. So
heißt es im Nationalen Integrationsplan der Bundesregierung (2007: 157):

> „Im Prozess der Integration spielen Medien – wenn auch nur mittelbar – eine bedeutende Rolle: Einerseits
> prägen sie im Rahmen unabhängiger und kritischer Berichterstattung und in ihren Unterhaltungsangeboten
> Bilder von den verschiedenen ethnischen und kulturellen Bevölkerungsgruppen wesentlich mit. Andererseits
> sind sie für unterschiedliche gesellschaftliche Gruppen Plattform für öffentliche Kommunikation."

In Deutschland leben etwa 15,7 Millionen Menschen mit Migrationshintergrund, was bedeutet,
dass 19,2 Prozent der Bevölkerung eine Zuwanderungsgeschichte haben (vgl. Statistisches
Bundesamt 2011: 36). Der steigende Einfluss von Migranten in allen gesellschaftlichen
Bereichen wie Politik, Wirtschaft und Kultur macht einen Perspektivenwechsel nötig. Statt
wiederholt die Bedeutung der lokalen Medien für Menschen mit Migrationshintergrund in
Deutschland und deren Integration zu analysieren, ist es an der Zeit, zu fragen: Welche
Bedeutung haben Migranten für den Lokaljournalismus?

Dabei lassen sich mindestens zwei Dimensionen der Bedeutung unterscheiden: Eine
ökonomische und eine journalistische Dimension. Erstere umfasst den steigenden
wirtschaftlichen Einfluss von Menschen mit Migrationshintergrund, beispielsweise als
Kunden- oder Lesergruppen, denen sich Medien gerade im Zeitalter des Internets und der
zunehmenden medialen Ausdifferenzierung nicht verschließen können:

> „Auch in wirtschaftlicher Perspektive sind zugewanderte Bevölkerungsgruppen für die Medien von
> zunehmendem Interesse, stellen sie doch einen relevanten und ständig wachsenden Anteil der Mediennutzer,
> der Gebührenzahler, der Leser von Zeitungen und Zeitschriften und der Zielgruppen von Werbung."
> (Bundesregierung 2007: 157)

Die zweite Dimension verdeutlicht, dass Migranten den Schritt vom bloßen Gegenstand der
Berichterstattung hin zu einer Rolle des aktiven Produzenten journalistischer Inhalte gehen
können, um den Prozess der Integration anzutreiben. Im Nationalen Aktionsplan der
Bundesregierung wird daher explizit eine redaktionelle Beteiligung von Menschen mit
Migrationshintergrund gefordert:

> „Mediale Integration strebt eine angemessene Beteiligung von Migrantinnen und Migranten in den
> Medienberufen an. Erst durch eine aktive Präsenz in den Entscheidungsgremien, Redaktionen und
> Programmen kann das breite Spektrum an Sichtweisen, Zugängen, Erfahrungen und Kenntnissen in der
> Öffentlichkeit einer Einwanderungsgesellschaft abgebildet werden." (Bundesregierung 2012: 162)

Was immer „eine angemessene Beteiligung" in diesem Kontext meint und wie diese erreicht werden kann – mit Blick auf die Zahlen scheint in Deutschland noch ein Missverhältnis vorzuliegen (vgl. Lofink 2011: 7): Während nahezu jeder fünfte Einwohner über einen Migrationshintergrund verfügt, liegt der Anteil der Migranten im deutschen Journalismus nach ersten Studien und Schätzungen (vgl. u.a. Geißler/Enders/Reuter 2009) bei unter zwei Prozent (für Printmedien) bzw. bei knapp vier Prozent (für Rundfunkmedien). Mit den Ursachen für diese Differenz und Möglichkeiten der Förderung von Journalisten mit Migrationshintergrund befasste sich zwischen 2010 und 2012 das Forschungsprojekt „Ethnische Diversität im Journalistenberuf" an der Technischen Universität Dortmund, bei dem eine Basiserhebung im bevölkerungsreichsten deutschen Bundesland, Nordrhein-Westfalen, im Mittelpunkt stand. Neben einer Befragung von Schülern mit Migrationshintergrund zu ihren Einstellungen zum Journalistenberuf wurden auch Personalverantwortliche und leitende Redakteure privatwirtschaftlicher Medienbetriebe in NRW befragt.

Aus dieser Befragung wurden 20 Interviews mit Vertretern von Lokalmedien ausgewählt und für die folgende qualitative und aspektorientierte Inhaltsanalyse untersucht. Unter der übergeordneten Fragestellung: Was können Migranten für den Lokaljournalismus leisten? wurden die Interviews mit Journalisten von Lokalzeitungen sowie lokalen Radiostationen und Fernsehsendern in NRW ausgewertet. Die Frage nach der Bedeutung von Migranten für den Lokaljournalismus soll also nicht bloß theoretisch erörtert, sondern im Folgenden anhand von Aussagen und Einschätzungen lokaljournalistischer Praktiker beantwortet werden.

1. Der erste Eindruck: In den Redaktionen überwiegt Skepsis

In einem ersten Analyseschritt wurden zunächst die Interviewaussagen untersucht, die Rückschlüsse auf die grundlegenden Einstellungen der Befragten zum übergeordneten Thema Migranten im Lokaljournalismus, dessen Relevanz sowie mögliche Teilbereiche zuließen, um das Themenfeld anschließend in weiteren Schritten strukturiert und anhand von Teilfragen analysieren zu können.

Die Befragung zeigte zunächst, dass sich die Frage nach der Bedeutung von Migranten für den Lokaljournalismus den wenigsten leitenden Redakteuren und Geschäftsführern von Lokalmedien in Nordrhein-Westfalen grundsätzlich stellt. Die meisten Befragten hatten sich bis zum Zeitpunkt des Interviews wenig bis gar nicht mit den daraus resultierenden Problemen, Chancen und Herausforderungen beschäftigt.

Die Mehrheit der Befragten kannten weder den aktuellen Anteil von Menschen mit Migrationshintergrund an der Gesamtbevölkerung Deutschlands, noch wussten sie, wie hoch der Anteil der Migranten im Journalismus ist. Die Antwort eines Chefredakteurs einer westfälischen Lokalzeitung (Int. 3) kann stellvertretend für die Ansichten der meisten befragten Personalverantwortlichen gesehen werden:

> „Dafür habe ich mich noch nie interessiert. Und ich werde mich auch nicht dafür interessieren. Ich kenne gute Journalisten, mittelmäßige Journalisten und schlechte Journalisten. Das ist es, was für mich wichtig ist."

Viele Befragte betonten, dass sie auf der Suche nach redaktionellen Mitarbeitern vor allem gut ausgebildetes, verlässliches und kreatives Personal suchen und dabei weniger auf die Herkunft der Bewerber achten würden. Ein Redaktionsleiter einer Zeitung aus dem Sauerland (Int. 11) übertrug dabei seine persönliche Einschätzung auf die gesamte Lokalbranche:

> „Ich denke, die meisten Chefredakteure machen sich da genauso wie ich relativ wenig Gedanken. Wenn wir eine Stelle ausschreiben, suchen wir im Grunde genommen die besten Bewerber. Und wenn ein Migrant darunter ist, wird dieser sicherlich nicht ausgeschlossen werden, und dann hat er alle Chancen dieser Welt."

In einem anderen Fall bewertete ein Chefredakteur eines Radiosenders (Int. 1) die Chancen von Bewerbern mit Migrationshintergrund in seiner Redaktion als deutlich schlechter, wenn ihnen sprachliche Fähigkeiten oder der lokale Hintergrund fehlten:

> „Wenn es jemanden aus unserer Stadt gibt und es gibt jemanden mit Migrationshintergrund, der spricht nicht so gut Deutsch, ist aber von der Fähigkeit gleichwertig, dann würde ich jetzt nicht sagen: dann mach ich dieses Experiment, sondern würde natürlich dann denjenigen aus unserer Stadt nehmen."

Neben lokaljournalistischen Kompetenzen ist für viele Redaktionsleiter und Chefredakteure das Beherrschen der deutschen Sprache die Basis, um im Lokaljournalismus zu arbeiten. Der Chefredakteur einer westfälischen Tageszeitung (Int. 3) nannte die Sprachkompetenz eine „Grundeinstellungsvoraussetzung", man sei schließlich kein „Deutschausbildungsinstitut". Ein Redaktionsleiter (Int. 13) formulierte die Zugangsvoraussetzungen für den Journalistenberuf: „Nur wer Deutsch in Wort und Schrift beherrscht, kann teilhaben." Ein anderer Redaktionsleiter (Int. 1) begriff ein fehlerhaftes Deutsch oder einen fremden Akzent insbesondere im Lokalradio als wirtschaftliches Risiko für das eigene Medium:

> „Wir sind ein Lokalsender, das heißt, wir senden nur für unsere Stadt und die Leute erwarten natürlich, dass sie dann auch Leute von hier im Radio hören, als Moderatoren, als Nachrichtensprecher. Wenn sie jemanden haben, der einen russischen Akzent hat, ist das natürlich schwer zu vermitteln, weil man sieht nichts, man hört es nur und wie wollen Sie den Menschen hier vermitteln, dass das jemand von Ihnen ist." (…) Das wäre sozusagen ein Experiment am offenen Herzen, also gerade für Sender, die wirtschaftlich arbeiten. Zumindest würde es Irritationen schaffen – und Irritationen bedeuten auch immer Verlust an Hörern."

Zudem sah eine Reihe von Redakteuren verschiedener Medien den Lokaljournalismus als weniger geeignetes Einsatzfeld für Mitarbeiter mit Migrationshintergrund im Gegensatz zu überregionalen Medien. Zu diesem Ergebnis kommt auch der Redaktionsleiter einer Lokalzeitung aus dem Ruhrgebiet (Int. 10):

> „Das ZDF und die Süddeutsche Zeitung haben natürlich zig Einsatzmöglichkeiten und zig Rotationsmöglichkeiten. Wir zum Beispiel haben keine Auslandskorrespondenten. Das heißt, ich brauch jetzt nicht zu überlegen, stell ich einen Türken oder einen Deutschen ein, um den dann nach Istanbul zu schicken? Oder stell ich einen Russen ein und schick den dann nach Moskau? Die Option haben wir überhaupt nicht."

Eventuell aufgrund der als eingeschränkt wahrgenommenen Möglichkeiten von lokalen Medien sahen viele Befragte keinen Anlass, sich mit der Differenz zwischen dem Bevölkerungsanteil der Migranten in Deutschland und dem Anteil von Journalisten mit Migrationshintergrund auseinanderzusetzen. Eine Quote zur Förderung von Migranten in Redaktionen wurde von allen Befragten abgelehnt. Der Redaktionsleiter einer Lokalzeitung (Int. 4) formulierte diese Einstellung wie folgt:

> „Ich bin kein Freund von jedweder Quotenregelung. Solche Sachen muss ich nicht durch eine Quote regeln, indem ich sage, ich muss aber, weil ich bei der Lokalzeitung bin. In dieser Stadt sind eine Anzahl X Türken, also muss meine Redaktion aus so und so vielen Türken bestehen. Das ist Quatsch."

Derselbe Journalist (Int. 4) befürchtete sogar Irritationen seiner Leser durch das verstärkte Einbinden von Journalisten mit Migrationshintergrund in die redaktionelle Arbeit, so dass man „Stammleser" verprellen könnte, wenn türkische oder polnische Namen über den Artikeln stünden: „Möglicherweise hat der Leser oder der Zuschauer das Gefühl, dass Themenbereiche abdriften könnten." Zudem formulierten manche der Befragten Vorbehalte gegenüber Journalisten mit Migrationshintergrund. Ein Redaktionsleiter einer westfälischen Lokalzeitung (Int. 17) hob die hohe Arbeitsbelastung im Lokaljournalismus hervor und betonte, dass eine Redaktion sich keine Kollegen leisten könne, die sich nur auf ihre eigenen „Nischenthemen" konzentrieren und zudem durch sprachliche Probleme zu einer erhöhten Arbeitsbelastung beitragen würden:

> „Das mag im Mantel so gehen, aber in einer Lokalredaktion muss jeder alles machen und da würde dann auch ein Redakteur mit Migrationshintergrund keine Extrawurst kriegen, also dass er sich nur in seinem eigenen Dunstkreis bewegt. (…) Ich müsste jeden Artikel, den er schreibt, komplett neu umschreiben und dafür habe ich keine Zeit."

Insgesamt hatten nur wenige leitende Redakteure oder Geschäftsführer von lokalen Medien in Nordrhein-Westfalen eine konkrete Einstellung zur allgemeinen Bedeutung von Migranten für den Lokaljournalismus. Viele Befragte begaben sich schnell in eine abwehrende oder abweisende Haltung, indem sie vor allem Probleme, Risiken oder Bedenken bei der Zusammenarbeit mit Migranten auf lokaler Ebene hervorhoben.

2. Auf den zweiten Blick: Die journalistische und die ökonomische Bedeutung von Migranten für den Lokaljournalismus

Nachdem grundsätzliche Einstellungen der Befragten untersucht wurden, sollte in einem zweiten Analyseschritt konkret die Bedeutung von Migranten für den Lokaljournalismus herausgearbeitet werden. Die weiterführenden Leitfragen wurden dabei auf Grundlage der eingangs differenzierten journalistischen und ökonomischen Dimensionen formuliert: Welche journalistische Bedeutung haben Migranten für den Lokaljournalismus? Welche ökonomische Bedeutung haben Migranten für den Lokaljournalismus?

2.1 Die journalistische Bedeutung von Migranten für den Lokaljournalismus

Mit Blick auf die erste Dimension, die journalistische Bedeutung von Migranten für den Lokaljournalismus, zeichneten die Befragten grundsätzlich ein einheitliches, wenn auch meist oberflächliches Bild, wobei sich die meisten leitenden Redakteure einen inhaltlichen Input für ihre Redaktionen von Journalisten mit Migrationshintergrund erhofften. Stellvertretend formulierte ein Redaktionsleiter aus dem Rheinland (Int. 6) seine Erwartungen an Mitarbeiter aus einem fremden Kulturkreis:

> „Natürlich gibt es einen Zugewinn. Das wird man nie in betriebswirtschaftlichen Zahlen ausdrücken können. Der Zugewinn ist, dass da jemand kommt, der vielleicht mal eine andere Sicht auf politische, gesellschaftliche Dinge hat, über die wir schreiben. Wo wir uns dann selbst hinterfragen können: Ist das so richtig, was du da machst, oder gibt es nicht auch andere Sichtweisen?"

Ein Redaktionsleiter aus dem Bergischen Land (Int. 9) versteht gerade junge Migranten als Bereicherung für seine Zeitung:

> „Das gilt natürlich für Praktikanten aus Migrantenkreisen umso mehr, weil die natürlich aus ihrem Erfahrungsbereich etwas einbringen und so eine Redaktion und eine Zeitung nur bereichern können (…) Und dass sie vielleicht auch einfach mal Geschichten einen anderen Dreh geben und auch etwas sehen, was wir nicht so sehen".

Die veränderte Perspektive, der Blick über den eigenen Tellerrand hinaus und eine andere Herangehensweise waren die am häufigsten genannten Vorzüge von Journalisten mit Migrationshintergrund in Lokalredaktionen. Für einen Geschäftsführer einer westfälischen Tageszeitung (Int. 19) gehören Mitarbeiter mit einer Einwanderungsgeschichte im Lokaljournalismus sogar explizit dazu, wenn man die Gesellschaft in ihrer ganzen Bandbreite abbilden möchte:

> „Ich kann keine gute Zeitung für junge Familien machen, wenn ich nicht zumindest einen Vater und eine Mutter hier in der Redaktion habe, die selber Kinder haben, und wissen, was das bedeutet. Und genauso ist es natürlich auch im Bereich des Migrationshintergrunds."

Der Chefredakteur einer Tageszeitung im Norden Westfalens (Int. 5) versprach sich von Mitarbeitern mit Migrationshintergrund bei Themen aus der Lebenswirklichkeit von Migranten bessere Recherchemöglichkeiten, als sie deutschen Journalisten offen stehen würden. Letztere wären bei bestimmten lokalen Themen im Nachteil:

> „Es fehlt tatsächlich einfach die persönliche Kenntnis und es fehlen auf diese Art und Weise auch Kontakte, es fehlen Zugänge – allein der sprachliche Hintergrund ist ein ganz wichtiger. Wir haben die Erfahrung gemacht, wenn wir die Chance hatten, mit Kollegen mit Migrationshintergrund zu arbeiten, dass sich denen ganz andere Türen öffneten und dass sich denen auch ganz andere Quellen erschlossen, als eben den Kollegen, die diesen Hintergrund nicht hatten."

Ein Kollege aus dem Sauerland (Int. 14) bewertet den Einfluss ähnlich positiv, relativiert die konkreten Vorteile aber, da er einen Journalisten mit Migrationshintergrund nicht als „Türöffner" sehe. Für einen der Befragten (Int. 13) ist ein Journalist mit Migrationshintergrund eher jemand, der neue Ideen und Themen in die Lokalredaktion bringe:

> „Es geht jetzt nicht um spezielle Themen, aber es kann ja natürlich eine kulturelle Vielfalt in die journalistische Arbeit mit hineinkommen, die wir, wenn wir nur im eigenen Saft kochen, nicht erreichen können. Es ist eine Bluttransfusion."

Eine solche „Auffrischung" journalistischer Arbeitsweisen und Ausrichtungen wurde zwar von vielen Befragten als positiver Einfluss von Journalisten mit Migrationshintergrund auf den Lokaljournalismus gesehen, die wenigsten sehen dafür aber eine solche Dringlichkeit, wie der Chefredakteur eines Lokalfernsehsenders (Int. 12):

> „Ich glaube, die Realität in den deutschen Redaktionen, in den lokalen Zeitungsredaktionen zumal, sieht echt so aus: Da sitzen im Durchschnittsalter Redakteure mit Ende 40, Anfang 50, die durchaus über ein mittleres bis gehobenes Jahreseinkommen verfügen und eine entsprechend quasi bürgerliche Existenz führen, aber dem Subjekt ihrer Berichterstattung an vielen Punkten entrückt sind."

Ein Lokalleiter aus dem Münsterland (Int. 17) hob darüber hinaus den anderen Zugang zu Themen und Geschichten von Journalisten mit Migrationshintergrund hervor:

> „Im Idealfall hätten die natürlich einen anderen Blick auf bestimmte Bevölkerungsgruppen, auf deren Lebensumstände, auf deren Probleme. Und so könnten vielleicht Themen Eingang in unsere Lokalberichterstattung finden, die wir bisher möglicherweise vernachlässigen. Und langfristig müssen wir natürlich auch gucken bei sinkender Auflage wie bei allen Zeitungen, dass wir neue Leserkreise erschließen, und da ist hier bisher ein weitgehend ungenutztes Potenzial."

Dass Menschen mit Migrationshintergrund mittlerweile fest zu Deutschland gehören, begreift ein Redaktionsleiter aus dem Sauerland (Int. 11) als besondere gesellschaftliche Herausforderung für den Lokaljournalismus:

> „Wenn sich die Leserwelt oder die Welt draußen verändert, dann müssen wir uns auch innen verändern, um dem Rechnung zu tragen. Und nehmen wir mal an, die Migrationsquote steigt weiter, wir haben irgendwann hier im Kreis 50 Prozent Muslime. Dann können wir sicherlich nicht mehr ausschließlich über die katholische Kirche schreiben, sondern müssen auch diesen Bereich journalistisch aufarbeiten, und auch aus deren Gemeinde berichten. Aber das muss dann qualifiziert geschehen, das kann dann nicht der deutsche Kollege machen, und insofern werden wir durch die Veränderungen in der Gesellschaft gezwungen, Kollegen einzukaufen oder einzustellen, die diesen Bereich qualifiziert abdecken können."

Einige wenige befragte Redakteure konnten ihre positive Einschätzung mit konkreten Erfahrungen aus der Zusammenarbeit mit Journalisten mit Migrationshintergrund untermauern. So hätten türkische Journalisten in der Redaktion geholfen, das Bewusstsein für das muslimische Fastenbrechen zu schärfen und dieses Thema im Lokalteil aufzugreifen. Ein polnischer Mitarbeiter einer westfälischen Lokalzeitung habe zudem die Feste und Feiertage der polnischen Gemeinde vor Ort journalistisch aufgearbeitet – ein Bereich, der den deutschen Kollegen nach Einschätzung des Redaktionsleiters ansonsten völlig fremd geblieben und daher wohl auch nicht in der Lokalberichterstattung berücksichtigt worden wäre (vgl. Int. 4).

Trotz dieser positiven Erfahrungen wollten die meisten Befragten Migranten im Lokaljournalismus nicht auf reine „Migrationsthemen" reduziert sehen. Der Redaktionsleiter einer Lokalzeitung (Int. 19) hielt eine solche thematische Eingrenzung für problematisch:

> „Es darf keinen Quotentürken geben oder keinen Quotenrussen, das würd ich für verhängnisvoll halten, wenn man diese Leute dann ausschließlich auf dieses Themenfeld festnagelt. Die müssen genauso sämtliche anderen Themen beackern und behandeln können, aber das ist ja etwas, was bei uns im Lokaljournalismus sowieso Standard ist."

Andere Befragte sahen bei einer Beschränkung auf Migrationsthemen weniger Probleme für den Journalisten als vielmehr für ihre Redaktion. Ein Chefredakteur einer westfälischen Lokalzeitung (Int. 3) sagte dazu:

> „Ich mach weder Ghettoberichterstattung in der Zeitung, noch mach ich Ghettos in der Redaktion."

Neben Migranten, die als Mitarbeiter zur Produktion von journalistischen Inhalten beitragen, hoben einige der Befragten auch die Rolle von normalen Bürgern mit Migrationshintergrund hervor. So seien insbesondere Lokalmedien auf Informationen aus ihnen zunächst einmal fremden gesellschaftlichen Bereichen angewiesen. Auch wenn solche Rückmeldungen bislang nicht die Regel seien, erinnerte sich ein Redaktionsleiter aus dem Sauerland (Int. 13) an einen Fall, in dem seine Lokalzeitung davon profitierte:

„Also Whistleblower, Stichwortgeber, sind eher seltener bei denen mit Zuwanderungsgeschichte. Aber es kommt auch vor. Wir haben mal eine Supergeschichte gehabt, da meldete sich eine türkische Mitbürgerin und berichtete, dass ein Wehr trockengelaufen sei, und dreihundert, vierhundert Fische qualvoll sterben. Und sie hat das beobachtet. Sie war dabei. Hat auch versucht, Fische wieder ins richtige Gewässer zu bringen. Und fand das skandalös und meldete sich sonntagabends um halb elf bei uns. Am nächsten Tag haben wir eine Riesengeschichte begonnen, das hat sich über Tage geschleppt. Und es war perfekt, mit dieser Dame zusammenzuarbeiten. (…) Das war ein Vergnügen. Ich habe mich riesig gefreut. Und ich hab dann noch zu meiner Frau gesagt: Stell Dir das vor, eine türkische Mitbürgerin ruft uns als klassische deutsche Heimatzeitung an und erzählt uns diesen Umweltskandal bei ihr vor der Haustür. Schöner kann's nicht sein!"

Auf der anderen Seite betonten einige der Befragten, dass sich die Kontaktaufnahme mit Migranten oft schwierig gestalte und in der lokaljournalistischen Praxis kaum Rückmeldungen aus diesem Bereich der Gesellschaft erfolgen würden. Die Lokalmedien seien nicht die ersten Ansprechpartner für Organisationen, Verbände oder Gemeinden von Menschen mit Migrationshintergrund, wie der Chefredakteur einer Lokalzeitung aus dem südlichen Westfalen (Int. 16) beobachtete:

„Sie können sich das im Notizbuch rot anstreichen, wenn mal der Vorsitzende vom tamilischen Verein hier anruft, um mitzuteilen, dass die wieder ihr Sportfest machen."

Die journalistische Bedeutung von Migranten auf den Lokaljournalismus wird von den Befragten zwar nicht uneingeschränkt, aber weitgehend positiv beurteilt. Viele Aussagen bleiben allerdings oberflächlich und verharren auf Allgemeinplätzen. Vieles spricht hier für eine bei den Befragten vermutete hohe Empfindung von sozialer Erwünschtheit. Auffällig ist, dass die wenigsten Personalverantwortlichen auf eigene Erfahrungen mit Migranten in den Redaktionen zurückgreifen können, sondern weitgehend Einschätzungen und Vermutungen abgeben. Auch wenn die journalistische Bedeutung von Migranten für den Lokaljournalismus von den Befragten vordergründig als hoch eingeschätzt wird, spielt sie in der lokaljournalistischen Praxis bislang kaum eine Rolle.

2.2 Die ökonomische Bedeutung von Migranten für den Lokaljournalismus

Mit Blick auf die zweite Dimension, die ökonomische Bedeutung von Migranten für den Lokaljournalismus, antworteten die Befragten differenzierter als bei der Frage nach der journalistischen Bedeutung. Obwohl die meisten Befragten grundsätzlich von einer hohen ökonomischen Bedeutung von Migranten für den Lokaljournalismus ausgingen, war das Meinungsspektrum bei der Frage, wie dieses Potenzial zu heben sei, breit gefächert.

Die damit verbundenen Fragestellungen und Schwierigkeiten aus ökonomischer Perspektive beschrieb der Chefredakteur eines Lokalradios aus Ostwestfalen (Int. 7):

„Man muss sich fragen: Welche Chancen hat man als lokales Medium? Wer sind unsere Mitbewerber, auch im deutschen Markt? Ein Lokalradiosender hat mit Sicherheit nicht die beste Musik und mit Sicherheit nicht die höchstbezahltesten Journalisten. Da haben wir gegen den WDR oder die einstrahlenden NDR-Sender keine Chancen. Welche Chance wir haben, ist die lokale Nähe. Und die lokale Kompetenz. Und die müssen wir gnadenlos und in allen Facetten spielen. Und das heißt, wir haben diese Informationskarte, und diese Informationskarte müssen wir eben für möglichst viele Menschen ausspielen. Wenn wir aber wissen, dass ein Viertel dieser Bevölkerung unsere Sprache nicht spricht, dann ist das ein Problem. Vielleicht müssen wir da mit Lockangeboten arbeiten und führen so den einen oder anderen an ein lokales Medium heran."

Der Redaktionsleiter eines Anzeigenblattes aus dem Sauerland (Int. 11) hob in diesem Zusammenhang den wirtschaftlichen Einfluss von Migranten für Lokalmedien hervor:

> „Wir sind ein Wirtschaftsunternehmen und auch wir haben uns Gedanken darüber gemacht: Wie können wir dieses Potenzial an Menschen mit Migrationshintergrund wirtschaftlich für uns nutzen? Die Migrationsquote schlägt sich ja mittlerweile auch in den Einzelhandelsstrukturen nieder. Wir haben mittlerweile sehr viele ausländische Geschäftsleute, die hier entweder einen Handwerksbetrieb betreiben oder einen Laden, und die in ihrem Kundenkreis vorwiegend Landsleute haben, die die gleichen Wurzeln haben. Und da gab es schon Überlegungen: Wie können wir die größten ethnischen Gruppen ansprechen, um weitere Absatzmärkte zu schaffen?"

Migranten werden potenziell als Publikum oder Anzeigekunden für Lokalmedien gesehen, wobei viele Befragte einen direkten Zusammenhang zwischen diesen beiden Rollen hervorheben. Demnach sollte es das Ziel von Lokalmedien sein, Migranten zunächst als Leser, Hörer oder Zuschauer zu gewinnen und anschließend Werbekunden in diesem Bereich zu akquirieren. Ein leitender Redakteur aus dem Sauerland (Int. 11) betonte, das seine Lokalzeitung sich an den neuen Märkten ausrichten müsse:

> „Wir müssen genau hinschauen, was sind unsere Kunden, wie verändern sich unsere Kunden? Wir finanzieren uns durch Anzeigen, und wenn 20 Prozent der Bevölkerung einen Migrationshintergrund hat, dann ist es absehbar, dass auch 20 Prozent aller Unternehmen hier Migrationshintergrund haben und das ist eine große Kundengruppe, ein Fünftel der potenziellen Kundengruppe für uns. Deswegen müssen wir überlegen, wie wir uns sexy machen für diese Gruppe."

Zwar wurden Menschen mit Migrationshintergrund von nahezu allen Befragten als wichtige Zielgruppe gesehen, der Chefredakteur eines Lokalradios aus dem Siegerland (Int. 8) sieht aber Probleme, die ökonomischen Potenziale im Lokaljournalismus zu heben:

> „Eine Redaktion möchte auch das Lebensbild und die Lebenswirklichkeit von der Bevölkerung, die man als Kunden ansieht, im Programm abbilden. Wir definieren Menschen mit Migrationshintergrund auch als unsere Zielgruppe. Auch wenn das bisher nicht gelingt. Wir haben Untersuchungen, die uns zeigen, dass zum Beispiel junge Türken alle Eins Live hören – und nicht Lokalfunk."

Auch der Chefredakteur einer westfälischen Lokalzeitung (Int. 5) äußerte den Wunsch, mehr Migranten als Leser zu gewinnen, räumte aber ein, dass diese Gruppe für den Lokaljournalismus nur schwer zu erreichen sei:

> „Natürlich möchte ich auch gerne Menschen mit Migrationshintergrund als Leser für meine Zeitung gewinnen. Das ist ein Punkt, der noch sehr, sehr große Defizite aufweist. Die Zeitung, die selbst ja als Integrationsinstrument dienen könnte, indem sie den Menschen mit Migrationshintergrund Informationen und Sichtweisen ihrer neuen Gesellschaft vermittelt, wird ja von Menschen mit Migrationshintergrund so gut wie gar nicht genutzt. Ganz, ganz wenige Ansätze gibt es, aber überwiegend muss man sagen, dass dieses Publikum den klassischen Zeitungen weitestgehend verschlossen bleibt."

Der Chefredakteur einer weiteren Lokalzeitung (Int. 16) berichtete von gescheiterten Strategien, mehr russische Migranten als Leser zu gewinnen:

> „Wir haben versucht, die auf Russisch anzusprechen und ihnen klarzumachen: Wenn ihr wirklich integriert werden wollt, dann müsst ihr wissen, was läuft, dann braucht ihr eine Lokalzeitung. Das ist total gescheitert, weil die Leute, als sie gekommen sind, kein Geld hatten, und schon gar keines für eine Zeitung."

Unterschiedlich beantwortet wurde die Frage, ob der journalistische Einfluss von Menschen mit Migrationshintergrund helfen könne, die ökonomischen Potenziale dieser Gruppe für die Lokalmedien zu heben. Ein Personalverantwortlicher aus Westfalen (Int. 5) glaubte, dass Journalisten mit Migrationshintergrund auch ein migrantisches Publikum anziehen würden:

> „Bei Kollegen mit entsprechendem Hintergrund sehe ich eine sehr, sehr große Chance, diese Menschen zu erreichen und diesen Menschen zu vermitteln, dass sie in unseren Medien ernstgenommen werden, dass sie vorkommen und dass sie hier auch Ansprechpartner haben, die auf Augenhöhe mit ihnen reden können. (…) Das Potenzial sehe ich durchaus, aber es wird eben eine sehr, sehr schwierige und aufwändige Geschichte, dieses Potenzial zu erschließen. Aber wenn man sich dieses Ziel setzt, dann wird man ohne Mitarbeiter mit entsprechendem Hintergrund nicht auskommen."

Andere Befragte – wie der Chefredakteur einer Lokalzeitung (Int. 3) – wehren sich gegen einen Zusammenhang zwischen einem ausländisch klingenden Autorennamen und dem steigenden Interesse von Migranten an einem journalistischen Produkt:

> „Es ist doch entscheidend, ob ein Kommentar gut oder schlecht ist. Und nicht ob da ein türkischer oder ein deutschklingender Name drunter steht. Das, was wir zu liefern haben, ist Qualität. Und weder ein deutscher Name steht für Qualität, noch ein türkischer Name steht für Qualität."

Ähnlich bewertete der Leiter einer Lokalredaktion im Rheinland (Int. 20) die Bestrebungen von Lokalmedien, neue Leserschichten zu erschließen, indem sie Migranten als Journalisten prominent platzieren:

> „Das halte ich für Quark. Ich glaube, dass leider speziell Türken – obwohl man das gar nicht so auf die fokussieren muss – eben wenig bis gar keine deutschen Zeitungen lesen. Und ich glaube nicht, dass man die dazu bewegen kann, wenn da jetzt ein türkischer Name vorkommt."

Auch wenn die wirtschaftlichen Potenziale von Menschen mit Migrationshintergrund in der lokaljournalistischen Praxis schwierig zu heben sind und über die Wege und Mittel dazu keineswegs Einigung unter den Befragten besteht, wurde in den Interviews durchaus deutlich, dass die meisten Chefredakteure und Geschäftsführer die ökonomische Bedeutung von Migranten für den Lokaljournalismus hoch einschätzen. Tragfähige Konzepte und erfolgreiche Strategien wie Lokalmedien gezielt Migranten als Leser, Zuschauer, Hörer oder Anzeigekunden gewinnen könnten fehlen bislang jedoch.

3. Der Lokaljournalismus als Einstiegsmöglichkeit für Migranten?

Nachdem die journalistische und ökonomische Bedeutung von Migranten für den Lokaljournalismus analysiert wurde, stellt sich die Frage, wie Redaktionen, Verlage und Sender mit diesem Potenzial umgehen und was der Lokaljournalismus selbst dazu beitragen kann. Im Rahmen der Befragung wurde deutlich, dass die überwiegende Mehrheit der Interviewpartner über keine Erfahrung mit Migranten im Journalismus verfügt – weder als journalistische Mitarbeiter noch als Publikum oder Kunden. Um diesen Erstkontakt zu Menschen mit Migrationshintergrund herzustellen und später gezielt ausbauen zu können, nannten die Befragten unterschiedliche Möglichkeiten, die sich im Kern auf zwei Strategien reduzieren lassen: Einerseits Informationsarbeit bei jungen Migranten, andererseits ein spezielles journalistisches Angebot für Menschen mit Migrationshintergrund.

Letzteres wurde von den meisten Befragten als grundsätzlich vielversprechende Option gesehen, um Migranten als Publikum zu gewinnen, gleichzeitig aber auch als problematisch abgelehnt. Ein leitende Redakteur (Int. 10) formulierte Bedenken gegen eine Seite in türkischer Sprache in seiner Lokalzeitung:

> „Wenn ich mir jetzt vorstellen würde, wir würden jetzt jede Veranstaltung eines türkischen Kulturvereins auf einer eigenen Seite ankündigen, darauf würden viele unserer Stammleser vermutlich mit Ablehnung reagieren. Und ob umgekehrt jemand [ein Migrant] sagt, dafür geb' ich jetzt jeden Tag 1,30 Euro aus oder 25 Euro plus im Abonnement, fraglich."

Neben der Möglichkeit, über spezielle journalistische Angebote ein migrantisches Publikum zu erreichen, sehen viele Befragte in der frühen Kontaktaufnahme mit Migranten eine geeignete Maßnahme. Um junge Menschen mit Migrationshintergrund für den Journalismus zu begeistern, müsse bereits in Schulen und an Universitäten Aufklärungsarbeit geleistet werden. Ein Chefredakteur eines Lokalsenders aus dem Rheinland (Int. 2) erhofft sich dadurch bei jungen Migranten mehr Akzeptanz für den Lokaljournalismus:

> „Da müssten Journalisten eingeladen werden in die Schulen, die müssten quasi in der Oberstufe, wenn da dann irgendwann eine Entscheidung ansteht, was mache ich denn mit meinem Leben, müssten sie den Beruf vorstellen können. Wenn wir einen Film zeigen, wie so ein Redaktionsablauf funktioniert. Wenn wir über Highlights sprechen, die wir erlebt haben, das können Schlüsselreize sein."

Einzelne Lokalsender betreiben diesen Ansatz bereits seit einigen Jahren und versuchen auf diese Weise, junge Menschen im Allgemeinen und mit Migrationshintergrund im Besonderen für ihre Medien zu interessieren. Lokal- und Regionalzeitungsverlage wie die WAZ-Mediengruppe oder das Medienhaus Lensing verfolgen eine ähnliche Strategie mit ihren Zeitungsprojekten an Schulen.

Die Besonderheit des Lokaljournalismus wurde von vielen Befragten herausgestellt. Dieser sei für Migranten der ideale Einstieg in die Medienwelt – ob als Publikum oder Produzenten. Ein Chefredakteur aus Westfalen (Int. 16) umriss die Bedeutung des Lokaljournalismus am Beispiel der Printmedien:

> „Die Urquelle des Journalismus ist bei uns in Deutschland für meine Begriffe immer noch die Lokalzeitung, die auch stilbildend ist. Die gehörte früher traditionell zu jedem normalen Haushalt. Viele der größten Journalisten in Deutschland sind alle von Lokalzeitungen gekommen. Leyendecker von der Süddeutschen hat bei der Lokalzeitung angefangen. (…) Ich fange eben bei der Lokalzeitung an – sowohl als Leser wie auch als freier Mitarbeiter oder als Redakteur."

Durch die Möglichkeit der medialen Ersterfahrung, die der Lokaljournalismus bietet, halten die meisten Befragten diesen Bereich als am ehesten geeignet für einen Einstieg von Menschen mit Migrationshintergrund – auch als Journalisten. Der Chefredakteur eines Radiosenders aus dem Münsterland (Int. 1) sieht insbesondere bei Lokalmedien gute Einstiegschancen:

> „Ich weiß, dass es natürlich andere größere Medienbetriebe gibt, wo das vielleicht nicht so einfach ist. Aber die Durchlässigkeit ist insgesamt, gerade in NRW, relativ groß. Gerade bei den Lokalradios, da gibt es ja ganz viele, 50 kleine Lokalsender, wo der Einstieg relativ einfach ist."

Zudem seien lokale Medien verstärkt auf den Input aus der Lebenswelt von Menschen mit Migrationshintergrund angewiesen, betonte der Chefredakteur einer westfälischen Tageszeitung (Int. 5):

> „Lokaljournalismus macht ja seine Themen nicht nur selbst, sondern lebt ja auch viel von dem, was die Kommunen, was die Akteure innerhalb der Kommune, innerhalb der Kommunikationsgebiete über sich und den Rest mitteilen wollen. Auch da wären Migranten überall wichtige Multiplikatoren. Ganz besonders Migrantenorganisationen oder ausländische Sportvereine."

Auch wenn viele der Befragten von den meisten Migranten ein größeres Interesse an den deutschen Lokalmedien einforderten, gab es ebenfalls Meinungen – wie die eines Redaktionsleiters aus dem Sauerland (Int. 13) – die für eine stärkere Öffnung des Lokaljournalismus warben:

> „Ich glaube, wir müssen uns stärker öffnen und wir müssen eigentlich mehr auf die Straße. Wir müssen noch öffentlicher sein als Redaktionen. Wir haben oft so eine Wagenburg-Mentalität."

Erst eine gegenseitige Öffnung würde die Potenziale, die Migranten für den Lokaljournalismus haben, letztlich zu beiderseitigem Nutzen heben. In einzelnen Fällen scheint das bereits gelungen zu sein. Auch wenn nur wenige Befragte in der täglichen Redaktionsarbeit mit Kollegen mit Migrationshintergrund in Kontakt gekommen sind, können einige Chefredakteure und Redaktionsleiter über den positiven Einfluss der Migranten auf den Lokaljournalismus berichten. Diese Erfolgsgeschichten fanden sich verteilt über alle Medien. So erinnerte sich der Chefredakteur eines Lokalradios aus dem Münsterland an zwei ehemalige Mitarbeiter mit türkischem Migrationshintergrund, die heute bei großen Radiostationen Moderatoren und Nachrichtensprecher sind. Der Chefredakteur eines Lokalradios aus dem Siegerland berichtet von einem marokkanischen Mitarbeiter, der heute beim öffentlich-rechtlichen Radio arbeitet und den er als einen „unglaublich gebildeten Menschen" in Erinnerung behielt. Der Leiter eines lokalen Fernsehstudios hob das besondere Engagement und den anderen Blick auf Themen und Geschichten seiner türkischen Volontärin hervor, und der Chefredakteur einer westfälischen Lokalzeitung erinnerte sich an den Ehrgeiz eines iranischen Mädchens, das trotz geringer Sprachkenntnisse den Weg in den Journalismus fand.

Beispielinterview

Juliana Lofink über die Bedeutung von Migranten für den Lokaljournalismus im Gespräch mit Rüdiger Schlund (Radio Siegen)

Im Rahmen des Projekts „Ethnische Diversität im Journalistenberuf" führte Juliana Lofink vom Dortmunder Institut für Journalistik ein Experteninterview mit Rüdiger Schlund, dem Chefredakteur von „Radio Siegen". Dieses Gespräch ist ein Beispiel für einen aufgeschlossenen und interessierten, aber auch kritischen und fordernden Umgang mit dem Thema Migration im Lokaljournalismus. Es vermittelt Denkanstöße und einen Einblick in die aktuelle lokaljournalistische Praxis.

Juliana Lofink: Bundeskanzler Helmut Schmidt war es, der 1979 sagte: „Wir wollen und können keine Einwanderungsgesellschaft sein." Meinen Sie, dass die deutsche Gesellschaft heute eine Einwanderungsgesellschaft ist?

Rüdiger Schlund: Das ist sie noch nicht, muss sie aber schon aus rein demografischen Gründen werden. Wenn wir den Standard im Dienstleistungsbereich und in der Industrie halten wollen, werden wir ohne eine geregelte Einwanderung nicht auskommen. Man könnte das Problem jetzt mathematisch lösen, indem man sagt: Grenzen auf! Und wenn genug drin sind: Grenzen wieder zu! Aber die Regelungen, die es in Deutschland zum Thema Einwanderung gibt, sind bislang viel zu unstrukturiert. Ich würde auch eher auf einen sozialverträglichen Zuzug setzen als auf einen Zuzug, der sich nur nach Kenntnissen und Qualifizierungen richtet. Wenn jemand aus Pakistan zu uns kommt, dann soll er doch bitte seine Familie mitbringen. Nur dann wird er sich auf Dauer hier integrieren und dann auch das entsprechende Heimatgefühl aufbauen.

Wie sehen Sie die Rolle deutscher Medien bei der Integration?

Es gibt eine ganz einfache Regel: Kein Öl ins Feuer schütten. Das heißt, es gibt natürlich Konfliktpotenziale. Es gibt Punkte, an denen man sich reibt. Und ich denke, dass man natürlich Stimmungen, die in der Bevölkerung herrschen, als Medium aufgreifen, beackern und bearbeiten sollte. Aber in den Medien haben wir eine gewisse Verantwortung. Das heißt, dass wir Dinge, die wirklich zu Problemen werden können, nicht noch weiter verstärken. Unser Job ist eher, dass man versucht, die verschiedenen Akteure an einen Tisch zu holen und einen gewissen Ausgleich zu schaffen.

Ein Problem, das besonders in der Lokalberichterstattung immer wieder auftaucht, ist die Nennung einer gewissen ethnischen Zugehörigkeit bei Unfällen oder bei Straftaten. Ist es aus Ihrer Sicht gerechtfertigt zu schreiben, dass der Täter beispielsweise einen türkischen Migrationshintergrund hat?

Nein, denn dann müsste ich auch von einem pickligen 13-Jährigen schreiben, wenn ich über einen 13-Jährigen berichte. Da muss man sich klar machen: Was erzeugt ein solcher Hinweis an der Stelle? Wenn ich von einem Iraner mit dem dicken BMW spreche, was bleibt hängen? Zuhälter. Wenn ein Detail nicht relevant ist, hat das da nichts verloren. Und in dem Beispiel ist das völlig irrelevant.

Mehr Journalisten mit Migrationshintergrund in den Redaktionen könnten helfen, solche Fehler zu vermeiden und Vorurteile abzubauen. Wie könnte man Migranten im Journalismus ihrer Meinung nach fördern?

Es funktioniert nicht – wie man jetzt die Frauenquote für Managerposten diskutiert – über eine Migrantenquote. Das kann man nicht einfach verordnen. Ich denke, dass man das mehr oder weniger sich selbst überlassen muss. Und ich denke, wenn Migranten durch ihre Leistungen bei uns rein kommen, dann werden sie auch im Journalismus eine Chance haben. Also wir haben hier überhaupt keinen Mechanismus, der irgendwie nach Herkunft trennt. Wir gehen ausschließlich nach dem, wie sich die Bewerber im Vorstellungsgespräch anstellen. Und welche Einschätzung wir haben, inwieweit sie für den Beruf talentiert sind.

Haben Sie aktuell Journalisten mit einem Migrationshintergrund in Ihrer Redaktion?

Momentan nicht viele, aber immer mal wieder. Wir haben auch schon Volontäre mit Migrationshintergrund gehabt. Mir fallen jetzt spontan vier ein, in den vergangenen zehn Jahren, mit marokkanischem Hintergrund, mit türkischem Hintergrund zwei und einer mit italienischem Hintergrund. Und die Kolleginnen und Kollegen waren alles Menschen, an die ich mich noch gut erinnern kann. Also das sind Leute, die wirklich herausstechen. Durch Engagement, durch Talent, oft auch durch eine andere Herangehensweise. Sie müssen eben immer ein bisschen besser sein als die anderen.

Wie groß ist denn der Anteil von Bewerbern mit einem Migrationshintergrund, beispielsweise um ein Volontariat?

Im Moment sehr, sehr gering. Ich würde sagen, deutlich unter zehn Prozent. Interessanterweise haben die Menschen mit Migrationshintergrund, die sich bei uns bewerben, fast nie einen Akzent. Möglicherweise liegt das daran, dass die mit Akzent oder Dialekt sich erst gar nicht bewerben.

Arzt, Ingenieur und Journalist – was glauben Sie, steht höher im Kurs bei Migranten?

Mit Sicherheit steht der Journalist da ziemlich weit unten. Ich könnte mir auch vorstellen, dass manche auf ihre Eltern hören, die sagen: Mach lieber etwas Richtiges.

Wenn Sie an einen Journalisten mit Migrationshintergrund denken, haben Sie dann einen bestimmten Menschen im Kopf?

Ich sehe mindestens zwei, die sich sehr unterscheiden. Ich sehe Ranga Yogeshwar vor mir. Und auf der anderen Seite Cherno Jobatey. Den einen schätze ich sehr, den anderen gar nicht. Und dann natürlich die Kollegen, die wir selbst ausgebildet haben, wie Abelo Afhakama, der heute bei ,Eins Live' ist. Ein unglaublich gebildeter Mensch. Auch sozial engagiert. Zwischen den Dreien bewegt sich das irgendwo.

Welche Eigenschaften bringen Journalisten mit Migrationshintergrund mit, die Ihrer Redaktion Vorteile bringen?

Eine andere Sichtweise auf die Dinge. In den etablierten Medien unterscheiden wir uns ja kaum noch. Da ist es wichtig, dass wir Themen auch mal anders angehen. Dann tut es natürlich gut, wenn man einen Mitarbeiter hat, der genau das verinnerlicht.

Glauben Sie, dass Ihr Sender damit auch Migranten als Hörer gewinnen kann?

Ideal ist es, wenn man in einer Redaktion Leute hat, die die Lebenswirklichkeit verschiedener Gesellschaftsschichten im Programm abbilden können. Wir definieren Menschen mit Migrationshintergrund auch als unsere Zielgruppe. Auch wenn das bisher nicht gelingt. Wir haben Untersuchungen, die uns zeigen, dass zum Beispiel junge Türken alle EinsLive hören – und nicht Lokalfunk.

Welchen Stellenwert hat im Journalismus das Beherrschen der deutschen Sprache?

Man soll sich im Alltag miteinander verständigen können – auf einem recht hohen Niveau. Wobei es auch manchem deutschen Studenten nicht gelingt, sich grammatisch korrekt auszudrücken. Das ist sicherlich ein Grundproblem, das nicht nur Migranten trifft.

Ist der Akzent ein Thema?

Ein Akzent ist kein Problem, den kriegen Sie wegtrainiert, wenn es sein muss. Also ich finde manchen Akzent sehr charmant, einen französischen Akzent zum Beispiel. Das kann ja auch ein Markenzeichen werden. Aber letztlich haben wir die Möglichkeit des Sprechtrainings für Leute, bei denen die Dialekte wirklich zu heftig sind. Wenn ich davon überzeugt bin, dass jemand vom Intellekt, von den Fähigkeiten, vom Talent her zu unserer Redaktion passt, dann spielt die Sprache eine eher untergeordnete Rolle.

Wie schätzen Sie die Zukunft von Migranten im Journalismus ein?

Migranten sind doch längst ein Teil der Arbeitswelt. Bei der Bildungswelt fehlt mir noch das ein oder andere. Nicht nur für Migranten, sondern auch für andere Menschen, beispielsweise aus sozial schwachen Familien oder aus den sogenannten bildungsfernen Schichten. Und da müsste einfach viel mehr passieren. Da fließt mir viel zu viel Geld in Studien und in die Forschung, bei der am Ende sowieso nur Erkenntnisse rauskommen, die man schon kannte. Und das Geld fehlt dann an den Stellen, an denen es entscheidend wäre.

4. Fazit: Perspektiven für den Lokaljournalismus

Was bedeuten diese Erkenntnisse für den Lokaljournalismus? Insgesamt bleibt die Bedeutung der Migranten für den Lokaljournalismus ambivalent. Zwar betonten die meisten der befragten Chefredakteure, Geschäftsführer und Redaktionsleiter die Wichtigkeit, Menschen mit Migrationshintergrund verstärkt als Publikum zu gewinnen, allerdings existieren etwaige Strategien aktuell erst in Ansätzen.

Während die ökonomische Bedeutung von Migranten für Lokalmedien zumindest erkannt wird, schätzen viele Praktiker deren journalistische Bedeutung momentan nur vordergründig als hoch ein. Die Aussagen blieben hier weitgehend allgemein und austauschbar, ohne konkrete Vorteile zu benennen. Bei der Beantwortung dieser Frage ist darüber hinaus Rücksichtnahme auf eine hohe soziale Erwünschtheit zu vermuten. Zwar betonten die meisten Befragten, dass ein fremder kultureller Hintergrund auch einen anderen Blick auf Themen und Geschichten bedeute, die den Lokaljournalismus bereichern und verbessern könnten, allerdings greifen Redaktionen auf dieses Potenzial bislang kaum zurück. So hatten nur wenige Redaktionsleiter oder Chefredakteure in der journalistischen Praxis Kontakt zu Lesern, Werbetreibenden oder gar Journalisten mit Migrationshintergrund. Die meisten Einschätzungen zur Bedeutung von Migranten für den Lokaljournalismus basieren daher nicht auf eigenen Erfahrungen, sondern auf Vermutungen, Hoffnungen und Befürchtungen. Das legt den Schluss nahe, dass das Thema in den deutschen Lokalredaktionen noch nicht angekommen ist und allenfalls teilweise ein Bewusstsein für die daraus resultierenden Chancen, Probleme und Herausforderungen besteht.

Welche Perspektiven lassen sich daraus für die lokaljournalistische Praxis ableiten? Wollen Lokalmedien wirtschaftlich bleiben und ihre öffentliche Aufgabe ernst nehmen, wird ihnen kaum eine andere Möglichkeit bleiben, als sich mit der ökonomischen und journalistischen Bedeutung von Migranten für den Lokaljournalismus stärker auseinanderzusetzen. Als Leser, Hörer, Zuschauer und Werbekunden wird der gesellschaftliche Einfluss von Migranten in den kommenden Jahren vermutlich steigen. Der Lokaljournalismus kann es sich weder wirtschaftlich noch inhaltlich leisten, diese wachsende Gruppe zu ignorieren. Und damit einen wichtigen Teil der Bevölkerung Deutschlands zu verlieren. Finden deutsche Lokalmedien keine Antworten auf die Frage, welche Bedeutung Migranten für den Lokaljournalismus haben, wird es auf die umgedrehte Frage, welche Bedeutung die Lokalmedien für Migranten haben, vielleicht bald nur noch eine Antwort geben: Gar keine.

Literatur

Presse und Informationsamt der Bundesregierung (Hrsg.) (2012): Nationaler Aktionsplan Integration. Zusammenhalt stärken – Teilhabe verwirklichen. unter: http://www.bundesregierung.de/Content/DE/_Anlagen/IB/2012-01-31-nap-gesamt-barrierefrei.pdf?__blob=publicationFile, Stand: 30.5.2012.

Bundesregierung (2007): Der Nationale Aktionsplan. Neue Wege – Neue Chancen. unter: http://www.bundesregierung.de/Content/DE/StatischeSeiten/Breg/IB/2006-10-27-ib-nationaler-integrationsplan.html, Stand: 30.5.2012.

Geißler, Rainer/Enders, Kristina/Reuter, Verena (2009): Wenig ethnische Diversität in deutschen Zeitungsredaktionen. In: Geißler, Rainer/Horst, Pöttker (Hrsg.): Massenmedien und die Integration ethnischer Minderheiten. Band 2: Forschungsbefunde. Bielefeld: S. 79-118.

Geißler, Rainer/Horst, Pöttker (Hrsg.) (2009): Massenmedien und die Integration ethnischer Minderheiten. Band 2: Forschungsbefunde. Bielefeld.

Lofink, Juliana (2011): Mehr ethnische Diversität in den Medien. In: Journalistik Journal, 14. Jg., 1/2011, S. 7.

Micus, Matthias/Walter, Franz (2006): Mangelt es an „Parallelgesellschaften"? In: Landeszentrale für politische Bildung Baden-Württemberg (Hrsg.): Zuwanderung und Integration. Der Bürger im Staat. S. 215-221.

Pöttker, Horst/Bader, Harald (2009): Gescheiterte Integration? Polnische Migration und Presse im Ruhrgebiet vor 1914. In: Geißler, Rainer/Pöttker, Horst (Hrsg.) Massenmedien und die Integration ethnischer Minderheiten. Band 2: Forschungsbefunde. Bielefeld, S. 15-46.

Statistisches Bundesamt (2011): Mikrozensus: Bevölkerung und Erwerbstätigkeit. Bundeszentrale für politische Bildung. unter: http://www.bpb.de/nachschlagen/zahlen-und-fakten/soziale-situation-in-deutschland/61646/migrationshintergrund-i,   Stand: 30.5.2012.

Interviewquellen

Der vorliegende Beitrag bezieht sich auf eine Reihe von leitfadengestützten Experteninterviews, die Janis Brinkmann, Thilo Kötters, Phillip Oldenburg und Juliana Lofink für das Projekt „Ethnische Diversität im Journalistenberuf" geführt haben. Für den Text wurden sämtliche Interviewpartner einheitlich anonymisiert. Die folgenden Quellenangaben ermöglichen es, die einzelnen Aussagen den entsprechenden Interviews zuzuordnen.

Interview 1 (Int. 1): geführt von J. Lofink und P. Oldenburg am 4.11.2011 in Münster;
Interview 2 (Int. 2): geführt von J. Lofink am 21.10.2011 in Kleve;
Interview 3 (Int. 3): geführt von J. Lofink und T. Kötters am 20.12.2011 in Unna;
Interview 4 (Int. 4): geführt von T. Kötters am 1.12.2011 in Iserlohn;
Interview 5 (Int. 5): geführt von T. Kötters am 14.12.2011 in Minden;
Interview 6 (Int. 6): geführt von J. Lofink am 25.1.2012 in Duisburg;
Interview 7 (Int. 7): geführt von J. Lofink und T. Kötters am 9.11.2011 in Bielefeld;
Interview 8 (Int. 8): geführt von J. Lofink am 18.10.2011 in Siegen;
Interview 9 (Int. 9): geführt von T. Kötters am 30.11.2011 in Remscheid;
Interview 10 (Int. 10): geführt von T. Kötters am 23.11.2011 in Dortmund;
Interview 11 (Int. 11): geführt von J. Lofink am 14.12.2011 in Lennestadt;
Interview 12 (Int. 12): geführt von T. Kötters am 11.1.2012 in Duisburg;
Interview 13 (Int. 13): geführt von P. Oldenburg am 12.12.2011 in Plettenberg;
Interview 14 (Int. 14): geführt von T. Kötters am 23.11.2011 in Werdohl;
Interview 15 (Int. 15): geführt von T. Kötters am 30.11.2011 in Dortmund;
Interview 16 (Int. 16): geführt von J. Lofink am 16.12.2011 in Münster;
Interview 17 (Int. 17): geführt von J. Brinkmann am 31.1.2012 (telefonisch)
Interview 18 (Int. 18): geführt von J. Brinkmann am 13.12.2011 (telefonisch)

Interview 19 (Int. 19): geführt von J. Brinkmann am 16.11.2011 (telefonisch)
Interview 20 (Int. 20): geführt von J. Lofink am 12.10.2011 (telefonisch)

Der Autor

Janis Brinkmann (*1987), B.A., ist Student der Journalistik an der TU Dortmund und wissenschaftliche Hilfskraft am Institut für internationalen Journalismus. Im Masterprojekt „Ethnische Diversität im Journalistenberuf" forscht er aktuell zum Zusammenhang zwischen Migranten und Medien in Deutschland.
Kontakt: janis.brinkmann@uni-dortmund.de

Kapitel IV

Berichte aus der Praxis der
„Initiative Lokaljournalismus in NRW"

Das INLOK-Programm
– unerwarteter Segen und Vitaminspritze der Bildungsarbeit

Stefan Aschauer-Hundt, Redaktionsleiter Süderländer Tageblatt (ST)

Soviel vorab: Ich „mache" seit 1978 Lokalzeitung, bin also im 35. Berufsjahr. Alles habe ich in diesem Job markttechnisch erlebt: Die Magazinisierung und die Lokalisierung/Regionalisierung des WDR, das Aufkommen der lokalen Radios, das „in-den-Markt-Pressen" des Privatfernsehens, die Inflation der Anzeigenblätter und sublokalen Magazine, die Verkettung einstiger Ortszeitungen und Heimatverlage in Konzernen und Gruppen.

Ich habe den Wandel vom Blei- zum Lichtsatz und die Weiterentwicklung zur volldigitalen Produktion mitgemacht. Ich war dabei, als BTX kam, das Internet Einzug hielt und wir begannen, aus Print eine Internetzeitung abzuleiten. Später kamen Web 2.0 und die sozialen Netzwerke. Das war alles wichtig und jedes Mal hieß es, jetzt aber gewännen wir die Zukunft. In Wahrheit hat sich für die Lokalzeitung und die Menschen im Räderwerk der Redaktion und im Maschinenraum kein Schwein interessiert.

Als 2011 die Landesregierung das INLOK-Programm auflegte, habe ich das als einen inneren Befreiungsschlag erlebt: Zum ersten Mal in 35 Jahren empfand ich das Gefühl, dass wir Lokaljournalisten von der Medienpolitik wahrgenommen, ernst genommen werden. Unerhört!

Nicht nur, dass wir Lokalisten erstmals von der Landesregierung gesehen werden: Als ich den Einladungstext las, sich um eine Schulung zu bewerben, fühlte ich unsere Situation verstanden. Welche Redaktion ist heute noch so besetzt, dass ein Kollege zum Tagesseminar geschickt werden kann, geschweige denn zu einem Mehrtages-Lehrgang? Das Angebot, dass das INLOK-Team vor Ort schult und bemüht ist, auf die Tagesproduktion Rücksicht zu nehmen, ist eigentlich zu schön, um wahr zu sein. Doch exakt so haben wir unser INLOK-Seminar erlebt – maßgeschneidert, an unserer betrieblichen Realität orientiert und überaus praxisnah.

Unserer Bewerbung um ein INLOK-Seminar folgte nach erstaunlich kurzer Zeit die Kontaktaufnahme durch das INLOK-Team und ebenso rasch kam es zum Vorgespräch: Prof. Horst Pöttker, Anke Vehmeier und Anna Berneiser fuhren nach Plettenberg, um mit den Redaktionsleitern Michael Jeide und mir die Details einer Schulung für Redakteure, feste freie Mitarbeiter und lockere freie Mitarbeiter bzw. Praktikanten zu beraten.

Gemeinsam wurde herausgearbeitet, welche Schulungsbedürfnisse es in der Redaktion des Süderländer Tageblatts – dem kleinsten Zeitungsverlag in Nordrhein-Westfalen – gibt.

Drei Schulungsfelder wurden ermittelt:

- Themenfindung, Themenplanung, Themensetzung und Themenmanagement
- Umgang mit übertriebenen Begehrlichkeiten des Publikums
- „Sprache schärfen" – präzise formulieren, die Dinge beim Namen nennen

Nach Möglichkeit sollte es für uns zwei Schulungstermine geben, weil die Fülle des „Stoffs" in einer Sitzung nicht unterzubringen ist: Es wäre Material für zwei ganze Tage – und das würde bedeuten, dass wir entweder zu Ostern oder Weihnachten schulen müssten, oder nur ein Teil der Redaktion in den Genuss der Weiterbildung käme. An dieser Stelle zeigte sich die Praxisnähe und Flexibilität des INLOK-Teams: Spontan wurde uns angeboten, die Schulung zu splitten, den ersten Teil an einem Arbeitstag zwischen 11 und 15 Uhr „über Mittag" zu absolvieren, den zweiten Teil an einem Samstag stattfinden zu lassen. Maßgeschneidert, kann ich dazu nur sagen.

Unsere erste Schulung haben wir am 31. Mai 2012 absolviert. Die Feinabstimmung der Schulungsthemen hatten Anke Vehmeier und ich per E-Mail und Telefon vorgenommen. Anke Vehmeier hatte zudem rund vier Wochen lang das ST als Postzeitung bekommen und war insoweit gut im Stoff.

Die Schulung fand im Besprechungsraum des ST mit elf Mitarbeitern und der Referentin Anke Vehmeier statt. Der Teilnehmerkreis bestand aus hauptamtlichen Redakteuren, freien Mitarbeitern und Praktikanten. Erfreulich: Es gab weder einen Power-Point-Vortrag noch eine Beamer-Präsentation, es gab vielmehr ein sehr offenes und konstruktives Arbeiten anhand der gedruckten Zeitung, persönlicher Schilderungen aus der Berufswelt von Referentin und Schulungsteilnehmern. Außerdem wurde eine Themenmatrix an der Flipchart-Tafel erarbeitet.

Die Botschaft mit Augenkontakt und von Mund zu Ohr kommt immer noch am besten an. So war es auch bei uns: Wir haben ein sehr intensives, engagiertes und lehrreiches Seminar erlebt, das nach meiner Einschätzung der ST-Redaktion genauso viel Freude bereitet hat wie der Referentin.

Kurz und gut: Wir haben eine Vitaminspritze der Weiterbildung erlebt ... und freuen uns, wenn wir im Herbst 2012 in den Genuss des Teils 2 – „Sprache schärfen" – kommen dürfen.

Der Autor

Stefan Aschauer-Hundt (*1962), ist Chef vom Dienst und Redaktionsleiter des Süderländer Tageblatts in Plettenberg und dort verantwortlich mitwirkend in den Fachbereichen Technik und Anzeigenabteilung sowie der Verlagsgeschäftsführung. Er absolvierte sein Volontariat 1981-1983 beim Remscheider General-Anzeiger und war anschließend Redakteur in der Pressestelle der Gewerkschaft Deutscher Lokomotivführer und Anwärter (GDL) in Frankfurt/Main. Seit 1985 arbeitete er als Redakteur des Süderländer Tageblatt. Er ist ausgezeichnet mit dem Deutschen Lokaljournalistenpreis der Konrad-Adenauer-Stiftung (zwei Mal, einmal Sektor Zeitgeschichte, einmal Wirtschaft), mit dem 1. Platz des Leser-Blatt-Bindungspreises des Verbandes Lokalpresse, mit dem Lokaljournalistenpreis für Wirtschaft der Volks- und Raiffeisenbanken in Rheinland und Westfalen sowie dem Mitteldeutschen Journalistenpreis (2. Platz).
Kontakt: st@mzv.net

Erfrischend praxisnah
– redaktionelle Erfahrungen mit den INLOK-Inhouse-Schulungen

Volker Morgenbrod

„An einem Juni-Morgen des Jahres 1872 erschlug ich meinen Vater – eine Tat, die damals tiefen Eindruck auf mich machte." Sehr, sehr hübsch! Dieser literarische Einstieg von Ambrose Bierce hat schon Wolf Schneider begeistert. Doch wie sieht es aus im lokaljournalistischen Alltag zwischen Markttag und Kindergarteneröffnung? Wie gelingt Henri Nannens „Küchenzuruf", wenn man kaufmännischer Angestellter oder Hausfrau ist und nur am Wochenende zum Journalisten mutiert, nämlich als einer der vielen freien Mitarbeiter einer Lokalredaktion? Oder: Was mache ich als freier Mitarbeiter, wenn mein Termin am Samstagvormittag platzt? Überrasche ich damit am Sonntag den Wochenenddienst? Oder rufe ich sofort irgendwen in der Redaktion an? Und wenn ja, wen?

Es waren solche Fragen, denen sich die erfrischend praxisnahen INLOK-Workshops für freie Journalisten widmeten. „Grundkompetenz im Lokaljournalismus", „Recherchieren im Lokalen" und „Professionell schreiben" hießen sie und fanden an drei Juni-Samstagen statt. Die Referenten kamen zu uns, so dass unsere freien Mitarbeiter keine langen Anfahrtswege hatten. Das kostenlose Angebot nutzen jeweils zwischen elf und 13 Freie, vom Schüler bis zur Erzieherin, vom Neuling bis zum Mitarbeiter, der schon seit Jahrzehnten für uns arbeitet.

Workshops für Freie? Im Lokalen? Als einige unserer Redakteure davon hörten, überlegten sie, wann sie selbst eigentlich die letzte Schulung hatten. Und die Frage war auch: Ist das nötig? Denn natürlich kümmert sich eine Lokalredaktion bereits um ihre freien Mitarbeiter. Irgendwie jedenfalls. Wir selbst haben gute Erfahrungen damit gemacht, neue Freie zunächst zwei, drei Wochen in der Redaktion mitarbeiten zu lassen, sie bei den ersten Terminen an die Hand zu nehmen und ihre Artikel durchzusprechen. Auch eine hausinterne Fotoschulung brachte ordentliche Resultate. Das wird wohl reichen, dachten wir. Doch es reicht eben nicht, mussten wir erfahren. Und das war nur eines der Ergebnisse der INLOK-Workshops für Freie.

Immer auch war ein Vertreter der Redaktion dabei. Um für Fragen zur Verfügung zu stehen, für die Logistik zu sorgen und um zu hören, was die Referenten da wohl alles erzählen – und ob sich der ganze Aufwand überhaupt lohnt.

Als Ergebnis können wir festhalten: Er hat sich gelohnt. Die sieben W-Fragen, Verben statt Substantivierungen, Adjektive in Berichten meiden, dies alles war unseren freien Mitarbeitern wohl nicht unbekannt, aber es ist ein Unterschied, ob vertraute Redakteure oder externe Referenten darüber reden. Theorie wechselte zudem mit Praxis: Die Freien übten eine Redaktionskonferenz, überlegten, wie sie das Thema „Fahrrad" eine Woche lang in der Zeitung beleuchten können, diskutierten und probierten Texteinstiege. Gerade dies, sagte mir später eine freie Mitarbeiterin, habe ihr sehr geholfen. Denn bislang habe sie immer lange überlegen müssen, wie sie einen Artikel beginnen sollte. Ihr Problem war uns bislang so nicht aufgefallen.

Auch auf andere Probleme hätten wir kommen können – waren wir aber nicht: Viele Regeln, die wir in Redaktionskonferenzen entwickelt haben, waren den Freien letztlich unbekannt, sie sind ja auch nie in den Konferenzen dabei. Hier fehlte also die Kommunikation. Auch bei Organisationfragen: Wen rufe ich an, wenn ein Termin platzt? Statt die Telefonliste der Redaktion durchzuprobieren, gibt es bei uns eine einfache Lösung: Das Redaktions-Handy anrufen, das der diensthabende Redakteur immer dabei hat. Weiterer schöner Vorteil der Workshops war, dass sich die freien Mitarbeiter untereinander besser kennenlernten, über ihre Erfahrungen reden und auch Vorschläge zur Redaktionsorganisation machen konnten.

In den Wochen danach zeigte sich: Die drei Workshops gaben den Mitarbeitern mehr Sicherheit. Die meisten bemühten sich nicht nur bessere Texte abzuliefern, sondern sie taten es auch.

Die Zusammenarbeit mit den Referenten war kollegial und sehr angenehm. Wobei es auch mal unterschiedliche Lehr-Meinungen geben kann. Nicht in den journalistischen Grundsatzfragen, sondern in Nuancen, beispielsweise ob wir einen Dr.-Titel erwähnen oder nicht. All dies haben wir offen diskutiert – bis auf eine Kleinigkeit, die ich mir für den etwas unernsten Schluss aufgehoben habe: Eine Referentin gab den Tipp, bei Flächenangaben „Hektar" durch „Fußballfelder" zu ersetzen, das sei anschaulicher. Ich selbst aber halte es mit dem Journalisten Axel Hacke: „Alles wird immer mit Fußballfeldern verglichen. Ich warte darauf, dass jemand sagt, ein Fußballfeld sei so groß wie zwei halbe Fußballfelder, das würde jedem einleuchten."

Der Autor

Volker Morgenbrod ist Chefredakteur des Bocholter-Borkener Volksblatts.
Kontakt: redaktion@bbv-net.de

Recherche beginnt im Kopf
Erfahrungen eines INLOK-Teilnehmers

Dirk Fahrland

Ich habe nicht genau gewusst, was auf mich zukam, als ich als freier Mitarbeiter bei der Tageszeitung angefangen habe. Sicher, mit dem Schreiben von Texten würde es etwas zu tun haben; und möglicherweise auch ein wenig mit Recherche. Ich bin Jurist. Ich habe schon vor meiner Tätigkeit für die Zeitung Sachverhalte recherchiert und Texte geschrieben. Das Credo eines meiner Professoren war: „Schreibe so, dass deine Oma das versteht." Das habe ich getan, ich fand meine Texte gut, ich wähnte mich gewappnet zum Schreiben für die Zeitung.

Die Praxis zeigte schnell, dass ein fachlich guter und (aus der Sicht des Schreibenden) verständlich geschriebener Text nicht unbedingt ein guter Zeitungstext ist. Fast alle freien Mitarbeiter beim Bocholter Borkener Volksblatt (BBV) sind es aus Beruf oder Ausbildung gewohnt, Texte zu schreiben; auch solche, die von anderen Personen gelesen werden. Den Unterschied hat Wolf Schneider auf den Punkt gebracht: in der Regel schreibt man Texte, die jemand (zu Ende) lesen muss. Der Zeitungsleser liest einen Text aber nur, wenn er ihn lesen will.

An dieser Stelle setzen die Weiterbildungsangebote der Initiative Lokaljournalismus in NRW (INLOK) an: Wie bringe ich einen Leser dazu, meinen Text lesen zu wollen? Ich habe an einer Weiterbildungsreihe mit den Themen „Grundkompetenzen im Lokaljournalismus", „Recherchieren im Lokalen" und „Professionell schreiben" teilnehmen dürfen. Diese Seminare konnten wegen der zeitlichen Beschränkung die genannten Themen zwar nur anreißen, hilfreich waren sie dennoch. Die Referentin der „Grundkompetenzen" gab einen Überblick über die journalistischen Darstellungsformen und ihre Besonderheiten, erläuterte das journalistische Selbstverständnis und gab Hinweise zum Auftreten im Termin. Sicher hatte ich entsprechende Hinweise auch schon von den Redakteuren erhalten, aber diese waren im Redaktionsalltag beschränkt auf den jeweiligen Termin bzw. den jeweiligen Text. Eine allgemeine Übersicht habe ich durch das Seminar erhalten. Insbesondere die Kenntnis um die verschiedenen Darstellungsformen hat mich ermutigt, gelegentlich von der Form des Berichts abzuweichen, und Elemente einer Reportage oder eines Portraits in die Texte einfließen zu lassen.

Spannend, weil jedenfalls von mir unterschätzt, war auch das Thema „Recherche". Ausgesprochen wertvoll war für mich der Hinweis, dass Recherche im Kopf beginnt und mehr ist als die Suche nach Fakten und Informationen. Die Grundlagen der Recherche, die der Referent vermittelte, lassen sich auf nahezu jeden Termin anwenden: worüber schreibe ich, unter welchem Gesichtspunkt beleuchte ich das Thema, welche Informationen muss ich dazu sammeln? Seitdem ich mir diese Fragen bewusst stelle, benötige ich deutlich weniger Zeit zum Schreiben der Artikel und spare mir oft den Frust, einen Text mehrmals beginnen oder umarbeiten zu müssen.

Im Seminar „Professionell schreiben" wurden Schreibstil und Sprache anhand zahlreicher Übungen und Beispiele geschult. Die Referentin zeigte, dass die Einhaltung einfacher stilistischer Regeln das Schreiben eines Textes deutlich vereinfacht. Das Seminar hat mich in die Lage versetzt, in anderen Texten den Einsatz sprachlicher Stilmittel überhaupt zu erkennen, zu analysieren und für mich nutzbar zu machen.

Ich glaube, dass diese Seminare allen Teilnehmern dabei geholfen haben, ihre Arbeit besser und schneller zu erledigen. Alle sind wir selbstbewusster im Umgang mit den verschiedenen Darstellungsformen und der Sprache geworden; jedenfalls glaube ich das bei einem Blick in „unsere" Zeitung zu erkennen. Wir können besser entscheiden, welche Information wichtig für einen Text und dessen Verständnis ist und welche mangels Relevanz weggelassen werden kann. Wir wissen, dass einige Zitate einen Text lesbarer machen, zu viele davon aber das Gegenteil bewirken. Und wir haben gelernt, mit Zeilenvorgaben umzugehen.

Ich glaube auch, dass die Redaktion von diesen Seminaren profitiert, da die einzelnen Texte weniger nachbearbeitet werden müssen und die Arbeit der freien Mitarbeiter insgesamt professioneller geworden ist. Und das erkennen die Redakteure auch an.

Der Autor

Dirk Fahrland (*1976), studierte Jura an der Universität Trier und war von 2005 bis 2009 als selbständiger Rechtsanwalt tätig. 2009 bis 2010 war er Mitarbeiter der Bundesagentur für Arbeit und studiert seit 2011 Psychologie. Seit Januar 2012 ist er freier Mitarbeiter beim Bocholter Borkener Volksblatt.

Sachregister

Personenregister

Druck: KN Digital Printforce GmbH · Schockenriedstraße 37 · 70565 Stuttgart